编辑学

在新中国茁壮成长

第四辑

邵益文——著

中国书籍出版社

China Book Press

图书在版编目（CIP）数据

编辑学在新中国茁壮成长. 第四辑 / 邵益文著. ––
北京：中国书籍出版社, 2020.7
ISBN 978–7–5068–7555–4

Ⅰ. ①编… Ⅱ. ①邵… Ⅲ. ①编辑学—中国—文集
Ⅳ. ①G232–53

中国版本图书馆CIP数据核字(2019)第257478号

编辑学在新中国茁壮成长：第四辑

邵益文　著

责任编辑	叶晨露　尹　浩
责任印制	孙马飞　马　芝
封面设计	闽江文化
出版发行	中国书籍出版社
地　　址	北京市丰台区三路居路97号（邮编：100073）
电　　话	（010）52257143（总编室）　　（010）52257140（发行部）
电子邮箱	eo@chinabp.com.cn
经　　销	全国新华书店
印　　刷	河北省三河市顺兴印务有限公司
开　　本	787毫米×1092毫米　1/16
总 字 数	1580千字
印　　张	29.5
版　　次	2020年7月第1版　　2020年7月第1次印刷
书　　号	ISBN 978–7–5068–7555–4
总 定 价	580.00元（全四辑）

目　　录

第 11 届国际出版学研讨会主要学术观点介绍

由中国编辑学会轮值主办的第 11 届国际出版学研讨会，于 2004 年 10 月 18—21 日在武汉举行。这次研讨会的主题是：面向现实，面向未来，探讨国际化出版的发展前景。来自中、日、韩等亚洲各国的七十余位专家和学者，欢聚一堂，畅所欲言，共商国际出版繁荣的大计。石宗源署长在贺信中指出：加强交流，深化合作，抓住机遇，迎接挑战，共同促进世界出版业的繁荣和发展，是我们广大出版同人义不容辞的神圣职责。中国作为发展中的大国，必须坚定不移地实行对外开放政策，在更大范围、更广领域、更高层次上参与国际出版业的合作和竞争。希望本届研讨会，大家能就共同关心的问题，进行更深入的讨论交流，以期获得新的丰硕的研究成果。中外学者共向会议提交论文 43 篇，在大会进行了交流，内容涉及到国际化出版的诸多方面。会上，发言和提问、答问，高潮迭起，情况热烈。研讨会上大体谈到了以下一些问题：

一、关于出版国际化问题的讨论

中国编辑学会会长刘杲在开幕词中首先提出：国际化出版是当今出版发展的大趋势。经济全球化，文化多元化，信息网络化，势不可挡。不同国家人民交往频繁，出版活动正在突破国际的局限。承认和应对这个大趋势，是各国出版人的责任。他强调国际化出版不应当加剧不同文明的矛盾和冲突，它的最终目标是促进世界和平与发展。他说，在国际化出版中要坚持文化多元化，推动优秀的传统文化和现代化相结合、吸收外来优秀文化和本民族的需要相结合、肯定西方优秀文化和肯定东方优秀文化相结合。他指出：信息化、网络化是对国际化出版的有力推动，它有传播优秀文化的巨大能力，也有扩散腐朽文化的严重弊端，向出版者提出了重在选择的新责任。他强调出版作为内容产业，更加需要理论指导，编辑学、出版学研究需要联系实际，加强国际交流，才能与时俱进。

中国编辑学会常务副会长胡守文探讨了全球化背景下中国出版的国际化选择。（1）首先要认识全球化，然后才能谈国际化。全球化的重要标志，就是市场经济和信息传播借助高科技手段在全球范围内的流布。中国出版依托经济全球化而走向国际化。（2）正确认识中国出版的地位。中国出版经历二十余年的快速发展，取得了引人注目的成绩，但在全球出版大国中仍处于"第三世界"。近年来，中国出版业发生了两件有重大影响的事：一是组建出版集团，二是出版行业的转制，其目的是追求中国出版业的快速发展。（3）中国出版的国际化途径。中国出版走向国际化，面临两个问题：一是在现代化的文化追求中，怎样保持中华文化血脉和个性问题；二是在走向世界过程中，怎样弘扬中华文化的精髓问题。他提出：中国出版走向世界可以分两步：一是真正走向世界华人圈、华文圈，建设世界"华人共有的精神家园"；二是在东亚中、日、韩三国范围内，形成较为热络的中华文化交流圈，创造出一个中华文化出版的热点区域。

中国出版研究所所长助理魏玉山对中国出版走向世界的问题发表看法。他首先分析了我国出版物出口小于进口、版权输出数量远远低于引进数量的原因：一是语言障碍，出英语书成本太高，难以维持；二是版权输出收益低，动力不足；三是西方世界因中文翻译难度大，积极性不高；四是在国外经营中文版图书渠道不畅；五是国人对开拓海外市场缺乏迫切感，在国内出版垄断的保护下，经济效益不错，生存压力不大，不必去冒国外经营的风险。他建议：一、首先要认识中华文化能否在世界上立足，归根到底是中国的国际地位问题，出版是文化渗透与反渗透的重要工具之一，政府、企业都要充分认识参与国际出版竞争、开拓国际出版市场的极端重要性；二、政府要针对出版的特殊性，给予一定的倾斜和保护的政策，使其能够立足于国际市场；三、加强信息交流，拓宽出口渠道，发挥各方面的积极性，利用各种渠道和方式在国外建立出版发行机构。

韩国百济艺术大学教授金贞淑，把韩国的出版政策与外国的出版政策作了比较，认为韩国出版政策只从产业角度考虑，从文化角度考虑不够。她对比了韩国与外国的情况以后，认为"出版与印刷不同，不能只从产业和经济侧面上认识。出版文化是决定一个国家政治、经济、社会兴亡盛衰的精神文化核心，同时又是文化创新的动力。西方发展成为先进国家的立足点，是经济、文化复兴期，而迎接文艺复兴的基础就是出版文化的复兴。所以，他们把出版称为'社会的脸面''文化的标尺'。从这个历史教训中可以认识到出版文化政策是非常重要的，它可以左右国家未来的精神文化。如果国家在政策上重视出版文化，我们的社会将取得更大的发展"。

中国青年出版社原总编辑阙道隆发言，着重从文化角度研究中国出版怎样走向世界的问题。他说，一要了解世界文化和外国读者。只有了解世界文化，才能认识中国文化在世界文化中的地位；只有了解外国读者，才能选择他们需要的内容，选用适合他们的表达方式。二要精心策划走向世界的出版项目。不仅要确定出版物的基本内容，还要研究出版物的写作重点、写作角度和叙述方式。三要不断提高中华民族的文化创造力。要组织一流学者潜心创作具有原创性的文化精品。对于古代文化成果也要用现代眼光进行选择组合，使之具有时代精神和现代意义。四要用国际通用语言介绍中国文化。目前英语是世界最通用的语言，因此可出版用英语介绍中国文化的作品，以便进入西方主流文化市场。

韩国瑞逸大学教授李银国作了各国出版物及著作权出口状况的比较研究。他分列了一些国家图书出口状况以及有关国家的扶持政策，得出：一、东亚国家需要更为积极地开展图书出口活动；二、要加强向英语圈国家的图书出口活动，仿效日本，积极向世界各国介绍有关本国图书的资料，特别是英语资料；三、要像美、日、法、德、英等国那样，推行图书出口的扶持政策，包括与关税和邮费相关的政策，有的国家还设立奖金支持图书出口活动等。他还从韩国情况出发，提出：一、要大力加强图书出口意义的宣传；二、积极培养合格的对外翻译家；三、建立专门机构负责国际交流业务，在网上提供英文资料；四、扩大海外图书发行网络；五、充分利用国际书展；六、充分利用著作权代理机构，目前他们大多热衷于引进，要提供一种环境促使他们重视出口业务。

湖北长江出版集团总经理王建辉作了《探求亚洲国际化出版之路》的发言。他说：扑面而来的全球化正改变着世界，而出版的国际化已成为新的发展方向。与世界出版强国相比，中国出版业的国际化水平还处于较低的程度，但中国的出版业正按照国际化出版的理念改变这一局面。特别是近年来提出了"组建出版集团""造大船"和"走出去，引进来"的发展战略，必将有力地推动中国出版业加快国际化出版之路。他说，亚洲出版业要实现更大范围的国际化出版，中、日、韩三国出版界合作出版的《开创东亚新书路》一书，不仅开辟了"东亚书籍文化"之路，而且标志着中、日、韩这三个汉字文化圈国家的出版界开始走向合作，共同致力于重振"东亚书籍文化"。他指出：版权贸易是国际化出版的一项主要内容，中国、日本和韩国出版业都在积极开展版权贸易，但普遍存在引进多、输出较少的特点，而亚洲国家的出版要走向世界的关键是做好版权输出工作。另外，组建国际化出版公司和出版英文图书也是实现亚洲国际化出版必不可少的内容。

重庆大学出版社对外合作部主任陈晓阳探讨了中国出版如何利用国际书展推进出版国际化的问题。她认为，我们必须了解遍布世界各地的各类国际书展。国际书展的繁荣与否，反映了世界出版业的兴衰，2001年的法兰克福书展参展人数的大幅下降，便是当年世界出版业甚至整个世界经济下滑的折射。要了解各个著名国际书展的不同地域特色、文化特色和专业特色。她提出各类参展人员要有明确的目的，从参加书展中得到收获。学习国外出版社的求真务实精神和国际化的运作模式，使中国出版业尽快与国际出版业接轨，真正把自己造就成为出版大国和出版强国。

中国农业科学技术出版社副总编辑冯志杰提出，未来中国出版业应在国际竞争与合作中发展。他从经济全球化进程不断加快的国际背景出发，讨论了中国未来出版业参与国际竞争的差距与优势、成长环境与发展前景，探讨了不同国家出版企业开展国际合作应当遵循的四个原则：（1）相互尊重对方的文化和价值观念；（2）相互借鉴和吸收对方的先进文化成果，共同推动世界文明进步；（3）共同促进和保护文化多样性，反对文化沙文主义；（4）坚持在世界贸易组织规则框架下互惠互利原则。他指出，随着中国加入世界贸易组织过渡期的结束，国外资本等出版生产要素将不可避免地涌入中国这个出版大市场，特别是出版物销售、复制等领域，中国出版业融入经济全球化大潮并参与国际竞争将成为摆在面前的事实。中国出版业在参与国际竞争的同时，也必然同国外出版企业开展更加广泛的合作；在对国外开放市场的同时，也为自身拓展国际市场创造了机会。他认为竞争与合作既是未来国际出版业的两个重要特征，也是中国出版业发展的两个动力，中国出版业将在激烈的国际竞争与广泛的国际合作中不断得到发展和壮大。

二、关于出版国际化的宗旨和编辑工作问题

中国编辑学会常务副会长邵益文认为，出版国际化就是要更好地为更多读者服务。他着重讲了四点：（1）出版国际化的实质是为了扩大各国间的文化交流。版权贸易、国际合作出版等是出版国际化的题中应有之义，无可厚非，但这些是经济层面的事。出版是一种内容产业，研究出版国际化，说到底是通过出版实行广泛的文化交流，这是问题的实质。文化交流不是文化同化，是更好地弘扬各民族的文化。（2）出版国际化

的主要障碍是语言和文字。语言、文字不通，交流无法进行。语言文字在文化交流中起着两种作用：一是障碍作用；二是保卫本民族文化安全时的屏障作用。利弊得失，全在于出版者的运用。（3）出版国际化的宗旨是为了为更多的读者服务。编辑出版活动的成败、作用大小，最终是通过读者来检验的，读者是一切编辑出版活动的出发点和归宿，如果忘了读者就是忘了出版活动的根本。为读者服务，必须了解读者，尊重读者，处处为读者着想，对读者合理需求尽量予以满足，不合理的要正面引导，最终达到为读者的文化提升服务。（4）要引进优秀文化，抵制腐朽文化。出版国际化中编辑的选择被推到无比重要的地位。编辑的社会责任感在这里具有决定性的意义。

中国少年儿童出版总社副总编辑孙学刚强调了国际化出版中的编辑工作的重要地位。他认为：在图书出版的国际化进程中，编辑人员需要深入思考，并在实际运作中发挥应有的作用。（1）应该由编辑人员来担当引进图书的主导，才能保证质量，避免因盲目引进造成失误。（2）引进图书要以"补己之短"为主，多引进本国出版比较薄弱的、读者又十分需要的品种。（3）编辑要把住翻译质量关。译作要忠实于原著又要适合本国读者的阅读习惯。要严防抄袭行为。（4）要树立"引进"是为了"促进创作"的观念。创作是出版业的基础，引进则是补充；创作是主流，引进则是支流。当前的不足是新的优秀原创作品不多。（5）"双语书"的制作要慎重选择图书的内容，选择语言修养高的译者，并请外国专家把关。（6）要提高编辑人员素质，要讲效益，但不要当利欲的俘虏。

韩国翻译家金胜一考察了汉字文化圈国家中翻译的作用。他认为，翻译在出版国际化活动中具有重大作用。西方把翻译看成是一种重要的创作，翻译作品也可以作为学术论文，但在汉字文化圈却存在轻视翻译作用的问题。他认为从近现代历史上看，对翻译工作的认识不足是推迟东亚近代化的主要因素之一，他认为东亚翻译者的质与量与西方相比差距甚远，应该从中、韩开始改变这种状况。他同时提出翻译家不能被动地接受委托进行翻译工作，因为他们易于接触外来信息，应该主动地寻找时代所需要的信息，并翻译出来提供给读者，为汉字文化圈的和平与发展而努力。

陕西人民出版社编审张海潮，讲了"文化选择功能在版权贸易中的普遍适用性"，他说：文化作为人类在社会历史发展过程中创造的经验、精神和思想的总和，对人类社会的经济生活和物质创造活动有着巨大的反作用。当今世界，文化与经济、政治相互交融，在综合国力竞争中的地位和作用愈益突出。文化的力量，已深深熔铸在社会生活和民族的生命力、创造力和凝聚力中。积极地、主动地、有选择有批判地吸收外来文化和本民族传统文化的精华，已成为当今世界各国与时俱进、构筑领先文化发展模式的重要方面。以文化选择为本质功能的编辑出版工作者，理应在这文化大交流中承担重要责任。版权贸易在形式上是一种商业活动，但隐藏在其后的深层内涵和根本目标仍然是文化的取舍，它不过是出版业文化选择功能在更大范围的扩展而已。做好版权输出，让世界了解中国，是对世界文化宝库的积极贡献；重视版权输入，汲取世界文化精华，是中国出版文化选择的重要使命。

中国台湾中国文化大学资讯传播研究所所长魏裕昌，"从后现代语境探讨文化创意导向之跨媒体出版及其产业发展趋势"，认为出版活动"是人类建立社会群体价值的过程，是一种文化活动，其内涵主要是透过知识文化内容之创作、编辑、复制、传播与阅读，促进社会大众信仰价值分享，借以达到社会教化的目标"。他认为，当前出版环境面临多元力量之冲击，传统出版将出现转型，如媒体形式与内涵之改变、出版产销流程之变革、新阅读习惯之形成等。出版活动在信息时代受到巨大冲击，出现变迁将不可避免。未来出版作为文化创意产业以知识服务社会，将成功地把文化资产转化为出版创意原料、创造出更具有深度和原创性的新文化出版产品，推进新的文化消费模式，促进生活价值的提升，并且共同创造永续生存的社会文化。

三、关于弘扬民族文化和维护国家文化安全问题

广东人民出版社金炳亮，提出了中国出版如何既促进产业发展又维护国家文化安全，既遵守国际贸易的有关规定，又有利于本国出版产业进一步做大做强的问题，认为加拿大的许多做法值得我们借鉴。加拿大紧邻美国，语言相通，与美国同属北美贸易区，国家文化安全问题十分突出。1999 年，外国（主要是美国）公司和产品占加市场的份额分别为：图书销售 45%，杂志发行收入 63%，音像制品 79%，电影发行 85%，剧院演出 97%。美国从来就把加拿大作为其国内市场（统一的北美市场）看待的，而不是把它作为国外市场。在这种情况下，加拿大政府和人民为维护多元文化作了许多努力：一、通过国家立法，"鼓励和推动加拿大观念的表述"，传播加拿大的声音，并对外国投资文化产业进行限制；二、在自由贸易中争取"文化例外"，即不受自由贸易协定限制；三、在文化产品及其服务中强调加拿大内容；四、政府以财政支持方式直接补贴文化产业。终于在保护文化安全方面发生了积极的作用，抵制了美国的文化帝国主义。

韩国世明大学教授金基泰，研究了版权保护对民族文化发展的影响。他不同意"版权是以出版等形式利用著作物时进行限制的一种手段"，认为版权是"对于表示创意而努力创作文化产品的著作者所赋予的法律保证"。充分反映民族固有文化的文学作品，首先能对国内读者产生广泛影响，然后才作为一种商品提供于国际社会，让外国人去选择。这就意味着一个民族的整体性以文学作品为载体，广泛传播开来，如果没有版权保护法规，就会使那种歪曲民族文化的现象泛滥起来。有了强有力的保护法规以后，就可以监督文化产业界，遏止歪曲民族文化的混乱局面。他认为保护版权，就是促使民族文化健康发展。

贵州人民出版社副总编辑唐流德，就"民族文化选题的层次意蕴"发言，认为多民族国家的历史和文化是由各民族共同创造的，继承、发

展和保护民族文化遗产，是人类共同的课题。开发民族文化图书的出版选题，是编辑出版工作者的神圣职责，在出版国际化的条件下，尤其是这样。他认为在民族图书出版选题开发中，应该把握以层次结构问题为中心论点，运用实证分析和逻辑分析相统一的方法，阐明了民族文化选题层次结构的客观存在性，以及遵循其客观法则的充分必要性。通过对民族文化的生存环境特征、民族文化的整合性特点、民族文化遗产保护需求的分析，他提出开发民族文化选题必须坚持其层次意蕴的深刻内涵。通过在民族文化选题实施过程中的合理指导、技术规范、市场机制与公共选择机制相协调的运作方式，可保证民族文化选题开发中的宽阔空间，弘扬民族文化，在出版国际化运作中占据应有的地位。

日本琦玉大学副教授明星圣子发表了《书籍文献的难题——以一个全集为例》的论文，就有关德文文献学的认识，包括校对本的问题，以及作为书籍的界限等问题作了论述。

四、关于书的发展和出版市场运作问题

日本出版学会副会长远藤千舟作了《书的力量与未来》的发言。他对印刷书籍和电子书、网络出版物的优越性作了比较，对印本书籍将要消失的论点作了批驳，强调了印刷图书的力量。他认为，说到底，人们需要能确保"内在信息"永不流失的、方便使用的"物质形态"的东西。许多人以为电子媒体无所不能，事实上，能对人的精神产生最大影响的，能洞察人类的感情，令人产生情感共鸣的是印品书。从这个意义上说，它将永远是人类最好的伴侣。

韩国桂园造形艺术大学教授李起盛，就传统出版在新时期的发展方向作了深入的研究。他认为自 1980 年私人电脑普及开始，从排版到制版发生了重大变化，出现了非纸出版物。他提出了"泛在出版"（指计算机时代的出版）的概念，认为韩国的出版商不能局限于传统出版，要吸

收网民和手机网民作为自己的读者。也就是随着计算机产业和信息产业的发展，出版业也应该相应地向前发展，这样出版才能在泛出版时代得到生存和发展。

日本出版学会会员代表下村昭夫，作了《日本出版业的现状与面临的课题》的发言。他说，日本出版业已经持续了七年的负增长，这种产业发展取向，使业内人士正经历着一次前所未有的痛苦摸索。他从数据分析入手，对日本出版业目前的现状与面临的问题，以及如何才能走出低谷进行了深入的探索与思考。他说，据 2001 年统计，300 家知名出版社的正常收益率为 4.5%，远低于上世纪 80 年代的两位数。销售额和利润率居前 10 位的是信息产业型和教育产业型出版社，如利库特路、贝蕾施科等，而讲谈社、小学馆、集美等传统型出版社的收益日渐滑坡。他分析了日本出版物流通的现状。关于如何振兴日本出版，他提出三条：一、"对选题严格把关，把新书品种猛增，弄得流通机构无所适从的势头坚决刹住"；二、对如何建立销售责任制、如何实现书籍低进价包销展开探讨，要努力减低退货率，又要使营销商能支撑下去；三、加紧培养编辑、营销的专门人才。总的是要从"出版的初衷"出发，从对泛滥的社会信息进行筛选，把真正有价值的信息传递给读者这一宗旨着手，构筑未来出版业的蓝图。他说，日本出版业能从战后的废墟中起步，比较起来，目前的困境比当时要好得多，发展机遇也要大得多，日本出版的未来发展应该是光明的。

日本东京经济大学教授川井良介，以《现代日本的杂志》为题发言，认为杂志的定位应在出版之中。而在数字化时代，所谓出版，"就是通过书籍、杂志等印刷品以及 CD-Rom、DVD、网上杂志等电子化的形态，对信息进行复制、传播、销售的行为"。据此，他分析了 1997 年日本出版业规模达到顶峰以后七年来的变化，得出目前日本出版市场中杂志一直占有 65% 左右的份额，在出版媒体中占有主导性地位的结论，认为这种状况不会在短期内改变。他评述了杂志的分类、不同的特性，以及大出版商对杂志的依赖，提出了杂志决定日本出版走向的观点。

中国编辑学会副会长巢峰在会上论述了"论出版物效益中的矛盾"问题。他说，出版物效益运动充满了各种矛盾，这些矛盾是：出版物的使用价值与社会效益的关系，既有一致性又有对立性；出版物的形式质量、内容质量与社会效益的关系，既有一致性又有对立性；出版物的销售数量与社会效益的关系，既有一致性又有对立性；出版物的劳动投放量与两个效益的关系，既有一致性又有对立性；出版物的社会效益与经济效益的关系，既有一致性又有对立性。他认为，社会效益与经济效益的矛盾是出版物效益运动中的主要矛盾。社会效益是两个效益矛盾的主要方面。两个效益的矛盾运动，形成了社会效益第一，经济效益第二，经济效益服从社会效益，社会效益和经济效益相结合是一种不以人们意志为转移的客观必然性，是编辑出版工作中的一个客观规律。掌握和运用好这个客观规律，才是具有远见卓识的出版者。

日本大学出版协会会员山本峻明教授，探讨了"东亚地区大学出版部的历史与作用"。他说：中、日、韩都有自己的大学出版协会。中国有 94 个会员单位，日本 27 个，韩国 73 个。他评述了三国大学出版社出版物的特征，主要是兼出版教材和学术专著的模式。他认为大学出版社面临的挑战主要来自教育改革和"网上教育"的兴起，提出大学出版社应有新的定位，实现自己的角色转换，这是客观的要求，否则将难以保住自己在大学校园里的生存空间。

清华大学出版社原总编辑蔡鸿程介绍了我国大学出版社的情况。他说，现今中国大学出版社约有 100 家，年出新书约 14000 种，总经营码洋约占全国出版社总码洋数的 15%。一批大学出版社已形成特色和品牌，清华大学出版社、外语教学与研究出版社分别成为国内计算机类图书和外语类图书的首强社。他说，在市场经济条件下，大学出版社面临挑战，一些强社、名社将进入全国知名品牌社或专业出版集团行列；大多数将成为在某些领域内有特色的中小型专业出版社；还有一些社可能被兼并或重组，也可能成为不承担经济责任的编辑出版服务部门。

五、关于出版人才培养、专业教育和国际学术交流问题

韩国出版学会会长李钟国就培养出版专业人才问题发言。他历述了韩国出版教育的目的、性质、意义和成就，总结了韩国出版教育一般在理论教育的基础上更注重业务和技能的培养的教育经验，提出了需要改进的问题：一、改变过分重视技能教育，忽略基本知识和综合能力的培养的偏向；二、改变各大学的出版教育课程缺乏个性特色的现状；三、改变出版界与教育界之间、产与学之间关系不够顺畅的局面。他认为这是韩国出版教育要更上一层楼所要加强和改进的方面。

河南大学新闻与传播学院教授王振铎、武汉大学信息管理学院教授黄先蓉，就中国高校编辑出版学专业教育发言。他们认为，我国编辑出版学高等教育从 20 世纪 80 年代开始起步，经过二十来年的发展，至今已有 46 所大学开设有编辑出版系或专业，并向培养硕士、博士等高层次专业教育发展。编辑出版学专业教材已出版 30 多种，学术专著 50 多种，专业期刊 20 多种。在学科建设与课程体系、师资队伍与人才培养、教材建设与出版科研等方面取得了稳定的发展与长足的进步，为编辑、出版、发行行业培养了大批优秀的高层次复合型人才。中国的编辑出版学已走出国门，与世界许多国家开展了编辑出版学专业教育的协作与学术交流活动，为推动中国编辑出版业融入世界，迎接国际编辑出版业走进中国，为实现全球编辑出版业的共同繁荣作出了贡献。他们认为，随着我国编辑出版学高等教育完备的、多层次的教育体系的形成，未来的编辑出版学专业教育亟须根据多层次的教育体系，培养适合社会需求的宽口径人才，进一步构建产学研相结合的办学模式，将学校高等教育、职工学历教育、在职培训、出版专业职业资格培训、发行员持证上岗前的岗位培训结合起来，在课程体系设置上有所侧重，重视编辑出版学专业学生综

合能力的培养，以便为我国出版行业培养出更多适应实际需要的高层次的复合型、创新型人才。

中国学者、人民出版社资深编辑戴文葆回顾了二十余年国际出版学术交流的发展，历述了国际交流的成就，强调了国际交流的重要意义，认为进一步扩大国际出版学术交流是客观的需要，也是今后发展的必然趋势。

韩国出版学会副会长南奭纯分析了国际出版学研讨会从第一届（1984）到第十届（2001）的发展概况，研究了国际出版学术会议的成果与研究方向。十届研讨会共发表论文 150 篇，其中中国 49 篇（含香港 3 篇），日本 38 篇，韩国 30 篇，菲律宾、马来西亚各 10 篇，美国 3 篇，新加坡、马来西亚各 2 篇，斯里兰卡、沙特阿拉伯、英国、法国、加拿大、苏格兰各 1 篇。他提出今后要加强：一、围绕会议主题的研究；二、以出版学理论为基础的研究；三、出版理论与实务的研究；四、各国学会之间的协商与联系；五、扩大吸收欧美出版学者参与讨论。他认为前十届研讨会的成果，充分地说明了国际出版学术交流的必要性和重要性，应该引起各国出版界的重视。

《中国编辑研究》（2005 年刊）P560，人民教育出版社 2005 年 11 月版

心存读者

出版的根本宗旨是为读者服务，就是通过出版，进行广泛的文化交流，扩大学习、增长见闻、取长补短、共同进步，使更多的读者在文化、科学、艺术、道德素质等方面得到教益。

由于编辑出版活动的根本目的是为了读者，所以，它的成功和失败，作用的大小，最终都是通过读者来检验的，读者既是一切编辑活动的出发点，又是一切编辑出版活动的归宿。编辑学、出版学和一切传媒活动的学术研究，都应把读者放在头等重要的地位，这是不言而喻的。忽视了读者，编辑出版活动就成为无源之水，无本之木，就成为无根据的冲动，无目的的盲动。换句话说，搞出版干什么，究竟为谁出版，说到底，只能是为了读者。这一点，无论哪一个出版者，也不论他自觉或者不自觉都是不会改变的。所以，在编辑出版活动中确立"为读者"作为根本的指导思想，作为处理一切问题的准绳，是客观的规律性的要求。如果忘了读者，就是忘了编辑出版活动的目的，忘了根本。

读者是一个无限多样化的群体，为读者不是一句简单的空话，它有非常丰富的内涵。

为读者，首先要了解读者、调查读者，和读者交朋友。既要宏观地了解读者群的整体状况，他们的政治、经济、文化水平、社会地位、生活概况，以及对精神生活、文化教育、娱乐消闲各方面的需求等等，又要微观地了解具体的、活生生的读者，深入了解他们的理想、追求、工作、生活和阅读状况等等。要根据不同门类、不同层次的出版物，有针对性地对读者群进行调查和细分。如果每一个编辑都有一批，至少是一些很要好的读者朋友，对他们的思想、社会经济状况、文化需求都一清二楚。那么，我们在编某一种书刊的时候，就会自然而然地想到他们，他们的形象就会在我们的脑海中生动地再现。这样，在出来稿件时心中就会感到无比的踏实，编辑工作的盲目性就可以大大地减少。

为读者，就要为读者打算，要事事处处为读者着想。一本书刊，要真正为读者所接受，除了它的内容是主要的依据之外，还有其他许多因素，诸如篇幅大小、开本、定价、设计，包括字号大小、印制质量、出版时机等，这些都应该细心考虑。书的内容再好，形式再漂亮，读者买不起，是没有用的；有些书，开本大，分量重，拿也拿不动，读者即使想看也不方便；有的书动不动成套成丛，一套往往几本十几本，又不拆零卖，销路就会受影响。诸如此类，对读者不方便的情况，恐怕还不少，这些都要为读者着想。

为读者，就要尊重读者，千方百计地为读者服务。首先是把出版物搞好，要提高质量，让读者满意。其次，要加强和读者的联系，认真听取读者对出版物的意见、建议。要认认真真地阅读读者的每一封来信，研究读者的要求，答复读者提出的问题，要尽可能地使读者满意。再次，要做一些力所能及的、乍一看似乎是编辑出版者认为分外的，却是读者所要求的事，如读者要求代买一些其他出版社出版的书刊，了解一些看来与出版无关的信息，只要有可能就应该积极热心地去满足读者，实在办不到的也要诚诚恳恳地和读者讲清楚，切忌置之不理或拒之门外。为读者服务的关键是要真诚、热忱，要基于关心、尊重、爱护读者的立场，真心实意地为读者服务。这里来不得半点勉强，更不能虚情假意。

为读者，根本目的是为了提高读者。我们前面说的，了解读者、尊重读者、为读者着想、为读者服务等等，目的都是一个，就是提高读者，这是读者最根本的利益。一切与这个目的不符的、相反的事情，即使是某些"读者"的要求，也不能做，因为这将违反读者的根本利益。所以，为读者就要捍卫读者的根本利益。为此，我们不仅要了解和熟悉读者，还要分析读者的情况。因为社会是复杂的，读者也是各种各样的，他们分布在社会的各个角落，从事各种不同的工作，有不同的遭遇，不同的环境可能会使他们提出各种不同的要求。其中，有健康的，有不健康的；

有正当的，有不正当的；有科学的，有不科学的；有合理的，有不合理的，都需要进行分析，对健康的、正当的、科学的、合理的，也就是符合读者根本利益的，应该予以满足，而且要尽可能地予以满足；而对不健康、不正当、不科学、不合理的，也就是不符合读者根本利益的，就应该从关爱的角度出发，从正面进行引导，以期提高读者。

总之，是不是为读者，能不能为读者，反映了一个编辑出版工作者的社会责任心和工作的目的性。

在编辑出版工作者的思想上，牢固地树立起"一切为了读者"，把优秀的民族文化推向世界，使它成为全人类共享的精神食粮；把各种不同类型的优秀出版物，有针对性地，用人们喜闻乐见的形式介绍给不同的读者。为人类的文化提升而努力，这就是一切正直的有良知的编辑的光荣职责。

链接：

拉马蒂尼埃是富有传奇色彩的法国出版人，他创办的拉马蒂尼埃出版社，现已成为"法国头号独立出版社"。说到他的成功秘诀就是：懂得广大读者喜欢读什么样的书。

拉马蒂尼埃的可贵之处在于：迎合读者。事事处处为读者着想，尊重读者，千方百计为读者服务。拉马蒂尼埃出版社推出的图书，除了内容是主要的根据之外，诸如篇幅大小、开本、定价、设计，包括字号大小、印制质量、出版时机等，每一项都是设身处地地为读者考虑。

无论是编辑还是作者，他们了解读者，和读者交朋友，他们既摸清读者的政治、经济、文化水平、社会地位、生活概况以及对精神生活、文化教育、娱乐消闲各方面的需求，又掌握读者的理想追求、工作、生活和阅读状况。于是，在编每一本书的时候，自然而然会想到读者，大大减少了编辑、出版的盲目性。

爱国爱民　勤奋正直　造就了现代出版的楷模邹韬奋

　　一个英雄、一个历史人物的造就，必须有一定的客观条件，而这种客观条件对一个历史人物来说，是不可能一样的，或者说是非常不一样的。主观上认识这种条件，改造客观世界，创造出新的业绩，就会在历史的河流中泛起阵阵浪花。韬奋就是在我国抗日战争时期涌现出来的伟大的历史人物。

韬奋爱国主义思想的渊源

　　韬奋在20世纪三四十年代，所以成为著名的政治家、编辑家、新闻记者，成为"出版事业模范"，决不是偶然的，这是他不断认识当时的客观环境，积极地改造客观世界的结果。

　　韬奋出生在一个破落的封建官僚家庭，早年受儒学思想的影响，接受儒学的伦理道德观，认为孝是作为人子的重要品德，不仅要孝父母，这是最起码的，重要的是要"幼吾幼以及人之幼，老吾老以及人之老"，这才是孝的最高境界。所以，韬奋认为，一个人应该做到"不为社会之蠹而有益于社会"，"不为国家之害而有利于国家"。这样，孝的人多了，"则一国之兴不待言"，国家就强盛了。韬奋在这里是把孝父母和忠国家联系在一起的，也就是俗话说的"忠臣出于孝子之门"。可见，早年的韬奋已经把国家看得非常之重了。

　　韬奋的父亲在家道没落、列强瓜分中国之际，曾与人谋实业救国之道，结果当然是失败无疑，但"救国"的思想影响已带给了年幼的韬奋，这是家庭给他的影响。到了中学时期，韬奋很喜欢看梁启超主编的《新民丛报》，也崇拜过美国实用主义哲学家、教育家杜威，杜威在中国提出"实行平民主义教育"的建议，使韬奋的救国思想演变成为"教育救国"的主张。他在一篇文章中说，"国小不足为患，而民愚始足为患"，说"吾国忧时之士，亦莫不以普及教育，开浚民智为兴国振民一大要政"。以儒学为主体的传统思想文化，诸如以"天下为己任"，"国家兴亡，匹夫有责"等国家观念与当时被封建制度、列强欺压的中国的现实相结合，就成为韬奋爱国主义思想的坚实基础。正因为这样，国家大事，中国的前途，从小就为韬奋所关心。1911 年辛亥革命爆发，当时社会上一般人还不很理解的时候，15 岁的韬奋却出现在欢迎孙中山先生回国的人群当中。可见，韬奋当时的思想——爱国救国思想的形成，不仅有广泛的基础和深厚的渊源，而且是很牢固的。

韬奋大众立场的成因

由于家道清寒，当 1912 年，也就是 16 岁的韬奋进入南洋公学时，他不仅要解决自己全部的生活、学习费用，还要负担弟弟的生活费用。所以，不得不靠业余时间当家庭教师，和向《申报》《学生杂志》投稿，以补贴生活。后来，转入了圣约翰大学，这个学校大都是富家子弟，在这种环境里，他更感清贫之苦。"想到平日的苦忙，想到筹措学费的艰辛，想到一天所剩下来的是三四百元钱的债务和身上穿着的赊账西装"，眼眶里不觉"涌上了热泪"。这种经历对他的思想发展有很大的作用，使他比较了解社会的下层，能够接近劳动群众，不自觉地倾向于平民，在感情上与贫苦大众联系密切，易于站在民众的立场，站在贫苦大众的一边，而与贵族、官僚资产阶级相隔甚远。民众是什么？在青年韬奋的心目中，就是"一般有正当职业或正在准备加入正当职业的平民"，"尤其是这般人里面受恶制度压迫特甚的部分"。基于这样的认识，在他接办《生活》周刊之初，就主张"为民众的福利"，积极刊登"农人的苦生活，工人的苦生活，学徒的苦生活，乃至工役的苦生活，女仆的苦生活"等内容，把《生活》办成"平民报刊"。这时，他的平民立场，也就是劳苦大众的立场已经很清楚了。

爱国主义与大众立场的结合给韬奋以力量

由于韬奋具有浓重的爱国主义思想和明显的大众立场，所以，当1928年日本侵我山东，制造"济南惨案"，1931年夏天，在长春制造"万宝山惨案"，接着又在朝鲜枪杀我旅朝侨胞，直至秋天悍然发动"九一八"事变，马上又是1932年"一·二八"上海事变等，每次日寇暴行发生，国土沦丧，民众遭殃，韬奋都义愤填膺，他严厉地批评了蒋介石的不抵抗主义，说不抵抗主义就是要"永陷我们民族于万劫不复之深渊"，"不抵抗主义就是极端的无耻主义"。这时的韬奋已经彻底批判了自己早年受到过影响的封建主义和实用主义的思想，并积极地接受马克思主义，努力成为共产主义战士。他全身心地投入到抗日救亡运动当中，高喊时刻不忘暴日强占济南的奇耻，揭露日本帝国主义的侵略暴行，呼吁"民族团结"，"一致对外"，"同御外侮"。"九一八"以后，他提出"全国同胞对此国难，人人应视为与己有切肤之痛，以决死的精神，团结起来作积极的挣扎与斗争"，所以，胡愈之说"韬奋不是一个思想家，也不能算是一个不朽的作家，但他是一个真正的爱国者"。

韬奋很清楚，当时的国民党政府的心在"攘外必先安内"，不可能抗击日本帝国主义。真正想抗战救国的人，必须依靠民众。只有唤起民众，才能"同御外侮"。所以，韬奋在《生活》周刊上一篇接一篇地发表文章，一次又一次地出版号外。主张"全国上下应有彻底觉悟"，"我们如不能拯救满蒙，即不能拯救中华民族；不能拯救东北三千万同胞，即不能拯救全民族四万万同胞；我们切不可再醉生梦死了，应视此为全民族的生死关头"。在亡国灭种的威胁面前，韬奋认识到工农是反帝救国的"主要队伍"，只有同大多数农工民众站在一条战线上，努力地干，抗战才有力量，抗日救国才能有"希望"。正是这样，他奋不顾身地高举抗日救国的大旗，而向大众、鼓舞大众，共赴国难，誓雪国耻。

这里，韬奋已经认识到，爱国必须爱民，爱国和爱民是一致的，因为抗日救国，必须依靠民众，热爱民众。没有民众的团结一致，共御外敌，就不能抗日救国。换言之，一个爱国者，倘若找不到救国的力量，想爱国，也只能是一种个人的愿望，于事无济，所谓独木难以成林。

民众需要他，他需要民众

韬奋非常看重民众的力量，坚决站在民众的一边，决心为大众服务。主张报刊要反映民众的呼声，刊登反映群众疾苦的内容。后来，又明确提出报刊要作"人民的喉舌"，要"永远立于大众的立场"。他说："我不想当资本家，不想做大官，更不想做报界大王。我只有一个理想，就是要创办一种为大众所爱读，为大众做喉舌的刊物"，"我们一定要创办一种真正代表大众利益的日报"。因此，他非常重视做读者的工作，竭诚为读者服务，把自己的心和读者的心紧紧地联系在一起。他在《生活》周刊上办起了《读者信箱》，而且亲自主持，付出了很大的精力。尽管读者来信，不断增加，每天几十封、几百封，后来竟至上千封，但韬奋从来不肯放弃看读者来信的工作。他说："我每天差不多要用全个半天来看信，这也是一件极有兴味的工作，因为这就好像天天和许多好友谈话，静心倾听许多好友的衷情。"还说，数百封来信"有的提出这个问题来商量，有的提出那个问题要调查；有的托买这件东西，有的托买那件东西"，形形色色，五花八门。韬奋把它看成是难得的调查材料，是社会实际的写真，是读者对《生活》的支持与信任，是"本刊的维他命"，可以从中吸取无穷的营养，是最有价值的。所以，他把读者看成自己的好朋友，主张"服务第一"，并且真正做到了"竭诚为读者服务"。

韬奋正是这样，通过自己主办的报刊，唤起民众，张扬爱国精神，推进抗日救国。正如胡愈之在评述韬奋时说的，"《生活》周刊在宣传反蒋抗日中起了特殊作用。它有广大读者，在它的宣传鼓动下，群众性的抗日救国运动逐渐发展起来了"。1945 年 9 月 12 日，抗日战争胜利后，周恩来在致韬奋家属的慰问信中称赞韬奋说，"在他的笔底，培育了中国人民的觉醒和团结，促成了现在中国人民的胜利。……他的名字将永远是引导中国人民前进的旗帜"。韬奋正是培育了读者，并从读者的支持中获得了力量，取得了成功。依靠读者，把读者当好朋友，这就是韬奋主编的报刊印数能够不断上升，他的出版物能够越办越好，他个人也成为国统区人民心目中抗战救国的一面旗帜的原因。人民对韬奋的支持，必然遭到反动派的妒恨，这也是国民党反动派三番五次查封他主编的杂志，关闭他开的书店，还逼迫他流亡海外，恐吓他，逮捕他的原因，目的就在于千方百计地要切断他和人民群众的联系。

正直是任何一个成功者不可缺少的品格

韬奋的伟大，韬奋之所以有力量，还因为他是一个正直的人，是一个极重人格、报格和店格的人。由于《生活》在读者中的影响一天比一天扩大，韬奋在社会上的声望也越来越高。国民党反动政府和社会上的恶势力，曾多次威胁利诱，不是以高官厚禄，就是用挂空名、拿干薪的"美差"，企图收买他；或者用恐吓信，要他就范；或者散布谣言诬蔑他，诋毁他，妄图破坏他在群众中的威信。但他，不是拒绝，就是揭露，软硬不吃，我行我素。反动政府一计不成，又生一计，下令对《生活》周刊禁邮，禁运。刊物发不出去，经济状况受很大影响，但韬奋宁愿自己带头每月减薪，也不提高刊物的定价，硬是苦苦支撑，弄得敌对势力也没有办法，最后黔驴技穷，只好把他抓起来，关进监牢里，可他仍然不屈服，居然在监牢里写起书来。韬奋一贯拒绝不义之财，不怕流亡、坐牢，就是为了维护自己的人格、报格、店格，做一个清清白白的正直的人。他说，他"不想做什么大人物，不想做什么名人，但望竭其毕生精力，奋勉淬励，把个小小的周刊，弄得精益求精，成为社会上人人的一个好朋友，时时在那里进步的一个好朋友"。他说："生命所寄托的唯一要素"是"精神"，如果没有了"精神"，"那么生不如死，不如听其关门大吉，无丝毫保全的价值"。三四十年代的上海，是帝国主义、封建主义、官僚资本主义统治下的黑暗社会，是光怪陆离的十里洋场，政治、经济、文化斗争十分激烈。从出版方面来说，那是黄色书刊满天飞，各种思想言论混杂的大染缸。但韬奋先后主编七八种报刊，出版上千种图书，绝无宣传封建迷信、诲淫诲盗的东西，连妨碍道德、有伤风化的广告也不登。他说："要把正确思想灌输给儿童青年，决不作反革命开倒车者的代言人"，"为了保持生活书店的店格，宁为玉碎，不为瓦全"，这就是韬奋的信条。韬奋在黑暗的旧社会，仍然能够坚持自己正直、清白、高尚的人格、报格和店格，我们作为社会主义社会的新闻出版工作者，难道还能容忍有不讲人格、报格、社格、店格的事情发生吗？

勤奋是任何一个成功者最起码的要素

韬奋所以能成为"新闻出版工作者的楷模"，还因为他是一个勤奋的人。韬奋的勤奋，是他自己造就自己的最基本的要素。韬奋从小就勤奋好学，他在中学里连续四年被评为"优行生"，在学校里，他不仅要上课，还要兼职做家庭教师，更要为《申报》和《学生杂志》投稿，必须非常的勤奋，如果懒洋洋的，那就根本维持不了学习。韬奋在南洋公学期间，喜欢阅读课外书，诸如海外通讯、人物传记，借以获得认识社会的各种知识。他认为光靠课堂上的学习是不够的，因此利用课余时间读完了《韩昌黎全集》《王阳明全集》《曾国藩全集》和《古文辞类纂》《经史百家杂钞》等书，他贪婪地读书，往往每天都读到深夜。他说："我偷点着洋蜡烛躲在帐里偷看，往往到两三点钟才勉强吹熄烛光睡去。"在工作上韬奋更是勤奋有加，1926 年，他接办《生活》之初，连他自己在内，只有两个"半"人，每期刊物的选题、组稿、写稿，跑印刷厂，送邮局和封发，包括计算和发付稿费，都靠他们自己干，往往是夜以继日还干不完。但即使这样，《生活》周刊的篇幅仍不断扩大，从最初一个单张，扩大到一张半、二张，直至第五年扩展到本子的格式。真不知要花费韬奋多少心血。人们说，勤奋是成功之本。韬奋也是这样，加倍的勤奋，是加倍的成功之本。

韬奋是一面镜子

韬奋之所以能够成为"出版事业模范"，因素可能很多，但是，他的爱国、爱民、正直、勤奋，不能不说是造就韬奋的主要因素。我们每一个从事出版的工作人员，不论是纵横书业、布织经纬的人，还是掌握着一书一刊、一社一店之命运的人，或者是穿梭于作者、读者之间的人，还是奔波于印刷厂或图书市场的人，都应该以韬奋为镜子，照一照自己，把爱国、爱民、正直、勤奋，与自己的思想和工作联系起来，把它落实到每一本书刊的编辑、出版与发行的工作态度和工作作风上，落实到对读者的态度上，对自己的出版观、职业道德，作一次认真的剖析，找出差距，以求改进，而不是言行相悖，或者在一些美丽的光环和崇高的头衔的掩盖下，干那些自以为完全正确而实际上是背离社会主义出版宗旨的事。不要像韬奋所说的，在他们的"脑袋里除了孔方兄外，什么国家民族，什么民众安宁，乃至他们自己的历代子孙之是否将陷为亡国奴，都不在意中，所津津有味与孜孜不倦者，盲目的自私自利而已"。真正把一书一报的出版、一社一店的经营，提高到国家民族的安危、子孙后代的命运上来对待，这就是韬奋的新闻出版观。

2005 年 5 月

《中国出版》2005 年第 8 期；《一切为了读者》P192，首都师范大学出版社 2010 年 7 月版；《邹韬奋研究》第二辑 P76，上海世纪出版集团学林出版社 2005 年 11 月版

职业资格考试是出版队伍建设中的一件大事

当前，我们的国家正处在新的发展阶段，国内外形势发生了深刻的变化，世界多极化、经济全球化的趋势在曲折中发展，科学技术突飞猛进，思想文化互相激荡，各种矛盾错综纠结，改革发展正处在关键时刻，社会利益关系十分复杂，而新情况、新问题又层出不穷，编辑出版作为人类创造精神产品过程中的重要环节，传播人类精神文明和物质文明的重要媒介，置身其间，不仅不能例外，而且舆论是非，关系密切，影响深远。这种新形势对编辑出版工作者提出了更高、更严的要求。他们必须具有较高的政治素质，清醒的政治头脑，懂得马列主义、毛泽东思想的基本原理、"三个代表"的重要思想和科学发展观的基本精神，熟悉党的出版方针和政策原则；在工作中善于坚持原则，明辨是非，又要有良好的职业道德，高尚的情操和精神境界；在业务上兢兢业业，精益求精；在知识结构上，不仅要熟悉编辑出版的基本理论、基本知识和操作技能，同时还需要具备其他专业的专门知识。简单地说，就是既要"专"，又要"博"，要"专"和"博"相结合，最好具有"双专业""双学位"的知识结构。这是时代的需要，形势的要求。但是，要做到这一点很不容易。现在，我们高等学校编辑出版学专业的本科学生并不少，每年毕业的也数以千计，但他们往往不具备其他专业领域的知识。而其他专业的毕业生，又往往不具备编辑出版学专业的理论和知识。情况正是这样，我们现在的编辑出版队伍，大都是高等学校毕业分配或者应聘来的，一般都具有本科水平，学士学位，有的甚至学位更高，这从近几年来我们出版社的硕士、博士数量增加可以看见。问题是他们即使具有博士、硕士学位，但是对出版专业的系统理论和业务知识，仍然知之不多，只好在实践中慢慢摸索、熟悉，这不能不在一定程度上影响工作的更好开展。

正因为这样，2001 年，人事部和新闻出版总署决定，实行全国统一的出版专业技术人员的职业资格考试，而且作为制度加以推行，这样做也更有利于科学、客观、公正地评价和选拔出版专业的技术人才，加强出版队伍的建设。现在，出版专业技术人员职业资格考试已进行了三年。从许多出版社和应考人员的反映看，效果是好的。他们认为通过考试，对从业人员进行了一次出版基本理论和基本知识的系统教育，有效地提高了出版专业人员的理论和业务水平，不仅对应考的中级专业技术人员和初级专业技术人员有较大的帮助，而且对高级专业技术人员也有启迪和激励。有的说，平时忙于业务，只知策划选题、找作者、组稿、编稿、发稿，忙着抓销售、抓印数，完成社里的指标，或者催讨回款。不能时时都想到自己所做的每一件工作，都是受党和人民的重托，担负着引导舆论，传播文化知识的重任。平时也想着出好书，出精品，但这主要是为了扩大发行量，使自己的书在社会上站得住脚，被读者看好，或者是为得个什么奖，为出版社争光，很少想到自己出这本书关系到发展社会主义先进文化，关系到国家和民族的利益。自己的工作是在对社会精神产品进行选择和把关，字里行间担负着重要的历史使命和重大的社会责任。他们还说，有时遇到一些具体工作，如核算成本，确定书价，使用印制材料，往往缺乏知识和经验，需要请其他同志帮忙。现在，通过考试的学习和辅导，清楚多了。所以，他们认为通过职业资格考试，等于上了一次专业理论课和基础知识课，学了许多本来该学但是没有学的知识，对自己是一种实实在在的提高。可见，考试对专业人员水平的提升，对出版队伍建设是有促进作用的。

此外，从过去三年的三次考试结果看，能够通过考试，取得合格成绩的，差不多只占全体参考人员的 30%，或者稍多一点。可见，有相当一部分专业人员并没有掌握应该掌握的知识，由此可见，这种职业资格考试是完全必要的。即使对高校编辑学专业毕业的人来说，也是结合自己几年的工作实践，对出版理论和专业知识的一次复习和检验，可以用自己的真实体会，巩固和增加应有的知识，是有利无害的。

　　第四次出版专业技术人员职业资格考试，很快就要举行，我们希望报考者能认真学习，取得好的成绩。应该说，这不能看成完全是个人的事，重要的是在于把自己培养成为一个合格的编辑出版工作者，是为了更好地做好编辑出版工作，是一件关系到出版队伍建设的大事。只有胸怀大志，才能重视考试，才能取得好的成绩，才能有所贡献。

2005 年 5 月

《科技与出版》2005 年第 3 期；《一切为了读者》P160，首都师范大学出版社 2010 年 7 月版

也谈选题策划

关于选题策划，这几年业界讲得很多，有许多真知灼见，很有道理。我就不想再多讲了，避免吃别人嚼过的馍。不过，有些问题还想唠叨几句。

一、现在讲策划的言论很多，而讲审读的很少，讲加工的更少。策划果然重要，审读加工同样很重要，它们都是编辑工作中的重要环节。我一直认为策划和审读加工是鸟之两翼，车之两轮，缺一不可，我们在实际工作中也不可倚轻倚重，顾此失彼。现在有的出版物选题不错，但出版以后发现质量不高，主要就是稿件本身粗糙，审读、加工工作又没有做好的缘故，这是值得记取的教训。

二、有的同行说，计划经济时代编辑是等稿上门，策划是这几年才有的事，或者说是实现市场经济以后才有的事。这是一种误解，或者是一些年轻同志不了解情况。其实，调查研究、酝酿构思、提出选题，在计划经济时代，甚至更早的时期都是有的。但那时不叫选题策划，叫选题设计，有的叫构思，也有的叫创意，或者是编辑计划。就是你要出书，总得先有个想法，哪怕是很简单的，先有个腹稿，慢慢地充实。尤其是通过读者调查和市场分析，逐步形成文字材料，变成出版方案。这是编辑工作全过程的第一步，这个环节十分重要，它是以后编辑过程中各个环节的一个重要依据，尽管在实践中，可以不断修正，特别在和作者与读者的接触过程中，吸收各方面的意见，可以不断丰富、成熟，是这一本或一套书整个编辑过程中的重要的指导性材料。这个策划搞得好不好，对这本书能不能顺利出版，编辑过程各个环节的工作，能不能协调进行，做到恰到好处，极为重要。所以，有人说，选题策划搞好了，这本书的一半就成功了。可见，选题策划在我们整个编辑工作中的重要意义。

三、策划选题，首先要讲导向与内容。导向是什么，在当前就是要坚定不移地走中国特色社会主义道路，为夺取全面建设小康社会新胜利而奋斗。我们要立足中国社会的政治、经济、文化的实际，促进社会主义先进文化，弘扬中华民族优秀文化传统，同时，吸收、借鉴国外优秀文化成果，坚持洋为中用，真正提高人民群众科学文化素质，满足广大读者的精神文化需求，记录中国现代化建设的进程，传递中国人民科学发展，健康向上的理念作为自己的使命。简言之，我们策划选题的总的目的，就是要引导读者、教育读者，解决好举什么旗，走什么路的问题，这是作为一个社会主义社会的编辑时刻要考虑的问题。

四、策划选题，当然要考虑社会效益与经济效益，考虑读者需求和作者可能，把两者结合起来。作为社会效益，我认为应该考虑"五性"，即时代性，包括政治方向、政策原则；思想性，就是要有见地、有品位，思想上要积极向上，值得向读者推荐；科学性，包括知识性；前瞻性，就是时效性，要适当超前；还有就是本社本门类读物的特殊性。要把这"五性"综合起来。这个"五性"，主要体现社会效益，但又和经济效益分不开。作为经济效益，主要考虑出版时机，对读者的适应性，能适应多大的读者面，市场潜力有多大，成本核算和盈利的可能性。这些是从经济效益上考虑，但在一定程度上又反映出社会效益。

五、策划选题，最重要的就是要创新。创新不是瞎想，不是胡思乱想，关键是要从读者出发，要掌握大量的信息，进行综合与分析，提出一个新的问题，推出一种新的答案。创新，就要在认识上向前推进一步，要有所前进，哪怕是一小步；要把原来的时空拓宽一些，哪怕是一点点，要把原来的深度挖深一点，哪怕是很小的一部分；要把原来的高度提高一点，哪怕仅仅是一小点。

创新就是要独到、特到。独到就是别人没有，大家没有，只有你有；特到就是大家都有，但你的和大家的不一样。给人一种独特的印象。要做到独到、特到，不是轻而易举的，是要下功夫的。功夫下在哪里，要下在调查、访问、看报、读书、上网……掌握多种信息，进行认真思考，要大家八仙过海，各显神通。但总的离不开实践、实际，身体力行。举一个例子，唐代诗人张继有一首诗，叫《枫桥夜泊》，"月落乌啼霜满天，江枫渔火对愁眠。姑苏城外寒山寺，夜半钟声到客船。"这几句诗代代相传，几乎家喻户晓。但大家对诗的内容怎么理解呢？都认为"乌啼"就是"乌鸦叫"，"对愁眠"，不是作者与江枫、渔火对着发愁，或者是江枫与渔火对着睡大觉，反正是一种心情惆怅的写照，多少年来都这么说。也有人有过疑问，认为月落的时候是不同的，难道晚上月亮没有了，乌鸦也叫吗？直到上个世纪80年代初，上海有两位编辑，想把这个事情探索一番，专门到枫桥一带考察，他们经过深入调查，访问当地老人，才弄清楚。原来枫桥西面还有一座桥，叫"乌啼桥"，一百多年前坍塌了，近代以来，人们也渐渐忘记了它的存在。而枫桥对面不远处有一座山，古时就叫愁眠山。这样一来，一首写景寓意的诗就清楚了。原来古文注解，大都是近现代的事，这些注者不接触实际，望文生义，闭门造车。后来的人，人云亦云，才以讹传讹了许多年。这两位编辑对《枫桥夜泊》的考证，可谓独到、特到，也就是创新。

特别需要说明的是作为一个编辑，不仅自己要创新，而且要支持作者创新。支持作者创新，也就是编辑创新。就像19世纪初，德国《物理学年鉴》的编辑们支持发表爱因斯坦《关于光的产生与转化的一个启发性观点》的论文一样。如果像当时有的人那样认为全世界只有12位物理学家能够读得懂这篇文章，而不予发表，那么划时代的相对论的问世就要受阻了。可以说，支持作者创新是编辑创新重要组成部分，是编辑应该有的崇高品格和宏伟气度。

2005年6月

《一切为了读者》P75，首都师范大学出版社2010年7月版

谈谈编辑出版学专业

——在全国编辑出版学专业教育学科建设研讨会上的发言

编辑出版学专业的由来

编辑出版学专业原来是编辑学专业，自 1985 年创办以来，开始是三所高校创设，筚路蓝缕，以启山林。经过 20 年的奋斗，有了很大的发展，这是由于现实的需要，也是和教育界的努力分不开的。现在有多少个，说法不一，有的说 40 多个，有的说 70 多个，也有的说 100 多个。究竟多少个，不那么明确。有人根据教育部掌握的资料说是 43 个，我倾向于这个数字，但也并不排斥其他的数字，因为无风不起浪，出现不同说法，总是有点原因的。但不管有多少个，有一点非常清楚，就是比 10 年前是大大地发展了。目前的问题是这个专业发展不平衡，有的办得好一点，有的问题不少。总的看，包括办得好的在内，都迫切需要提高。

改革开放以后，高校最早办出版教育专业的是武汉大学，他们率先办起了图书发行学专业，时间是 1983 年 9 月。

1984 年 7 月，胡乔木同志写信给教育部，建议设立编辑学专业。1985 年开始在北大、清华、南开试办。从这个时候起，编辑学专业与图书发行专业同时并存。两个专业的学科定位和教育内容尽管显得稚嫩，还是比较清楚的。

1998 年，教育部为修订本科专业目录，把图书发行专业和编辑学专业合并为"编辑出版学专业"，从此就产生了"编辑出版学"这样一门学问。从直观看，这个专业把编辑学、出版学、图书发行学都包括了，专业的口径是宽了，但它的内容却杂了，像出版这样一个行业，其中的学问是五花八门的，可以说无所不包。比方说装帧设计、印刷，其中学问就很多很大，一个"编辑出版学"能包括得了吗？乍看起来一个行业，一个专业，清清楚楚，其实是削弱了编辑学，图书发行学的专业特色，淡化了这些专业的特殊要求，合并在一起，看起来学的知识面宽了，其实是掌握知识浅了。这种专业毕业生，对出版社工作的方方面面，道理上似乎都知道一些，但这种人当不了编辑，也不一定善于搞营销，只能打打杂儿。出版社对这样的人，也确实难安排，不一定要。特别是大出版、大编辑，把书、报、刊、电子出版、电影电视，统统包括在内。一个人不可能在几年的大学生活中掌握那么多学问。否则，就是把知识看得太简单了。所以，编辑出版学不是一个专业，至少是几个专业，如编辑学专业、图书发行专业，或者说是一个系。

这里需要说明，有人把这种情况的出现和建立普通编辑学联系在一起，其实，这和提出创建普通编辑学没有任何关系。普通编辑学是研究各种编辑活动的共性、它们的普遍规律的学问。比如研究法学理论，但不是研究各种法律知识，像宪法、民法、刑法、国际法，学问还多了，一个研究法的也不可能样样都精通，他只能精通其中的一门、二门。又比如经济学，也是一门大学问，它是各种各样经济知识的总称，其中的名堂可多了，每一种都深入掌握，也不可能。普通编辑学也是这样，它只研究各种编辑活动的共同规律，但不研究各门类出版物的编辑工作，如图书编辑学、期刊编辑学、报纸编辑学、电视编辑学、电子出版物编辑学等各种编辑工作的特殊知识。

我们现在的编辑出版学专业包括很多，面很宽，又是教育部公布的本科专业目录当中的规定专业，想改也改不了。在这种情况下，给学生教点什么，只能是仁者见仁，智者见智，专业课怎么开，就变成八仙过海，各显神通了。再加上一些学校受到师资的限制，就因师设课，为老师而开课，只要凑满学时，就可以毕业。这样教出来的学生，不要说出版社不好办，哪个单位也不好办。有的出版社不要编辑出版学专业的毕业生，也就容易理解了。

出版学应该是二级学科

要办好出版教育，首先要解决学科定位问题，前面已经说了，编辑出版学这个专业，包括了不少出版工作需要的各种知识。于是，就有人主张干脆把编辑出版学改为出版学，以为这样就"名正言顺"了。其实，这同样解决不了出版工作需要的各种人才。因为，出版学按它涵盖的知识领域，应该是地地道道的二级学科，在它的下面，再设几种不同的专业，那就可以理顺了。如果出版学不能成为二级学科，只是一种专业，那它必然落得什么都得学一点，什么都不深的局面。落到编辑方面，那就只能是学一点技巧、技能、操作方法。这就是有的人说的编辑工作很简单，不复杂的原因。在持这种观点者看来，编辑根本不用讲导向，不用讲文化含量，只是一种雕虫小技，充其量是一个编书匠而已。这是看人挑担不吃力，好像外面人看厨房里的厨师，就是切瓜切菜，没有看到厨师要给菜定色、定香、定味，同样一个厨师，做同样一个菜，可以是川菜，也可以是粤菜、淮扬菜、苏州菜。各大菜系各有自己的理论，制作方式、风味等方面保持了自己独特的风格。何况，编辑劳动的个性化很强，每一本稿子所面临的内容不一样，问题也不一样，怎么能说只是一种技巧，一种操作方式呢？武大的图书发行学专业很有名，培养了许多人才，不少已成为省级书店的经理，做出了很好的业绩，但请他们去当编辑，就不一定都能得心应手，因为这个专业本来就不是培养编辑的，也不应该用编辑的标准来要求他们，但它现在也属于编辑出版学专业。

编辑工作所面对的书稿，涉及到所有的学科，可以说是成千上万，是五花八门的。所以，各校的专业必须有明确的定位。

编辑学专业要明确培养什么编辑

编辑学专业首先要明确培养什么编辑，就是要加强教育的针对性，要因时因地制宜，搞出自己的特色，如北大的古文献专业，就专门培养古籍整理的学生，培养的要求很明确具体，学生的就业问题也好解决。各校可以根据实际需要，提出自己的重点，如搞书刊编辑学专业，新闻编辑学专业，电视编辑学专业；或者是搞纸质媒体编辑学专业，电子媒介编辑学专业；也可以搞社科书刊编辑学专业，科技书刊编辑学专业，教材编辑学专业，儿童书刊编辑学专业等等。当然，这样办学，必须建立在调查研究的基础上；必须更多依靠相关的出版单位，它也会逼着你去将教育与实践更紧密地结合。

编辑学专业是一种实用型专业，必须和实际工作部门紧密结合，不管你这个学校多么名牌、多么权威。你办出版教育就必须放下架子，向出版社求教。也许有的教师本身就是出版社的基本作者，平时见了编辑也不放在心上，但你在办出版教育的时候，到出版社去，你就是学生，必须虚心求教。我们有的大学与出版部门的关系搞得比较好，如武汉大学，他们得到湖北出版部门的支持、帮助，教育工作也很有成绩，但有的大学，在这方面差一点，看来，应该改进。

要培养高素质复合型的实用人才

其次，要明确培养什么人。这一点大家都清楚，要培养高素质、复合型的实用人才。这个提法是正确的，但是现在有人把重点放在"实用人才"上，于是就批评我们的出版教育重理论、轻实际工作能力，要求弱化编辑的把关功能，加强策划、包装、营销功能，多讲实际操作的课程。有的人还以外国作例子，说美国就是只讲操作，不讲理论。如果这样发展下去，我们的出版教育就会从高等学校退出来，因为光讲操作，就会像有的人说的那样，"编辑工作不复杂"，根本不需要搞什么本科专业；只讲操作，根本也谈不到高素质、复合型人才。最近有一个农村图书馆，要我支援一点给中小学生看的文史图书。这方面的书，我是有，但在几年以前，已经统统送给我家乡的县图书馆了，现在留下的大都是出版方面的书，没有书，就只好上书店去找，一看好书很多，但大部分是本厚部头大，装帧很讲究，定价当然也不菲，送到农村好像也不合适。另有一些书打开一看，本子不小，图很多，文字很少，没有多少知识内容，还印得黑一块、白一块、灰色的又一块，看起来很吃力。如果都编这种书，那说实话，确实并不复杂。但图书毕竟是精神产品，要讲思想导向、要讲文化品位、要讲知识含量，如果当编辑的本身知识不多，他就不可能编出富有知识的图书；如果编辑本身思想品位、精神境界不高，你要他去编出高品位、高境界的图书，那也是缘木求鱼，不可能的事。所谓床底下放鹞子，大高而不妙。所以，高素质的人才，不仅仅是能力，重要的是知识含量，更重要的是思想品位、精神境界，也就是要加强思想理论和品德教育的课程。

培养编辑一定要德育为先

最近，在全国加强和改进大学生思想政治教育工作会议上，胡锦涛同志强调指出：高校必须把培养中国特色社会主义事业的建设者和接班人作为根本任务；要坚持学校教育，育人为本，德智体美，德育为先方针。什么是德育为先，就是在德智体美全面发展的基础上，强调重视学生的政治思想素质。近几年来，党和政府一再要求贯彻素质教育的方针，但有的人把它理解为重智轻德，重理轻文，这是片面的，实际上是急功近利，浮躁心态的反映。我们培养的学生如果只会做事，不会做人，只关心自己，不关心国家、集体，不关心民族的未来，那只能是教育的失败。目前，教育中忽视人格塑造，不谈操守形成和道德教育缺失的状况，是很危险的。造成这种状况的原因很多，有西方文化思潮和观念价值、生活方式的冲击，有市场经济的某些负面影响，加上经济成分多元化，利害关系复杂化，造成有些大学生信仰迷茫，信念模糊，价值取向扭曲，诚信意识淡薄，社会责任感不强。这种状况告诉我们，教育必须在德智体美全面发展的基础上，坚持德育为先，要认真强调思想政治教育。出版是内容产业，编辑是生产、创新精神产品的，他们生产的出版物将影响人们的精神世界，指导人们的实践活动，就更需要强调德育为先。也就是当编辑的人，必须先学会怎么做人，使他们具有正确的世界观、人生观和出版价值观。

特别是在目前，改革深化、出版转制的条件下，追求利润的因素，对有的出版社来说考虑很多、很重，有的甚至是唯利是图，把经济效益看得高于一切。因而必须培养建设一支能够切实贯彻党的出版方针的队伍，这是首要的。

编辑应该另有专业背景

编辑出版学专业的学生，不能光懂策划、包装、营销等出版业务知识，还要强调有专业背景，至少一门，二门更好。现在出版社的出书范围，虽然在一部分图书上有所突破，但专业分工还是存在的，即使在一些综合性出版社，它的编辑部（室）还是按学科或相近学科来划分的。所以，当编辑的光有出版业务知识，没有专业知识，就难以胜任。根据这种要求，必须加强硕士生教育，招收有专业背景的学生，再进行编辑出版的硕士学位教育，或者搞"双专业""双学位"教育，也可发展"3+2教育"，即专业知识占"3"，出版知识占"2"，保证学生既有专业知识，又有理论水平和出版业务知识，而且是思想道德高尚的人。可惜，虽然各方面多次呼吁，但是"编辑出版学专业"迄今未能列入国家《授予博士、硕士学位和培养研究生的学科、专业目录》，这个问题已经成为进一步提高和发展编辑出版学专业教育的关键，人才决定一切，这个问题不解决，将不利于培养高素质、复合型的编辑出版人才，不利于出版事业的发展。

编辑是商品生产者，但不能是商人

有人反对理论课程，说空洞理论没有用。为什么一说到理论就是空洞的呢？理论是指导行动的，是塑造世界观、价值观的基础。如果排斥理论，就是不了解中国的文化传统，不了解中国特色的社会主义，不了解中国特色的社会主义出版工作。中国出版没有科学的理论指导，那不就和西方一样了吗？

有人主张培养儒商，我认为，如果说图书发行工作者，说他们是儒商，还有点沾边的话。那么编辑决不能是儒商，因为所谓"儒商"，本质仍然是商人，目的还是在于获利。但编辑是精神生产者，是积累文化、创新文化、传播文化的，他更应着眼于民族形象和读者利益。也许有人会问，既然图书是商品，出版企业是市场的主体，为什么编辑不能是商人。图书是商品，企业是市场主体不假，但编辑只是商品生产者，正像工厂里的工人，他们是商品生产者，但他们仍然是工人，不是商人。有人说，许多出版社的编辑参与营销，参与营销也只是掌握和运用信息，向读者进行图书宣传，但平时不直接经手买卖图书。

师资问题

还有一个师资问题。根据上述培养学生的要求，对编辑出版学专业教师的要求当然不会低的，不仅要有专业修养，要有教育经验，还要有足够的实践经验，以及高度的社会责任感，更要有相当高的境界。我们现在的教师队伍，总的看是好的。但如果用上述几条来要求我们现在的教师，也是有不足的，比如要有出版实践经验这一条，据我所知，在我们现在的专业教师队伍中，这样的教师不是没有，但不是很多，绝大多数人没有进过出版社，没有做过编辑出版工作，这只能说是一种缺陷。实践经验对实用型专业的教师十分重要。有一篇文章说：在美国，人们认为最理想的新闻专业教师是有经验的记者，斯坦福大学新闻学系主任亨利和加利福尼亚州立大学契科校区文理学院原院长布什认为，从事新闻学的教授，一定要由资深新闻工作者担任。斯坦福大学新闻系的教授，许多都从事过 10 年以上的新闻工作。其中，有的担任过哥伦比亚广播公司新闻部主任，有的原来是旧金山电台的节目制作负责人。一些在社会上享有盛名的老报人、老记者……被聘来担任教授，用他们丰富的经验教导青年学生。在美国，考核与评定新闻学教授的条件，不单看有没有论文，重要的是强调有多少年的新闻工作资历和过去发表过的报道。

虽然，中国不是美国，出版不是新闻，但新闻和出版都是实用型专业，新闻教育的经验还是可以参考的。因此，要提倡现有的编辑出版学专业的教师，到编辑部去实习，或者请一些经验丰富的编辑来给教师讲专业课，或者建议学校里聘请一些有经验的编辑来当专业课教师。记得专业初创时，南开大学的赵航老师曾经聘过编辑人员当教师，有的还在学校里住了一年多。事非经过不知难，没有实践经验，有些东西是体会不到的。我这样说，不是说没有在出版社工作过，而现在正在讲专业课的老师不能讲课，而是希望他们获得第一手经验，把课讲得更好。

出版社从社会上进人，要补编辑出版业务这一课

现在有的出版社不想要编辑出版学专业的毕业生，有的进了几十个编辑，没有一个是科班出身的。从社会上进人，可以理解，笔者曾经经历过这个事。"文化大革命"以后，我所在的出版社开始恢复出版业务。那时候，书店里书很少，史称"书荒"，所以出版恢复很快，但人手奇缺，当时还没有大学生引进，只好从不同行业进人，当时正是社会人员结构重组的时候，人才游移，各种人都有，进来的人，有教师，有银行职员，有工人，机关干部，工会干部，还有农村电影放映员，转业军人。这些人原来基础比较好，进了出版界以后自己又很努力，后来，有的当了社

长、副社长、总编辑、副总编辑，有的成了某一方面的名人、专家。所以，从社会上进人，不是从今日始，是早已有之。现在，有的教育出版社愿意从教师队伍中进人，也完全可以理解。教育出版社从教师队伍中进人，首先是专业对口，又有几年教育经验，来当教育读物的编辑，那正是如鱼得水，双方满意。但他缺编辑出版业务知识这一块，还是应该补上，这是一；第二，干了教师几年，转到出版工作上来，工作大方向一致，但工作特点不同，这些人可能不熟悉读者、市场，不懂得出版工作的双重属性，也不知道出版业本质上是一种服务性行业，因此，需要有一个适应过程。当然，现在情况不同了，人才流动性很大，但从一个出版社考虑，应该力争建立一支比较稳定的队伍。如果能从毕业学生培养起，应该是更好一些。

出版社录用编辑出版学专业的学生要实事求是

出版社接纳编辑出版学专业的学生，也要实事求是，进学生就是学生，不能用进专家、进编审、副编审的标准来要求。专业毕业生进出版社，是门当户对，可以比较快地接上手，但也不能要求一进来就按编辑骨干使用。大学生一进出版社，也只是一个助理编辑，他还要参加各个环节的实践，一般是先当一年半载的校对，然后再到某一个部门工作。因此，同样有一个熟悉适应的过程。大家到这里开会，还会有个熟悉环境，熟悉同行的过程哩，一个大学生到一个新单位，能没有一个熟悉过程吗？就算你是一个专家，把你调到另一单位，你就一定能很好地发挥？恐怕也要有个时间来适应。

关于骨干课程的设置

关于编辑出版学专业骨干课如何设置的问题，作为一个专业，应该有共同的骨干课程，但这不是一个简单的问题。近日报载：成立于1912年、有90多年历史、曾经培养许多优秀新闻工作者的哥伦比亚大学新闻研究院，进行了一场席卷美国新闻教育界、新闻界的"当今世界需要什么样的新闻学院"的大讨论。它就涉及到培养模式和课程设置等问题。其根本原因是，新闻行业是一个重要的行业，然而它却渐渐被商业和其他利益所支配，出现了各种各样的问题。讨论经历了足足一年，结果比较趋同的看法是：应付上述现状的一个最好的方法是，让新闻业具有更坚定的标准和价值观，以便使新闻工作者有一种天生的抵抗力。为了达到这个目的，大学应该起到关键性的作用，担负起更多的责任，让学生去履行服务公众利益的责任。这说明课程设置问题不是一个一般的问题，它涉及到办学理念、学科定位、培养模式等一系列重大问题，是一个值得认真研究的问题。

我的想法是：这种骨干课程的设置，要坚持这样的原则：一、要从社会主义精神文明建设着眼，从出版工作的根本任务出发，落实人才战略的要求来确定，同时也要看到出版改革深化、市场经济发展条件下，我国出版的实际状况；二、课程一定要贴近编辑出版工作的实际，不是因师设课；三、坚持学生有专业背景的前提下来考虑出版教育的骨干课程。据此，我认为可以分为两个层次。第一层次，凡是编辑出版学专业的学生都应该学的，即：出版方针和出版学原理，编辑学概论，书刊发行学，编辑出版史，书刊编辑学，现代出版技术、出版法规与职业道德，出版经营管理，电子音像出版史，版权与图书贸易，国外出版，传播学概论等。第二个层次是：根据不同学校设置专业的侧重点不同，骨干课也可以有所不同，如以编辑为重点的，要加重文化知识、语言修辞和必要的古文等课程；以培养发行人员为重点的要突出营销、市场调查、图书宣传和广告等课程；以培养经营管理人员为重点的要注重成本核算、企业管理、人才管理等课程。

2005 年 7 月 3 日

编辑　营销　阅读率及其他——当前编辑出版工作中引人思考的一些问题

——在中国编辑学会第十届年会闭幕式上的讲话

这几年，我国出版业发展很快，你如果走进新华书店看一看，各种各样的书，琳琅满目，应有尽有。有的书城，规模大，品种多，不说世界，至少在亚洲，比起日本、新加坡、韩国的书店来，不仅毫不逊色，而且有过之无不及，成就巨大，人所共见。问题当然有，而且是多方面的，有些还比较突出。

一、编辑工作是信息社会出版传播活动的重中之重

这次年会，学会秘书处收到了约 80 篇应征文稿，其中有相当一部分是讲出版营销的，或者是文中相当部分的内容是讲出版营销的。而这里讲的营销，也不是出版社的整个出版营销活动，主要还是集中在图书发行方面，由此可见，图书发行现在已经成了出版业的热门话题。换句话说，图书发行现在已经成了一个问题，用业界的话来说，叫作"瓶颈"，或者说是一个亟待解开的"扣子"。现在有的出版社库存满仓，一时里还看不到可以销售出去的兆头，这怎么能不着急呢？其实，图书库存不奇怪，出版社和工厂一样，总要有库存。有一定的库存是必要的，合理的，问题是有的单位库存过量，这就要注意了。现在库存较多的情况也不是哪一家出版社特有的现象，可以说还是比较普遍的，或者说只是大小、多少之分而不是有无之区别。有人认为这是市场经济条件下，出版竞争激烈，又加上书店不存货，出版社不得已而出现的状况。

但我个人认为，主要的原因是信息社会逐步形成，信息如潮水般涌

来，许多内容对我们编辑来说，都是新鲜的，认为可以找些专家来加以整理出版。想传播新的信息、知识，用意不能说不好。但是，问题在于缺乏向读者作认真的调查，看看多数读者，究竟要什么，包括他们想知道些什么，喜欢什么样的形式。如果这些问题没有搞清楚，只是往市场上跑一跑，到书店、书商那里问一下，想大概，凭印象，就拍脑袋出书。书出来了，但卖不出去，于是就抓营销，做广告，这样做可能有一点效果，但也不一定，很可能是大多数的书还是躺在仓库里睡大觉。毛泽东同志说过一句家喻户晓的话，"没有调查，就没有发言权"。可我们有些出版社，不作或很少作调查，却一刻不停地出着书。编辑没有直接向读者作认认真真的调查，不知道读者的真正需求，出书没有针对性，供非所需，书卖不出去，这就不奇怪了。更何况现在同类书，大同小异的书多得很，读者可以随便挑，没有选上你的书，你一点办法也没有。一位当过多年编辑又转到发行部门的同志说：做编辑时选题是可以即兴的，而发行渠道建设却不是即时能实现的，所以，编辑的产品设计一定要和本社的发行渠道相匹配。我们出版社的社长、总编辑和所有的编辑，真的应该直接向读者作一番认认真真的调查，哪怕一年只有一次也好，至少要弄清楚真正的读者要什么样的书，或者你出的书为什么会积压。

解决了针对性，还要把握质量。作者写了书稿，编辑必须根据客观实际和读者需求，进行认真的审读，精细的加工，要讲导向、讲品位，力求把书稿质量提到最高。绝对不可以为了抢时间，占市场，就仓促出笼，造成一出书成千古恨，若要卖出难上难。信息选得准，书编得好，符合读者的需要，读者就会兴高采烈地去买。反过来，信息抓得不准，编辑工作又不到位，你花最大精力抓发行，再多派几个能喝酒的去搞发行，也只能事倍功半，甚至是一无所获，这就是信息社会的现实。

在信息社会里，在海量信息面前，编辑的选择和加工功能，已被推到历史上空前重要的位置。选出最适合读者的信息和知识，是最重要的；把书稿优化成最为读者喜闻乐见的精品，这是真正的对读者负责，这是社会主义精神文明建设的需要。作为一名编辑，必须以精品来要求自己经手编辑的每一本书。如果没有这种精品意识，觉得马马虎虎，过得去就可以了，这就麻烦了。如果每一个编辑都放出一种平庸书来，那全国就会有几千种平庸书，这对社会主义精神文明建设来说，只能是一种累赘，或者说是一种负效应；对编辑来说寒夜自问，也只能徒增一份内疚而已。

　　我想说的是图书推销不出去，作为出版社的领导当然要抓发行，抓促销，这是完全必要的。因为发行工作和编辑工作一样，它的好坏，决定着出版社工作的成败。一个出版社出的书，如果无人问津，这个出版社还能维持下去吗？有人主张从全社，从编辑部找一些有知识、有经营头脑、有能力的人到发行部去做图书发行工作。如果这样做，真能改变发行面貌，我当然举双手赞成。因为不同的人做工作，效果是会不一样的。但是，一位有经验的发行工作者认为：一本书能否在有效的渠道中通过有针对性的手段，实现充分的销售，发行部门显然是没有十足的底气。[①]可见，抓发行，效果如何？也还是一个未知数。所以，重要的是要抓编辑，抓编辑出书的针对性，是不是适销对路，这是抓根本。现在有的地方，一个编辑5个书号，编辑有了书号，就找作者谈，把作者包销多少册定下来，接着问书商要多少，最后向书店公关，确定订数。好说歹说，有了7000—8000册，就认为万事大吉，至少可以保本了，马上向社里汇报，印数10000册，看起来还是挺落实的。书一出来，作者2000册拿走了，书商3000册拿走了，只是书款要不回来，新华书店3000册也拉走了，可是三四个月一过，2800册退回来了。加上多印的2000册，这样加起来至少有4800册进了仓库，无人问津，长眠不醒了。究其原因，应该说编辑为出这本书，确实忙了一大通，可他根本没有见过读者，也不知道这本书的读者在哪里。

　　所以，一个出版社出书要保证质量，要适销对路，首先要抓编辑，决不能把书号一分，就让各个编辑自己去折腾，总编辑就等签字发稿，

---

① 参见《中国图书商报》，2005年8月12日。

社长就等看收钱入账。如果这样，情况肯定好不了。所以，编辑活动是出版传播活动的重中之重。

二、阅读率走低和无书可读告诉我们，只有精品才能拥有读者，占领市场

2004年10月29日，上海《文汇读书周报》报道，2003年，上海40家出版社加上所有的发行印刷单位，全部利润不足5亿元人民币，而盛大和九城两家网络游戏公司当年的利润竟达5亿元，报纸慨叹：图书销售状况如此不理想，读书的人都到哪里去了？

差不多同时，《光明日报》根据中国出版科学研究所的调查，发表了我国《公众阅读率持续走低》的报道：2003年，国民的读书率比1999年下降了8.7%，其中城市下降了7.8%，农村下降了9.6%，全国只有5%左右的国民有读书习惯。至于原因，报道说，一方面没有时间读书；另一方面，新型媒介对传统纸质传媒产生了巨大冲击。

那么，在电脑偏少的农村，读书的情况又怎么样呢？

最近，看到河南省沈丘县新华书店同志写的《农民读书现状》一文，文章说全县125万人口，2004年人均购书0.2元，原因有三：

（1）"读书无用论"死灰复燃。高校巨额收费使农民对求学望而却步，上学花不起钱，不如进城打工实惠。民工进城，使农村图书市场失去了一个重要的读者群。

（2）适合农村读者的书太少，有的书一身贵族打扮，农民望而生畏；有的书信息滞后，或受地域限制，不合农民需要；大部头、套书，农民买不起。

（3）时间上受其他娱乐活动挤占，近年来，有些人沉迷于扑克、麻将，所谓"十亿农民两亿商，还有八亿摸麻将"。

以上情况说明当前网络传播、网络游戏、其他娱乐活动与书刊争夺

读者的问题非常突出。现在传播渠道多了，看书的人反而少了，说明图书出版的外部环境变了。但是，更应该看到有个读书风气问题，现在不少人只讲实惠，读书不如做生意赚钱，这种功利取向，使读者活动被边缘化。有的人即使读书学习，也是为了考大学，目的在于将来能找到一个收入高的工作。现在的一些民办学校，收费很高，标榜的是培养高官、能人、明星、院士。这种教育导向无益于学习型社会的形成，也无益于社会读书风气的养成。以功利为圭臬，读书显得无用。可以说是读书的人减少的外部原因。不要以为"无书可读"只是知识分子的声音，社会上一般青年也有这个呼声，只是出版社不调查就听不到罢了。上面说到农民进城，农村读者流失。这些人进了城又怎么样？现在北京各商家、单位、居民小区有许多保安人员，大都来自农村，工资 800 元左右，大多初中文化水平，高中很少，每天工作八九个小时，其他时间就打扑克、睡大觉，问他们为什么不看点书，学点东西，他们说："没有书"，"没有人管我们"。这说明，这些人不是不想读书，也是没有形成风气。

读书的人减少，原因是相当复杂的。"无书可读"和存在已久的"买书难"告诉我们，除了外部原因以外，我们还应该看到出版内部的原因。因为外因只有通过内因才能起作用。而我们也只有找出内因，认识内因，解决好出版内部的问题，才能使情况有所改变。

出版本身的问题，主要有以下几点：

（1）近几年出版业发展迅速，品种增长很快，新品种层出不穷，令人目不暇接。有人曾经很纳闷地问，为什么现在图书的寿命越来越短，甚至不讲图书寿命了。这个问题不奇怪，只要了解一下现在图书流动的一般情况，就可以知道大概了。应该说，现在好书、精品书还是不少，但是除了《辞海》《现代汉语词典》等一些著名品牌以外，不少都湮灭在大量的一般图书当中。图书推荐工作也做得不够。一本新书到了书店，有的上不了架，有的能上架也站不了几天。很快就被其他新书代替了，甚至被退货了，这本书的生命周期，大体上也就这样结束了。何况现在同类书很多，使真正想买书的读者，一进书店，眼花缭乱，一时难以下手。图书是精神产品，和一般的物质商品不同，一般的物质商品一次买得不好，用完了可以买另一种牌子的产品。图书则不同，质量有没有保证，差错多少，读者都要认真考虑，至少同一内容的书，不可能买好几本，必须经过仔细的挑选，而且一本图书，往往不是一个人用，甚至不是一代人用。买到好书，当然能够受益，如果买了质量不高的书，不仅知识内容受到影响，弄不好还会上当受骗。所以，读者买书，不能不货比三家，谨慎一点，完全可以理解。但是书店不等人，几天一过，很可能一本书已经下架了。这也许就是"买书难"或者读者感到"无书可读"的一个原因吧！

（2）一些出版工作者受到拜金主义影响，被利益驱动，没有真正下功夫去做精品书，重点书。现在，大家争先恐后往教辅读物上挤，弄得从中央到地方，各级教育部门都动员起来编教辅读物。有些教辅读物，错误百出，贻害青少年。现在有的出版社（非专业教育出版社），教辅读物在出书品种中所占比例很大，超过50%，甚至更多。在这些出版社，编辑的精力都放在教辅读物上了，其他的图书，实际上已变成陪衬。一方面，读者真正想要的书买不到，另一方面又有不少的书要压仓。这是造成图书积压和"无书可读"的又一种原因。

（3）跟风出版，"克隆"图书，使读者无所适从。现在一个好点子出来，一本书畅销了，不几天就可以出来大同小异的十几本，几十本书。读者看了，不知道究竟买哪一本好，干脆都不买。尤其现在的少儿图书，"克隆"现象十分普遍，在童话、古典名著解读和古诗词赏析等方面，尤为突出。一个小读者随手从书架上抽出一本童话，说："这个故事我在格林童话中看过，这里只是把'小松鼠'换成了'小白兔'。"面对如此众多，内容又大多雷同、缺乏新意的图书，不能不令家长无所适从。有关人士说，现在一些非专业少儿社，抢着出少儿书，他们既不调研，又不认真策划，只抄袭别人，结果导致许多少儿书内容似曾相识的局面。[①]这种书读者不买，一点也不奇怪。因为是不是跟风，是不是"克隆"，在原创者、原出版者看来，很清楚。可是，等到"跟"和"被跟"的、"克隆"和"被克隆"的书都上市以后，读者就很难分得清楚。再加上有的盗版书也乘机混在里面，更是真假难分。这也为读者买书增加了难度，也使得有些书销售不畅。

三、知识就是力量，必须有精神动力和思想保证

弗兰西斯·培根的名言"知识就是力量"，大家已经很熟悉，但是，知识必须以精神作为动力，以思想作为保证。没有精神这个动力，没有思想的保证，知识就可能迷失方向。所谓精神，也就是人文精神，就是理想、信念、奋斗目标、道德和人格。科学知识和人文精神，是互相依赖，不可分离的。

一个编辑出版工作者，应该有知识，但更重要的是要有理想、信念、道德和品格。没有道德，没有品格，知识再多，也很难成为一个自觉的社会主义者，当然也很难成为一个合格的社会主义编辑出版工作者。胡锦涛同志在"全国加强和改进大学生思想政治教育工作会议"上强调指出：高等学校的根本任务是培养中国特色的社会主义事业的建设者和接班人。学校教育要坚持育人为本，德智体美，德育为先的方针。什么是德育为先，就是在德智体美全面发展的基础上，强调培养学生的政治思想素质。近几年来，党和政府一再要求贯彻素质教育的方针，但现在有的人把这个方针理解为重智轻德，这是非常片面的。一个大学毕业生如果只有知识，只会干活儿，没有理想、信念和道德；只关心自己，不关心国家、集体，不关心民族的前途和命运，那只能是教育的失败。培养学生是这样，被称为"人类灵魂工程师"的编辑出版工作者当然更应该是这样。

---

① 参见《光明日报》，2005 年 8 月 11 日。

出版是传播文化知识的，这是众所周知的。但知识这个力量怎么爆发出来，怎么使用，还必须有精神作为动力，有思想作为保证，有道德作为规范。知识再多，如果没有精神作动力、没有思想作保证、没有道德作为行为的规范，知识也可用来为非作歹，金钱也可以用来危害人民。这就提醒编辑出版工作者，在传播文化知识的时候，切不可忘了人文精神。

四、认真把坚持社会效益放在首位，积极弘扬职业道德

现在图书市场上出现了一些不好和不健康的读物：有的宣扬封建迷信、妖魔鬼怪，反科学或宣扬伪科学；有的品位不高，格调低下，媚俗煽情甚至夹杂着暴力、色情内容；有的质量低劣，错误百出。为赚几个钱，居然置社会主义精神文明于不顾，竟然违背广大读者的利益，公然出版那些不良图书和不健康的读物，贻害读者、毒害青少年，甚至祸害子孙后代，这不是有悖于社会主义编辑出版工作者的良知和品格吗？

君子爱财，取之有道。赚钱可以，必须不辜负读者，无愧于国家和民族。不然，即使赚了钱，也不可能心安理得。以牺牲精神文明为代价赚来的钱，不可能给社会带来好的影响。所以，必须坚持把社会效益放在首位，做到社会效益与经济效益的结合。尤其从目前情况看，对那些唯利是图的出版单位领导人来说，要强调把落实社会效益放在首位，要大力弘扬出版工作者的职业道德。作为一个社会主义编辑出版工作者，应该时刻注意摆正两个效益的关系，弘扬职业道德，严于律己。任何时候都不可以心存侥幸，以致铸成大错，追悔莫及。

2005 年 8 月

《中国图书商报》；《一切为了读者》P78，首都师范大学出版社 2010年 7 月版；中国编辑学会第 10 届年会论文集《新形势 新思路》P7，复旦大学出版社 2006 年 8 月版

从编制"十一五"选题规划谈起

　　这次会议的主题是：在科技出版单位面临新形势、新体制、新技术挑战的条件下，结合"十一五"选题规划的制定，着重研讨科技出版单位中长期选题规划的形成思想及规划如何进行的问题，交流加强编辑策划功能与管理工作的经验等。这个主题从宏观到微观，涵盖了编辑工作的许多方面，现在来讨论，应该说是及时的和必要的。

　　我仅就这次会议的主题讲几点想法：

　　一、"十一五"选题规划的重要性不言而喻。你们这次会议研讨"十一五"规划的有关问题，是非常鼓舞人心的。出版社中长期选题规划，十分重要，它决定了今后很长一段时期内出版社的工作。所以，我们说五年选题规划，是出版社在这个时期的工作纲领，奋斗目标，是出版社的宣言，是出版社的旗帜，也是出版社的追求。尤其是"十一五"规划，它是我国进入新世纪的第一个五年规划，是我们实现现代化建设第三步战略部署的第一个五年规划，也是我国社会主义市场经济体制初步建立以后的第一个五年规划。是出版转制启动以后的第一个标志性的规划，所以，它必然是这个时期内各个出版社全体工作人员，特别是领导班子意志和追求的体现。

　　在制定"十一五"规划的时候，我们不能不考虑国内外的形势，考虑各种机遇和挑战，以及我们可以预见的即将发生的一些重大事件。在这五年当中，也就是"十一五"规划期间，我们将召开党的"十七大"，我们将举办北京奥运会和上海世博会，将迎来新中国成立六十周年的庆典。在世贸组织中，我国将结束过渡期而成为世贸组织的正式成员，我国的经济将进一步融入经济全球化。

　　根据有关专家对中国经济增长潜力和前景所做的分析和预测，

"十一五"期间，我国经济的年增长速度将保持在 8% 左右。如果按 2004 年不变价格计算，2010 年，我国的 GPD 将超过 21.5 万亿元人民币，折合美元 2.6 万多亿元，考虑人口因素，人均收入将在 1900 美元左右，就是在现在的基础上基本上翻一番。达到目前世界上中等收入国家的水平。国家工业化程度会进一步提高，农业劳动力的比率将进一步下降，农业机械化水平会明显提高，电子信息产业将逐步成为国民经济的主要支柱产业之一。社会主义小康社会的建设和基本实现工业化的目标将迈出重大的一步。"十一五"规划的科学制定和实施，也就是说"十一五"这五年对于我国在 2020 年前实现翻两番的宏伟目标来说，是一个十分重要的关键时期。对出版来说，又是我国推进新闻出版事业全面繁荣和健康发展的重要时期。

在编制"十一五"选题规划的时候，我们应该而且可以吸收外国的先进出版理念和先进经验。但是一定要从中国国情出发，切不可照搬照抄，一定要和中国的实际相结合。这一点在我们中国共产党的历史上曾经吃过大亏，付出过惨重的代价，我们是花了 24 年时间，才找到了马克思列宁主义和中国革命实践相结合的道路。马克思主义作为放之四海而皆准的真理，尚且如此，理论和实践相结合形成的中国化的毛泽东思想，才能引导中国革命一步一步地从胜利走向胜利。今天，我们学习外国的东西，西方的经济理论、出版理念，先进经验，更加不能照搬照抄，必须和中国出版实际相结合，做到洋为中用，才能有好的效果。

"十一五"规划是一个继往开来的规划，是一个非常重要的规划，你们今天讨论规划的思路，是一件十分重要的工作，决不是单单根据目前的稿源，开出一份总的选题目录就可以完事的。这个规划的编制，一定要贯彻落实科学发展观，促进出版工作持续健康的发展，一定要反映我们科技出版工作为全面建设小康社会的应有作为，为我国的科技发展表明我们的追求，体现我们编辑出版工作者的决心和努力。

二、关于选题策划。选题策划这几年讲得很多，其实，过去计划经济时期也有，但不叫选题策划，叫选题设计，有的叫构思，也有的叫创意，或者是编辑计划，就是你要出书，总得先有个想法，哪怕是很简单的，先有个腹稿，慢慢地充实。尤其是通过读者调查和市场分析，逐步形成文字材料变成出版方案。这是编辑工作全过程的第一步，这个环节十分重要，它是以后编辑过程中各个环节的依据，尽管在实践中，可以不断修正，特别在和作者与读者的接触过程中，吸收各方面的意见，可以不断丰富、成熟，是这一本或一套书整个编辑过程中的重要的指导性材料。这个策划搞得好不好，对这本书能不能顺利出版，编辑过程各个环节的工作，能不能协调进行，做到恰到好处，极为重要。所以，有人说，选题策划搞好了，这本书的一半就成功了。可见，选题策划在我们整个编辑工作中的重要意义。

策划选题，当然要考虑社会效益与经济效益，考虑读者需求和作者可能，把两者结合起来。作为社会效益，我认为应该考虑"五性"，即时代性，包括政治方向、政策原则；思想性，就是思想上要积极向上；科学性，包括知识性；前瞻性，就是时效性，要适当超前；还有就是本社的特色性。要把这"五性"综合起来。这"五性"主要体现社会效益，但又和经济效益分不开。作为经济效益，主要考虑出版时机，对读者的适应性，能适应多大的读者面，市场潜力有多大，成本核算和盈利的可能性。这些是从经济效益上考虑，但在一定程度上又反映出社会效益。

策划选题，最重要的是要有创造性，就是要创新。创新不是瞎想，不是胡思乱想，关键是要掌握大量的信息，进行综合与分析，提出一个新的问题，推出一种新的答案。创新，就要在认识上向前推进一步，要有所前进，哪怕是一小步；要把原来的时空拓宽一些，哪怕是一点点；要把原来的深度挖深一点，哪怕是很小的一部分；要把原来的高度提高为一点，哪怕仅仅是一小点。

创新就是要独到、特到。独到就是别人没有，大家没有，只有你有；特到就是大家都有，但你的和大家的不一样。给人一种独特的印象。要做到独到、特到，不是轻而易举的，是要下功夫的。功夫下在哪里，要下在调查、访问、看报、读书、上网……要大家八仙过海，各显神通。但总的离不开实践、实际，身体力行。举一个例子，唐代诗人张继有一首诗，叫《枫桥夜泊》，"月落乌啼霜满天，江枫渔火对愁眠。姑苏城外寒山寺，夜半钟声到客船。"这几句诗代代相传，几乎家喻户晓。但大家对诗的内容怎么理解呢？都认为"乌啼"就是"乌鸦叫"，"对愁眠"，不是作者与江枫、渔火对着，就是江枫与渔火对看，反正是一种心情惆怅的写照。多少年来都这么说，也有人有疑问，认为月落的时候是不同的，难道晚上月亮没有了，乌鸦也叫吗？直到上个世纪 80 年代初，上海有两位编辑，想把这个事情探索一番，专门到枫桥一带考察，他们经过深入调查，访问当地老人，才弄清楚。原来枫桥西面还有座桥，叫"乌啼桥"，一百多年前坍塌了，近代以来，人们渐渐忘记了它的存在。而枫桥对过不远处有一座山，古时候就叫愁眠山，这样一来，一首写景寓意的诗就清楚了。原来古文注解，大都是近现代的事，这些注者不接触实际，闭门造车。后来的人，人云亦云，才以讹传讹了近百年。这两位编辑对《枫桥夜泊》的考证，可谓独到、特到，也就是创新。

特别需要说明的是作为一个编辑，不仅自己要创新，而且要支持作者创新。支持作者创新，也就是编辑创新。就像 19 世纪初，德国《物理学年鉴》的编辑们支持发表爱因斯坦《关于光的产生与转化的一个启发性观点》的论文一样，如果当时认为全世界只有 12 位物理学家能够读得懂这篇文章，而不予发表，那么划时代的相对论的问世就要受阻了。可以说，支持作者创新是编辑创新重要组成部分，是编辑应该有的崇高品格和宏伟气度。

三、关于编辑管理。编辑管理涉及的方面很多，问题也很多。现在总的说是管理滞后，管理不够的状况相当严重。随便举个例子，现在的书稿管理，档案管理都很薄弱，一些大社老社可能好一点，有些出版社就难说了。过去和作者联系，和读者联系，书信往来，都以部门名义，都有留底，有案可查。后来，逐渐以编辑个人名义代替出版社、编辑部与作者进行联系，往来的信件留底就少了。再后来，干脆用电话，开始还有电话记录，后来连电话记录也逐步消失了。与作者联系，什么问题、什么意见烂在编辑肚子里，将来一旦要查，就什么也没有了。所以，编辑管理一定要加强，不能放任自流。当然，管理要科学管理，要根据目前实际情况制定出一套科学的管理制度。完全根据过去的情况制定的办法，也不一定行得通。究竟怎么管，同样需要创新。但管理是建立现代企业制度的一个重要方面，切不可掉以轻心，不能可有可无。

当前，在编辑出版工作中，我觉有"三重""三轻"的现象，提出来和大家探讨。

（一）在编辑工作中，重策划，轻审读

编辑策划是重要的，这一点无可非议，我们在前面已经讲了不少了。但从编辑管理角度说，我认为还要讲审读。编辑策划和编辑审读，我一直认为是一只鸟的两只翅膀，一辆车子的两个轮子，两者不可偏废。有了好的选题，还要有认真的审读来保证。审读不到位，最好的选题也会泡汤。我们说，有了好的选题，是一本书就成功了一半。那另一半就应该是审读和加工整理。但如果后一半做得不好，那就前功尽弃。所以，两者都非常重要。都是整个编辑过程中的重要环节。

现在，从出版社的实际情况看，我认为，存在某种重策划轻审读的倾向，科技出版社在这方面可能好一点。我们有的出版社对审读工作不重视，或者说很不重视。有人说现在审读书稿是三种情况：一种是有的出版社编辑，几乎不做审读加工工作，作者书稿一到就直接交给工厂发排，校样回来以后，就直接送校对，校对把错别字、病句改一下，就算是编辑加工了；第二种是依靠外聘的兼职编辑审稿，书稿一来责编翻也不翻一下，就送到外编手上。但外编因为是计件付酬，就是看，也要赶字数，有时也提一点可提可不提的意见。要他对书稿负责，一是不可能，二是即使能负责也与制度不合。也有的外编很认真，提出不少问题，但责编仍然不看究竟提了些什么意见，就直接交作者退改。第三种情况是依赖于复审、终审。编辑虽然看稿子，也是一目十行，敷衍了事，把书稿推向复审。而复审，往往有自己责编书稿的任务，也不可能有很多时间、很认真地审读。所以，一些出版社"三审制"变成"三签制"，流于形式。一些书籍出版后出问题，仔细一查，问题大都出在审读上。不审稿，或马马虎虎审稿，不出问题就奇怪了。

要图书不出问题，最起码的就是要坚持"三审制"，绝对不能走过场，一定要认认真真地审稿。编辑是干什么的，说到底是把关的，把你放在这个岗位上，就是要你代表党和政府来把关，就是要你提供优秀的精神食粮。否则，你就对不起自己的岗位，没有尽到自己的职责。

图书出版实行"三审制"是国家的法规，必须坚持，不能动摇。有人主张用"二审制"代替"三审制"，有人主张灵活对待"三审制"，都是违背编辑出版规律的。有人借口工作忙，工作量大，对审读马马虎虎，走过场，不执行"三审制"，结果出了问题就后悔莫及了。图书出版是不是执行"三审制"，是一个是不是执行国家法规的问题，是一个是依法办事，还是违法犯法问题，所以，在"三审制"这个问题上，宁可严些，不能松些，绝对不能视为儿戏。

（二）重营销，轻编辑

这里说的营销，不是整个出版经营生产流通全过程的营销，实际上只是图书销售，也就是发行的问题。由于信息量加大，出版社在广种薄收的思想指导下，使图书品种激增，造成同类书众多，甚至还有仿制品，"克隆书"。质量滑坡，平庸书增加，书店也没有办法，各出版社的新书源源不断地进来，只好排队上架，造成新书在书店里上架时间极短，往往昙花一现，读者还没有看到，就已经下架了，更有甚者，新书到书店，根本没有拆包，仅仅在书店里躺了一阵子，就被退回出版社。这种状况，造成了书卖不出去。结果，出版社急了，集中了精兵强将，把编辑部的人拉出去，千方百计搞推销，虽然有时也有点用处，但不少是收效甚微。

原因是各种各样新书可以很快出版，但发行渠道却不是一下子能建立起来的。没有发行渠道，书当然发不出去。编辑很辛苦，忙得团团转，但出来的书卖不出去，卖书难与买书难的问题照样存在。问题究竟在哪里？原因可能很多，但归结起来还是要抓编辑，用心把书弄好。有人说，宁可少出几本，但要多卖掉几本。这个意见不错，但很难做到，你减少品种，人家照样猛出，问题还是解决不了。怎么办，我看还是照有的社长说的，"放眼国民经济和行业科研发展的大环境，紧跟行业发展的大趋势，依托行业发展，做好做精专业图书，为行业发展服务"，在行业发展中求得出版的发展。有的同志说得好，行业发展为出版发展创造了条件，出版发展促进行业更好地发展。许多同志都说要立足本业，强调特色，有所为有所不为。这些意见都很好，是经验之谈，都是符合辩证法的。总之，只有认真抓好编辑工作，认真做好行业发展需要的，广大读者学习和研究需要的高质量的图书，才是科技出版社发展的康庄大道。

（三）重经济效益，轻社会效益

这个问题，科技出版社也许不明显，但是在其他出版社就不一样了。煽情媚俗，肉欲横流，低俗之风不一而足，有些书刊简直不堪入目；歪曲历史，戏说古人，胡编乱造，无所不为；宣扬封建迷信、伪科学、反科学的出版物时有所闻。唯利是图、见利忘义到了无所顾忌的地步，令人不可思议。而造成这种状况，往往是受利益的驱动。不是说搞出版不要赚钱，不要考虑经济效益，不然大家喝西北风，出版再生产又如何维持，所以，不考虑经济效益这是办不到的。我们说经济效益要考虑，社会效益也要考虑，而且要把社会效益放在首位。两个效益都好，当然最好，但这种情况不会很多；多数是社会效益还可以，经济效益比较好，这应该说也是正常的；现在的问题是有的书社会效益不好，甚至是有负面效应，而经济效益不错，这种情况常有。出版者如果不能自律，把这种书刊推向社会，那就是问题，就是重经济效益，轻社会效益，这是出版工作的大忌，是马虎不得的。出版工作中社会效益与经济效益的矛盾，不仅中国有，外国也有，在外国叫经济性和文化性的对立，所以是出版行业的一种普遍性矛盾，而且外国可能比中国更严重。我们在国际交流中经常碰到这类问题，看来国外也没有好办法。因为外国的出版企业大都是民办的，他们就是依法办事，不违法就行；在日本、韩国等一些亚洲国家还设有出版伦理道德委员会，专门对付法律管不着，道德不允许的书刊。一本书是不是违反社会公德，发生争议，就由它来仲裁。除此以外，就靠出版单位自觉自律了。我们则不同，两个效益关系是写进法规的，"从事出版活动，应当将社会效益放在首位，实现社会效益与经济效益相结合"。这是《出版管理条例》第四条的原文，是有法律的效力的。如果出版社漠视这种规定，任意乱来，那就有点危险了。所以，在中国搞出版，就要时刻考虑这个问题。千万不能只重经济效益而轻视社会效益。否则，出版社要出问题的，对出版业也将造成不可挽回的损害。

2005 年 10 月

质量：编辑职业道德的体现

图书质量滑坡，原因是多方面的。首先当然是作者的书稿质量不能令人满意，尤其是现在有的工作室，仓促成稿，人家是十年磨一剑，他们是一年磨三剑，这就不能不造成图书质量下降，但造成这种状况的责任在编辑、在出版社，因为编辑是图书出版的把关人。编辑不开绿灯，书稿是不能成为出版物的。但是，编辑把关不好，原因又是多种多样的，这牵涉到编辑的政治思想素质、出版理念、业务水平和职业道德等。在这篇短文里，我主要讲职业道德对图书质量的影响。当然，职业道德和思想素质、出版理念也是分不开的。

说到编辑的职业道德，现在议论不少，道德失范的表现五花八门。如有的编辑借口对书稿作了加工，要求和作者共同署名，使自己成为作者；有的编辑向作者索要加工费，如果作者希望快点出书，还要加急费、加班费；有的抄袭、剽窃作者的作品，改头换面，成为自己的东西，送到别的出版社去出版……这一类是职业道德败坏，性质十分恶劣，它和图书质量下降不是没有关系，但还不是很直接的关系。与图书质量下降有直接关系的编辑职业道德失范，主要表现在：为了抢市场，抢时间，粗制滥造；有的编辑明知书稿内容平庸，质量不高，但为了达到畅销目的，吸引读者眼球，不惜精印精制，千方百计地加以包装；有的编辑为了多挣审稿费，一年竟可以发稿 1000 万字以上；有的干脆不审稿，作者书稿一到，马上送工厂录入，校样到手（如果作者送来的是光盘稿，那就更简单了），立即送校对部门校对，改正错别字，就算完成了"编辑加工"的任务，转手就交给了复审或终审；有的编辑，全面依赖外审，把作者的书稿直接送给外审，把外审意见直接转给作者，自己从来不审读书稿；还有编辑，不是像韬奋那样，对稿不对人，凡稿子"不合本社要求的一律不用"，而是对人不对稿，凡对自己有用的作者，千方百计拉关系，降格以求，予以出版……凡此种种，都造成图书质量下降，不仅玷污了编辑的神圣使命，而且使读者受到损害，也使出版社形象、图书的公信力受到破坏。

导致图书质量下滑的编辑职业道德失范，表现形式可以多种多样，究其原因，主要的就是受到经济利益驱动。为了抢"热点"，抢时间，抢市场，抢作者……抢这抢那，无时无刻不在跟着经济利益这根指挥棒转，把"两为"方向、出版导向、社会效益、服务读者统统放在一旁，或者是挂在口上，忘在心上。有的编辑埋怨说，我们也想精耕细作，但社领导逼着我们抢时间、抢进度，我们有什么办法？社领导则说，现在是市场经济，人家都在这么干，我们不抢，就很难找到市场份额。言外之意，图书质量下降，出版社无能为力；编辑不讲职业道德，是为了在市场上分得一杯羹，不得已而为之，甚至还认为是对出版社作出了"贡献"。至于对读者造成什么样的危害，根本就没有想过。

出版是一种精神文化生产，目的在影响人们的精神世界，指导社会的实践活动。它的产品——出版物是传播文化科学知识的载体，弘扬道德文化，进行社会教化的工具。要为造就人们世界观、价值观和生活方式提供有益的养料；是塑造人、引导人、武装人、鼓舞人、改造人的精神工程。它应该具有科学性、公信性和权威性，它应该是高质量的，这是出版的根本要求。所以，编辑出版工作者一定要以人为本。把读者放在第一位，像韬奋那样，有益有利于读者的，竭诚为之；反之，坚决抵制。心中要有读者，不仅是我们社会主义编辑出版工作者的口号，就是在资本主义国家也是这样，朗文公司的编辑守则中就有这么一条"A good editor always keeps the reader in mind，一个好编辑要时刻把读者放在心上"。看来，天下出版一般同，当编辑的人就要想着读者，这是对编辑出版最起码的要求，最基本的规律。

作为社会主义的编辑出版人，更要心向读者，要一切为了读者，竭诚为读者服务，始终坚持读者第一的原则。但是我们有的编辑出版工作者不是这样，他们缺乏为读者服务的思想，对于出书是为了什么，对读者可能会造成什么后果，不是稀里糊涂，就是不加考虑。在他们看来，书只要卖得掉就行。所以，可以不审稿，或者马马虎虎审稿，也不坚持法定的"三审制"，"三审制"可以蜕变为"三签制"。该把关的人不把关，这就是编辑职业道德失范，造成图书质量不高的关键所在。可见，图书质量的高低，正是编辑职业道德好坏的体现。

2005 年 10 月
《一切为了读者》P189，首都师范大学出版社 2010 年 7 月版

定规划不要绕过三个话题

出版界如何制定好"十一五"规划这一课题？我认为，从编辑出版角度看，应该从当前实际情况和未来5年或更长一点时间可能做到的目标出发来考虑，其中下面三个话题是必选项：

一、质量问题，现在已经成为业界内外的热门话题

图书质量问题的重要性和质量不好的危害性，舆论已经作了充分的阐释，但实际情况仍然发展不平衡，问题还远未解决，有的单位甚至仍在不断地下滑。所以，在规划中应该把解决图书质量问题作为重要目标。是否可以考虑把质量问题作为评估出版社和考核编辑工作的首要标准。不仅查编校质量，而且要重视社会效益、文化含量、精神品位，定出一些具体标准和处理办法，贯彻执行；是否可以定一个制度，每个出版社每年必须用不少于30天的时间，按图书司规定的标准，对上年出版的全部图书，进行一次全面的质量自查，并在规定的时间内将结果报告总署等等。

二、要加强出版队伍建设，进一步加强从业人员特别是社领导干部和新编辑的培训

在培训内容方面，不仅要讲业务操作，重点要讲必须正确处理两个效益的关系、职业道德、作为"人类灵魂工程师"的精神境界、要像韬奋先生那样满腔热情地为读者服务等。当前，对一部分从业人员来说，主要的矛盾不在业务技能，而在于出版理念、职业道德和服务精神，在

于搞文化、搞出版究竟是为什么。在"十一五"规划中，应该把这些方面作为培训的主要内容。

三、要切实加强出版理论建设，紧密结合实际做好编辑出版研究工作

出版研究要防止空泛，要从实际存在的问题入手，如图书质量下降如何才能解决，"三审制"怎样才能坚持，出版社的库存多少才合理，目前库存过量的问题怎么办，一个编辑年发稿 1000 万字是不是正常，面对多种媒体的发展，编辑学、出版学的学科建设应如何进行创新和深化……总之，编辑出版研究要多作调查，切实解决实际问题。

2005 年 10 月
《一切为了读者》P262，首都师范大学出版社 2010 年 7 月版

实现规划要防止"三重三轻"

前几天，和几位出版社的编辑在一起，谈到目前各社正在制定"十一五"选题规划的问题，大家兴致勃勃，使人感到他们干劲很大，信心十足，令人鼓舞。五年选题规划，是出版社中长期选题规划，它决定了今后很长一段时期内出版社的工作，是出版社的宣言和追求。制定规划重要，执行更重要。在实现规划的过程中，要防止目前有些出版社存在的"三重三轻"现象。

现象之一：重策划，轻审读

现象：现在，从出版社的实际情况看，存在某种重策划轻审读的倾向。有的出版社对审读工作不重视，或者说很不重视。有人说现在审读书稿是三种情况：一种是有的出版社编辑，几乎不做审读加工工作，作者书稿一到就直接交给工厂发排，校样回来以后，就直接送校对，校对把错别字、病句改一下，就算是编辑加工了；第二种是依靠外聘的兼职编辑审稿，书稿一来，责编翻也不翻一下，就送到外编手上。但外编因为是计件付酬，就是看，也要赶字数，有时也提一点可提可不提的意见。要他对书稿负责，一是不可能，二是即使能负责也与制度不合。也有的外编很认真，提出不少问题，但责编仍然不看究竟提了些什么意见，就直接交作者退改；第三种情况是依赖于复审、终审。编辑虽然看稿子，也是一目十行，敷衍了事，把书稿推向复审。而复审，往往有自己责编书稿的任务，也不可能有很多时间、很认真地审读。所以，一些出版社"三审制"变成"三签制"，流于形式。一些书籍出版后出问题，仔细一查，问题大都出在审读上。不审稿，或马马虎虎审稿，不出问题就奇怪了。

分析：编辑策划是重要的，这一点无可非议。但从编辑工作角度说，我认为还要讲审读。编辑策划和编辑审读，我一直认为是一只鸟的两只翅膀，一辆车子的两个轮子，两者不可偏废。有了好的选题，还要有认真的审读来保证。审读不到位，最好的选题也会泡汤。我们说，有了好的选题一本书就成功了一半，但还有另一半呢？那另一半就是审读和加工整理。

要图书不出问题，最起码的就是要坚持"三审制"，绝对不能走过场，一定要认认真真地审稿。编辑是干什么的，说到底是把关的，把你放在这个岗位上，就是要你代表社会来把关，就是要你提供优秀的精神食粮，否则，你就对不起自己的岗位，没有尽到自己的职责。

图书出版实行"三审制"是国家的法规，必须坚持，不能动摇。有人主张用"二审制"代替"三审制"，有人主张灵活对待"三审制"，都是违背编辑出版规律的。有人借口工作忙，工作量大，对审读马马虎虎，走过场，不执行"三审制"，结果出了问题就后悔莫及了。图书出版是不是执行"三审制"，是一个是不是执行国家法规的问题，是一个是依法办事，还是违法犯法的问题。所以，在"三审制"这个问题上，宁可严些，不能松些，绝对不能视为儿戏。

现象之二：重营销，轻编辑

现象：这里说的营销，不是整个出版经营生产流通全过程的营销，实际上只是图书销售，也就是发行的问题。由于信息量加大，出版社在广种薄收的思想指导下，图书品种激增，造成同类书众多，甚至还有仿制品、"克隆书"。质量滑坡，平庸书增加，书店也没有办法。各出版社的新书源源不断地进来，只好排队上架，造成新书在书店里上架时间极短，往往昙花一现，读者还没有看到，就已经下架了。更有甚者，新书到书店以后，根本没有拆包，仅仅在书店里躺了一阵子，就被退回到出版社。这种状况，造成了书卖不出去。结果，出版社急了，集中了精兵强将，把编辑部的人拉出去，千方百计搞推销，虽然有时也有点用处，但不少是收效甚微。原因是各种各样新书可以很快出版，但发行渠道却不是一下子能建立起来的。没有发行渠道，书当然发不出去。

分析：编辑很辛苦，忙得团团转，但出来的书卖不出去，卖书难与买书难的问题照样存在。问题究竟在哪里？原因可能很多，但归结起来还是要抓编辑，用心把书做好。有人说，宁可少出几本，但要多卖掉几本。这个意见不错，但很难做到，你减少品种，人家照样猛出，问题还是解决不了。

怎么办？许多同志都说要立足本业，强调特色，有所为有所不为。意见都很好，是经验之谈，是符合辩证法的。总之，只有认真抓好编辑工作，认真做好行业发展需要的、广大读者学习和研究需要的高质量的图书，才是出版社发展的康庄大道。

现象之三：重经济效益，轻社会效益

现象：现在有些出版物品位不高，质量平庸，有的唯利是图、见利忘义到了无所顾忌的地步。而造成这种状况，往往是受利益的驱动。不是说，搞出版不要赚钱，不要考虑经济效益，不然大家喝西北风，出版再生产又如何维持，所以，不考虑经济效益这是办不到的。我们说经济效益要考虑，社会效益更要考虑，而且要把社会效益放在首位。两个效益都好，当然最好，但这种情况不会很多；多数是社会效益比较好，经济效益也可以，这就算是"双效"结合了，应该说也是正常的。现在的问题是，有的书社会效益不好，甚至是有负面效应，而经济效益不错，这种情况常有。出版者如果不能自律，草率地把这种图书推向社会，那就是问题，就是重经济效益，轻社会效益，这是出版工作的大忌，是马虎不得的。

出版工作中社会效益与经济效益的矛盾，不仅中国有，外国也有，在外国叫经济性和文化性的对立，是出版行业的一种普遍性矛盾，而且外国可能比中国更严重。我们在国际交流中经常碰到这类问题，看来国外也没有好办法。因为外国的出版企业大都是民办的，他们就是依法办事，不违法就行；在日本、韩国等一些亚洲国家还设有出版伦理道德委员会，专门对付法律管不着、道德不允许的图书。一本书是不是违反社会公德，发生争议，就由它来仲裁。除此以外，就靠出版单位自觉自律了。当然，国外也有高品位、高境界的出版人，他们只做好书，真正为本国的文化建设做出了贡献。

建议：我们是社会主义国家，有自己的出版方针和政策，两个效益关系是写进法规的，"从事出版活动，应当将社会效益放在首位，实现社会效益与经济效益相结合"。这是《出版管理条例》的条文，是有法律效力的，它保证了我国出版业的健康发展。如果出版社漠视这种规定，任意乱来，那就有点危险了。所以，在中国搞出版，就要时刻考虑这个问题。千万不能只重经济效益而轻视社会效益，否则，出版社要受罚，对出版业也将造成不可挽回的损失。

2005 年 10 月

《一切为了读者》P264，首都师范大学出版社 2010 年 7 月版

关于本世纪头五年编辑学研究中几个问题

一、编辑学专著的出版情况

据统计，2001 年 1 月至 2004 年 12 月我国共出版编辑学专著 22 种，其中大学出版社出版了 12 种，非大学出版社出版了 10 种；从编、著者情况看，高校教员编著的有 14 种，出版社、杂志社编辑人员编著的有 8 种；从内容看，书刊出版方面有 15 种，新闻方面有 6 种，电视方面有 1 种，网络方面有 1 种（即《网络新闻编辑学》，该书在内容上因有交叉，故在新闻和网络方面做了重复计算，实际上总数还是 22 种）。如果要问编辑学研究在新世纪头五年的主要成果是什么，笔者认为这 22 本书，再加上一批有影响的文章，就是主要的成果。

从 2001 年以来出版的这 22 种书看，有这样几个特点：一是高等学校教研人员研究编辑学的积极性超过了出版从业人员。这种情况从 20 世纪 80 年代编辑学研究崛起以来还是首次。造成这种状况的重要原因与高等学校编辑出版学专业教育的蓬勃发展有很大关系。二是专著超过了文集，22 种书中，有 18 种是著作稿，文集只有 4 种，这说明专门的研究人员正在不断增多，这也是高校编辑出版学专业教育发展的结果。三是新闻编辑学进展较大，新媒体编辑学正在悄然升起。22 种书中，讲新闻、报纸编辑学的有 6 种，其他 16 种编辑学著作中，也有不少涉及报纸编辑学的。这一方面说明在市场经济条件下，新闻事业的发展出现了新的势头，各大报纸不断改版，城市报纸发展很快，报纸编辑学的研究就不可避免地要热起来；另一方面，编辑学研究最早从报纸开始，后来在书刊编辑方面积极崛起，编辑工作的地位和作用大幅度提高，也必然会影响和推动对报纸编辑学的研究。

这些专著的出版，表明编辑学研究正在向纵深发展，学科建设正在逐步走向成熟。

学科在发展过程中，不可避免地会出现不同观点，而不同观点的不断深化和逐步趋向稳定，就逐渐形成为学派。编辑学现在比较明显的有三种观点：一种叫文化缔构论，它的代表人物是河南大学教授王振铎先生，其代表作就是中国书籍出版社 1989 年出版的《编辑学通论》（1997 年修改重版为《编辑学原理论》）。它的背景是文化学。另一种是信息、知识有序化、媒体化、社会化的观点，可以简称为"信息传播论"，它的代表人物是西安科技大学教授任定华先生（已于去年 5 月去世），其代表作是《编辑学导论》（中国经济出版社 2001 年 5 月出版）。它的背景是以传播学为中心，也吸收了西方"信息论"的一些思想。再一派可以说是编辑本体论，它从编辑和编辑活动的本质出发研究编辑学，认为编辑活动的特点是选择、加工和组合。其成员主要是出版从业人员和资深编辑，基本的观点大体上相同或相似，但也有区别，主要在于侧重点不完全相同。当然，所有这些不同观点不是 21 世纪头五年形成的，应该说是在上世纪 80 年代逐步发展起来的，在 90 年代就比较稳定了。

二、21 世纪头五年编辑学研究中的主要争论

本世纪头五年，除出版了前面讲到的 22 种专著之外，从宏观角度看，有些问题的争论，引人注意。

1. 关于编辑学理论框架的研究

"理论框架"问题当时称理论体系，是中国编辑学会（以下称"学会"）1995 年提出的，此后，经过多次讨论，不少同志就如何构建"框架"提出了许多很好的意见。2001 年 4 月，学会第三次代表大会的《工作报告》中也对研究编辑学理论框架的目的、意义、基本内容、涵盖的范围，以及有利条件等，作了分析和说明。自此许多研究者以文章或著作的形式，

提出了自己的编辑学理论体系或编辑学基本知识的结构，如王振铎、赵运通著的《编辑学原理论》，任定华、胡爱玲、郭西山著的《编辑学导论》（以下简称《导论》），李海崑、刘光裕主编的《现代编辑学》和阙道隆著的《编辑学理论纲要》（以下简称《纲要》）等，都是有见解的论著。应该说以上这批论著，都是近几年来众多编辑学研究者研究编辑学理论体系的阶段性成果。这期间，围绕如何界定编辑概念和学科理论框架问题展开了一些争论。

围绕编辑概念如何界定的问题，主要有江苏科技出版社副编审蔡克难先生和阙道隆先生之间的讨论，蔡克难先生在其《璧有瑕，请为君示——对〈编辑学理论纲要〉的推敲》（《出版科学》2002 年第 1 期）一文中提出了四种意见。笔者个人认为对于编辑概念，现在众说纷纭，有的宽一点，有的窄一点，但宽和窄是相对的，都有一个临界线，而这个线往往很难划分。所以，笔者的意见是应该有一个基本概念，它应该具有编辑工作最一般的特点，应该是普遍适用的。人为地去划分只适用于这些人而不适用于那些人，反而使问题复杂化了。如果一定要分，可以分为古代编辑、现代编辑，因为时代不同,编辑的形态和职能可能不同。还有一种办法，就是除一个基本概念以外，就直接从特定的媒体出发来界定编辑概念，如对图书编辑、报纸编辑、音像编辑等等分别给以界定。总之，概念必须有特定对象，这种对象应该有共同的特性，应该客观地自然形成,不宜人为地主观划分。把不同特点的对象搞在一起，界限不清，容易引起歧义。

至于框架，当然可以有大一些的和小一些的，这要看作者的认知程度。但要"框"在一起，总要有一些共同点，如都是出版物，或者都是印刷媒体，或者是网络出版物，等等。当然，小一点的可能有局限性，而大一点的则要考虑更多方面，适用范围会大一点，但构建的难度也会更大。围绕框架问题的争论主要有任定华、杨忠民两位先生针对阙道隆先生的《纲要》而写的《编辑学理论的构建应具有科学的、严密的知识体系——评阙道隆先生的〈编辑学理论纲要〉》（《中国编辑》2005年第2期）。文章主要认为"《纲要》对编辑学诸多理论问题未能涉及或轻描而过，而非编辑学理论问题却涉及过多"；对自己"提出的众多新概念，未给出科学界定，因而在知识结构上缺乏科学的完整性"，并从六个方面提出了具体意见。针对这些意见，阙道隆先生发表了《需要建立什么样的编辑学》的文章（《中国编辑》2006年第1期），讲了三个问题给予了回应。

综观任、杨提出的意见，可以分为两类。第一类，笔者个人认为是对的，如《纲要》未讲编辑活动的基本规律。这一点在《纲要》发表后不久，在北京召开的有少数专家参加的专题座谈会上就有人提出了，阙先生也接受了这个意见，他在2002年5月又写了《试论编辑基本规律》一文，而且说明这是对《纲要》的补充。第二类是有争议的，如编辑定义、编辑学是否属于应用学科、编辑活动能不能作编辑学的研究对象等等。在学术问题上，有不同意见是正常的。

2. 关于编辑活动基本规律的探讨

随着对编辑学理论框架的讨论，又一次提出了编辑活动基本规律的问题。

在谈论编辑基本规律的时候，笔者想先要明确一下什么是规律，什么是基本规律的问题。这里有几点应该加以肯定：一是客观性。根据马克思主义经典著作家的论述，规律是"不以人们意志为转移的客观过程的反映"。这就是说，作为规律，首先必须具有客观性。毛泽东同志也说，规律是"客观实际在我们头脑中的反映"，也强调了客观性。二是本质性。还是根据马克思主义经典著作家的论述，"规律就是关系……本质的关系或本质之间的关系"，一事物与它事物的联系是多样的，但反映为规律的联系不是表面的、形式的或局部的联系，是事物运动内部各种关系的全面的本质联系的反映，它不是运动过程中的描述，不是操作方式写照，而是事物运动的本质。三是特殊性。即这种规律是某种特定事物运动所固有的，它是区别于其他事物运动的独有的运动特点、独有的特殊性，即它与其他运动形式有质的区别。

而基本规律，它应该区别于其他规律。为什么这样说呢？这是由事物内部矛盾的复杂性所决定的。毛泽东同志说，"在复杂的事物的发展过程中，有许多的矛盾存在，其中必有一种是主要的矛盾，由于它的存在和发展，规定或影响着其他矛盾的存在和发展"。既然矛盾有主要和非主要之分，那么，作为反映事物矛盾的规律，当然也会有主要和次要之分。这就是说，规律是有层次的，有的规律反映矛盾运动的全过程，有的则只反映某个局部、某一方面、某一个小过程，它们在事物运动过程中所处的地位和作用是不同的。拿编辑活动来说，在其发展的过程中，也有反映各种不同矛盾的不同层次的规律存在，如标点、符号的使用，是有它自己的规律的，语言文字也是有自己的规律的。它们不同于编辑的审读规律，也不同于编辑的加工规律。当然，所有这些规律都只是在某一方面、某个领域或某个层次上起作用，但在许多矛盾中必有一种规律反映整个编辑活动中的主要矛盾，反映编辑活动全过程中最本质的关系，这就是编辑活动的基本规律，它是编辑活动中各种层次的规律中最高层次的规律，它决定或影响着其他规律的发展，是起主导作用的规律。

对于编辑活动基本规律的探讨，中国出版科学研究所成立后不久，在1987年就已开始，那时在乌鲁木齐召开了全国第一次编辑学学术研讨会，编辑活动基本规律问题是会议的主题之一，会上发表了好几篇文章，会后也不断有文章发表，但没有形成热点。学会成立以后，也曾多次组织过这方面的讨论，到上世纪末本世纪初，在编辑学崛起以后近二十年，才陆续形成了几种看法，具体表述大体如下：

刘杲先生对编辑基本规律的提法有个发展过程。1998年7月，他提出"编辑活动基本的客观规律是对科学文化成果的选择和加工"。1999年，他的提法是："编辑活动的基本规律是对人类创造的文明成果的选择、加工和传播"。到2006年1月，他又明确提出："编辑基本规律是编辑人员以传播文化为目的对作品进行选择和加工（《出版发行研究》2006年第1期）。

浙江大学出版社副编审杨晓鸣的意见是："能动性与受动性相统一是编辑活动的普遍规律。举凡有编辑活动的地方，就有编辑主体通过编辑活动能动地参与社会文化大厦的构建，并同时受到所处的社会环境（包括作者、读者、社会制度、出版体制、自然条件状况等）的制约、影响的现象"（见《编辑之友》2001年第2期《编辑活动规律论》一文）。简言之，就是编辑为了构建社会文化大厦发挥自己的能动性，而这种能动性又受到社会环境的限制，所以，把能动性和环境制约的可能性统一起来，就是编辑活动的普遍规律。

青岛远洋船员学院学报的孙宸先生认为："编辑行为的本质是一种文化变现行为，文化变现规律是编辑活动的基本规律。"什么是文化变现？他认为"个体生产的精神产品在传播前属于私人精神产品，是潜在文化，传播后成为社会精神产品，成为现实的文化"，"潜在文化转化为现实文化就是文化变现活动"（见《编辑之友》2005年第2期）。

阙道隆先生在总结了对编辑与社会关系的几种看法以后，提出"在文化创造和传播过程中编辑与社会相互作用规律，是编辑活动的基本规律"（《出版科学》2002年第3期）。

武汉大学中文系教授向新阳认为，"编辑劳动规律有三条：一、编辑劳动实践与社会经济、政治、文化相统一的规律；二、编辑劳动实践与社会文化需求相统一的规律；三、编辑劳动实践与精神文化产品内在要求相统一的规律"（见1995年12月《编辑学概论》一书）。

河南大学教授王振铎认为，"编辑活动基本规律有内外之分，其内部规律就是：讯息传播规律、媒介建模规律、文化缔构规律"。王振铎教授这个看法在1989年10月出版的《编辑学通论》一书中已部分提出，在1997年8月出版的《编辑学原理论》中作了完整的表述。这种意见的特点是把基本规律分为外部和内部，同时又着重从内部来观察编辑活动的基本规律。

西安科技大学教授任定华认为，信息、知识有"三律"，即序律，信息、知识与载体结合律，信息、知识传播律，这是编辑的三条基本规律。归纳起来，就是信息、知识有序化、媒体化与社会化规律。

百花文艺出版社原总编辑徐柏容先生在《编辑创意论》一书中提出的编辑活动三规律是：一、求同、求异、求和与求同、异、和互济规律；二、质量与效益同步规律；三、主体、客体矛盾统一规律。

复旦大学教授王华良先生认为，"编者、作者、读者之间反映作品供需矛盾的关系，得到什么样的调节和整合，最终决定着编辑活动的得失盛衰"（《再论编辑活动基本规律》，见《编辑学刊》2006年第3期）。

笔者认为，"编辑和视听者的关系是服务和被服务的关系，二者之间的矛盾是编辑活动的主要矛盾，它规定了编辑活动的基本规律，即编辑以已有的精神成果为基础，通过优选、优化，生产出新的精神产品，最大限度地满足视听者的需要，顺应社会文明发展的规律"（《略论编辑活动的主要矛盾和基本规律》，见《出版广角》2001年第10期）。

以上各种对编辑活动基本规律的表述，尽管层次不同，视角各异，繁简有别，虚实有差，但都在不同程度上反映了对编辑活动客观性的哲学思考，特别在选择和优化方面，已经表现出思路上的趋同倾向，这是一种重要的进展，它为今后的继续研究打下了很好的基础。概括起来这几种表述，大体上可以分为五类：

第一类：徐柏容先生的编辑三规律和向新阳教授的三条规律，他们都是将其作为一般性规律提出的，并未作为基本规律来表述，所以把它们列为一类。

第二类：孙宸先生关于文化变现的表述，这里的文化变现主要是指作者个人创作的作品（或者说是稿件）变现。但用"文化"两字，概念很宽，作者的书稿和已出版的图书，演出的戏剧、歌咏，从大范围讲，都可以说是属于文化范畴，界限很难清晰；更重要的是文化变现，把作者私人的稿件变成传播物，实际上是整个出版的工作的事，说它是"出版"也未尝不可，不能仅限于编辑活动这个环节。笔者的意思是说，说文化变现是编辑行为，不如说它是出版行为。特别是在网络传播的条件下，私人的创作作品成为传播物已经不是什么难事。可见，"变现"不是编辑活动所独有。

第三类：杨晓鸣先生和阙道隆先生的表述，集中在编辑与社会的关系，也就是编辑活动与外部条件的关系。由于外部关系不决定事物的本质属性，因而它不能成为反映事物内部本质联系的客观规律。

第四类：王振铎教授认为基本规律有三条，任定华教授也归结为基本规律有三条，但他们最后都归结为一条，都认为这是编辑活动内部本质联系的反映。

第五类：认为编辑活动基本规律存在于编辑、作者和读者的关系中，包括笔者和王华良先生的概括，但两者又有不同，如对笔者提出的基本规律，曾听到两点质疑：

质疑之一：在笔者拙作发表后约二年，有一次几位同好坐在一起聊天，有一位同志问笔者，"你提出的基本规律中有'通过优选、优化，产生新的精神产品……'之语，'优选''优化'（包括加工、组合），这些都是手段，而手段都是主观的，主观的东西能说是客观规律吗？"当时另一位同志表示异议，他说："原文说'以众多的精神成果为基础，通过优选、优化……最大限度地满足视听者的需要，顺应社会文明发展的规律'。这里的优选、优化是有基础、有目的的，应该是客观实际的反映，可以认为是客观的"，"社会上任何人的活动都是主观的，而他认识了客观实际，反过来又改造了客观实际。如果取得了成功，应该说人的活动就是符合客观实际的，是客观的"。笔者当时表示，希望把他们的观点都写成文章发表。可是又是两年过去了，并未见到这方面的文章。由于他们没有写文章，笔者也不便公布他们的尊姓大名。但是作为学术研究、学术交流，笔者既然听到了，提出来请大家讨论，目的是追求真理，笔者想应该是无碍的。

质疑之二：有人认为编者与读者的关系是一种重要的本质关系，是编辑活动的出发点和归宿。但读者有不同层次，要引导读者，不能一味迁就迎合读者，编者要同时考虑读者需要和社会需要，不能只顾其一；认为"编辑与文化的关系，编辑与读者的关系，都不是编辑活动中全面的最深层次的本质关系，它们只是这种本质关系的一个部分，一个层面。这种本质关系就是编辑与社会的关系"。笔者认为应该承认读者是一个复杂多样的群体，具有无限的多样性（社会本来就是复杂多样的）。整个社会需求就是所有人的需求，编辑是无法考虑的，编辑考虑的只是人作为读者提出的需求。所以，考虑读者需求，从某种意义上说，就是考虑社会的需求，社会对编辑的需求是通过不同的读者来反映的，不能把反映社会的需求和读者的需求对立起来。政治、经济、文化等等社会环境是外部因素，它应该通过内因来起作用，也就是通过读者、作者和编者表现出来并发生作用。编辑只能通过自己的努力，用出版物来吸引、引导和满足读者。因此，编辑和读者的关系是编辑活动最本质的关系，是编辑活动的根本出发点和最后的归宿。

针对以上各类表述，笔者试着把编辑活动基本规律概括为"编辑主体和编辑客体对社会责任、读者认知、内容质量和审美追求的对立统一规律"，以求教于方家。

编辑活动基本规律的研究和讨论，是编辑学研究中的一场重头戏，讨论还在继续中，我们希望有更多的同行为它付出劳动和心血。

三、对二十年来编辑学学术观点的归纳和梳理工作

在上世纪 90 年代中期，鉴于学术活动的蓬勃开展，曾考虑对十多年来编辑学研究中各种学术观点和成果进行梳理，以利于进一步推动学术研究。1997 年，在银川召开的全国编辑学理论研讨会上又明确提出：

几年来，编辑学研究在业内外专家学者的支持下，取得了一定的进展，"但成果比较分散，需要总结、归纳和梳理，使之条理化，然后再分析它不足和不够的地方，进一步有针对性地加以研究"，这个任务提出以后，学界有些同志开始注意做这个工作，如《出版科学》杂志曾于 2002 年出版过"增刊"——《出版科学年评》（第一卷，1980—2000），不过，它是由单篇文章组成，范围也不限于编辑学和编辑史；笔者也作过一些尝试，在 1999 年发表过拙文《20 世纪中国的编辑学研究》，后来由河北教育出版社积集成书，于 2000 年 1 月出版。但这都是单兵作战，总觉势单力薄，见效不易。1999 年，山东省高等学校学报研究会主任丛林同志和笔者谈起梳理编辑学学术观点等问题，表示有意组织人力进行述评。后来，他们又将其作为研究会的科研课题，获准在山东省教育厅立项，取得了省教育行政部门的支持，更加增强了信心。他们组织有能力有兴趣为编辑学研究作出贡献的 20 余位中青年学报编辑，先后花了四五年时间，查阅了近二十年来出版的 200 余种专著和上万篇的论文、研究资料，终于写出了近 70 万字的《中国编辑学研究评述（1983—2003）》一书，并于 2004 年底在齐鲁书社出版。这部书展示了二十年来编辑学研究的各种观点，包括编辑学在中国的发展，编辑学的研究对象、编辑本质、编辑主体、编辑实务、编辑规律和学科建设等基本问题，以及编辑学的分支构成、编辑史和编辑学交叉学科的研究。

对于这本书笔者觉得它有三个长处：

一、收集的材料相当丰富。对一门新兴学科二十年来的状况进行述评，要阅读的材料之多是不言而喻的；更何况，在这个时间段中，编辑学方面出版的专著、发表的论文、开展的研究活动是多种多样的。要集中收集这些材料，本身就是一件了不起的工作，更不要说进行阅读、研究和述评了。

二、贯彻了"以述为主，以评为辅"的方针。该书作者向大家介绍了编辑学萌芽、崛起和发展的过程，展示了许许多多讨论过的问题，客观地排列了不同的观点，呈现了二十年来的研究成果。

三、该书有一些新的视角和独到的见解。该书《例言》中说，作者深感对编辑学加以研究的气氛不浓，而且多数人过去接触不深，或只在某些方面接触多一些。也正因为这样，该书作者们思想上没有框框，能够比较自由地根据自己掌握的材料发表意见，按照自己的视角提出独特的见解，其中不乏真知灼见，这是很可贵的。

笔者认为该书的完成达到了三个目的：

一、对二十年来我国编辑学研究的成果进行了梳理和评议，形成了一部有价值的学术著作。更重要的是通过这本书，让我们看到了成就和不足，有利于今后更有针对性地对编辑学进行研究，更好地开展该书主编所说的"攻坚战"。

二、就笔者个人所知，组织班子，有领导、有计划地花几年时间，对二十年来我国编辑学研究成果进行述评，这在历史上还是第一回，无疑是一个创举，是一件很有意义的事，尤其对于培养队伍来说，是一个极好的尝试。因为该书的作者，也就是该课题的研究者，绝大多数是中青年同志，他们在完成这项工作中做得很专业、很认真，而且展示了他们的热忱与才干。这是一种很好的队伍培养和专业锻炼，相信通过这一工程，一定会出现一批年富力强、有抱负、有实力的研究者充实到编辑学研究的骨干队伍中来，使我们的事业后继有人。这是所有收获中最为宝贵的。

三、这是一项很大的工程，该书在述评中提出了一些新的见解，使原来的观点有所突破和深化。它在我国编辑学研究史上写下了浓重的一笔，也是山东高教界对编辑学学科建设作出的重大贡献。

完成这个工程的重要意义还在于：

这本书的出版，较好地实现了归纳、梳理编辑学学术观点的任务。这是一本研究编辑学的学术著作，是对 20 世纪 80 年代至 21 世纪初中国编辑学发展历史的记述，是编辑学各种学术观点的汇集，是我国编辑学学科建设史上的一部重要著作。

以上三个方面，是广大编辑出版工作者、编辑出版学教研人员，在本世纪头五年作出的努力，取得了一定的突破，促进了编辑学学科建设的发展。

《出版发行研究》2006 年第 7 期

关于 21 世纪初编辑学研究中的几个问题情况简述

一、编辑学专著的出版情况

2001 年夏，我曾经搞过一个书目——《我国已出版的编辑学专著书目汇编》，它起于 1949 年 3 月，迄于 2001 年 5 月（见孙鲁燕和我合编的《编辑学的研究与教育》一书 [1]）。此后又出版了不少专著。

据不完全统计，2001 年 1 月至 2006 年 12 月共出版编辑学专著 31 种，其中大学出版社出版的 17 种，非大学出版社出版的 14 种；从编著者情况看，高校教员编著的 19 种，出版社、杂志社编辑人员编著的 12 种；从内容看，书刊出版方面 20 种，新闻方面 9 种，电视方面 1 种，网络方面 1 种（其中 1 种即《网络新闻编辑学》在新闻和网络方面重复计算，所以在这里变成了 32 种，其实还是 31 种）。如果要问编辑学研究在新世纪初的主要成果是什么？我认为这 31 本书，再加上一批有影响的文章，就是主要的成果。

从 2001 年以来出版的 31 种书看，有这样几个特点：（1）高等学校教研人员研究编辑学的积极性超过了出版从业人员。这种情况从 20 世纪 80 年代编辑学研究崛起以来，还是首次。出现这种情况的重要原因，与高等学校编辑出版学专业教育的蓬勃发展有很大关系。因为教师要讲课，从而加强了这方面的研究，这合乎规律，顺乎常情，是可以理解的。（2）专著超过了文集。31 种书中，有 26 种是著作稿，文集只有 5 种，这说明专门的研究人员正在不断增长，这也是高校编辑出版学专业教育发展的结果。（3）新闻编辑学进展较大，新媒体编辑学正在悄然兴起。31 种书中，讲新闻、报纸编辑学的有 9 种，其他编辑学著作中也有不少涉及报纸编辑学的。这一方面说明在市场经济条件下，新闻事业的发展出现了新的势头，各大报纸不断改版，城市报纸发展很快，报纸编辑学的研究就不可避免地要热起来；另一方面也说明编辑学研究最早从报纸开始，后来在书刊编辑方面积极崛起，编辑工作的地位和作用大幅度提高必然会影响和推动报纸编辑学的研究。新媒体编辑学研究正在悄然升起，如网络编辑学等。

这些专著的出版，表明编辑学研究正在向纵深发展，学科建设正在逐步走向成熟。

应用学科的发展往往是这样，首先是随着事业的发展、实际工作的发展而发展，逐步积累，然后由专业工作者概括整理，形成理论体系，使学科逐步成熟。编辑学、出版学的创建和发展就是这样的。

学科在发展过程中不可避免地会出现不同观点，不同观点不断深化，逐步趋向稳定，逐渐形成为学派。编辑学现在比较明显的有三种观点：一种叫文化缔构论，见河南大学王振铎教授所著，由中国书籍出版社 1989 年出版的《编辑学通论》，1997 年修改重版为《编辑学原理论》。它的背景是文化学，也就是从文化学的角度来研究编辑活动，认为编辑活动是缔构文化的工作。另一种是信息与知识的有序化、媒体化、社会化的观点，可以简称为信息传播论，见西安科技大学任定华教授的著作。任定华先生已于 2005 年 5 月去世。他的著作是《编辑学导论》，2001 年 5 月由中国经济出版社出版。其基本观点在 20 世纪 80 年代已经形成，发表了几篇论文。1991 年 11 月，西安交通大学出版社出版了他的《科技期刊编辑学导论》，作了比较系统的论述。2001 年出版的《编辑学导论》是在这个基础上的进一步完善。它的背景是以传播学为中心，也吸收了西方信息论的一些思想，认为编辑活动就是把信息、知识根据特定媒体的需要，推向社会，也就是传播出去。所以，这种观点的实质是以传播学为背景的。再一种可以说是编辑本体论，它从编辑和编辑活动的本质出发，研究编辑学，认为编辑活动的特点是选择、加工和组合。其成员主要是出版从业人员和资深编辑，基本的观点大体上相同或相似，但也有区别，主要在于侧重点不完全相同。如刘杲先生在《关于编辑规律的几点认识》一文中所表述的："编辑基本规律就是编辑人员以传播文化为目的对作品进行选择和加工。"[2] 这是一种见解。徐柏容先生则分为"四论"，即编辑创意论、编辑选择论、编辑结构论、编辑优化论。也有人认为是创意（策划、设计）、优选、优化和组合。阙道隆先生认为"选择性、加工性、中介性，则是编辑活动区别于其他文化活动的基本特征"[3]。刘光裕教授则把现代编辑的基本特征概括为现代性、中介性、导向性、群体性、经营性。这是就编辑活动的性质和特点的不同见解来划分的。当然，所有这些不同观点不是 21 世纪初这五六年间形成的，应该说是在 20 世纪 80 年代逐步发展起来的，在 90 年代就比较稳定了。也有人以编辑的起源来划分，同样有几种不同的观点。如有的认为有文字就有编辑，有的认为有出版才有编辑，或者说是有书籍才有编辑，但这只是少数研究者在编辑活动起源上的分歧。尽管许多人在这个问题上有自己的见解，但除了 20 世纪个别时段以外，在编辑学研究的整个发展过程中并未形成争论的热点。这里也就不作详细介绍了。

二、21 世纪初编辑学研究中的主要争论

21 世纪初，除出版了前面讲到的 31 种专著之外，从宏观角度看，有些问题的争论引人注意。

（一）关于编辑学理论框架的研究

具体说，争论的问题涉及许多方面，但都是围绕理论框架开展的，或者说，是讨论理论框架引发的。这也说明编辑学理论方面的一些问题本来就是存在的，只是没有引发罢了。

理论框架问题，开始称理论体系，是中国编辑学会 1995 年提出的。此后，经过多次讨论，不少同志就如何构建框架提出了许多很好的意见。

2001 年 4 月，学会第三次代表大会的《工作报告》[4] 中，也对研究编辑学理论框架的目的、意义、基本内容、涵盖的范围以及有利条件等作了分析和说明。自此，许多研究者以文章或著作的形式提出了自己的编辑学理论体系或编辑学基本知识的结构。1995 年至 2000 年，出版各种编辑学著作约四十种。如王振铎、赵运通著的《编辑学原理论》，任定华、胡爱玲、郭西山著的《编辑学导论》（以下简称《导论》），李海崑、刘光裕主编的《现代编辑学》和阙道隆著的《编辑学理论纲要》（以下简称《纲要》）等，都是有见解的论著。这些著作的问世，都是在探索过程中逐步形成的。我们前面说过王振铎教授在《编辑学原理论》以前曾出版过《编辑学通论》，任定华教授在《导论》以前也曾出版过《科技期刊编辑学导论》，这都是作者不断深入探索的表现。《纲要》也是这样，作者阙道隆先生在 1998 年和 1999 年都发表过这方面的文章，做了不少研究，到 2001 年才发表了长文《编辑学理论纲要》，全文五万余字，除"导言"外，分为 12 章，包括编辑概念、编辑活动、编辑过程、编辑工作者、编辑与作者、读者（受众）、编辑与传播媒介、编辑与社会、编辑规律、编辑价值、编辑模式、编辑规范、编辑风格等方面。应该说以上这批论著，都是近几年来众多编辑学研究者研究编辑学理论体系的阶段性成果。几年来，许多编辑学著作形成的理论体系和知识框架，富有理论色彩和实践意义，在编辑学研究史上写下了浓重的一笔，为编辑学走向成熟奠定了坚实的基础。

根据争论的情况，这里来谈谈阙道隆先生发表的《编辑学理论纲要》。《纲要》发表以后，肯定的意见不少，同时也引发了一些不同意见，主要有两篇文章。

一篇是江苏科技出版社副编审、编辑学研究积极分子蔡克难先生写的《璧有瑕，请为君示——对〈编辑学理论纲要〉的推敲》[5]。他的意见主要是这样几点：

一是《纲要》中说到，有两种编辑学理论框架（即一种是普通编辑学的理论框架，适于古今编辑活动和各种媒介编辑活动的编辑理论；另一种是以编辑劳动为核心概念建立的理论框架），他认为这两种框架"不易区分"，也"看不出"这种区分的"实际意义"。说后者"着重研究书籍、期刊、报纸、音像制品和电子出版物的编辑理论，不涉及广播影视活动"，在实际研究中是否可能。因为两种框架"都以'编辑活动'为研究对象"，即使第二种框架也不能不研究历史，它也得"涉及古今"。又认为第二种框架着重研究书、报、刊、音像制品和电子出版物，虽然不是各种媒介，实际上已涉及各种媒介，但又分为两种框架，其实两者"不存在本质差异"。

二是认为《纲要》着重研究的第二种框架，人为地排除了古代编辑活动和广播、影视领域的编辑活动，削弱了这种理论的代表性，限制了运用的适应性，只能说明这种理论的局限性，没有真正抓住各种编辑活动的普遍规律。

三是对《纲要》以编辑活动为研究对象提出不同意见，他认为"不如说是以编辑活动中的本质规律为研究对象"更为妥帖。

四是对《纲要》把编辑概念分为广义和狭义两种定义提出了意见。《纲要》说"广义的编辑指以传播信息、知识为目的，设计、组织、选择、加工整理作品和资料的再创造性智力活动"；"狭义的编辑指媒介组织中的一种专业工作，其任务和内容是，按照一定的方针、计划、策划、组织作品和资料，经过选择、加工，形成可供复制、传播的定稿或文本文件……"，又说"广义的编辑包括古代作为成书方式的编辑活动、各种传媒组织中的专业编辑活动和社会上的非专业编辑活动。狭义的编辑指各媒介组织中的专业编辑活动"。认为这样界定两种编辑概念，其区分并不泾渭分明。蔡文说，如社外编辑，一般不是"专业工作"的编辑，可他们也做加工工作，与狭义编辑活动并无本质差异；又如地方志办公室或各地教育部门教材编辑室的工作人员，专业工作是搜集材料，整理成书，难道他们倒是狭义编辑？但他们是作品的作者，是作品的版权所有人。用《纲要》的两种编辑定义很难分清。蔡文中对《纲要》的意见当然还有一些，但上述四点可能是主要的。

我个人认为编辑概念现在众说纷纭，有的宽一点，有的窄一点，但宽和窄是相对的，都有一个临界线，而这个线往往很难划分。所以，我的意见是应该有一个基本概念，它应该具有编辑工作最一般的特点，应该是普遍适用的。人为地去划分只适用于这些人，不适用于那些人，反而使问题复杂化。如果一定要分，可以分为古代编辑、现代编辑，因为时代不同，编辑的形态和职能可能不同。还有一种办法，就是除一个基本概念以外，直接从特定的媒体出发来界定编辑概念，如图书编辑、报纸编辑、音像编辑等，分别给予界定。总之，概念必须有特定对象，这种对象应该有共同的特性，应该客观地自然形成，不宜人为地主观划分。把不同特点的对象搞在一起，界限不清，容易引起歧义。

至于框架，当然可以有大一些的和小一些的，这要看作者的认知程度。但要"框"在一起，总要有一些共同点，如都是出版物，或者都是印刷媒体，或者是网络出版物，等等。当然，小一点的可能有局限性，而大一点的则要考虑更多方面，适用范围会大一点，但构建的难度也会更大。这和一本书以哪些人为对象一样，要看作者的条件与可能。比如《纲要》就是以《出版条例》规定的几种出版物为对象的。但社会在前进，事物是发展的，一切法规也会不断修正。但科学研究与制定法规不同，不是根据需要作出某种规定，而是要获得符合事物发展客观规律的科学结论。

另一篇文章，是任定华、杨忠民两位先生写的《编辑学理论的构建应具有科学的、严密的知识体系——评阙道隆先生的〈编辑学理论纲要〉》[6]。文章主要认为"《纲要》对编辑学诸多理论问题未能涉及或轻描而过，而非编辑学理论问题却涉及过多"；对自己"提出的众多新概念，未给出科学界定。因而在知识结构上缺乏科学的完整性"。具体的意见是这样几个方面：

一是关于未涉及的理论问题，任、杨两位谈到了三点："编辑语言符号的基础内容"、"编辑美学的内容"、基本规律、邻近学科和"编辑史的内容"。我认为关于编辑史的问题，这里可能有一个误会，即阙先生和一些研究者赞成编辑学要研究编辑理论、编辑业务和编辑史三方面的内容，所以，作为编辑学的"理论"这部分框架，未涉及历史，而把历史作为与理论相并列的一个方面，没有作为"理论框架"的内容来写；至于语言符号、美学等是否不可或缺，本来就是有不同意见的。

二是认为有的章节不够学科的理论层次，就是说不属于理论性的问题。其中包括"编辑工作者"（认为是人才学的命题）"编辑规范（认为是工艺操作、业务层面的问题）""编辑与作者、读者""编辑过程""编辑模式"等，认为很难提到编辑学理论层次上来论述。这些问题也是可以讨论的。我个人认为，有些问题如"编辑工作者"，即编辑主体、"编辑与作者、读者"等都是重要问题，是应该包括的。

三是认为《纲要》关于编辑和编辑学的定义是不统一的，缺乏内在的联系性。我个人认为"编辑"和"编辑学"应该是两个概念，应该有联系，但不一定要求统一。

四是关于学科性质问题。对《纲要》认为编辑学属于人文社会科学，是一门应用科学，提出质疑。主要有两点：认为"在学科体系的严格分类中，没有'人文社会科学'这一学科"；认为"任何一门学科，都是由理论和应用两部分组成的。学术理论和实践应用是学科内的层次概念，哪一门学科都有应用问题。即使最为抽象的数学，它不仅应用于自然科学，也应用于哲学、逻辑学等"，"应用学科反映不了编辑学的本质属性和学科特征，应用对每门学科具有普遍意义，决不是编辑学特殊的性质"。认为"编辑学所反映的内容，已跨越、涵盖、渗透、交叉到各个科学领域……它是当今学科内容最庞大、范围最广阔的一门横断学科"。过去一般的看法是：编辑学是一门应用学科，但应用学科也有理论。现在任、杨的观点重新提出了编辑学学科性质的争论。

五是不同意《纲要》关于编辑与文化的关系问题的论述。《纲要》

认为："编辑活动是社会文化活动的一部分"，"各种编辑活动都是社会文化活动"。任、杨认为"编辑与文化的关系是非直接的外部间接联系"，"编辑化了的信息、知识社会化后，才进入文化范畴，信息、知识是个具体小概念，文化是属于意识形态大概念，爷爷辈与孙子辈是不能混淆的"。认为"编辑与文化的研究对象不同：编辑研究对象是文、图、声、数据稿中的信息、知识，是具体鲜活生动的事物，而文化研究对象则是社会的意识形态观念"。又认为"编辑与文化的科学含义不同：编辑是信息、知识有序化、媒体化与社会化的业务，而文化是物质、精神的生产能力和精神、物质财富的总和"，"编导者面对的是文、图、声、像、数据稿中不同学科和不同层次信息、知识的质量状态，内在结构、表达形式及其内容的真、善、美，不能说成是文化；编导者传播于社会的是具体的信息、知识，不能说什么文化"，"无论何种编辑传播媒体，它给予读、观、听者的是具体实在的、生动鲜活的、千姿百态的信息、知识"。

六是关于编辑学研究对象的争论。《纲要》认为"编辑活动是编辑学独有的研究对象"。任、杨认为活动和运动是同义语。恩格斯说过："运动是物质存在的形式"，"没有运动的物质和没有物质的运动是不可思议的"。认为"哪一门学科都有学科自身的活动"，物理学、历史学都有自己活动的方式与活动范围，"怎能把编辑活动当作编辑学'独有'的活动呢"？

综观任、杨提出的意见，可以分为两类：

第一类，我个人认为是对的。如《纲要》未讲编辑活动的基本规律。这一点在《纲要》发表后不久，在北京召开的少数专家的专题座谈会上，就有人提出，阙先生也接受了这个意见，在 2002 年 5 月又写了《试论编辑基本规律》的文章，而且说明是对《纲要》的补充。

第二类，是有争议的。如编辑定义、编辑学是否属于应用学科、编辑活动能不能作为编辑学的研究对象，等等。在学术问题上，有不同意见是正常的。

就任、杨两位的批评，阙道隆先生发表了《需要建立什么样的编辑学》[7]的文章，作出了回应，讲了三个问题：

一是关于以编辑活动作为编辑学研究对象的问题。阙文认为，"编辑活动又称为编辑劳动或编辑工作，是一种社会文化现象和社会实践活动，它不是个别的、偶然发生的，而是普遍存在于它产生以后的各个历史时期和各种传播媒介中，并且随着时代的发展不断演变，具有客观性、普遍性和发展变化的历史性、规律性，是可以作为研究对象的。编辑学就是研究编辑活动的性质、功能和发展规律的科学"。同时，对任定华教授的"知识有序化"的说法提出质疑，认为"有悖于事理"。他反问："难道一堆杂乱无章的材料能成为知识吗？"阙文认为"有序化的工作首先是作者做的，上面的说法抹杀了作者的创造性劳动"。同时，提出"以信息、知识的有序化、媒体化、社会化为研究对象，把研究对象无限扩大了，编辑学丧失了自己的立足点和根基"。因为编辑活动只是"在精神文化产品生产、传播、消费的总过程中"的"一个部分、一个环节，而不是整体"，"编辑学的任务就是研究文化传播总过程中的一个环节"，不能无限扩大。"批评文章说的编辑学则是将信息、知识传播过程的一个部分、一个环节，视为信息、知识传播过程的整体，把信息、知识、语言符号、物质媒体、传播和编者一起，都作为编辑要素（唯独没有作者和读者）。这样，编辑学就与信息科学、语言学、传播学、印刷学、营销学、管理学等许多学科混同起来，编辑自身的学问反而被湮灭了。"

二是关于编辑学是否属于应用学科的问题。阙文为了让读者了解批评者的全部意见，还引用了任定华教授在《导论》[8]中的一节"编辑学是应用学科吗"来说明任定华教授本来就不赞成把编辑学定位为应用学科。因为他在书上说，"把编辑学的学科性质局限于应用科学的说法，在理论上是不通的，对编辑学研究实践是有害的"，"在考察、研究、探索编辑学理论的知识体系时，往往把编辑实践中的方针、政策、任务当作学科学术内容的组成部分，而不是注重学科构建科学原则的探讨"。阙文则认为应用学科的提法在理论上是说得通的。他也引用《导论》总论的话，"从一门科学与专业结构整体上考察，大体上分为基础科学、技术科学、应用科学三大类别"，"应用科学是社会、生产经验的科学总结。它的研究方向具体而明确，与社会及生产比较接近"。阙文认为，"我们说编辑学是应用科学，也是因为它与编辑实践联系紧密，有明确而具体的应用目标，这与《导论》说的没有什么原则区别"。然后反问：现在许多科研机构不是仍有基础研究和应用研究之分吗？

至于说把编辑学归属于应用学科，"对编辑学研究实践是有害的"说法，阙文认为"研究编辑学不为指导编辑实践服务，不为社会主义精神文明建设服务，岂不成了无对象、无目的研究"；他认为学科构建的原则，"首先是理论联系实际的原则"。否则，只能是"无的放矢，为理论而理论"。

三是关于编辑活动与文化的关系。阙文表示《纲要》说的文化是狭义的文化，即与经济、政治相对应的文化。至于"文化产业""文化产品""文化价值"等的概念界定问题，阙文认为这些都"是通行概念，不是《纲要》的发明创造……无需在《纲要》中给予界定"。同时，他不赞成任、杨两位认为"编辑与文化的关系是非直接的外部间接联系"的观点，认为编辑"除了传承文化功能的关系以外，还有部分与整体的内在联系"。"社会的文化发展水平、文化环境，对编辑活动的发展方向、发展规模、发展水平，产生决定性的影响"，"编辑的策划组织、选择优化、调控导向工作，对社会文化的发展方向，社会文化体系的建设、整合与重构，产生能动的反作用。编辑与文化的这种内在联系是无法割断的"。

关于人文社会科学是人文科学和社会科学的组合概念，阙文认为现在并无统一说法，北京大学出版社出过"人文社会科学丛书"，作者都是知名学者，所以说"人文社会科学"这个名词不是《纲要》生编硬造出来的。

阙文最后提出：质疑编辑与文化的关系，"是要抹杀编辑活动的文化属性，只能谈信息、知识，不能谈文化，所谓'编导者传播于社会的是具体的信息、知识，不能说什么文化'。其实，在某些情况下，知识和文化是同义语，文化也泛指一切知识，只不过文化的内涵更广泛罢了"。认为不能抹杀编辑活动的文化属性，"抹杀编辑活动的文化属性，必然抹杀编辑活动的意识形态属性"。

（二）关于编辑活动基本规律的探讨

随着对编辑学理论框架的讨论，又一次提出了编辑活动基本规律的问题。

在谈论编辑活动基本规律的时候，我想先要了解一下什么是规律，什么是基本规律的问题，也就是何谓规律，应有明确定性。这里有几点应该加以肯定：一是客观性。根据马克思主义经典著作家的论述，规律是不以人们意志为转移的客观过程的反映。这就是说，作为规律，首先必须具有客观性。毛泽东同志也说："认识的真正任务在于经过感觉而到达于思维，到达于逐步了解客观事物的内部矛盾，了解它的规律性。"[9] 这也说明了规律是客观事物在我们头脑中的反映。二是本质性。还是根据马克思主义经典著作家的论述，"规律就是关系……本质的关系或本质之间的关系"[10]，一事物与他事物的联系是多样的，但反映为规律的联系不是表面的、形式的或局部的联系，而是事物运动内部各种关系的全面的本质联系的反映；它不是运动过程中的描述，不是操作方式写照，而是事物运动的本质。三是特殊性。即这种规律是某种特定事物运动所固有的，它是区别于其他事物运动的独有的运动特点、独有的特殊性，即它与其他运动形式的质的区别。

至于讲到基本规律，它应该区别于其他规律。为什么这样说呢？这是由事物内部矛盾的复杂性所决定的。我们前面说过，"规律就是关系"，关系也就是联系，也就是矛盾。毛泽东同志说："在复杂的事物的发展过程中，有许多的矛盾存在，其中必有一种是主要的矛盾，由于它的存在和发展，规定或影响着其他矛盾的存在和发展。"[11] 既然矛盾有主要和非主要之分，那么，作为反映事物矛盾的规律，当然也会有主要和次要之分。这就是说，规律是有层次的，有的规律反映矛盾运动的全过程，有的则只反映某个局部、某一方面、某一个小过程。它们在事物运动过程中所处的地位和作用是不同的。就拿编辑活动来说，在其发展的过程中，也有反映各种不同矛盾的不同层次的规律存在。如标点、符号的使用，是有它自己的规律的，语言文字也是有自己的规律的。它们不同于编辑的审读规律，也不同于编辑的加工规律。当然，所有这些规律都只是在某一方面、某个领域或某个层次上起作用。但在许多矛盾中必有一种规律反映整个编辑活动中的主要矛盾，反映编辑活动全过程中最本质的关系，这就是编辑活动的基本规律。它是编辑活动中各种层次的规律中最高层次的规律，它决定或影响着其他规律的发展，是起主导作用的规律，由于它是事物运动过程中主要矛盾的反映，所以，这样的基本规律也只能有一条，不可能有两条、三条。打个不恰当的比喻，任何一个单位，不论大单位、小单位，第一把手只能有一个，如果有两个、三个，那就不叫第一把手了。

现在，我们就按这个认识来分析下面提到的那些规律的适用性和认同感。关于编辑活动基本规律的探讨，中国出版科学研究所成立后不久，在 1987 年就已经开始，那时在乌鲁木齐召开了全国第一次编辑学学术研讨会，规律问题是会议的主题之一，发表了好几篇文章。会议以后也不断有文章发表，但没有形成热点。中国编辑学会成立以后，也曾多次组织过这方面的讨论，直到 20 世纪末 21 世纪初，在编辑学崛起以后近二十年，才陆续形成了几种看法，具体表述大体如下：

刘杲先生对编辑基本规律的提法有个发展过程。1998 年 7 月，他提出："编辑活动基本的客观规律是对科学文化成果的选择和加工。"1999 年，他的提法是："编辑活动的基本规律是对人类创造的文明成果的选择、加工和传播。"到 2006 年 1 月，他又明确提出："编辑基本规律是编辑人员以传播文化为目的对作品进行选择和加工。"[12]

浙江大学出版社副编审杨晓鸣的意见是："能动性与受动性相统一是编辑活动的普遍规律。举凡有编辑活动的地方，就有编辑主体通过编辑活动能动地参与社会文化大厦的构建，并同时受到所处的社会环境（包括作者、读者、社会制度、出版体制、自然条件状况等）的制约、影响的现象。"[13]简言之，就是编辑为了构建社会文化大厦发挥自己的能动性，而这种能动性又受到社会环境的限制，所以，把能动性和环境制约的可能性统一起来，就是编辑活动的普遍规律。

青岛远洋船员学院学报孙宸先生认为："编辑行为的本质是一种文化变现行为，文化变现规律是编辑活动的基本规律。"什么是文化变现？他认为"个体生产的精神产品在传播前属于私人精神产品，是潜在文化，传播后成为社会精神产品，成为现实的文化"，"潜在文化转化为现实文化就是文化变现活动"[14]。

林穗芳先生对编辑基本规律的表述如下："在为作品的内容向公众传播作准备的过程中作者和读者／用户之间的供需关系的矛盾在全面而准确评价的基础上依照质量第一和社会效益第一的原则加以调节和解决。"[15]

阙道隆先生在总结了对编辑与社会关系的几种看法以后，提出"在文化创造和传播过程中编辑与社会相互作用规律，是编辑活动的基本规律"[16]。

武汉大学中文系教授向新阳认为，"编辑劳动规律有三条：（1）编辑劳动实践与社会经济、政治、文化相统一的规律；（2）编辑劳动实践与社会文化需求相统一的规律；（3）编辑劳动实践与精神文化产品内在要求相统一的规律"[17]。

河南大学教授王振铎认为，"编辑活动基本规律有内外之分，其内部规律就是：讯息传播规律、媒介建模规律、文化缔构规律"。王振铎教授这个看法于1989年10月在《编辑学通论》一书中已部分提出，

1997 年 8 月，在《编辑学原理论》[18] 中作了完整的表述。这种意见的特点是把基本规律分为外部和内部，同时又着重从内部来观察编辑活动的基本规律。

西安科技大学教授任定华认为，信息、知识有序律，信息、知识与载体结合律，信息、知识传播律，是编辑的三条基本规律。归纳起来，就是信息、知识的有序化、媒体化与社会化规律。

百花文艺出版社原总编辑徐柏容先生在《编辑创意论》[19] 一书中提出了编辑活动三规律：一是求同、求异、求和与求同、异、和互济规律，二是质量与效益同步规律，三是主体、客体矛盾统一规律。

复旦大学教授王华良先生认为，"编者、作者、读者之间反映作品供需矛盾的关系，得到什么样的调节和整合，最终决定着编辑活动的得失盛衰"[20]。

笔者认为，"编辑和视听者的关系是服务和被服务的关系，二者之间的矛盾是编辑活动的主要矛盾，它规定了编辑活动的基本规律，即编辑以已有的精神成果为基础，通过优选、优化，生产出新的精神产品，最大限度地满足视听者的需要，顺应社会文明发展的规律"[21]。

以上各种表述，尽管层次不同，视角各异，繁简有别，虚实有差，但都在不同程度上反映了编辑活动客观性的哲学思考，特别在选择和优化方面，已经表现出思路上的趋同倾向，这是一种重要的进展，它为今后的继续研究打下了很好的基础。

以上对编辑活动基本规律的表述，大体上可以分为以下五类：

第一类，徐柏容先生的编辑三规律和向新阳教授表述的三条规律，它们都是作为一般性规律提出的，并未作为基本规律来表述，所以把它们列为一类。这里要说明的是，关于徐柏容先生的"求同、求异、求和与求同、异、和互济规律"，一些同志觉得不好理解，这里试着作点解释。我的理解也未必准确，不当处由我负责。徐先生所谓求同，他有三层意思：从宏观讲，是编辑工作要顺应时代，顺应社会的需要；从中观讲，编辑工作要与当前政治、经济、科学、文化条件相适应，根据这些实际条件来进行编辑工作；从微观讲，各项编辑工作，都应符合本社、本刊的方针、任务和总体的编辑构思，书籍和期刊都要求体例、风格的协调，形式与内容的统一等。所谓求异，作者指出两点：一是异于其他事物，二是有它自己独特的地方。简言之，就是要有自己的特点，不仅要不同于他社、他刊，更要求自己的特色、专长。要追求创造性，首先是内容之新（包括作品思想、编辑思想之新），也要求结构、表现方法、语言风格之新等。所谓求和，就是要求烹饪中的五味调和，演奏中的五音和谐。如编刊，这一期和其他各期虽文章不同，又要相互和谐，成为"连续出版物"；一期刊物之内，各文内容不同，又要做到多样统一，宫、商、角、徵、羽调和成乐。作者认为，求同、求异、求和是互相联系的，不是孤立的，它们互相矛盾而又统一于编辑工作的同一体中，不仅要求同、求异、求和，更要求同、异、和互济，达到矛盾的统一。这就是求同、求异、求和及求同、异、和互济规律。徐柏容先生的这一规律，是涉及内部和外部的，但在行文中他强调是编辑工作内部的本质联系，并且对三规律的排列作了专门的调整，把它由原来的第二规律改为第一规律，可见，他对这个规律的重视。

第二类，孙宸先生关于文化变现的表述，这里的文化变现主要是指作者个人创作的作品（或者说是稿件）变现。但用"文化"两字，概念很宽，作者的书稿和已出版的图书，演出的戏剧、歌咏，从大范围讲，都可以说属于文化范畴，界限很难清晰；更重要的是文化变现，把作家私人的稿件变成传播物，实际上是整个出版工作的事，说它是"出版"也未尝不可，不能仅限于编辑活动这个环节。我的意思是说，文化变现，说它是编辑行为，不如说它是出版行为。特别是在网络传播的条件下，私人创作成为传播物，已经不是什么难事。可见，变现不是编辑活动所独有。

第三类，杨晓鸣先生和阙道隆先生的表述，集中在编辑与社会的关系，也就是编辑活动与外部条件的关系，由于外部关系不决定事物的本质属性，因而它不能成为反映事物内部本质联系的客观规律。

孙宸先生针对阙道隆先生"将编辑与社会关系规律视为编辑活动最基本的规律"说："外部性规律固然是编辑学研究的主要内容，但原理性基本规律应是编辑活动内部的本质规律，不同事物间原理不同主要是因为其内部的本质规律不同，而外部规律在属性相近的事物中可能相同或相似。"[22]

也有人认为阙文的概括虽然全面，但显得过于宏观和抽象。先说他的前提是"在文化创造和传播过程中"，而文化创造是一个很广泛的领域，诸如文学创作、演艺、绘画……都属于文化创作；如说"传播过程"，阙先生在批评任、杨两先生时说，尽管"现代编辑活动已向前后延伸……但编辑活动仍然是这一总过程的一个部分，一个环节，而不是整体"。可见，按阙先生前面的说法，这个"文化创造和传播过程中"，还是显得宽泛。同时，"编辑活动与社会相互作用"，这里的"社会"就成为无所不包、笼统抽象的专指了。因为一切人、事、物都发生在社会中，谁能说与社会没有关系呢？但不同的人、事、物和社会的关系总应该有不同的特点吧！不概括出这些特点，纵论与社会的关系，就不能不使人感到很难捉摸了。

第四类，王振铎教授认为基本规律有三条，任定华教授也归结为基本规律有三条，但他们最后都归结为一条，都认为这是编辑活动内部本质联系的反映。

第五类，认为编辑活动基本规律存在于编辑、作者和读者的关系中，包括王华良先生、林穗芳先生和笔者的概括，但三者又有不同。

如对笔者提出的基本规律，曾听到两点质疑。

质疑之一，是拙作发表后约两年，有一次几位同好坐在一起聊天。有一位同志问我：你提出的基本规律中有"通过优选、优化，生产出新的精神产品……"之语，"优选""优化"（包括加工、组合），这些都是手段，而手段都是主观的，主观的东西能说是客观规律吗？当时另一位同志表示异议，他说：原文说"以众多的精神成果为基础，通过优选、优化……最大限度地满足视听者的需要，顺应社会文明发展的规律"[23]。这里的优选、优化是有基础、有目的的，应该是客观实际的反映，可以认为是客观的。又说，社会上任何人的活动都是主观的，而他认识了客观实际，反过来又改造了客观实际；如果取得了成功，应该说人的活动就是符合客观实际的，是客观的。我当时表示，希望把他们的观点都写成文章发表。可是两年过去了，并未见到这方面的文章。由于他们没有写文章，我也不便公布他们的尊姓大名。但是作为学术研究、学术交流，我既然听到了，就提出来请大家讨论，目的是追求真理，我想应该是无碍的。

质疑之二，有人认为编者与读者的关系是一种重要的本质关系，是编辑活动的出发点和归宿。但读者有不同层次，要引导读者，不能一味迁就迎合读者，编者要同时考虑读者需要和社会需要，不能只顾其一。认为"编辑与文化的关系，编辑与读者的关系，都不是编辑活动中全面的最深层次的本质关系，它们只是这种本质关系的一个部分，一个层面。这种本质关系就是编辑与社会的关系"[24]。我认为应该承认读者是一个复杂多样的群体，具有无限的多样性。社会本来就是复杂多样的。整个社会需求就是所有人的需求，编辑是无法考虑的，编辑考虑的只是人作为读者提出的需求。所以，考虑读者需求，从某种意义上说，就是考虑社会的需求。社会对编辑的需求是通过不同的读者来反映的，不能把反映社会的需求和读者的需求对立起来。政治、经济、文化等社会环境是外部因素，它应该通过内因来起作用，也就是通过读者、作者和编者表现出来并发生作用的。编辑只能通过自己的努力，用出版物来吸引和引导读者，满足读者。因此，编辑和读者的关系是编辑活动最本质的关系，是编辑活动的根本出发点和最后的归宿。

2005年8月23日，刘永凌先生在《中国新闻出版报》上发表了一篇文章，题为《对编辑基本规律认识的误区》。他提出编辑基本规律讨论中存在三种现象，即所谓文化泛化现象、社会泛化现象和信息泛化现象。此文提出三种"泛化"现象，但对为什么说是"泛化"，没有作进一步的论述，所以，不便置喙。又由于它涉及好几位先生的观点，被批评者是怎么想的，他们是不是已经走入了"对编辑基本规律认识的误区"，可以商榷，可以讨论，先不说它。但他表述的"编辑活动就是编辑主体根据国家的有关政策和规定，在一定的社会文化背景的规约下，充分利用各种技术手段，基于自身的综合素质，对编辑客体进行认识、选择和重构的过程"，主要意思如果在于对编辑客体的"认识、选择和重构"，与目前某些编辑概念的界定多少有相似之处，或者有同有异，可以进一步探讨。至于文章作者提出的"编辑活动基本规律就是编辑活动主体与编辑活动客体相互作用的规律"[25]，印象中和徐柏容先生的编辑三规律中的第三条规律即"主体、客体矛盾统一规律"，也有相似之处。其实，把主体、客体矛盾作为规律性问题来研究，最早还不是徐柏容先生。正如徐先生在他的《编辑创意论》中所说，"也有同志提出编辑主体客体矛盾运动规律，论述编辑矛盾的客观性，编辑矛盾的结构关系，编辑矛盾的特点和形式以及编辑主体在矛盾运动中的地位与作用等"。徐先生这里说的"也有同志"，大概就是指现任湖北少年儿童出版社社长兼总编辑的胡光清先生。他在 1985 年连续发表《编辑学研究范围探论》《论编辑主体和编辑客体》《论编辑客体》《论编辑主体》和《编辑学研究方法辩论》《关于编辑实践的若干规律性问题》等一系列文章[26]，对这个问题作了系统的研究，很有见解。徐、刘两位对主体和客体的解释，即主体就是编辑者、编辑人员，客体就是编辑的对象——文稿、书稿，或曰进入编辑状态的文稿，也较类似。我觉得可以商量的地方是，这样解释编辑客体是否太窄。我认为编辑活动不是一种静止的孤立的活动，不是一个编辑者对一本文稿或几本文稿的选择、加工的活动，而是要把文本的阅读、视听对象的需要、他们可能的接受程度、创作者的世界观、学识底蕴、文字能力、表达方式等都考虑在内的一种综合性活动。但是，我不认为读者、作者在这里是编辑活动的外部关系，而是编辑活动不可缺少的内部关系。编辑如果不了解读者需求，就好像医生不知病人的病情就乱开处方，这不就是大笑话吗？这就说明了读者和作者都是编辑客体的不可分割的组成部分，但两者中读者是矛盾的主要方面。如果在这个前提下，在这样的认识范围内，有人把编辑活动的基本规律表述为编辑主体与编辑客体对立统一的规律，这似乎是可以理解的。但问题到这里还没有完结，因为主体和客体的对立统一，也就是主客观的对立统一，这是辩证唯物主义的基本原理，它适用于人类社会的所有活动，同样显得宽泛。比如对编辑客体的理解，就可以大到整个社会环境，小到文稿文本……可以有不同的包容。因此，仍需根据编辑活动的特殊需要，明确必须包括的那些方面，诸如社会责任、读者认知（对视听对象的明确定位和了解）、内容质量、审美追求等（也许还有别的）。总之，只有把这些影响编辑主客体之间关系的关键问题解决了，也就是编辑主体和客体之间具体的带有根本性的矛盾统一了，才是生动具体而且有实际意义的。我想，按照这样的认识，如果说把编辑活动基本规律，设想为编辑主体和编辑客体对思想性、科学性、艺术性和编辑工作专业性方面要求的对立统一规律，是否可以更贴近编辑和编辑工作的实际。这也只是一种想法，是否可行，特求教于方家，也请诸多同好予以讨论。

编辑活动基本规律的研究和讨论，是编辑学研究中的一场重头戏，讨论还在继续中，我们希望有更多的同行为它付出劳动和心血。

总之，编辑学研究在 21 世纪的头五年是百家争鸣的五年，如果加上 20 世纪最后十多年，也是一样的。整个编辑学研究 20 年，就是百家争鸣的 20 年，是不断开拓掘进的 20 年。

三、对 20 年来编辑学学术观点的归纳和梳理工作

20 世纪 90 年代中期，鉴于学术活动的蓬勃开展，曾考虑对十多年来编辑学研究中各种学术观点和成果进行梳理，以利于进一步推动学术研究。1997 年，在银川召开的全国编辑学理论研讨会上又明确提出：几年来，编辑学研究在业内外专家学者的支持下取得了一定的进展，"但成果比较分散，需要总结、归纳和梳理，使之条理化，然后再分析它不足和不够的地方，进一步有针对性地加以研究"[27]。这个任务提出以后，学界有些同志开始注意做这个工作，如《出版科学》杂志曾于 2002 年出版过增刊——《出版科学年评》（第一卷，1980—2000），不过，它是由单篇文章组成，范围也不限于编辑学和编辑史；我本人也作过一些尝试，在 1999 年发表过拙文《20 世纪中国的编辑学研究》，后来由河北教育出版社积集成书，于 2000 年 1 月出版。但这都是单兵作战，总觉势单力薄，见效不易。1999 年，山东省高等学校学报研究会主任丛林同志和我谈起梳理编辑学学术观点等问题，有意组织人力进行述评，我当然积极赞同。后来，他们又把它作为研究会的科研课题，获准在山东省教育厅立项，取得了省教育行政部门的支持，更加增强了信心。他们组织有能力有兴趣为编辑研究作出贡献的二十余位中青年学报编辑，先后花了四五年时间，查阅了近二十年来出版的两百余种专著和上万篇的论文、研究资料，终于写出了近七十万字的《中国编辑学研究评述（1983—2003）》一书，并于 2004 年年底在齐鲁书社出版。这部书展示了 20 年来编辑学研究的各种观点，包括编辑学在中国的发展，编辑学的研究对象、编辑本质、编辑主体、编辑实务、编辑规律和学科建设等基本问题，以及编辑学的分支构成、编辑史和编辑学交叉学科的研究。

对于这本书我觉得它有三个长处：

一是搜集的材料相当丰富。对一门新兴学科 20 年来的状况进行述评，要阅读的材料之多是不言而喻的。更何况，在这个时间段中，编辑学方

面出版的专著、发表的论文以及开展的研究活动是多种多样的。要集中搜集这些材料，本身就是一件了不起的工作，更不要说进行阅读、研究和述评了。但是，该书的作者们承担了这项工程，搜集了大量的材料，进行分析、研究、比较，做了许多工作，实在是令人钦佩。

二是贯彻了"以述为主，以评为辅"的方针。该书作者向大家介绍了编辑学萌芽、崛起和发展的过程，展示了许许多多讨论过的问题，客观地排列了不同的观点，呈现了 20 年来的研究成果。作为中青年作者，他们坚持学习，认真叙述，并在叙述中尽可能地加以评论，是很难得的。它可以帮助读者了解编辑学发展情况和许多重要的成果，比较好地继承了述而不作的儒学传统。

三是该书有一些新的视角和独到的见解。该书"例言"中说，作者深感对编辑学研究的气氛不浓，而且多数人过去接触不深，或只在某些方面接触多一些。也正因为这样，该书作者们思想上没有框框，能够比较自由地根据自己掌握的材料发表意见，按照自己的视角，提出独特的见解，其中不乏真知灼见，这是很可贵的。

我认为该书的完成达到了三个目的：

一是对 20 年来我国编辑学研究的成果进行了梳理和评议，形成了一部有价值的学术著作。更重要的是通过这本书，让我们看到了成就和不足，有利于今后更有针对性地进行研究，更好地开展该书主编所说的"攻坚战"。

二是就我个人所知，组织班子，有领导、有计划地花几年时间，对 20 年来我国编辑学研究成果进行述评，这在历史上还是第一回，无疑是一个创举，是一件很有意义的事。尤其对于培养队伍来说，是一个极好的尝试。因为该书的作者，也就是该课题的研究者，绝大多数是中青年同志，他们在完成这项工作中做得很专业、很认真，展示了他们的热忱与才干。这是一种很好的队伍培养和专业锻炼，相信通过这一工程，一定会出现一批年富力强、有抱负、有实力的研究者充实到编辑学研究的骨干队伍中来，使我们的事业后继有人。这是所有收获中最为宝贵的。

三是《中国编辑学研究述评（1983—2003）》是一项很大的工程，该书在述评中提出了一些新的见解，使原来的观点有所突破和深化。它在我国编辑学研究史上写下了浓重的一笔，也是山东高教界对编辑学学科建设作出的重大贡献。

这里，前两条本来就是该书策划者——山东省高等学校学报研究会领导在该书"例言"中明确提出的目的，第三条虽未以文字明确写明，但一般来说，实现了前两条以后，第三条也一定会有所收获，应该是前两条的潜在要求。我深深感到，该书策划者提出的梳理学术成果，锻炼研究队伍的重要意义，特别是想方设法培养中青年研究人员，这是具有战略眼光的重大举措，也是防止编辑学研究队伍可能出现断层的极好办法，非常之好，应该说他们功不可没。

完成这个工程的重要意义还在于它较好地实现了归纳、梳理编辑学学术观点的任务。这是一本研究编辑学的学术著作，是 20 世纪 80 年代至 21 世纪初中国编辑学发展历史的记述，是编辑学各种学术观点的汇集，是我国编辑学学科建设史上的一部重要著作。

这是值得我们赞扬的。

编辑学有这样的研究者、这样的热心人，它走向成熟的年代应该是可期的。

以上三个方面，是广大编辑出版工作者、编辑出版学教研人员在本世纪头五年作出的努力，取得了一定的突破，促进了编辑学学科建设的发展。

注释

[1] 邵益文，孙鲁燕. 编辑学的研究与教育. 机械工业出版社，2002：350.

[2] 刘杲. 编辑规律学习笔记 // 出版笔记. 河北教育出版社，2006：406.

[3] 阙道隆. 编辑研究文集. 中国青年出版社，2003：164.

[4] 邵益文. 中国编辑学会第二届常务理事会工作报告 // 中国编辑学会秘书处. 中国编辑学会第三次全国代表大会纪念册. 商务印书馆，2003：24.

[5] 出版科学. 2002（1）.

[6] 中国编辑. 2005（2）.

[7] 中国编辑. 2006（1）.

[8] 任定华，胡爱玲，郭西山. 编辑学导论. 中国经济出版社，2001：118.

[9] 毛泽东. 实践论 // 毛泽东选集. 人民出版社，1964：275.

[10] 列宁. 黑格尔《逻辑学》一书摘要 // 列宁全集：第55卷，人民出版社，1990：128.

[11] 毛泽东. 矛盾论 // 毛泽东选集. 人民出版社，1964：308.

[12] 刘果. 关于编辑规律的几点认识 [J]. 出版发行研究，2006（2）.

[13] 杨晓鸣. 编辑活动规律. 编辑之友. 2001（2）.

[14] 孙宸. 编辑学的基本原理是文化变现. 编辑之友. 2002（2）.

[15] 林穗芳. 编辑基本规律新探 // 中国编辑研究（2003年），人民教育出版社，2004：72，235.

[16] 阙道隆. 试论编辑基本规律 [J]. 出版科学，2002（3）.

[17] 向新阳著. 编辑学概论. 武汉大学出版社，1995：95.

[18] 王振铎，赵运通. 编辑学原理论. 中国书籍出版社，1997：18、89.

[19] 徐柏容. 编辑创意论. 天津古籍出版社，1999：90.

[20] 王华良. 再论编辑活动基本规律. 编辑学刊，2006（3）.

[21] 邵益文. 略论编辑活动的主要矛盾和基本规律 // 编辑的心力所

向——编辑工作和编辑学探索. 贵州人民出版社，2004：37.

[22] 孙宸. 编辑学的基本原理是文化变现. 编辑之友，2002（2）.

[23] 同 [21].

[24] 阙道隆. 编辑研究文集. 中国青年出版社，2003：240.

[25] 同上.

[26] 胡光清. 编辑论编辑. 奥林匹克出版社，1996.

[27] 邵益文. 编辑学的五次全国性学术研讨会 //20 世纪中国的编辑学研究. 河北教育出版社，2000：189.

2006 年

《出版发行研究》2006 年第 7 期；《中国编辑研究》（2007 年刊）P358，人民教育出版社 2007 年 10 月版

中国编辑学会在新世纪头五年中的研究

在新世纪的头五年里，中国编辑学会根据实际需要，召开过五次年会，三次编辑学理论研讨会，九次专题研讨会和座谈会，两次编辑史、出版史研讨会，两次各省市编辑学会负责人交流工作经验的座谈会，两次高等学校编辑出版学专业教育座谈会，以及开展评优和编书办刊等工作。这些活动都是在马克思列宁主义、毛泽东思想、邓小平理论和"三个代表"重要思想的指引下，贯彻落实科学发展观，结合当时的实际情况进行的。这些工作着眼于不断总结新鲜经验，创新理论思维，加强思想交流，重在提高认识，与时俱进，适应了社会主义市场经济条件下经济发展的要求，也符合社会主义精神文明建设和出版自身发展的需要。五年来，学会主要把工作做在加强编辑出版的队伍建设上，做在提高出版物质量上，做在推进编辑学的学科建设上，从而促进我国社会主义出版业的健康繁荣。

一、积极开展编辑出版理论和实际问题的讨论

第二届理事会任职期间，根据实际工作的需要和会员群众的要求，本会曾先后讨论过出版社责任编辑的职责，编辑室主任的性质、地位和作用等问题，取得了一定的共识，收到了一定效果。第三届常务理事会在这个基础上，根据新的情况和问题，又组织开展了下述问题的讨论。

1. 对出版社总编辑工作的研讨

鉴于有的出版社不设总编辑，有的虽有设置但总编辑的职责范围不清等问题，一些单位的同志提出了讨论出版社总编辑的工作职能问题。第三届理事会根据这种要求，先后召开了几次不同规模的出版社总编辑

工作座谈会，会议着重讨论了新形势下总编辑工作职责和目标等问题。中宣部出版局局长张小影同志到会作重要讲话，指出出版工作无论出现多大变化，编辑工作作为出版工作的中心环节的地位不能改变。出版社总编辑最重要的是三条，即责任、境界和能力。而这三条最终必须通过选择与把关来体现。学会负责同志就新形势下的总编辑工作发表了重要见解：（1）出版社总编辑工作关系全局，关系出版物的质量和出版社的形象，只能加强不能削弱；（2）社长、总编辑相互支持是总编辑做好工作的首要条件；（3）总编辑的工作应当着重抓全局性、战略性的问题；（4）总编辑需要积极探讨新形势提出的新问题；（5）总编辑应当成为全体编辑人员的表率。会议强调了总编辑是出版社的把关人和管理者，主要职责是抓方向、抓规划、抓选题、抓质量，通过富有成效的工作出成果、出人才。

2. 对新形势下编辑工作新的特点和要求的探讨

在新的形势下，对编辑工作新的特点、要求，需要进行新的审视。本会第六届年会专门讨论了这个问题，认为在信息化、数字化的条件下，编辑活动的领域扩大，信息量加大，载体多样化，选择性大大增加；编辑活动的频率加快，稿件通过网络传输，要求编辑迅速作出反应；编辑活动由单向向双向、多向交互式转化；网络传输不仅速度快，而且透明度大，传播空间宽广，可以无远弗届；编辑活动由原来的单一服务转变为多样化的综合服务（不仅限于文字、图片，而且有音响、视频，形成多媒体的功能），这是编辑活动的新发展。在高新科技条件下，编辑活动也有稳定的一面，即"五个不变"：编辑活动作为精神生产和创造性智力劳动的根本性质不变；传播和积累文化的目的不变；创意、选择、优化和组合的基本特征不变；既要适应精神生产规律，又要适应市场经济和竞争规律的原则不变；编辑工作是出版工作的中心环节的地位不变。同时强调，经济全球化必将带来东西方文化的交流，对编辑出版工作来说，弘扬民族文化、捍卫文化的民族品格和民族尊严的责任不能改变；市场经济的发展，经营环境的变化，坚持发展社会主义先进文化的前进方向不能改变。

3. 对编辑职业道德的讨论

市场经济的发展，市场竞争的加剧，经济利益的驱动，使编辑队伍中一些人的职业道德滑坡，成为业内外关注的重要问题，在理论和实践方面研讨编辑职业道德建设问题，是学会不可推辞的职责。在本会第一、二届理事会多次研讨的基础上，第三届理事会继续重视这方面的工作，组织研讨了编辑职业道德建设的必要性、基本要求及基本途径等问题。学会负责同志发表了《社会主义编辑职业道德随想》的长文，全面论述了编辑职业道德建设的意义、性质、内涵、核心、特征以及编辑职业道德的培育与养成，在理论和实践的结合上作了深入的研究，提高了研究编辑职业道德问题的理论层次，有很强的针对性和重要的指导意义。

4. 对多出精品、多出人才问题的讨论

党的十六大提出的抓住本世纪头 20 年的战略机遇期，集中全力，全面建设小康社会的宏伟目标，鼓舞了广大编辑出版工作者，决心大力发展社会主义文化，建设社会主义精神文明，顺应社会主义出版事业的健康繁荣。本会着重研讨了发展先进文化、实施精品战略的问题，强调重视编辑工作的制度创新、机制创新，提高出版物质量，加强队伍建设，以促进出版繁荣。学会负责同志在年会上发表了《出版：文化是目的，经济是手段》的文章，从出版的根本性质、目的、任务、社会价值等方面，讨论了社会之所以需要出版，就是为了传播和积累文化。如果不注重文化，出版的存在也就失去了意义。同时说明，出版的发展需要以经济为手段，出版物作为商品，可以也应该获取一定的经济利益，以支持出版的发展。但这不是出版的根本目的，仅仅是发展出版的手段。如果把握不好，混淆甚至颠倒了目的和手段，出版者就可能忘记自己传播、积累文化的本职使命，蜕变为追逐利润的市侩，出版的品位和质量也必将受到损害。这种见解从根本上坚持了出版的社会职能、出版的品位和文化含量，为实施精品战略阐明了理论基础。

5. 对出版单位转制与编辑工作问题的讨论

随着出版体制改革的深化，一部分出版单位由经营性事业单位转制为企业单位，转制对出版单位和编辑工作将带来什么样的影响，一时间成为业内的热门话题，就此问题学会组织会员进行研讨。多数人认为出版社不同于其他经济部门，是生产精神产品的单位，在转制以及其他改革中，要坚持把精神文明建设和物质文明建设结合起来；坚持把社会效益放在首位，实现两个效益的结合。出版社转制本来并不触动编辑业务，但要防止由于强调市场效应而造成两个效益的关系在实际上错位，或者销售逼迫生产改变出版方向、品位和质量；防止出现有人把兴奋点放在年薪制和领导层持股方面，以及有的人担心转制后个人的去向和退休后的生活待遇而产生不安情绪等。要牢固树立为人民服务、为社会主义服务的出版观，首先要抓出版方向，强化大局意识、责任意识和质量意识，同时，要建立一套适应社会主义精神文明建设和市场经济相结合的出版机制，加强上下监督，充分发挥各方面的积极性，使整个出版社的运作能够走上良性循环的发展轨道。

6. 对深化出版改革，坚持图书质量第一原则的讨论

在深化出版改革的条件下，编辑工作如何适应新的形势，坚持正确的导向，保证出版物的质量，坚持发展社会主义先进文化，是本会一直关心的问题，并为此于 2005 年 8 月召开了第十届年会。学会负责同志在讲话中认为，如何保证和提高图书质量，是出版改革面临的一个重大课题。坚持图书质量第一，就是坚持国家和人民的利益第一，绝不允许为了单位和个人的利益，损害国家和人民的利益；坚持质量第一，是出版为人民服务、为社会主义服务的前提，不然，就否定了自身存在的社会意义，也否定了安身立命的依据；坚持质量第一，是正确处理社会效益和经济效益关系的基础，否则社会效益和经济效益就无从谈起。优质高效，先有优质，后有高效，优质是前提。靠提高图书质量赚钱，是生财有道；

靠牺牲图书质量赚钱，是不义之财。提高出版企业的竞争能力虽然涉及好多方面，但图书质量是核心；如果忘了坚持图书质量第一，就是忘了根本。出版改革的最终目的是发展出版生产力，要推动图书质量上升和遏制图书质量下滑。所有的改革措施都要符合质量第一的要求，都要有利于实现质量第一的目标。与会者认为这个讲话非常重要和及时，部分图书质量滑坡，阅读率走低和库存增多是互相联系的，这些问题的形成，既是出版外部环境的变化所致，又有出版本身的内部原因。我们只有多出精品，才能用最优秀的精神食粮去满足广大读者的需求。

7. 对保证出版物编校质量的讨论

做到出版物编校质量合格，是出版工作的起码要求。但是，一段时期以来，编校质量下滑，"无错不成书"已经司空见惯，社会上对此屡有批评，领导机关多次检查的结果，令人不安。本届理事会根据业内外人士的要求，与有关单位联合举办了编校工作专题研讨会，取得了一定的共识：校对工作在现代出版工作中占有十分重要的地位，是出版流程中的一个重要的不可缺少的环节，是一种创造性的文化活动，是编辑过程的一个组成部分，是出版物付印前最后一道质量把关工作。认真做好校对工作，保证出版物的编校质量，是出版工作者对读者负责的基本要求。当前编校质量下降的原因，首先是原稿遗留差错过多；其次，是校对力量薄弱；再次是校对队伍素质偏低。但是，根本的也是最重要的原因，是一些出版社领导不重视校对工作，没有把它作为做好出版工作的一个不可缺少的环节来对待。与会者一致认为，保证出版物质量、消灭差错，是出版工作者分内之事，各个环节都要严格要求。首先，编辑要提供合格的经过加工后的原稿；同时，校对要认真负责，保证质量，对书中出现的差错要引以为耻；出版社领导要把编校质量看成有关出版社的信誉、水平和服务态度的重大问题，把它放到重要的议事日程上，切实加强管理，解决机构设置、人员配备、队伍培训等问题，做好校对职称的改革工作，务求"无错不成书"的现象能够得到遏制，进而彻底消除。

8. 关于韬奋精神和韬奋的新闻出版思想的探讨

2003 年，本会与有关单位联合召开会议，研讨韬奋的出版思想。大家认为，韬奋是"出版事业的模范"，他在白色恐怖猖獗的年代，在新闻出版工作岗位上，取得了常人做不到的业绩。韬奋的编辑出版活动，有非常明确的宗旨和目的，就是为国家独立、民族振兴，为人民利益而斗争；竭诚为读者服务，讲究责任、人格和骨气；坚持出版创新，强调质量是出版物的生命，同时，又重视经营，促进了事业发展。大家普遍认为，韬奋精神是我们取之不尽的宝贵财富，当前结合出版工作实际，学习、研究、弘扬韬奋精神，有利于出版的健康繁荣，具有非常重要的现实意义。

2005 年，为了纪念韬奋诞生 110 周年，本会与有关单位合作，举办了纪念座谈会。认为爱国爱民，勤奋正直，是造就韬奋成为"出版事业模范"的主要因素。强调韬奋是广大出版工作者的一面镜子，要紧密结合当前实际来研究和学习韬奋，弘扬韬奋精神。

9. 对编辑史、出版史的研究

本届理事会除了组织研讨韬奋出版思想以外，还召开了本会第六次编辑史、出版史座谈会。强调坚持马克思列宁主义、毛泽东思想、邓小平理论和"三个代表"重要思想在历史研究中的指导地位，强调用科学发展观观察历史，重申编辑史、出版史研究的最终目的是为建设中国特色社会主义出版事业服务；研究内容要多层面、多样化，特别要注意宏观研究和微观研究相结合，纵向的系统研究与横向的比较研究相结合，综合性研究与个案研究相结合，收集挖掘历史资料与科学研究相结合；要发扬学术民主，实事求是，各抒己见，取长补短，力求研究成果的真实、客观、全面；强调研究编辑史、出版史是编辑出版工作者、出版单位义不容辞的职责。出版单位的领导要鼓励和支持本单位职工对本社本店本厂历史的研究、编写和出版，对成绩优异者应该予以褒扬。

此外，我们还召开会议，研究交流了编制"十一五"选题规划的思路，电子与网络出版工作问题，组织各省市学会交流了工作经验。以上编辑实践问题的讨论，总结了新鲜经验，促进了实际工作的发展，也为编辑学、出版学的研究开拓了视野。

二、加强学术研究，建立编辑学理论体系

为了建立编辑学理论体系，推进编辑学的学科建设，第三届理事会在过去近二十年研究的基础上，集中做了以下三个方面的工作：

1. 对编辑学理论框架的研究

本会自 1995 年提出编写编辑学理论"框架"以后，经过多次讨论，不少同志就如何构建框架提出了许多很好的意见。本会第三次代表大会的《工作报告》也对研究编辑学理论框架的目的、意义、基本内容、涵盖的范围，以及有利条件等作了分析和说明，并把它作为学会的重要任务来抓。许多研究者以文章或著作的形式，提出了自己的编辑学理论体系或编辑学基本知识的框架。从 1995 年至 2000 年，出版各种编辑学著作约四十种。如王振铎、赵运通著的《编辑学原理论》，任定华、彭爱玲、郭西山著的《编辑学导论》，李海崑、刘光裕主编的《现代编辑学》和阙道隆的《编辑学理论纲要》（以下简称《纲要》）等，结构新颖，有独到见解。这些著作的问世都是在探索过程中逐步形成的。以《纲要》为例，作者曾在 1998 年发表《建立和完善编辑学的学科体系》一文，1999 年，他又发表了《编辑学理论纲要构想》。到 2001 年，他才发表 5 万字长文——《编辑学理论纲要》初稿。本会为此专门召开了在京部分专家座谈会，充分肯定了《纲要》的成就，认为它是近几年来研究编辑学理论体系的一个阶段性成果。众多编辑学著作形成的理论体系和知识框架，富有理论色彩和实践意义，在编辑学研究史上写下了浓重的一笔，为编辑学走向成熟奠定了坚实的基础。

2. 对编辑基本规律的讨论

随着对编辑学理论框架的讨论，研究者提出了编辑活动基本规律的问题。这一问题的探讨，早在 1986 年就已经开始，但没有形成热点。学会成立以后，曾多次组织过这方面的讨论，到 20 世纪末 21 世纪初，在编辑学研究走过近二十年的路程之后，才逐步形成了以下几种看法：

（1）编辑基本规律是编辑人员以传播文化为目的对作品进行选择和加工。

（2）能动性与受动性相统一是编辑活动的普遍规律。举凡有编辑活动的地方，就有编辑主体通过编辑活动能动地参与社会文化大厦的构建，并同时受到所处的社会环境（包括作者、读者、社会制度、出版体制、自然条件状况等）的制约、影响的现象。

（3）编辑劳动的规律，一是编辑劳动实践与社会经济、政治、文化相统一，二是编辑劳动实践与社会文化需求相统一，三是编辑劳动实践与精神文化产品内在要求相统一。

（4）编辑活动基本规律有内外之分，其内部规律就是：信息传播规律、媒介建模规律、文化缔构规律。

（5）信息知识有序律，信息、知识与载体结合律，信息、知识传播律，是编辑的三条基本规律。归纳起来，就是信息、知识有序化、媒体化与社会化规律。

（6）编辑活动三规律：一是求同、求异、求和与求同、异、和互济规律；二是质量与效益同步规律；三是主体、客体矛盾统一规律。

（7）编辑活动有四条普遍规律，即：尊重作者创作个性与编辑选择把关相统一规律；传播已有文化与创新重构相统一规律；保证文化产品质量与掌握最佳传播时期相统一规律；编辑活动的内容、要求与传播媒介的特点、功能相统一规律。在文化创造和传播过程中编辑与社会相互作用规律，是编辑活动的基本规律。

（8）编辑和视听者的关系是服务和被服务的关系，二者之间的矛盾是编辑活动的主要矛盾，它规定了编辑活动的基本规律，即：编辑以已有的精神成果为基础，通过优选、优化，生产出新的精神产品，最大限度地满足视听者的需要，顺应社会文明发展的规律。

以上各种表述，尽管层次不同，视角各异，繁简有别，虚实有差，但都在不同程度上反映了对编辑活动客观性的哲学思考，特别在选择和优化方面，已经表现出思路上的趋同倾向。这是一种重要的突破，它为今后的继续研究打下了很好的基础。

3. 对二十年来编辑学学术观点的归纳和梳理

在 20 世纪 90 年代中期，本会曾提出对编辑学研究中各种学术观点和成果"梳辫子"的问题，1997 年，在银川召开的全国编辑学理论研讨会上又明确提出：几年来，编辑学研究在业内外专家学者的支持下，取得了一定的进展，"但成果比较分散，需要总结、归纳和梳理，使之条理化"，以便看到它的成就和不足，便于进一步有针对性地加以研究。这个任务提出以后，得到了积极的反响。一些研究者和《出版科学》杂志等，开始做了这方面的工作，并取得了一定的进展。特别令人高兴的是，作为学会团体会员的山东省高等学校学报研究会，有志于对二十年来中国的编辑学研究活动和学术成果进行梳理和评述，学会当然表示积极支持，并努力加以推动。在时任山东省高等学校学报研究会主任丛林同志的策划下，这一重大的研究、评述和编撰工程开始启动，而且作为研究课题，获准在山东省教育厅立项，取得了省教育行政部门的支持，更加增强了同志们的信心。他们组织了有能力、有兴趣为编辑学研究作出贡献的二十余位中青年学报编辑，先后花了四五年时间，查阅了在这个时期中出版的二百余种专著和上万篇的论文、研究资料，终于写出了近七十万字的《中国编辑学研究评述（1983—2003）》，并于 2004 年底出版。这部书展示了二十年来编辑研究的各种观点，包括编辑学在中国的发展；编辑学的研究对象、编辑本质、编辑主体、编辑实务、编辑规律和学科建设等基本问题；以及编辑学的分支构成、编辑史和编辑学交叉学科的研究。这本书的出版，较好地完成了学会提出的归纳、梳理编辑学学术观点的任务。它是一本编辑学研究的学术著作，是 20 世纪 80 年代至 21 世纪初中国编辑学发展历史的记述，是编辑学各种学术观点的汇集，是我国编辑学学科建设史上的一种标志性著作。

三、关注出版队伍建设，推进高校编辑出版学专业教育的发展

1. 对高校编辑出版学专业教育的探讨，是本会一直关心的一项培养人才的重要工作。本会曾多次开会进行探讨，并为专业的巩固和发展，做过力所能及的工作。二十年来，随着我国新闻出版传媒事业的迅速发展，我国高校的编辑出版学专业教育发展很快，迄今已有 61 所高校设此专业。但各校对办学的要求、人才培养目标、课程设置不尽相同，有的办学质量不能保证，有的学校还有学生就业难的问题，这些问题迫切需要解决。鉴于此，本会和本会有关的专业委员会，根据自己的宗旨和特点，曾和有关单位一起召开了编辑出版学专业教育座谈会，就如何营造良好的办学环境，造就新型的编辑出版人才以及提高办学质量，加快解决紧缺的高级人才培养和如何设置主干课程、调整师资结构等问题进行研讨，并取得了一定的共识。对于澄清某些模糊认识，推动专业教育的发展，有积极意义。与此同时，本会还协同有关单位，呼吁教育部门把编辑出版学列入国家《授予博士、硕士学位和培养研究生的学科、专业目录》，这是当前发展编辑出版学教育迫切需要解决的问题。

2. 积极参与筹备新闻出版总署和教育部联合主办的"高等学校编辑出版学专业创办 20 周年座谈会"。新闻出版总署、教育部和中宣部出版局领导到会讲话。会议充分肯定了乔木同志倡导的高校编辑出版学专业二十年来的办学成就，目前已经初步形成了具有中国特色的编辑出版教育体系，是我国高等教育不可缺少的组成部分；强调办好这个专业的必

要性和发展、完善这个专业的重要性；指出编辑出版学专业教育必须"培养忠于祖国、忠于人民、热爱社会主义新闻出版事业的德才兼备、勇于创新、善于创业的优秀专业人才"，当前特别要加快培养外向型、复合型的新闻出版高层人才。为了适应当前的需要，今后"要不断加强教育改革的力度，增加投入，促进编辑出版学专业教育持续健康地发展"。会议进一步指明了办学方向，增强了办好专业的信心，提高了办学的积极性，对于办好编辑出版学专业教育将是有力的推动。

3. 本会受新闻出版总署人教司委托，从 2001 年下半年起，连续几年参加了"全国出版专业人员职业资格考试辅导教材"的编写、审定等工作，学会负责同志和一批学会的骨干，全力以赴，及时完成了任务。辅导教材的编写和审定，实际上是一项重大的出版理论研究工程，使参与者提高了认识，增加了共识，有力地推动了编辑出版学的学科建设。

四、与国外、我国港台地区的主要出版学术交流活动

1. 2001 年 10 月，应韩国出版学会邀请，本会派出以常务副会长邵益文为团长的 7 人代表团，赴汉城参加了第十届国际出版学研讨会，并在会上发表论文，受到韩国出版学会的欢迎和各国与会者的重视。

2. 2003 年 12 月，本会组织以邵益文、王德有为正副团长的中国编辑代表团赴美进行学术交流，并举办小型书展，与美国几种不同类型的编辑进行面对面的交流，并与在美的华人华裔进行座谈，交流了学术，增进互相了解。

3. 2004 年 10 月，本会轮值主办主题为"面向现实，面向未来，探讨国际化出版的发展前景"的第十一届国际出版学研讨会。国内外七十余位专家学者出席会议，会上发表论文 42 篇，内容涉及国际化出版的方方面面，得到国内外学者很高的评价。

4. 2004 年 8 月，应台北市出版商业同业公会理事长彭诚晃先生邀请，

本会派出了以秘书长程绍沛为团长的访台团，赴台进行学术和实务交流，共同举办了"第二届两岸编辑出版研讨会"。台方对这次活动给予了积极评价，并建议今后开展定期的交流活动。

第三届理事会在过去的四年多时间里，做了一些工作，这应该感谢各领导部门、兄弟单位和广大会员的大力支持和帮助，这是我们取得进展的根本保证。

我们衷心希望新一届理事会，团结奋斗，夺取更新的成就！

《中国编辑》2006 年第 2 期

追忆与怀念
——悼念至善同志

2006 年 3 月 15 日上午 9 时多，最后送别至善同志以后，不禁想起了许多往事，令人追忆，令人怀念。

上世纪 50 年代初，我分配到中国青年出版社做编辑工作。那时，至善同志已经是《中学生》杂志的主编。由于在中学时我也看过《中学生》杂志，所以，一听是《中学生》的人，就倍感亲切。但我们分属两个部门，平时也没有工作上的联系，所以，没有很多接触。只是在饭厅里排队买饭时，偶尔遇上。一次，他听我是南方口音，就问我是哪里人，我说：浙江上虞。他说，噢，上虞我熟。我说你也是上虞人。他说：不是，我妻子是上虞人。又说，上虞县城在丰惠，春晖中学就在那里的白马湖。我岳父在那里教过书。我知道，春晖中学不仅在我们县里，而且在当时的浙江都是有名的中学，那里曾聚集过许多大知识分子。我一时想不起他和谁有关系，也不便打听。他也没有再说下去。后来通过旁人，我才知道，他是夏丏尊先生的女婿。通过这次闲谈，我们虽然不是老乡，但多少也有一点"关系"，彼此之间好像也近了一些。

那时候过年过节，都讲究聚餐，而且互相敬酒。人家都说他能喝酒，我也跑去向他敬酒。他说：好，要来就三杯！我说三杯就三杯。三杯黄酒落肚，我看他若无其事。他问我，还来吗？我说，下次再敬您。心想，我对你的酒量不摸底，不要跳进酒缸里出不来。那才好玩呢。后来，这种场合还有过几次，往往都是我知难而退。后来听人说，他和他父亲天天在家喝黄酒，几杯酒对他根本不在话下。说到喝酒，"文革"后有一次遇见他。我对他说，听杭州同志说，现在的绍兴酒，质量不好，有不少是假的。他说，你有兴趣到我家来，包你是真酒好酒。可是，那时我已调离中青社，各忙各的，见面的机会就越来越少了。

1969年，我们一起到了河南潢川黄湖农场——团中央"五七干校"劳动。他和周振甫（一些年纪大一点的同志）都去放牛了。放牛在干校算是最轻的活儿了。我和边春光等同志是用牛的，要犁田、耙地，那是重活儿。放牛和用牛的人，在工作时间上正好交错。我们上班，就是他们下班；我们下班也就是他们上班。每天在交接牛时，顺便把有关情况交待一下，所以，每天都会见几次面。放牛这个活儿，说来轻松，其实不然。在冬天，晚上学习会以后，还要包"豆包"，就是用一小绺干稻草，包住一把黄豆，俗称"豆包"。这是因为冬天没有青草喂牛，为了给牛保膘，就每天给他吃几个"豆包"，以便入春时牛有劲干活儿。日常还有一件工作，就是每天半夜，要起来，牵牛到室外放尿，不管天气多冷也不能耽误。中午，用牛的人息工、吃午饭、休息。放牛的就要接牛，赶它们去吃草，下湖。天气最热也得跟着、看着。有时牛在水塘里玩耍，或者弄假成真，两头牛斗起来。这些放牛翁一点办法也没有，只好请农场的农工师傅来"调处"。下午要上工了，有些牛不愿意上岸，往往放牛的赶到东，它游到西，跟你捉迷藏，弄得这些放牛翁哭笑不得。据说后来他们总结经验，才把这些"困难"克服了。这些牛都被他们养得身圆膘肥，可见，这些老知识分子是尽了心力的。至善同志还有一张骑在牛背上的照片，作为插页，印在他的自选集《我是编辑》的开头。这大概也是他一生中的另一道风景线吧！

我调中国出版科学研究所以后，为了成立中国编辑学会，1992年，我曾拜访过他，请他当顾问、出席中国编辑学会成立大会，并请他在会上讲话，他满口答应。

在学会成立大会上，他作了简短，但内容充实的讲话。我至今记忆犹新。他说："祝贺中国编辑学会成立"，"做了半个世纪的编辑工作，编过好几种期刊，编过不少本图书，经验不能说没有，可是至今还说不出一个'子丑寅卯'来"。这里他用十分平实的语言，说出了他认为应该开展编辑学研究，经验应该上升为理论；同时也提出了任务，希望能够说出个编辑学的"子丑寅卯"来，这是一个很高的要求。他祝贺编辑学会成立，实际上是表达了一个老编辑家对编辑学会的衷心支持和对编辑学的真诚期待。

他说的第二个意思是：自己喜欢做编辑工作，原因有两个。"一是可以满足我的创造欲"，并且说"当编辑与当工程师、艺术家没有什么两样"。"二是可以满足我的求知欲"，随时可以学到许多知识。他又说，正因为这样，"我乐此不疲，从未见异思迁"。这里，他告诫我们：编辑工作是一种创造性工作，当编辑的人要有强烈的创造欲望，不能做天和尚撞天钟。只有创造、创新，才能获得成功。那么，怎样才能达到成功的目的，怎样才能当个好编辑呢？那就是要学习，要不断地学习，要有求知的欲望，要随时随地学习"各种杂七杂八的知识"，扩大自己的知识面。也告诉我们，一个编辑应该有丰富的知识。他自谦地说，"尽管失败的懊恼多于成功的喜悦"，但他始终"乐此不疲"，"从未见异思迁"。这是多么高的境界啊！从这些简短的话中，我们不禁感受到老编辑家对编辑工作无限的爱和无比崇高的敬业精神。

他讲话的第三个意思是："编辑和作者一个样，服务的对象是广大读者；成功是共同的成功，失败是共同的失败。"他认为在读者利益面前，"编辑和作者只有密切合作的份儿，没有谁占便宜谁吃亏的问题"，因此，他明确地说，"我不大同意当编辑是为人作嫁的说法"。这里他强调编辑与作者都是为读者服务的，是荣辱与共、休戚相关的，他们之间只能协作，不能讲吃亏便宜，不存在"为人作嫁"的问题。这表明当编辑的人就是要为读者服务，不是为自己服务，不能理解为当编辑是"为人作嫁"，好像成全了作者，埋没了自己。至善同志这种编辑思想，已经达到了无私的境地，这对我们广大的编辑人员是极具教育意义的，尤其是在物欲横流的社会里，实在是振聋发聩之声。

1999 年 4 月，正当他八十华诞之际，中国少年儿童出版社出版了他的新著《我是编辑》。在新书出版座谈会上，刘杲同志代表学会向他表示祝贺，他赞扬至善同志对后学"不仅言教，更有身教"，最令人"钦佩的是他的编辑实践和人格力量。在他身上，我们可以清楚地看到老编辑的优良传统"，并对《我是编辑》一书作了很高的评价，认为"这是一本有益于中国编辑队伍建设的好书"，还说："叶老把他的文集命名为《我是编辑》，寓有深意。这是一种宣告。它宣告了叶老作为一位老编辑，对编辑职业的强烈自信、自尊和自豪。"据说中少社原来要为他举办寿诞，但他本人表示不如出本集子，也许对编辑工作会有点用处，这就是新著出版的缘由。可见，至善同志对编辑工作的关爱，是多么的无微不至！

4 月 23 日，刘杲同志和我，代表学会到至善同志家里敬献花篮，向他祝贺八十大寿。那天，他很健谈，他说现在发现叶圣老的全集，材料有遗漏，有的时间也有出入，现在江苏教育出版社愿意修订重版。他说别的事可以不搞，这个工作是要完成的，而且也只有他才能完成，因为他最了解有关的情况。我们对他年事已高，还有如此雄心，深表钦佩。谈到《我是编辑》，我说：叶圣老曾说，他"第一是编辑，第二是教员"，您现在说"我是编辑"，都是热爱和重视编辑的表现，也提高了编辑的社会地位。他说，这本书为什么叫《我是编辑》，这里有一个故事。"文革"以后，中东某个国家的一位作者要登门拜访我父亲，为礼貌起见，我陪同父亲去宾馆会见这位客人，隔了几天，一家英文的文学刊物的编辑打电话来，说报道已写好，正要发稿，配了一张那位外国作家和我们父子的合影。问我写什么头衔，我说，我是编辑，editor 就行，他有点犹豫地问我，你写东西吗？我说当编辑哪有不写东西的，对方大悟说，那就用 writer（作家），而且不容分说，马上把电话挂了。后来也有些类似的事，有人似乎看不起编辑。所以，编完这本集子，我就写了四个大字，"我是编辑"。这件事，又一次说明了至善同志以当编辑为荣的敬业精神。其实，我们都知道，至善同志写过许多科普作品，是有名的科普作家，但他从来没有宣扬自己是作家。

为纪念中国编辑学会成立 10 周年，2002 年 8 月，我和程绍沛同志专门拜访了至善同志，邀请他参加纪念大会，对学会工作作指示。他说，年纪大了，会就不参加了。但是他针对实际工作，说了一段令人深思的话。他说："我做编辑工作几十年，也编了一些书。每当新书出版的时候，很高兴，又总觉得有些应想到的问题没有想到，应该做的事没有做，不能不留下遗憾。这说明当编辑的想得再细，做得再认真都是不为过的。现在用电脑，很方便，出书也快了，这是好事，但从另一方面看，出错的机会也多了，就更需要认真做好编辑工作……以此与大家共勉。"当时，他已经 84 岁，可他关心的仍然是编辑工作要过细再过细，要力求减少出书后的遗憾，"做得再认真都是不为过的"。他关心的依然是新技术条件下的图书质量，并以此与大家共勉。从这里我们看到一位耄耋之年的编辑家，在他思想上叨念的是什么了。

期间，听说他腿不好使，刘杲同志与程绍沛同志和我，还专程去看望过他。他那时正忙于修订叶圣老的文集，他说体力已不如前，每天只能工作二小时。现在已完成二卷，全部完稿还要花几年工夫。我最后一次见到至善同志是在 2005 年 3 月 25 日。听说他病危，刘杲同志和我一起到北京医院去探望他。那时他因肺内二氧化碳太多，已切开喉管，用上了呼吸机，人也在昏迷之中。他的孩子叫了他几声，没有反应，只有长长的美髯在隐隐地飘动。我们离开了病房，内心十分沉重，都在默默地祝愿他能闯过这一关。此后，间或听到他的病情，说没有恶化也没有好转。时间过去快一年了，心想，他也许真的熬过这一关了。哪知 2006 年 3 月 5 日就传来了他已于 3 月 4 日谢世的噩耗，心里仍然感到突然。

至善同志虽然走了，但是他那丰富的编辑思想和实践将永留人间，将哺育我们一代一代的后人，为中华民族的复兴作出贡献。面对至善同志的灵堂，我不禁想起了他的几句话，为了表达对他怀念，特记录于后：

怀念

"我是编辑"当自重，

出书无憾引为荣。

"为人作嫁"不苟同，

"子丑寅卯"思念中。

《中国编辑》2006 年第 3 期

建立普通编辑学的必要性和可能性

编辑学自 20 世纪 40 年代在中国诞生以来，迄今已半个多世纪，即使从 20 世纪 80 年代重新崛起到现在，也已历经了二十多个春秋。编辑学的学术研究、学科建设已经获得令人瞩目的成就，编辑学的学科体系已经基本形成，这是业界和学界共同努力的结果。

据不完全统计，目前仅以编辑学命名的著作已有一百二十余种。图书编辑学、期刊编辑学、报纸编辑学、音像编辑学、电子出版物编辑学、电视编辑学和网络编辑学等，各种门类的编辑学著作，都已先后问世。在上述各种编辑学著作中，还可以进一步细分。如在图书编辑学方面，已出版的有社科书籍编辑学、科技书籍编辑学、学术著作编辑学、文艺编辑学、辞书编辑学、少年儿童读物编辑学和英文书刊编辑学等，其中又有注重理论研究的编辑学基本原理，偏重实际操作的实用编辑学等。各个分支编辑学的发展，必然要求互相借鉴，互相渗透，要求研究各种传播媒介编辑活动的共性，探索覆盖面比较广的概念、范畴、规律、原理，这就发展到要求建立适用于各种媒介编辑活动的编辑学说，也就是普通编辑学。

另一方面，高等学校编辑出版学专业教育的蓬勃发展对建立普通编辑学提出了要求。据初步统计，到 2005 年，我国已有 130 所高等学校设置了本专科层次的编辑出版学方面相关的专业，办学点已基本遍及各省、市，编辑出版研究机构已达二十余家，地区分布合理的编辑出版高等教学和研究网络已基本形成。事实表明，近几年来编辑出版学已成为我国高等教育中发展最快的学科之一，成为高等教育体系中不可或缺的学科。然而问题也很突出，比如，办学点虽然不少，但从管理角度看，归属不一，有的隶属编辑出版学、出版发行学，有的属于新闻学、信息管理学，有的隶属于文学或古典文献学，有的则属于传播学甚至图书馆学。课程设置也百花齐放，各有千秋。对于一些基本概念和基本规律，也各有各的说法。编辑学和出版学本来是两门独立的学科，编辑活动的范围大于出版活动（如广播影视等），它的发生也早于出版活动，现在把它们捏在一起，各校根据自己师资情况，任意设课。这种情况非常不利于编辑学的学科建设，也不利于出版学的学科建设，更不利于编辑、出版教育质量的提高，甚至有悖于中央原来决定在高校开设编辑学专业的初衷。为此，学界和业界许多人士希望对编辑学科的基本概念、基本范畴、基本规律，能有一个比较合理的统一的界说，而这个问题的解决，依赖于编辑学研究的进一步开展，依赖于涵盖各种媒介编辑活动的普通编辑学的建立。

普通编辑学的建立是媒介事业发展的客观要求，是培养新闻出版和多种媒体编辑人才的实际需要，是历史发展的必然。

《中国编辑》2006 年第 5 期

中国编辑学会第三届理事会工作报告

各位代表、各位同志：

我受中国编辑学会第三届理事会的委托，向大会作本届常务理事会的工作报告，请予审议。

本届理事会于2001年4月4日由学会第三次全国代表大会选举产生，迄今已近五年。按学会《章程》规定，于2005年4月任期届满。去年初，学会曾报告新闻出版总署，申请换届，经新闻出版总署研究，并于8月批复，同意换届，12月批准学会召开第四次全国代表大会，回顾总结工作，进行换届选举。

本届理事会在中宣部、新闻出版总署的直接领导下，在民政部的关怀和指导下，在广大会员、兄弟单位和有关方面的大力支持下，按照本会《章程》规定的宗旨和任务，以研究编辑工作的理论和实践为中心，开展多种活动，取得了一定的成绩，现分述如下：

一、组织建设情况

学会第三次全国代表大会选举产生第三届理事会理事122人，其中常务理事35人、会长1人、副会长17人（其中常务副会长3人）、秘书长1人；聘任顾问13人，副秘书长2人。学会设立秘书处，作为常务理事会的办事机构。

学会现有单位会员264个，其中中央一级出版单位74个、地方出版单位190个。本届理事会任职期间，新吸收单位会员8个；学会现有个人会员265人，其中有本届理事会新吸收的118人。学会的会员主要分布在出版社、杂志社、高等学校和科研机构，报社和其他单位也有少数编辑人员参加。

学会现有 6 个二级机构，即专业委员会，它们是：图书编辑学专业委员会、期刊编辑专业委员会、青年编辑专业委员会、少年儿童读物编辑专业委员会、工具书和百科全书专业委员会、编辑史专业委员会。同时，成立了《中国编辑研究》年刊编委会和《中国编辑》杂志编委会。另有科技读物编辑专业委员会、教育专业委员会和电子与网络编辑专业委员会正在申报待批。中国编辑学会网站也已正式开通。

为了规范化地开展学会工作，根据民政部的要求，学会参加了民政部举办的全国性社会团体秘书长第一期培训班，对"依法办会，按章活动"及做好学会服务工作有良好的作用。

二、活动情况

本届理事会任职期间，遵照学会《章程》，根据实际需要，召开过五次年会，三次编辑学理论研讨会，九次专题研讨会和座谈会，两次编辑史、出版史研讨会，两次各省市编辑学会负责人交流工作经验的座谈会，两次高等学校编辑出版学专业教育座谈会，以及开展评优和编书办刊等工作。这些活动都是在马克思列宁主义、毛泽东思想、邓小平理论和"三个代表"重要思想的指引下，贯彻落实科学发展观，结合当时的实际情况进行的，适应了社会主义市场经济条件下经济发展的要求，也符合社会主义精神文明建设和出版自身的需要。这些活动着眼于不断总结新鲜经验，创新理论思维，加强思想交流，重在提高认识，与时俱进，下决心把工作做在加强编辑出版的队伍建设上，做在提高出版物质量上，做在推进编辑学的学科建设上，从而促进了我国社会主义出版业的健康繁荣。主要抓了下述七个方面的工作：

（一）积极开展编辑出版工作中理论和实际问题的讨论

学会第二届理事会任职期间，根据实际工作的需要和会员群众的要求，学会曾先后讨论过出版社责任编辑的职责，编辑室主任的性质、地位和作用等问题，取得了一定的共识，收到了一定成效。第三届常务理事会在这个基础上，按照新的情况和问题，又组织开展了下述问题的讨论。

1. 关于出版社总编辑工作的研讨

一些单位的同志鉴于有的出版社取消了总编辑，有的单位总编辑的职责范围不清，许多问题需要研究，提出讨论出版社总编辑的工作职能问题。理事会根据这种要求，先后召开了全国部分出版社总编辑工作座谈会、全国科技出版社总编辑工作座谈会。为了开好这些会议，事先还召开了带有调查研究性质的两次科技出版社总编辑工作座谈会。会议着重讨论了新形势下总编辑的工作职责和目标等问题。中宣部出版局局长张小影同志到会作重要讲话，她指出出版工作无论出现多大变化，编辑工作作为出版工作的中心环节的地位不能改变。作为出版社的总编辑，最重要的是三条，即责任、境界和能力，而这三条最终必须通过选择与把关来体现。学会负责同志就新形势下的总编辑工作发表了重要见解。认为：①出版社总编辑工作关系全局，关系出版物的质量，只能加强，不能削弱；②社长、总编辑相互支持是总编辑做好工作的首要条件；③总编辑的工作应当着重抓全局性战略性的问题；④总编辑需要积极探讨新形势提出的新问题；⑤总编辑应当成为全体编辑人员的表率。会议强调总编辑是出版社的管理者，主要职责是抓方向、抓规划、抓选题、抓质量，要求出精品、出人才。这些意见对实际工作有积极意义。

2. 关于新形势下编辑工作新的特点和要求的探讨

在信息传播数字化、网络化的新形势下，对编辑工作新的特点、要求需要进行新的审视。学会第六届年会专门讨论了这个问题，一般认为，在信息化、数字化的条件下，编辑活动的领域扩大，信息量加大，载体多样化，选择性大大增加；编辑活动的频率加快，稿件通过网络传输，要求编辑迅速作出反应；编辑活动由单向向双向、多向交互式转化；网络传输不仅时间快，而且透明度大，传播空间宽广，可以无远弗届；编辑活动由原来的单一服务转变为多样化的综合服务(不仅限于文字、图片，而且有音响、视频，形成多媒体的功能)，这是编辑活动的发展。同时认为，在高新科技条件下编辑活动有稳定的一面，即"五个不变"：编辑活动作为精神生产和创造性智力劳动的根本性质不变；传播和积累文化的目的不变；创意、选择、优化和组合的基本特征不变；既要适应精神生产规律，又要适应市场经济和竞争规律的原则不变；编辑工作是出版工作中心环节的地位不变。同时强调：经济全球化必将带来东西方文化的激荡和交流，对编辑出版工作来说，弘扬民族文化、捍卫文化的民族品格和民族尊严的责任不能改变；市场经济的发展、经营环境的变化、坚持发展社会主义先进文化的前进方向不能改变。

3. 关于编辑职业道德的讨论

由于市场经济的发展、市场竞争的加剧，经济利益的驱动对传媒事业的影响，编辑活动受到一定的冲击，编辑队伍中一些人的职业道德滑坡，成为业内外关注的重要话题，在理论和实践方面研讨编辑职业道德建设问题，是学会不可推辞的职责。在学会第一、二届理事会多次研讨的基础上，本届理事会继续重视这方面的工作，组织研讨了编辑职业道德建设的必要性、它的基本要求及编辑职业道德建设的基本途径等问题。学会负责同志发表了《社会主义编辑职业道德随想》的长文，全面论述了编辑职业道德建设的意义、性质、内涵、核心、特征以及编辑职业道德的培育与养成，从理论和实践的结合上作了深入的分析，提高了研究编辑职业道德问题的理论层次，有很强的针对性和重要的指导意义。

4. 关于多出精品、多出人才的讨论

党的十六大提出抓住本世纪头 20 年的战略机遇期，集中全力，全面建设小康社会的宏伟目标，鼓舞着广大编辑出版工作者，大力发展社会主义文化,建设社会主义精神文明,促进社会主义出版事业的健康繁荣。学会着重研讨了发展先进文化、实施精品战略的问题。强调重视编辑工作的制度创新、机制创新，提高出版物质量，促进出版繁荣。学会负责同志在年会上发表了《出版：文化是目的，经济是手段》的文章，从出版的根本性质、目的、任务、社会价值等方面，论述了社会之所以需要出版，就是为了传播和积累文化。如果不注重文化，出版也就失去了存在的意义。同时指出，出版的发展需要以经济为手段，出版物作为商品，可以也应该获取一定的经济利益，以支持出版的发展，但这不是出版的根本目的，仅仅是发展出版的手段。如果把握不好，混淆甚至倒置了目的和手段，出版者就可能忘记自己传播、积累文化的本职使命，蜕变为追逐利润的市侩，出版物的品位和质量也必将受到损害。这种见解从根本上坚持了出版的社会职能、出版物的品位和文化含量，为实施精品战略提供了理论依据。

5. 讨论出版单位转制后的编辑工作问题

随着出版体制改革的深化，一部分出版单位由经营性事业单位转制为企业单位，它对出版单位和编辑工作将带来什么样的影响，一时认识不一，成为业内的热门话题。学会就此问题组织会员进行研讨。多数人认为：出版社不同于其他经济部门，是生产精神产品的单位，在转制以及其他改革中，要坚持把精神文明建设和市场经济结合起来；坚持把社会效益放在首位，实现两个效益的结合；出版社转制本来并不触动编辑业务，但要防止由于强调市场效应而造成两个效益的关系在实际上错位，或者销售逼迫生产改变出版方向、品位和质量；防止出现有人把兴奋点放在年薪制和领导层持股，以及有的人担心转制后个人的去向和退休后的生活待遇而产生不安情绪等。要牢固树立为人民服务、为社会主义服务的出版观，首先要抓出版方向，加强大局意识、责任意识和质量意识。要建立一套适应社会主义精神文明建设和市场经济相结合的出版机制，加强上下监督，充分发挥各方面的积极性，使整个出版社的运作能够走上良性循环的发展轨道。

6. 关于在深化出版改革中要坚持图书质量第一原则问题的讨论

在深化出版改革的条件下，编辑工作如何适应新的形势，坚持正确的导向，保证出版物的质量，坚持发展社会主义先进文化，是学会一直关心的问题，为此曾于 2005 年 8 月召开了第十届年会。学会负责同志在讲话中指出，如何保证和提高图书质量，是出版改革面临的一个重大课题。认为坚持图书质量第一，就是坚持国家和人民的利益第一，绝不允许为了单位和个人的利益，损害国家和人民的利益。坚持质量第一，是出版为人民服务、为社会主义服务的前提。不然，就是否定了自己存在的社会意义，也否定了自己安身立命的依据。认为坚持质量第一是正确处理社会效益和经济效益关系的基础，否则社会效益和经济效益就无从谈起。优质高效，先有优质，后有高效，优质是前提。靠提高图书质量赚钱，是生财有道；靠牺牲图书质量赚钱，是不义之财。强调出版企业的核心竞争力来自优秀的图书质量。提高出版企业的竞争能力虽然涉及好多方面，但图书质量是核心。指出能不能牢牢抓住提高图书质量的问题，关系出版改革的方向。出版改革要推动图书质量上升和遏制图书质量下滑。如果忘了坚持图书质量第一，就是忘了根本。出版改革的最终目的是发展出版生产力，不断提高图书质量，所有的改革措施都要符合质量第一的要求，都要有利于实现质量第一的目标。与会者认为这个讲话非常重要和及时。认为，部分图书质量滑坡，阅读率走低和库存增多是互相联系的。这些问题的形成，既是出版外部环境的变化所致，又有出版本身的内部原因。我们只有多出精品，才能用最优秀的精神食粮去满足广大读者的需求。

7. 讨论编校工作，保证出版物质量

做到书刊编校质量合格，是出版工作的起码要求。但是一段时期以来，编校质量下滑，"无错不成书"已经司空见惯。社会上对此屡有批评，领导机关多次检查的结果表明，编校质量问题令人不安。本届理事会根据业内人士的要求，与有关单位联合召开了编校工作专题研讨会，取得了一定的共识。认为校对工作在现代出版工作中占有十分重要的地位，是出版流程中的一个重要的不可缺少的环节，是一种创造性的文化活动，是编辑过程的一个组成部分，是出版物付印前最后一道质量把关的工作。因此认真做好校对工作，保证出版物的编校质量，是出版工作者对读者负责的根本要求。当前编校质量下降的原因：首先是原稿遗留差错过多；其次是校对力量薄弱；再次是校对队伍素质偏低。但是，根本的也是最重要的原因，是一些出版社领导不重视校对工作，没有把它作为做好出版工作的一个不可缺少的环节来对待。一致认为，保证出版物质量，消灭差错，是出版工作者分内之事，各个环节都要严格要求。首先，编辑要提供合格原稿；同时，校对要认真负责，保证质量，对书中出现差错，要引以为耻；出版社领导要把编校质量看成有关出版社的信誉、水平和服务态度的重大问题，要下决心把它放到重要的议事日程上，切实加强管理，解决机构设置、人员配备、队伍培训等问题，做好校对职称改革工作，并要求下级领导部门，采取有放措施，务求"无错不成书"的现象能够得到遏止，进而彻底解决。

8. 研讨电子与网络出版工作

近年来，电子与网络出版蓬勃发展，认识它、研究它，并促进它积极健康地发展，已成为非常迫切的问题，学会依靠一些先进单位，以产业研讨与学术探索相结合，社科与技术科学交叉，开拓信息传播学科的新领域为主题，及时地开展了研讨和交流，取得一定的成果：一是开展了电子与网络出版业界、学术界和教育界之间的交流，促进科研的深化，推进教育与产业的对接，以利产业的发展；二是有助于社会各界对电子与网络出版业的了解，拓宽教育和科研的视野；三是为产学研各方提供广泛交流与沟通的平台，有助于各方的经验交流。

9. 交流编制"十一五"选题规划思路

在出版单位面临新形势、新体制、新技术挑战的情况下，为交流编制"十一五"选题规划的思路，学会召开了科技编辑出版研讨会，强调制定"十一五"选题规划的重要意义，以及加强编辑工作的必要性。会议认为"十一五"对于我国在 2020 年前实现翻两番的宏伟目标来说，是一个十分重要的关键时期。对出版来说，也是我国推进新闻出版事业全面繁荣和健康发展的重要时期。"十一五"选题规划，更是出版转制启动后的第一个标志性的五年规划，是出版社今后五年的工作纲领和奋斗目标，是出版社全体工作人员，特别是领导班子意志和追求的体现，是出版社的旗帜和宣言。为了全面建设小康社会的宏伟目标，实现中华民族伟大复兴的共同理想，促进我国社会主义经济又快又好地向前发展，推进出版事业的全面繁荣，必须全面落实科学发展观，更加自觉、广泛地推动和依靠科技进步，明确规划的战略重点，埋头苦干，积极提高自主创新能力，把它作为社会进步和出版发展的首要推动力；要着力开发、整合出版资源，走特色品牌发展之路；要进一步深化出版体制改革，加快出版编辑队伍建设，努力开展编辑学术与业务交流和出版合作。以期取得更大成果，为读者提供更多的精品图书。强调制定"十一五"选题规划要坚持把社会效益放在首位，实现社会效益和经济效益的结合，读者需求和作者可能相结合，作者的创造和编辑的创新相结合。要防止当前在某些出版单位存在的重经济效益轻社会效益，重营销轻编辑，重编辑策划轻编辑审读的现象。

10. 学习韬奋，弘扬韬奋精神，探讨韬奋的新闻出版思想

为弘扬韬奋精神，2003 年，学会和有关单位联合召开会议，研讨韬奋的出版思想。韬奋是"出版事业的模范"，他在白色恐怖年代，在新闻出版工作岗位上做出了常人做不到的业绩。在学习和研讨中，深感韬奋的编辑出版活动，有非常明确的宗旨和目的，这就是始终为国家独立、民族振兴，为人民利益而斗争；竭诚为读者服务，讲究责任、人格和骨气；坚持出版创新，强调质量是出版物的生命，同时，又重视经营，促进事业的发展。大家认为，当前结合出版工作实际，学习、研究、弘扬韬奋精神，具有非常重要的现实意义，韬奋精神是我们取之不尽的宝贵财富。坚持联系实际，研究韬奋的出版思想，弘扬韬奋精神，不断提高出版队伍的思想和业务水平，将有利于出版的健康繁荣。韬奋的编辑

出版思想和科学精神已经大大丰富了编辑出版学的理论宝库。2005 年，在韬奋诞辰 110 周年之际，学会又与有关单位合作，举办了纪念活动。与会者认为，爱国爱民、勤奋正直、不怕牺牲、"一切为了读者"是韬奋精神的主要标志，是韬奋成为"出版事业模范"的主要因素。会议强调，韬奋是广大出版工作者的一面镜子，要紧密结合当前实际来研究和学习韬奋，弘扬韬奋精神。

11. 组织开展编辑史、出版史研究

学会历来重视编辑史、出版史研究，曾召开过多次研讨会、座谈会。本届除了组织研讨韬奋出版思想以外，还召开了学会第六次编辑史、出版史座谈会。强调了要坚持马克思列宁主义、毛泽东思想、邓小平理论和"三个代表"重要思想在历史研究中的指导地位。用科学发展观观察历史，重申编辑史、出版史研究的最终目的是为建设中国特色社会主义出版事业服务；研究内容要多层面、多样化，特别要注意宏观研究和微观研究相结合，纵向的系统研究与横向的比较研究相结合，综合性研究与个案研究相结合，收集挖掘历史资料与科学研究相结合；要发扬学术民主，实事求是，各抒己见，取长补短，力求研究成果的真实、客观、全面；强调研究编辑史、出版史是编辑出版工作者、出版单位义不容辞的职责。出版单位的领导要鼓励和支持本单位职工对本社本店本厂历史的研究、编写和出版，对成绩优异者应该予以褒扬。

12. 总结交流学会工作经验

为了推动各省市编辑学会的工作，本届理事会还召开过两次省、市编辑学会联系人会议，交流情况，总结经验，讨论学会的性质、任务、工作对象、工作方法，以及与各兄弟单位的关系。通过这种活动，互相交流，彼此学习，相互切磋，增进了友谊，提高了认识，增强了信心，推进了各地学会的工作，与会者认为很有必要，是学会建设的一项重要内容。

以上一系列问题的讨论，总结了新鲜经验，促进了实际工作的发展，也为编辑出版的学术研究开拓了新的视野。

（二）加强学术研究，建立编辑学理论体系

为了建立编辑学理论体系，推进编辑学的学科建设，第三届常务理事会在过去近 20 年研究的基础上，集中做了以下三个方面的工作：

1. 推动编辑学理论框架的研究

学会自 1995 年提出编写编辑学理论"框架"以后，经过多次讨论。不少同志就如何构建框架提出了许多很好的意见。学会第三次代表大会的《工作报告》中，也对研究编辑学理论框架的目的、意义、基本内容、涵盖的范围，以及有利条件等作了分析和说明，并把它作为学会的重要任务来抓。许多研究者以文章或著作的形式，提出了自己的编辑学理论体系或编辑学基本知识的框架。从 1995 年至 2000 年，出版各种编辑学著作约 40 种。如王振铎、赵运通著的《编辑学原理论》，任定华、胡爱玲、郭西山著的《编辑学导论》，李海崑、刘光浴主编的《现代编辑学》和阙道隆著的《编辑学理论纲要》(以下简称《纲要》) 等，结构新颖，有独到见解。这些著作的问世均非一朝一夕之功，都是在探索过程中逐步形成的。以《纲要》为例，作者曾在 1998 年发表《建立和完善编辑学的学科体系》一文，赞成学科体系的内容由编辑史、编辑业务知识和编辑理论知识三部分组成，具体包括"编辑与社会""编辑主体""编辑活动对象"等 12 个方面。在这个基础上，1999 年，他又发表了《编辑学理论纲要构想》的文章，进一步归纳为 11 个方面。到 2001 年，他发表了《编辑学理论纲要》，全文 5 万余字，除"导言"外，分为 12 章，包括编辑概念，编辑活动，编辑过程，编辑工作者，编辑与作者、读者(受众)，编辑与传播媒介(上、下)，编辑与社会，编辑规律，编辑价值，编辑模式，编辑规范，编辑风格等 12 个方面。学会为此专门召开了在京部分专家座谈会，充分肯定了"纲要"的成就，认为是近几年来研究编辑学理论体系的一个阶段性成果。几年来，众多编辑学著作形成的理论体系和知识框架，富有理论色彩和实践意义。在编辑学研究史上写下了浓重的一笔，为编辑学走向成熟奠定了坚实的基础。

2. 组织编辑基本规律的讨沦

随着对编辑学理论框架的讨论，提出了编辑活动基本规律的问题。编辑规律的探讨，早在1986年就已开始，但没有形成热点。学会成立以后，也曾多次组织过这方面的讨沦，到20世纪末本世纪初，在编辑学崛起以后近20年，才形成了几种看法，具体表述大体如下：

一种意见认为，编辑基本规律是编辑人员以传播文化为目的对作品进行选择和加工。

一种意见认为，能动性与受动性相统一是编辑活动的普遍规律。举凡有编辑活动的地方，就有编辑主体通过编辑活动能动地参与社会文化大厦的构建，并同时受到所处的社会环境（包括作者、读者、社会制度、出版体制、自然条件状况等）的制约、影响的现象。

一种意见认为，编辑劳动规律有三条：一、编辑劳动实践与社会经济、政治、文化相统一的规律；二、编辑劳动实践与社会文化需求相统一的规律；三、编辑劳动实践与精神文化产品内在要求相统一的规律。

一种意见认为，编辑活动基本规律有内外之分，其内部规律就是：讯息传播规律、媒介建模规律、文化缔构规律。

一种意见认为，信息知识有序律，信息、知识与载体结合律，信息、知识传播律，是编辑的三条基本规律。归纳起来，就是信息、知识有序化、媒体化与社会化规律。

有的研究者则提出编辑活动三规律是：一、求同、求异、求和与求同、异、和互济规律；二、质量与效益同步规律；三、主体、客体矛盾统一规律。

另一种意见认为，编辑活动有四条普遍规律，即：尊重作者创作个性与编辑选择把关相统一规律；传播已有文化与创新重构相统一规律；保证文化产品质量与掌握最佳传播时期相统一规律；编辑活动的内容、要求与传播媒介的特点、功能相统一规律。在文化创造和传播过程中编辑与社会相互作用规律，是编辑活动的基本规律。

又一种意见认为，编辑和视听者的关系是服务和被服务的关系，二者之间的矛盾是编辑活动的主要矛盾，它规定了编辑活动的基本规律，即编辑以已有的精神成果为基础，通过优选、优化，生产出新的精神产品，最大限度地满足视听者的需要，顺应社会文明发展的规律。

以上各种表述，尽管层次不同、视角各异、繁简有别、虚实有差，但都在不同程度上反映了编辑活动客观性的哲学思考，特别在选择和优化方面，已经表现出思路上的趋同倾向，这是一种重要的突破，它为今后的继续研究打下了很好的基础。

3. 积极推动对 20 年来编辑学学术观点的归纳和梳理工作

在 20 世纪 90 年代中期，学会曾提出对编辑学研究中各种学术观点和成果"梳辫子"的问题，1997 年，在银川召开的全国编辑学理论研讨会上又明确提出：几年来，编辑学研究在业内外专家学者的支持下，取得了一定的进展，"但成果比较分散，需要总结、归纳和梳理，使之条理化"，以便看到它的成就和不足，便于进一步有针对性地加以研究。这个任务提出以后，得到了积极的反响。一些研究者和媒体，开始做这方面的工作，并取得了一定的进展。特别令人高兴的是作为学会团体会员的山东省高等学校学报研究会，有志于对 20 年来中国的编辑学研究活动和学术成果进行梳理和评述。学会当然表示积极支持，并努力加以推动。在时任山东省高等学校学报研究会主任丛林同志的策划下，开始了这一重大的研究、评述和编撰工程，而且作为研究课题，获准在山东省教育厅立项，取得了省教育行政部门的支持，更加增强了信心。他们组织有能力、有兴趣为编辑学研究做出贡献的 20 余位中青年学报编辑，先后花了四五年时间，查阅了在这个时期中出版的 200 余种专著和上万篇的论文、研究资料，终于写出近 70 万字的《中国编辑学研究评述（1983—2003）》，并于 2004 年底出版。这部书展示了 20 年来编辑学研究的各种观点，包括编辑学在中国的发展；编辑学的研究对象、编辑本质、编辑主体、编辑实务、编辑规律和学科建设等基本问题；以及编辑学的分支构成、编辑史和编辑学交叉学科的研究。这本书的出版，较好地完成了学会提出归纳、梳理编辑学学术观点的任务。这是一本研究编辑学的学术著作，是 20 世纪 80 年代至 21 世纪初中国编辑学发展历史的记述，是编辑学各种学术观点的汇集，是我国编辑学学科建设史上的一部重要著作。

以上三个方面，是广大编辑出版工作者、编辑出版学教研人员，在本届理事会期间做出的努力，取得了一定的突破，同时促进了编辑学学科建设的发展。

（三）关注高校编辑出版学专业教育的发展，推进学科建设

1. 对高校编辑出版学专业教育的探讨。这是学会一直关心的一项培养人才的重要工作，曾多次开会进行探讨，并为专业的巩固和发展，做过力所能及的工作。20 年来，随着我国新闻出版传媒事业的迅速发展，我国高校的编辑出版学专业教育发展很快，迄今已有 61 所高校设此专业，但各校对办学的要求、人才培养目标、课程设置不尽相同，有的办学质量不能保证，有的学校还有学生就业难的问题，这些问题迫切需要解决。鉴于此，学会和学会有关的专业委员会，根据自己的宗旨和特点，曾和有关单位一起召开了编辑出版学专业教育座谈会。就如何营造良好的办学环境，造就新型的编辑出版人才以及坚持办学质量，加快解决紧缺的高级人才培养和如何设置主干课程、调整师资结构等问题进行研讨，并取得了一定的共识，对于解决某些模糊认识，推动专业教育的发展有积极意义。与此同时，本会还协同有关单位，呼吁教育部门把编辑出版学列入国家《授予博士、硕士学位和培养研究生的学科、专业目录》，认为这是当前发展出版教育迫切需要解决的问题。

2. 积极参与筹备 2004 年新闻出版总署和教育部联合主办的"高等学校编辑出版学专业创办 20 周年座谈会"。新闻出版总署、教育部和中宣部出版局领导到会讲话。他们充分肯定了乔木同志倡导的创建高校编辑出版学专业 20 年来的办学成就，目前已经初步形成了具有中国特色的

编辑出版教育体系，是我国高等教育不可缺少的组成部分。强调办好这个专业的必要性和发展、完善这个专业的重要性。指出编辑出版学专业教育必须"培养忠于祖国、忠于人民、热爱社会主义新闻出版事业的德才兼备、勇于创新、善于创业的优秀专业人才"，当前，特别要加快培养外向型、复合型的新闻出版高素质人才。为了适应当前的需要，今后遵照教育部关于"要不断加强教育改革的力度，增加投入，促进编辑出版学专业教育持续健康地发展"的精神，办好专业教育。会议进一步指明了办学方向，增强了办好专业的信心，提高了办学的积极性，对于办好编辑出版学专业教育将是有力的推动。

3. 参加"全国出版专业人员职业资格考试辅导教材"的编写、审定等工作。受新闻出版总署人教司委托，从 2001 年下半年起，学会负责同志和一批学会的骨干，全力以赴，及时完成了此项任务。同时，通过辅导教材的编写和审定，以及四年来年复一年的修订、审定，多次讨论了编辑、出版工作的有关方针、原则、概念和基本观点等理论和实践方面的许多重大问题，在教材日趋成熟的过程中，参与者也提高了认识，增加了共识，推动了编辑学、出版学的学科建设。

（四）各专业委员会的研究活动

四年来，本会各专业委员会也根据自己的实际需要，开展了内容广泛、形式多样的研究活动。

1. 学习"七一"重要讲话。根据学会的安排，学会图书编辑学专业委员会召集北京地区的个人会员，和学会领导一起学习了江泽民同志的"七一"重要讲话，领会"三个代表"重要思想，并结合实际，谈了各自的心得体会。他们还分组开展活动，如社科组成员讨论深化出版改革和机制创新问题；科技组集会，按照"讲话"精神，研究现行的编辑工作模式，开拓研究课题，理论组以面向新世纪的编辑理论研究、提高人员素质问题为题开展讨论，扩大共识；编辑史出版史组集会交流研究成果，座谈如何确定各自的研究课题。

2. 少年儿童专业委员会召开了多次会议：2001 年主要讨论了培养编辑人才，推动少儿出版发展的问题，交流和评选了学术论文。2002 年主要讨论少儿读物的质量问题。2003 年着重讨论少儿出版工作如何面向市场，再上新台阶的问题。此外，他们还就编写《少儿读物编辑学初探》一书，召开了几次编写工作会议。

3. 青年读物专业委员会召开了部分中青年优秀图书编辑座谈会。主题是：改革发展中的中国出版业。与会者讨论了如何正确看待当前出版改革的形势，正确处理出版产业中文化与经济的关系，以及如何在编辑队伍建设中强调敬业精神等问题。

其他专业委员会的活动，已在前面论及，不再赘述。

（五）评优工作

1. 在本届理事会期间，我们继续成功举办了第三届、第四届"未来编辑杯"征文竞赛活动，并开始了第五届征文竞赛活动。这是一项以目前高校编辑出版学专业在校的高年级学生和研究生为对象的活动，旨在引起他们对编辑出版工作的兴趣，加强专业意识，矢志为新闻出版传媒事业服务。两届共评出优秀论文 84 篇（第三届 45 篇、第四届 39 篇），学会颁发了获奖证书和奖金，各校领导和师生反应强烈，认为有利于办好专业教育。

2. 学会与中国版协联合，继续举办第四届、第五届"中青年优秀图书编辑评奖"，共评出 143 人，其中第四届 77 人，第五届 66 人。加上前三届评出的 254 人，一至五届共评出 397 人。

3. 受新闻出版总署委托，学会协助组织评选"首届全国新闻出版业有突出贡献的优秀中青年专家"。经过反复评议，有 50 位中青年专家获此殊荣，并在 2004 年 10 月召开的"全国新闻出版业人才会议"上予以表彰。

4. 经新闻出版总署批准，学会制定的《中国编辑学会科研课题立项和成果奖励暂行办法》于 2004 年 2 月正式公布实施，已收到 10 多个立项报告和申请成果奖励的报告。

（六）编辑出版工作

1. 本届理事会期间最重要的出版工作，是经新闻出版总署批准，由本会主办的《中国编辑》杂志的创办。这是一本编辑学和编辑工作研究的学术性刊物，由河北教育出版社承办。自2002年4月批准创刊以来，当年即出版试刊两期，于2003年1月正式创刊，为双月刊，已办了三年。三年来，河北出版集团、河北教育出版社为杂志的出版做出了很大贡献，编辑部和编辑工作人员做出了很大努力，使刊物能按时出版，质量不断提高，已经在出版界和出版教育界产生了广泛的影响，正在成为编辑人的精神家园和编辑学的学术论坛。杂志创刊时，学会负责同志写了发刊辞——《我们是中国编辑》，阐明了编辑活动的性质、任务和作用，叙述了编辑的理想、操守和追求，指明了编辑学学科建设的目标，这是一篇"中国编辑的宣言"，赢得了业内外人士的广泛好评。为了解决异地办刊的问题，2006年1月起，《中国编辑》杂志将由学会与高等教育出版社共同主办，在北京编辑出版。

2. 由学会和人民教育出版社联合编辑的《中国编辑研究》年刊，从1996年起，每年1本，已出版10本。总共约500万字。人民教育出版社为年刊的编辑出版投入了大量的人力、物力和财力。编辑出版工作人员为保证质量，做出了极大的努力，使它在积累编辑工作和编辑学研究的成果、宣传扩大编辑出版理论和编辑学的影响方面起到了重要的作用。

3. 本会编辑的《中国编辑学会第三次全国代表大会纪念册》和《中国编辑学会成立十周年庆祝大会纪念册》，承商务印书馆支持正式出版。两书共20万字，选用彩照52幅，为学会成立以来的活动留下了比较翔实的材料。

4. 学会策划的论文集《编辑学的研究与教育》，承中国机械工业出版社支持出版。

5. 学会第六届年会论文选《新时期编辑活动特点探讨》，由汤鑫华、王国仪主编，承中国水利水电出版社支持出版。

6. 学会第七届年会论文选《论编辑职业道德》，由张延杨、郭德征主编，承金盾出版社支持出版。

7. 学会第八届年会论文集《多出精品，多出人才》，由李家祥、蔡鸿程主编，承清华大学出版社支持出版。

8. 学会第九届年会论文选《出版转制与编辑工作》，由田胜立主编，承中国大百科全书出版社支持出版。

9. 学会第十届年会论文选《坚持图书质量第一》（暂名），承复旦大学出版社支持，将于近期出版。

10. 第二届"未来编辑杯"论文竞赛获奖文集《我所向往的编辑》，学会秘书处编，承中国经济出版社支持出版。

11. 第四届"未来编辑杯"论文竞赛获奖文集《出版业调查报告》，学会秘书处编，承人民文学出版社支持出版。

12.《第 11 届国际出版学研讨会论文集》（中英对照本），学会秘书处编，承湖北人民出版社支持出版。

13. 由学会科技编辑专业委员会筹备组策划编写的《作者编辑实用手册》，蔡鸿程主编，朱象清、陈瑞藻副主编，承中国标准出版社支持出版。

14.《科技图书编辑手册》，学会图书编辑学专业委员会编著，承中国铁道出版社出版。

15. 承新闻出版总署图书司和东北师大出版社的支持，出版了 6 本编辑学和编辑工作方面的书，包括：吴道弘著《编辑实践与编辑学思考》；徐柏容著《论编辑规律与编辑出版》《编辑优化论》《编辑结构论》；靳青万著《编辑学基本原理》；王蕾著《美国图书宣传研究》等。

16. 学会新版网站 (http://www.enedit.cn) 已正式开通。

17. 学会与中国学术期刊（光盘版）电子杂志社商定，在《中国知识资源总库》的《中国重要会议论文全文数据库 (CDCD)》中，建立《中国编辑学会会议论文数据库》，便于向社会提供信息。

（七）与国外、我国港台地区的出版学术交流

1. 2001 年 10 月应韩国出版学会邀请，学会派出以常务副会长邵益文为团长的 7 人代表团，赴汉城参加了第 10 届国际出版学研讨会，并在会上发表论文，受到韩国出版学会的欢迎和各国与会者的重视。

2. 在中国编辑学会代表团赴韩期间，代表团成员邵益文、阙道隆应邀访问了韩国文学翻译院，双方进行了座谈，该院院长朴焕德先生介绍了建院的目的和工作情况，我方对该院在国外翻译出版外文版的韩国文学作品表示赞赏。

3. 2003 年 9 月，在本会成立十周年庆祝大会期间，为促进国际出版学术交流，表彰为国际出版学术交流做出重要贡献的日、韩学者，学会决定授予日本出版学会前会长箕轮成男、韩国出版学会会长尹炯斗"编辑出版学国际交流奖"，颁发了奖状和奖杯，达到了促进国际出版学术交流的目的。

4. 2003 年 12 月，学会组织以邵益文、王德有为正副团长的中国编辑代表团赴美进行学术交流，并举办小型书展。代表团在美期间，与美国几种不同类型的编辑进行面对面的交流，并与在美的华人华裔进行座谈，互相交流了书刊的编辑出版和销售情况，特别是中文图书在美国的销售情况，增进了相互了解。

5. 2004 年 10 月，学会轮值主办第 11 届国际出版学研讨会，会议的主题是：面向现实，面向未来，探讨国际化出版的发展前景。国内外 70 余位专家学者出席会议，石宗源署长致信祝贺，学会负责同志作主题讲话，会上发表论文 42 篇，内容涉及国际化出版的方方面面。整个会议在欢乐愉快的气氛中度过，与会者畅所欲言，国内外学者给予了很高的评价。

6. 2004 年 8 月，应台北市出版商业同业公会理事长彭诚晃先生邀请，学会派出了以秘书长程绍沛为团长的访台团，进行学术和实务交流，共同举办了"第二届两岸编辑出版研讨会"。台方对这次活动给予了积极

评价，并建议今后开展定期的交流活动。

7. 在本届理事会任职期间，学会领导，多次会见了日、韩出版学会领导人、出版学者和其他外国同行，两岸同行也多次会晤，相互交流学术观点和业务经验。

三、几点体会

学会是一个群众性的学术团体，它的基本任务是以邓小平理论和"三个代表"重要思想为指导，坚持以科学发展观统领学会工作全局，开展编辑活动的理论和实践的研究，构建编辑学、出版学的理论体系，并用以武装队伍，指导实践，促进出版业的进一步繁荣。

第三届常务理事会在工作中体会到，学会要积极争取中宣部和新闻出版总署的领导，坚持正确的工作原则和工作方法，树立优良的作风。

（一）坚持理论和实践相结合。出版业在全面建设小康社会的进程中不断发展，令人鼓舞。同时，也会不断出现一些新的情况，需要出版工作者去分析，也会发生一些问题，需要我们去认识和解决，还会产生一些困难，需要我们去应对，这些都需要科学发展观的指导。学会做的是理论研究工作，必须紧密结合实践，不可避免地会碰到并要求回答实际工作中遇到的各种新问题，不然，理论研究就不可能与时俱进，理论创新也将成为一句空话，一切学术活动也将失去实际意义。所以，坚持科学发展观，做到理论和实践相结合，并用来指导学会工作、指导理论研究，是关系到我们能不能顺利前进的重大问题。对实际工作中出现的各种问题和不同倾向，要作理论上的研究，要有分析，有见解。如对有些出版单位和出版人出现见利忘义、重利轻义、"要金不要心"、削弱出版物文化含量的倾向时，我们明确提出："出版，文化是目的，经济是手段"的观点；面对有些单位出现不顾国情，随意引进不适当的出版物的问题时，我们强调在国际化出版工作中，既要拓展国际化出版，又要坚持出版的民族特色的观点，坚持引进要适合国情，为我所用，要与出版原创作品相适应；在一些单位出现图书质量滑坡，出版物品位下降的时候。我们强调了不要忘记图书质量第一的出版方针和原则，强调图书的质量是图书的生命的观点；在有些编辑心态浮躁，职业道德失范的情况下，我们强调了编辑活动的本质、编辑的职责、理想和追求，阐述了编辑职业道德的内容、特点和它的养成等问题。总之，在遇到具体问题的时候，要尽可能地旗帜鲜明，是非清楚，使会员群众始终保持比较清醒的头脑，在实际行动中有所要求，有所遵循。会员群众反映，现在工作忙，很少有时间想什么问题，学会经常给我们提醒，使我们警钟长鸣、少走弯路。实践证明，理论只有和实际相结合，才能推动实际工作前进，才能证明自己存在的价值。

（二）坚持宏观研究和微观研究相结合。既要研究社会环境，包括政治、经济、文化、科技、教育……尤其是出版改革、市场发展、人才培养对编辑出版活动的影响，又要研究编校工作的具体要求、工作机制、工作制度、行为规范、操作模式，以及编校工作的态度和作风等问题。做学会工作，有时要研究一些细微末节的事，要有"不以善小而不为"的精神，力求为贯彻出版方针、服务大局、保证图书质量，繁荣出版，做一些添砖加瓦的事，并在研究实践中创新理论，构建学科体系，切实推进学科建设。

（三）坚持研究现实和研究历史相结合。从出版发展考虑，从学科建设着想，不仅要研究编辑出版发展中的现实问题和许多新的课题，同时需要研究它的历史，包括全国的、地区的编辑出版史，一个出版社的社史、一个书店的店史、一个印刷厂的厂史，以及编辑出版的人物史和某特定事件的历史。历史是一种科学，以史为鉴，可以知过去，正今人，诚未来。出版从业人员需要而且应该有出版的历史知识，否则出版的发展就缺乏借鉴。不知事情的来龙去脉、过去的经验和教训、今天的可为和不可为，就难以对事物有全面系统的了解。任何一门学科没有历史研究的成果，只能是残缺的、不完整的，这个学科是建立不起来的。编辑学、出版学也是这样，只有具备了历史、理论、实务和方法论知识的时候，这个学科才是科学的，才算真正地建立起来了。

（四）学会作为学术团体，必须十分明确和时刻坚持学会工作的学术性定位。学会的一切活动和它所主办的书刊，应该充分体现学术性。这是学会的生命线，任何时候都不能动摇，不可偏离。特别是在社会主义市场经济条件下，一些人忽视学术理论研究，把学术研究蜕变为"经营学术"，甚至滋生学术腐败，这是必须警惕和防止的。

（五）最重要的，就是坚持马克思主义在编辑出版研究中的指导地位，并在这个前提下，认真贯彻"百花齐放，百家争鸣"的方针。"双百"方针的贯彻，是学术研究所必需，也是贯彻以人为本思想的保证。实行"双百"方针，开展学术讨论，就是在学术领域内调动一切积极因素，团结一切可以团结的人，鼓励更多的人来参与、来研究，把各种不同的学术观点都摆出来，深入下去，为了一个共同的目标，求同存异、去伪存真，同心协力，研究编辑学理论，把编辑学建设成为一门成熟的学科。

（六）学会工作要有所作为，必须发挥主观能动性。也就是说，要发挥积极性，要主动找事做，并且要千方百计地把它做好，能够引起人们的兴趣，使参与者觉得有所得益，有所启迪。切忌机关化和官僚作风，令人望而生畏，敬而远之。

四、对今后学会工作的建议

党的十六大和十六届四中、五中全会精神告诉我们，党要带领人民推进中国特色社会主义伟大事业，必须坚持党的领导，大力发展社会主义文化，不断巩固全党全国人民团结奋斗的共同思想基础。要牢牢把握先进文化的前进方向，坚持为人民服务、为社会主义服务的方向，努力为大局服务，坚持百花齐放，百家争鸣的方针，深入实际、深入群众，加强调查研究，在实践中创新内容、创新形式、创新手段，努力铸造中华文化的辉煌，为激励人民奋勇前进提供强大的精神动力和智力支持。这是党对我国出版工作的要求，也是对我们学会工作的根本要求。

出版是内容产业，它要为社会主义建设提供精神动力和智力支持。因此，出版本身首先或者说更需要获得精神动力和智力支持。在国内外形势错综复杂、出版改革不断深化、出版单位正面临着转制改制的情况下，尤其是这样。编辑学、出版学作为探索编辑出版工作规律的科学，对编辑出版的健康发展负有理论指导的重任，也就是有提供精神动力和智力支持的任务。因此，我们必须加强编辑学、出版学的研究，把编辑学、出版学的学科建设推向前进，用以武装编辑出版队伍，促进出版业的发展。

1. 加强编辑出版学研究，首先要强调理论创新。理论创新的关键在于坚持马克思主义在出版研究中的指导地位，强调理论紧密结合实际，按照"三贴近"的要求，做到与时俱进。目前，社会政治经济形势不断发展，各种思想文化互相激荡，科技日新月异，传媒手段多样化，编辑出版工作中的新情况新问题也层出不穷。编辑出版研究必须适应这种新情况，总结新的经验，并把它升华为理论，用以指导新的实践。认真落实科学发展观，推进我国社会主义文化建设。始终坚持先进文化的前进方向，在任何时候都要坚持正确导向，坚持出版物质量，坚持把社会效益放在首位的前提下、实现社会效益和经济效益的结合等一系列基本原则，认真回答实践中提出的重大问题，完善出版发展之路。在思想理论上克服和反对各种错误认识，实现理论创新，并以理论创新的成果，推进方针政策的制定，推动制度、机制的创新，实现出版繁荣。

2. 坚持百花齐放，百家争鸣，积极推进编辑学的学科建设。前面已经说过。贯彻马克思主义指导下的"双百"方针是学科建设的必经之途。二十余年来，我们在编辑学的学术研究中，认真坚持了"百花齐放，百家争鸣"的方针，总的说来，效果是好的，编辑学能够很快崛起，一步一步地走向成熟，发展势头很好，关键就是贯彻了"双百"方针。这种做法，应该保持下去，并进一步加以发扬。目前要做一些疏导的工作，防止和消除对"争鸣"的误解。如有人认为：开展争鸣，各说一通，谁也说服不了谁，难以取得共识，没有结论，反而增加歧见；有人认为都是熟人，甚至是师生，不便争论，怕开展争论，影响友谊；有人甚至认为，"争鸣"，被不同意见者批评，有损颜面；等等。也要防止急躁情绪，认为一个问题、争论一次两次，就应该得出结论，否则，争鸣就没有意义。从学科建设的大局出发，我们必须彻底扫除对"争鸣"的各种误解，消除各种不必要的顾虑。我们非常希望有关的媒体大力支持，坚持在马克思主义指导下开展百花齐放和百家争鸣，让真理愈辩愈明。不断深化编辑学、出版学的学术研究。克服疑点和难点，使它成为一门成熟的学科。

3. 加强出版队伍建设，支持和帮助高校编辑出版学专业教育持续健康地发展。这里有两方面的工作要做：一是继续做好出版专业职业资格考试辅导教材的修改与审定工作。同时，要加强出版社领导人员的培训，包括如何应对转制后的新情况和新问题；又要加强新编辑的业务培训，特别要重视新媒体的编辑出版工作人员的培训，做到多出精品，多出人才，真正把出版社办好。二是要关心高校编辑出版学的专业教育，要认真分析和研究这个专业当前面临的挑战、问题和困难。探索时代需要的人才培养模式，培养高素质的、复合型编辑出版专业人才。为此，要关注办学质量，加强国内外的合作与交流，使核心课程的设置更加科学化、规范化。要帮助提供合适的教材，不断提高师资水平，调整专业结构。既要加强本学科的教育，又要注重文理学科的交叉与渗透，既要加强理论教育和专业知识教育，也要加强编辑出版业经营策略、管理理论和知识等方面的教育，使教育内容与当前的编辑出版行业的实际紧密结合，使学生更加适应当前市场激烈竞争的环境。同时，要着力培养编辑学、出版学研究的队伍，保证编辑出版理论研究后继有人。当前，发展高校编辑出版教育的重要关键是要呼吁教育行政部门把出版学作为一级学科和新闻学一样列入《国家授予博士、硕士学位和培养研究生的学科、专业目录》，并把编辑学和图书发行学等作为二级学科。这是当前巩固提高编辑出版教育的重中之重。出版教育任重道远，任务艰巨，只有出版界与教育界同心协力，携手并进，才能共创编辑出版学教育的新局面。

4.学会的活动方式要多样化，要大中小并举。可以开较大的年会、讲座，更要多搞中小型活动。这样，讨论的问题可以更加具体，更具现实性和针对性。但是，活动不论大小，事先必须充分准备，只有准备到位、扎实，才能出成果，有实效，才能引起大家的兴趣。学会的工作有实效，学会才有力量，学会的生命才能延续，学会的影响才能不断扩大，学科的社会地位才能不断提高。

5.要支持和加强各专业委员会的工作。本会各专业委员会在过去几年里，做了许多工作，发挥了很好的作用，但发展不平衡。个别专业委员会因负责人都由各社主要领导兼任，本身工作很忙，有时影响专业委员会工作的开展，今后需要适当组成老中青结合的班子，以便更好地开展工作。

6.经新闻出版总署批准的《中国编辑学会科研课题立项和成果奖励暂行办法》，有利于发动广大会员积极参与研究工作，有利于学科的发展，是一项重要工作，希望加强领导，切实做好。

7.《中国编辑》双月刊和《中国编辑研究》年刊，是体现本会宗旨的两个刊物，是团结广大会员，开展学术活动，开拓、创新、发展和积累学术成果的重要阵地，也是展示学会活动的一个重要平台，应该加强领导，越办越好。

8.加强对外、对港台的学术交流。近几年来，学会在这方面的工作有所加强，取得了一定的成效。但总的看来，还有潜力，还有相当大的拓展空间。今后要积极争取得到总署的领导和支持，广泛开展对外学术和业务交流，在"走出去"和"请进来"两个方面，都取得更大的进展。

同志们，第三届理事会在过去的四年多时间里，做了一些工作，这应该感谢各级领导部门、兄弟单位和广大会员的大力支持和帮助。我们工作中存在的缺点和问题，是我们几个做日常工作的工作人员服务不到位造成的，希望得到大家的批评与谅解。

衷心希望新一届理事会，团结奋斗，取得新的成绩！

衷心希望学科建设不断迈出新的步伐，开创新的局面！

2006 年 2 月 25 日

《编辑之友》2006 年第 2 期;《中国编辑学会第四次全国代表大会纪念册》人民美术出版社 2006 年 2 月版

编辑出版教育要适合出版发展的需要

一、出版发展迫切需要高素质人才

（一）改革开放以来，随着我国经济的迅速发展，文化事业得到了长足的发展，出版事业也突飞猛进。以 1978 年为基数，当时只有出版社 105 家，到了 2003 年，全国就有出版社 535 家（不包括副牌），为 1978 年的 509.52%，增长了 4 倍多；1978 年，出版图书 1.45 万种，到了 2003 年，品种发展到 19.03 万种，为 1978 年的 1312.41%，增长了 12 倍以上；1978 年的总印数为 37.74 亿册（张），到 2003 年达到 66.7 亿册（张），是 1978 年的 176.74%，增长了 76.74%；1978 年的总印张是 135.43 亿张，2003 年达到 462.22 亿张，是 1978 年的 341.3%，也增长了两倍多；从销售金额看，1978 年是 9.3 亿元，2003 年达到 461.64 亿元（含书价上涨因素），为 4963.87%，增加了 48 倍多[1]，中国出版的这种发展，首先说明这是社会发展的客观需要，读者的需要。不然，出版不可能发展得如此之快。

（二）改革发展中的出版业，需要应对许多新情况和新问题。出版的体制改变，由计划经济转为市场经济，一方面出版是搞活了，发展明显加快，另一方面也带来了激烈的市场竞争，由此出现了一系列新情况和新问题。如为了占领市场份额，一些出版单位采取扩大品种的做法。据调查，许多出版社的出书品种比 10 年前翻了一番，二番，如前面讲到的增加了几倍。这对中国知识界是一个巨大的挑战和冲击。10 年当中能写书的作者不可能一下增加几倍。于是滥竽充数，什么人都可以写书，导致作者的原稿质量大大下降，不像样的稿子也送到编辑部。再说，

---

[1] 以上数字参见巢峰：《中国的图书市场》，载《出版科学》，2006 年第 1 期。巢峰同志此文后收入其《出版论稿》（第 2 版），243 页，复旦大学出版社 2007 年 6 月版。

出版社的编辑队伍 10 年当中也不可能增加 12 倍。即使有所增加，真正合格的编辑仍有严重缺额，或者根本就跟不上大发展的需要。这样，原稿质量不高，编辑又忙于奔命，原来一年发二三本稿子，几十万字，现在一年要发八九本、十几本稿子，字数达五六百万，八九百万，甚至一千万字以上。编辑没有办法，只好把原来的精工细作，改为粗放操作。书是出版了，但做工不细，品位不高，格调很低，差错甚多，被读者讥为"无错不成书""错误百出是好书"。社会各界，对出版物的批评，对编辑来说，或者听不到，或者听到也没有办法，不是习以为常，就是有苦难言。因为编辑们一天到晚，杂务缠身，忙于奔波，根本无法坐下来总结经验、吸取教训、想想问题、清清思路，从实践中获得新的启迪。这说明现在的编辑出版人员，迫切需要改变浮躁心态，冷静下来，接受编辑出版的理论指导，也说明编辑出版的理论研究应该大大加强，编辑学、出版学迫切需要加强学科建设，积极回答实践中提出的新问题，才能适应新形势下实际工作的需要。

（三）当前，随着科学技术的迅猛发展，信息知识急剧膨胀，更新知识的周期不断缩短，创新的频率大大加快。加上改革发展、社会结构的改变，经济体制的改革，正在转型的社会也带来了许多新的情况，需要我们去认识和应对，可以说各种新观念、新知识层出不穷。更何况现在编辑人员的工作范围已经大大扩展，不仅要策划组稿，审读加工，读校查样，还要做宣传、搞营销，甚至和书商谈发行折扣，发货算账，催讨欠款，有时还要处理版权纠纷。这种"一条龙服务"，不仅要求编辑有渊博的见闻，而且要有扎实的专业知识。当编辑的人要有专业知识，历来都是提倡的，但在新的历史条件下，这一点尤为重要，没有一两门专业知识，实在很难应付，同时还要有相应的外语和计算机知识。

（四）现在社会舆论和相关的调研机构，都在关注阅读率走低，这个问题原因是多方面的，总的来说是阅读环境发生了变化。有媒体多样化，挤占读者阅读时间的客观因素；也有人们求实惠、讲实利，导致新的"读书无用论"出笼的影响。但从另一方面看，又反映了读者对图书的要求越来越高，已不满足于一般的快餐式读物和应景书刊，或者是那种浅阅读的图文书籍，而是要求精品佳作，要求富有创新精神、教育意义和真正能够提高自己思想和知识水平的思想性、科学性、艺术性俱佳的好书。可是，要出好书，出精品，光靠那种粗放式的图书生产方式是不行的，编辑坐在办公室搞策划，作者奉命作文，要出好书也是很难的。经验证明：好书精品，一般是作者长期积累的结果，是编辑全身心投入、与作者反复研讨的结果，有的更是历史上长期文化积淀的结果，或者是编辑在众多文化成果中艰苦探索，发掘发现的结果。这说明编辑要发掘发现，做成精品好书，就要求编辑本身有较高的综合素质。也就是说，出版社要想出好书，出精品，需要建立一支高素质的编辑队伍。为什么有的稿件遭到甲出版社的退稿，到了乙出版社却成了常销不衰的好书，一个重要的原因，就在于编辑人员的鉴别判断能力。

综上所述，出版的改革发展，社会对出版的要求，出版工作的实践，迫切需要一批能够适应现代出版需要的高素质复合型人才，他们应该是：理论素养好，精通编辑出版业务，具有战略思维和国际眼光的高级专业人才；熟悉现代传媒经营和资本运营，具有把握市场能力的经理人才；精通外语，通晓国际规则，具有开拓海外市场能力的外向型人才；文化素质高，技能高超，爱岗敬业的专门技术人才。

这是说首先要明确出版教育需要培养什么样的人。就是要培养高素质、复合型的实用人才，这一点大家都是清楚的，这个提法也是正确的。但是现在有人把重点放在"实用"二字上，而不去强调高素质、复合型的要求，还批评出版教育有重理论、轻实际操作能力的倾向，他们不想要编辑出版的理论教育，只要多讲实际操作。这样，我们还在大学搞本科专业，培养硕士、博士干什么，干脆办些中专就行了。我们认为具体操作不是不要讲，但只讲操作，根本就达不到高素质、复合型人才的要求。高素质的人才，不仅仅要精通操作业务，重要的是要有知识，更重要的是要讲思想品位、精神境界、职业道德，也就是要贯彻德育为先的方针，贯彻理论和实践相结合的原则，加强思想理论、业务和品德教育，把编辑真正培养成"人类灵魂的工程师"，这才是摆在我们出版教育面前的任务。要实现这个目标，就有赖于高校出版学研究生专业教育的培养，以打好基础。有没有高素质的人才，已经关系到出版能不能继续向前发展的重大问题。这就是说，培养造就一支符合学习型社会、创新型国家需要的合格的编辑出版队伍，是出版发展的关键中的关键，是出版更好地发展的当务之急。

二、理顺学科定位，把编辑出版学列为一级学科

这样一支队伍来自何方，无非是两个方面：一是对在职编辑出版人员进行再教育，进行培训、补课，或者在实践中有计划地学习；另一方面就是依靠高等学校的编辑、出版教育，请他们从现在的实际需要出发，有针对性地培养人才。

我国高校的出版教育，自 1984 年 7 月，胡乔木同志倡议在高校设置编辑学专业以来，据不完全统计，短短 20 年，目前已有 61 所高校设立了编辑出版学专业，这个进展当然是很大的，这是教育部和各校积极支持的结果，也是前面讲到的出版业迫切需要人才的反映。但是从实际需要来看，目前的专业发展，还是不能适应出版业蓬勃发展的需要。这是因为：

（一）目前的编辑出版学专业，归属不统一。有的设在中文系，有的设在传播系、新闻系、信息系，还有的设在图书馆系……由于归属不统一，设置的课程也不一致，甚至连主干课程也不统一。这样培养出来的学生，学什么的都有，受业的深浅也各不相同。

（二）现在的编辑出版学专业，看起来口径很宽，可以说把出版的方方面面都包括了，有编辑，有装帧设计，有书刊发行，有成本核算，

有经营管理，有版权保护和版权贸易……面面俱到，其实是专业不专。因为编辑出版涉及的知识面很广，有书、报、刊、电子出版、电影电视、网络等等，内容极为丰富，绝不是一个专业所能包含得了的。老实说，一个大学生即使全心全意地在学校学五年，也学不了那么多东西。如果蜻蜓点水，什么都沾一下，那只能学点皮毛。结果到了工作岗位上，往往是用得上的部分，知识不深不透，用不上的部分，则束之高阁，毫无用处。这样的学生，毕业之后，到了出版单位，也只能打打杂儿，很难做一些专业性较强的工作。这说明，编辑、出版的学问，不是一个专业所能容纳得了的，它应该分为几个专业。这样才能使学生在某一方面学得深一点，透一点，到了工作岗位上，才能够比较顺手地从事专业性工作。

（三）当编辑的人应该有专业知识的背景。编辑工作是五花八门的。他要面对的是各种学科的专家撰写的各种各样的书稿，所以，没有专业知识，就很难组织策划、审读和加工有关的书稿。不要说内容，就是连标点符号、公式图样，有时都对付不了。不然，古籍标点就不用作为一门学问来专门研究了。话得说回来，一个出版社，即使再大、分工再细也不可能每一个学科都设有专门的编辑，但大门类总是要有人能把关的。事情往往是这样，有时候，你在某一门学问里钻进去了，有了体会，就可以触类旁通，就可以运用到相邻相关的学科中去。我们出版界有懂得五六门外语的编辑，其实，真正在学校里学的也只是一两门外语，其他几门就是在工作中运用主、辅外语时，慢慢揣摩、学习，逐步掌握的。所以，要成为一个合格的编辑，就应该要有专业知识作为基础，再加上编辑学、出版学的理论和业务知识，才能如虎添翼。

所以，我赞成 2005 年底，全国近 30 所高校发出的关于设立编辑出版学研究生专业的呼吁[①]，在国家《授予博士、硕士学位和培养研究生的学科、专业目录》中，把编辑学、出版学和新闻学、传播学一样，列

① 参见《中国编辑》，2006 年第 1 期。

为一级学科，把各类读物、各种媒体的编辑学、图书发行学、出版管理学、编辑、出版的理论和历史作为二级学科，在课程的设置上，要理论与实务兼顾，人文精神与业务操作结合，着重培养出版使命感和编辑精神，做到虚实并举。这样才能理顺目前的学科结构，推动我们出版事业的健康繁荣。

三、把编辑出版学列为一级学科，是培养编辑、出版人才，推进出版发展的关键

有人也许会说，目前，教育部批准培养编辑出版学方向的研究生办学点已有 32 个，不是一样培养研究生吗？为什么非要把它列为一级学科呢？编辑出版学现有 32 个培养研究生方向的点，这是对的，和过去根本不能培养研究生相比，可以说是一件好事。问题是现在这些办学点还都是"借鸡孵蛋"，分属于八九个学科，不仅归属混乱，而且课程繁杂，有的还很不合理，如不及时调整，势必越来越乱，弄得既不像出版，又不像新闻，更不像传播，最后只能把一门好端端的学科弄成"四不像"。结果恰恰是毁了这门学科，也辜负了胡乔木同志率先倡议的一片苦心。

为了适应出版界对出版教育的殷切期待，为贯彻教育为实际工作服务，为社会主义建设服务的方针，希望国家教育部门从新媒体的编辑工作和出版业的实际需要出发，在学科体系中，明确出版学、编辑学的学科定位，理顺各自的隶属关系，办好这些学科，积极推动编辑、出版教育的顺利发展，大力推进我国社会主义出版事业的健康繁荣。

2006 年 3 月

《河南大学学报》2006 年第 3 期；《一切为了读者》P154，首都师范大学出版社 2010 年 7 月版

该抓一下印装质量了

2006年7月，贵阳的一位朋友，把他的新著寄送给我，这是一本讲贵州旅游的书，是由北京一家出版社出版、河北三河市灵山红旗印刷厂2006年4月印刷的。我对书中有些知识、传说和故事，挺有兴趣，就泛泛地读了起来。可是看着看着，忽然发现里面缺了第96页，真是扫兴得很。幸亏书后有说明："如发现质量问题，请直接与出版社发行部联系"，并刊有读者服务部的电话。于是我就拨通电话，找了发行部。发行部同志二话没说，即派快递公司，当天就送来一本新书，并把残书收了回去。虽然读残书的时候，的确有一些不快，但这个出版社发行部工作人员的服务态度和工作效率，都是一等的，总算也给人一些欣慰，这是我非常感谢的。

无独有偶，小外孙放暑假了，跟他妈逛西单图书大厦，买了一本《假小子戴安》。这是作家出版社出版、清华大学印刷厂印刷的（2006年5月第1版第7次印刷），拿回家一看，里面有14页全部空白，一个字都没有。小家伙急了，没有办法，只好顶着烈日，跑老远的路，再跑一次图书大厦，去调换一本，营业员也是二话没说，一句话"把残书留下，你自己拿一本好的吧"，似乎若无其事，可见这类事对他们来说已经是司空见惯了。

这两件事就发生在三天之内，也许是一种巧合，但也可以说明当前图书的印装质量问题，需要引起注意了。

幸亏两件事都发生在北京，如果我是一个外地读者，又该怎么办？我们的印刷厂的成品质量检查，是不是应该严一点，我们的书店营业员，是不是也应该翻一翻卖出去的书，尽可能堵住一些残书的出厂、出店，让读者少一点麻烦。

最近看报，发现我说的情况并非空穴来风，报载：新闻出版总署出版物印刷优质产品专家委员会从第十七届全国书市的卖场和展台上抽查了部分图书，虽然合格率不算低，但仍有 23 种图书存在严重的印刷质量缺陷。诸如严重开胶、白页、过版页、掉页、文字重影、裁切出血、严重脏迹等，其中还有几种是我国很有影响的出版社的产品，可见，图书印装质量问题还是值得关注的。尽管有严重缺陷的品种不太多，但是碰上了还是够烦人的。希望我们的出版单位能够警钟长鸣，经常抓一抓。

2006 年 7 月

《中国新闻出版报》2006 年 7 月 19 日；《一切为了读者》P54，首都师范大学出版社 2010 年 7 月版

近年来编辑学研究中的主要论争

摘　要：近几年来，在编辑学研究领域，围绕编辑学理论框架和编辑活动基本规律的论争比较引人注意。争论的焦点集中在编辑的概念、研究对象、研究内容、编辑主客体的界定等问题上。争论有利于编辑学的学科发展和学科建设。

关键词：编辑学研究　理论框架　论争　基本规律

中图分类号：G230　**文献标识码**：A　**文章编号**：1000—5242(2007)02—0031—07

一、关于编辑学理论框架的论争

理论"框架"问题，当时称理论体系，是中国编辑学会1995年提出的，此后，经过多次讨论，不少同志就如何构建"框架"提出了许多很好的意见。2001年4月，学会第三次代表大会的《工作报告》中，也对研究编辑学理论框架的目的、意义、基本内容、涵盖的范围，以及有利条件等进行了分析和说明。自此许多研究者以文章或著作的形式，提出了自己的编辑学理论体系。1995年至2000年，出版各种编辑学著作约40种，如王振铎、赵运通著的《编辑学原理论》[①]，任定华、胡爱玲、郭西山著的《编辑学导论》[②]（以下简称《导论》），李海崑、刘光裕主编的《现代编辑学》[③]和阙道隆撰写的《编辑学理论纲要》[④]（以下简称《纲要》）等，都是

① 王振铎，赵运通. 编辑学原理论 [M]. 北京：中国书籍出版社，1997.
② 任定华，胡爱玲，郭西山. 编辑学导论 [M]. 北京：中国经济出版社，2001.
③ 李海崑，刘光裕. 现代编辑学 [M]. 济南：山东教育出版社，1996.
④ 阙道隆. 编辑学理论纲要 [A]// 阙道隆编辑研究文集 [C]. 北京：中国青年出版社，2003.

有见解的论著。这些著作的问世，都是在探索过程中逐步形成的。比如，王振铎教授在《编辑学原理论》以前，曾出版过《编辑学通论》，任定华教授在《导论》以前，也曾出版过《科技期刊编辑学导论》，这都是作者不断深入探索的表现。《纲要》也是这样，作者在 1998 年和 1999 年，发表过这方面的文章，进行了不少研究，到 2001 年才发表了长文《编辑学理论纲要》，全文 5 万余字，除"导言"外，分为 12 章，包括编辑概念，编辑活动，编辑过程，编辑工作者，编辑与作者、读者（受众），编辑与传播媒介，编辑与社会，编辑规律，编辑价值，编辑模式，编辑规范，编辑风格等内容。《纲要》发表以后。肯定的意见不少，同时，也引发了一些不同意见，主要有两篇文章：

一篇是江苏科技出版社副编审、编辑学研究积极分子蔡克难先生的《璧有瑕，请为君示——对〈编辑学理论纲要〉的推敲》。① 他的意见主要是这样几点：

（1）《纲要》中说到，有两种编辑学理论框架（一种是普通编辑学的理论框架，适于古今编辑活动和各种媒介编辑活动的编辑理论。另一种是以编辑劳动为核心概念建立的理论框架），他认为这两种框架"不易区分"，也"看不出"这种区分的"实际意义"。说后者"着重研究书籍、期刊、报纸、音像制品和电子出版物的编辑理论，不涉及广播影视活动"，在实际研究中是否可能。因为两种框架"都以'编辑活动'为研究对象"，即使第二种框架不研究历史，它也得"涉及古今"；又认为第二种框架着重研究书、报、刊、音像制品和电子出版物，虽然不是各种媒介，实际上已涉及各种媒介，但又分为两种框架，其实，两者"不存在本质差异"。

（2）认为《纲要》着重研究的第二种框架，人为地排除了古代编辑活动和广播、影视领域的编辑活动，削弱了这种理论的代表性和限制

---

① 蔡克难. 璧有瑕，请为君示——对《编辑学理论纲要》的推敲 [J]. 出版科学，2002(2).

了运用的适应性，只能说明这种理论的局限性，没有真正抓住各种编辑活动的普遍规律。

（3）对《纲要》以编辑活动为研究对象提出不同意见，他认为"不如说是以编辑活动中的本质规律为研究对象"更为妥帖。

（4）对《纲要》把编辑概念分为广义和狭义两种定义，提出了意见：《纲要》说"广义的编辑指以传播信息、知识为目的，设计、组织、选择、加工整理作品和资料的再创造性智力活动"；"狭义的编辑指媒介组织中的一种专业工作，其任务和内容是，按照一定的方针、计划、策划、组织作品和资料，经过选择、加工，形成可供复制、传播的定稿或文本文件……"。又说"广义的编辑包括古代作为成书方式的编辑活动、各种传媒组织中的专业编辑活动和社会上的非专业编辑活动。狭义的编辑指各媒介组织中的专业编辑活动"。认为这样界定两种编辑概念，其区分并不泾渭分明。蔡文说，如社外编辑，一般不是"专业工作"的编辑，可他们也做加工工作，与狭义编辑活动并无本质差异；又如地方志办公室或各地教育部门教材编辑室的工作人员，专业工作是收集材料，整理成书，难道他们倒是狭义编辑？但他们是作品的作者，是作品的版权所有人。用《纲要》的两种编辑定义很难分清。

笔者认为，编辑概念现在众说纷纭，有的宽一点，有的窄一点，但宽和窄是相对的，都有一个临界线，而这个线往往很难划分。所以，应该有一个基本概念，它应该具有编辑工作最一般的特点，应该是普遍适用的。人为地去划分只适用于这些人，不适用于那些人，反而使问题复杂化。如果一定要划分，可以分为古代编辑、现代编辑，因为时代不同，编辑的形态和职能可能不同。还有一种办法，就是除一个基本概念以外，就直接从特定的媒体出发来界定编辑概念，如图书编辑、报纸编辑、音像编辑……总之，概念必须有特定对象，这种对象应该有共同的特性，应该客观地自然形成，不宜人为地主观划分。把不同特点的对象搞在一起，界限不清，容易引起歧义。

至于框架，当然可以有大一些的和小一些的，这要看作者的认知程度。但要"框"在一起，总要有一些共同点，如都是出版物，或者都是印刷媒体，或者是网络出版物，等等。当然，小一点的，可能有局限性，而大一点的，则要考虑更多方面，适用范围会大一点，但构建的难度也会更大。这和一本书以哪些人为对象一样，要看作者的条件与可能，如《纲要》就是以《出版条例》规定的几种出版物为对象的。社会在前进，事物在发展，一切法规也会不断修正，但科学研究与制定法规不同，不是根据需要作出某种规定，而是要获得符合事物发展客观规律的科学结论。

另一篇文章，是任定华、杨忠民两位先生写的《编辑学理论的构建应具有科学的、严密的知识体系——评阙道隆先生的〈编辑学理论纲要〉》[1]。文章主要认为"《纲要》对编辑学诸多理论问题未能涉及或轻描而过，而非编辑学理论问题却涉及过多"；对自己"提出的众多新概念，未给出科学界定。因而在知识结构上缺乏科学的完整性"。具体的意见是这样几个方面：

（1）关于未涉及的理论问题，任、杨两位谈到了三点：即"编辑语言符号的基础内容"、"编辑美学的内容"、基本规律、邻近学科和"编辑史的内容"。笔者认为关于编辑史的问题，这里可能有一个误会。即阙先生和一些研究者赞成编辑学要研究编辑理论、编辑业务和编辑史等方面的内容。所以，作为编辑学的"理论"这部分框架，未涉及历史，而把历史作为与理论相并列的一个方面，没有作为"理论框架"的内容来写。至于语言符号、美学……是否不可或缺，本来就是有不同意见的。

（2）认为有的章节不够学科的理论层次，就是说不属于理论性的问题。其中，包括"编辑工作者"（认为是人才学的命题）、"编辑规范"（认为是工艺操作、业务层面的问题）、"编辑与作者、读者"、"编辑过程"、"编辑模式"等，认为很难提到编辑学理论层次上来论述。

---

[1] 任定华，杨忠民. 编辑理论的构建应具有科学的、严密的知识体系——评阙道隆先生的《编辑学理论纲要》[J]. 中国编辑，2005（2）.

这些问题也是可以讨论的。笔者认为，有些问题，如"编辑工作者"，即编辑主体、"编辑与作者、读者"等都是重要问题，是应该包括的。

（3）认为《纲要》关于编辑和编辑学的定义是不统一的，缺乏内在的联系性。笔者认为"编辑"和"编辑学"应该是两个概念，应该有联系，但不一定要求统一。

（4）关于学科性质问题。对《纲要》认为编辑学属于人文社会科学，是一门应用科学，提出质疑，主要有两点：认为"在学科体系的严格分类中，没有'人文社会科学'这一学科"。认为"任何一门学科，都是由理论和应用两部分组成的。学术理论和实践应用是学科内的层次概念，哪一门学科都有应用问题。就是最为抽象的数学，它不仅应用于自然科学，也应用于哲学、逻辑学等"，"应用学科反映不了编辑学的本质属性和学科特征，应用对每门学科具有普遍意义，绝不是编辑学特殊的性质"。认为"编辑学所反映的内容，已跨越、涵盖、渗透、交叉到各个科学领域……它是当今学科内容最庞大、范围最广阔的一门横断学科"。过去一般的看法是：编辑学是一门应用学科，但应用学科也有理论。现在任、杨的观点，重新提出了编辑学学科性质的问题。

（5）不同意《纲要》关于编辑与文化的关系问题的论述。《纲要》认为："编辑活动是社会文化活动的一部分"，"各种编辑活动都是社会文化活动"。任、杨认为"编辑与文化的关系是非直接的外部间接联系"，"编辑化了的信息、知识社会化后，才进入文化范畴，信息、知识是个具体小概念，文化是属于意识形态大概念，爷爷辈与孙子辈是不能混淆的"。认为"编辑与文化的研究对象不同：编辑研究对象是文、图、声、数据稿中的信息、知识，是具体鲜活生动的事物，而文化研究对象则是社会的意识形态观念"。又认为"编辑与文化的科学含义不同：编辑是信息、知识有序化、媒体化与社会化的业务，而文化是物质、精神的生产能力和精神、物质财富的总和"，"编导者面对的是文、图、声、像、数据稿中不同学科和不同层次信息、知识的质量状态，内在结构、表达形式及其内容的真、善、美，不能说是文化；编导者传播于社会的是具体的信息、知识，不能说什么文化"，"无论何种编辑传播媒体，它给予读、观、听者的是具体实在的、生动鲜活的、千姿百态的信息、知识"。

（6）关于编辑学研究对象的争论。《纲要》认为"编辑活动是编辑学独有的研究对象"。任、杨认为活动和运动是同义语。而恩格斯说过："运动是物质存在的形式"，"没有运动的物质和没有物质的运动是不可思议的"。认为"哪一门学科都有学科自身的活动"，物理学、历史学都有自己活动的方式与活动范围，"怎能把编辑活动当作编辑学'独有'的活动呢"？

综观任、杨提出的意见，笔者认为，可以分为两类：第一类，是对的。如《纲要》未讲编辑活动的基本规律。这一点在《纲要》发表后不久，在北京召开的少数专家的专题座谈会上，就有人提出，阙先生也接受了这个意见，在2002年5月又写了《试论编辑基本规律》的文章，而且说明是对《纲要》的补充。第二类，是有争议的。如编辑定义、编辑学是否属于应用学科、编辑活动能不能作编辑学的研究对象，等等。在学术问题上，有不同意见是正常的。

就任、杨两位的批评，阙道隆发表了《需要建立什么样的编辑学》的文章[①]，进行了回答，讲了三个问题。

（1）关于以编辑活动作为编辑学研究对象的问题。阙文认为"编辑活动又称为编辑劳动、编辑工作，是一种社会文化现象和社会实践活动，它不是个别的、偶然发生的，而普遍存在于它产生以后的各个历史时期和各种传播媒介中，并随着时代的发展不断演变，具有客观性、普遍性和发展变化的历史性、规律性，是可以作为研究对象的"，"编辑学就是研究编辑活动的性质、功能和发展规律的科学"。同时，对任定华教授的"知识有序化"的说法提出质疑，认为"有悖于事理"。他反

---

① 阙道隆. 需要建立什么样的编辑学 [J]. 中国编辑，2006（1）.

问"难道一堆杂乱无章的材料能成为知识吗"？阙文认为"有序化的工作首先是作者做的，上面的说法抹杀了作者的创造性劳动"。同时提出"以信息、知识的有序化、媒体化、社会化为研究对象，把研究对象无限扩大了，编辑学丧失了自己的立足点和根基"。因为编辑活动只是"在精神文化产品生产、传播、消费的总过程中"的"一个部分、一个环节，而不是整体"，"编辑学的任务就是研究文化传播总过程中的一个环节"，不能无限扩大。如果"将信息、知识传播过程的一个部分、一个环节，视为信息、知识传播过程的整体，把信息、知识、语言符号、物质媒体、传播和编者一起，都作为编辑要素（唯独没有作者和读者）。这样，编辑学就与信息科学、语言学、传播学、印刷学、营销学、管理学等许多学科混同起来。编辑自身的学问反而被湮灭了"。

（2）关于编辑学是否属于应用学科的问题。阙文为了让读者了解批评者的全部意见，还引用了任定华教授在《导论》中的一节"编辑学是应用学科吗"来说明任定华教授本来就不赞成把编辑学定位为应用学科。因为他在书上说"把编辑学的学科性质局限于应用学科的说法，在理论上是不通的，对编辑学研究实践是有害的"，"在考察、研究、探索编辑学理论的知识体系时，往往把编辑实践中的方针、政策、任务当作学科学术内容的组成部分，而不是注重学科构建科学原则的探讨"。阙文则认为应用学科的提法在理论上是说得通的。他也引用《导沦》总论的话。"从一门科学与专业结构整体上考察，大体上分为基础科学、技术科学、应用科学三大类别"，"应用科学是社会、生产经验的科学总结。它的研究方向具体而明确，与社会及生产比较接近"。阙文认为，"我们说编辑学是应用学科，也是因为它与编辑实践联系紧密，有明确而具体的应用目标，这与《导论》说的没有什么原则区别"。然后反问：现在许多科研机构不是仍有基础研究和应用研究之分吗？

至于说把编辑学归属于应用学科，"对编辑学研究实践是有害的"说法，阙文认为"研究编辑学不为指导编辑实践服务，不为社会主义精神文明建设服务，岂不成了无对象、无目的研究"；他认为学科构建的原则，"首先是理论联系实际的原则"。否则，只能足"无的放矢，为理论而理论"。

（3）关于编辑活动与文化的关系。阙文表示《纲要》说的文化是狭义的文化，即与经济、政治相对应的文化。至于"文化产业、文化产品、文化价值"等的概念界定问题，阙文认为这些都"是通行概念，不是《纲要》的发明创造……无需在《纲要》中给予界定"。同时，他不赞成任、杨两位认为"编辑与文化的关系是非直接的外部间接联系"的观点，认为编辑"除了传承文化功能的关系以外，还有部分与整体的内在联系"，"社会的文化发展水平、文化环境，对编辑活动的发展方向、发展规模、发展水平，产生决定性的影响"，"编辑的策划组织、选择优化、调控导向工作，对社会文化的发展方向，社会文化体系的建设、整合与重构，产生能动的反作用。编辑与文化的这种内在联系是无法割断的"。

关于人文社会科学是人文科学和社会科学的组合概念，阙文认为现在并无统一说法，北京大学出版社出过"人文社会科学丛书"，作者都是知名学者，所以说"人文社会科学"这个名词不是《纲要》生编硬造出来的。

阙文最后提出：质疑编辑与文化的关系，"是要抹杀编辑活动的文化属性，只能谈信息、知识，不能谈文化，所谓'编导者传播于社会的是具体的信息、知识，不能说什么文化'。其实，在某些情况下，知识和文化是同义语，文化也泛指一切知识"。认为不能抹杀编辑活动的文化属性，"抹杀编辑活动的文化属性，必然抹杀编辑活动的意识形态属性"。

二、关于编辑活动基本规律的论争

对于编辑活动基本规律的探讨，中国出版科学研究所成立后不久，在 1987 年就已开始。那时在乌鲁木齐召开了全国第一次编辑学学术研讨会，规律问题是会议的主题之一，发表了好几篇文章。会议以后也不断有文章发表，但没有形成热点。学会成立以后，也曾多次组织过这方面的讨论，到上世纪末本世纪初，在编辑学崛起近 20 年以后，才陆续形成了几种看法，具体表述如下：

刘杲先生对编辑基本规律的提法有个发展过程。1998 年 7 月，他提出"编辑活动基本的客观规律是对科学文化成果的选择和加工"。1999 年，他的提法是"编辑活动的基本规律是对人类创造的文明成果的选择、加工和传播"。到 2006 年 1 月，他又明确提出："编辑基本规律是编辑人员以传播文化为目的对作品进行选择和加工。"①

浙江大学出版社副编审杨晓鸣的意见是："能动性与受动性相统一是编辑活动的普遍规律。举凡有编辑活动的地方，就有编辑主体通过编辑活动能动地参与社会文化大厦的构建，并同时受到所处的社会环境（包括作者、读者、社会制度、出版体制、自然条件状况等）的制约、影响的现象。"②简言之，就是编辑为了构建社会文化大厦发挥自己的能动性，而这种能动性又受到社会环境的限制，所以，把能动性和环境制约的可能性统一起来，就是编辑活动的普遍规律。

青岛远洋船员学院学报孙宸先生认为，"编辑行为的本质是一种文化变现行为，文化变现规律是编辑活动的基本规律"，什么是文化变现，他认为"个体生产的精神产品在传播前属于私人精神产品。是潜在文化传播后成为社会精神产品，成为现实的文化"，"潜在文化转化为现实文化就是文化变现活动"③。

阙道隆先生在总结了对编辑与社会关系的几种看法以后，提出"在文化创造和传播过程中编辑与社会相互作用规律，是编辑活动的基本规律"④。

---

① 刘杲. 关于编辑规律的几点认识 [J]. 出版发行研究，2006（2）.
② 杨晓鸣. 编辑活动规律论 [J]. 编辑之友，2001（2）.
③ 孙宸. 编辑学的基本原理是文化变现 [J]. 编辑之友，2005（2）.
④ 阙道隆. 试论编辑基本规律 [J]. 出版科学，2002（3）.

武汉大学中文系教授向新阳认为，"编辑劳动规律有三条：一、编辑劳动实践与社会经济、政治、文化相统一的规律；二、编辑劳动实践与社会文化需求相统一的规律；三、编辑劳动实践与精神文化产品内在要求相统一的规律。"①

河南大学教授王振铎认为，"编辑活动基本规律有内外之分，其内部规律就是：讯息传播规律、媒介建模规律、文化缔构规律"。王振铎教授这个看法在《编辑学通论》一书中已部分提出，在《编辑学原理论》中作了完整的表述。这种意见的特点是把基本规律分为外部和内部，同时又着重从内部来观察编辑活动的基本规律。

西安科技大学教授任定华认为，信息、知识有序律，信息、知识与载体结合律，信息、知识传播律，是编辑的三条基本规律。归纳起来，就是信息、知识有序化、媒体化与社会化规律。

百花文艺出版社原总编辑徐柏容提出的编辑活动三规律是：一、求同、求异、求和与求同、异、和互济规律；二、质量与效益同步规律；三、主体、客体矛盾统一规律。②

复旦大学教授王华良先生认为，"编者、作者、读者之间反映作品供需矛盾的关系，得到什么样的调节和整合，最终决定着编辑活动的得失盛衰"。③

笔者认为，编辑和视听者的关系是服务和被服务的关系，二者之间的矛盾是编辑活动的主要矛盾，它规定了编辑活动的基本规律。即编辑以已有的精神成果为基础，通过优选、优化，生产出新的精神产品，最大限度地满足视听者的需要，顺应社会文明发展的规律。④

以上各种表述，尽管层次不同，视角各异，繁简有别，虚实有差，

① 向新阳. 编辑学概论 [M]. 武汉：武汉大学出版社,1995.
② 徐柏容. 编辑创意论 [M]. 天津：天津古籍出版社, 1999.
③ 王华良. 再论编辑活动基本规律 [J]. 编辑学刊, 2006（3）.
④ 邵益文. 略论编辑活动的主要矛盾和基本规律 [J]. 出版广角, 2001（10）.

但都在不同程度上反映了编辑活动客观性的哲学思考，特别在选择和优化方面，已经表现出思路上的趋同倾向，这是一种重要的进展，它为今后的继续研究打下了很好的基础。以上 10 种对编辑活动基本规律的表述，大体上可以分为五类：

第一类：徐柏容先生的编辑三规律和向新阳教授表述的三条规律，他们都是作为一般性规律提出的，并未作为基本规律来表述，所以把它们列为一类。要说明的是：关于徐柏容先生的"求同、求异、求和与求同、异、和互济规律"，一些同志觉得不好理解，这里试着进行解释。理解也未必准确，不当处由笔者负责。徐先生所谓求同，他有三层意思：从宏观讲，是编辑工作要顺应时代，顺应社会的需要；从中观讲，编辑工作要与当前政治、经济、科学、文化条件相适应，根据这些实际条件来进行编辑工作；从微观讲，各项编辑工作，都应符合本社、本刊的方针、任务和总体的编辑构思，书籍和期刊都要求体例、风格之协调，形式与内容的统一等。所谓求异，作者指出两点：一、异于其他事物，二、有它自己独特的地方。简言之，就是要有自己的特点。不仅要不同于他社、他刊，更要有自己的特色、专长。要追求创造性，首先是内容之新，包括作品思想、编辑思想之新。也要求结构、表现方法、语言风格之新等。所谓求和，就是要求烹饪中的五味调和，演奏中的五音和谐。如编刊，这一期和其他各期，虽文章不同，又要相互和谐，成为"连续出版物"；一期刊物之内，各文内容不同，又要尽可能编排统一，宫商角徵羽调和成乐。作者认为：求同、求异、求和是互相联系的，不是孤立的，他们互相矛盾而又统一于编辑工作的同一体中，不仅要求同、求异、求和，更要求同、异、和互济，达到矛盾的统一。这就是求同、求异、求和与求同、异、和互济规律。徐柏容先生的这一规律，是涉及内部和外部的，但在行文中他强调的是编辑工作内部的本质联系，并且对三规律的排列作了专门的调整，把它由原来的第二规律改为第一规律，可见，他对这个规律的重视。

第二类：孙宸先生关于文化变现的表述，这里的文化主要是指作者个人创作的作品（或者说是稿件）变现。但用"文化"两字，概念很宽，作者的书稿和已出版的图书，演出的戏剧、歌咏，从大范围讲，都可以说是属于文化范畴，界限很难清晰；更重要的是文化变现，把作家私人的稿件变成传播物，实际上是整个出版工作的事，说它是"出版"也未尝不可，不能仅限于编辑活动这个环节。笔者的意思是说，文化变现，说它是编辑行为，不如说它是出版行为。特别是在网络传播的条件下，私人创作成为传播物，已经不是什么难事。可见，"变现"不是编辑活动所独有的。

第三类：杨晓鸣先生和阙道隆先生的表述，集中在编辑与社会的关系，也就是编辑活动与外部条件的关系上，由于外部关系不决定事物的本质属性，因而它不能成为反映事物内部本质联系的客观规律。

孙宸先生针对阙道隆先生"将编辑与社会关系规律视为编辑活动最基本的规律"说，"外部性规律固然是编辑学研究的主要内容，但原理性基本规律应是编辑活动内部的本质规律，不同事物间原理不同主要是因为其内部的本质规律不同，而外部规律在属性相近的事物中可能相同或相似"。也有人认为阙文的概括，虽然全面，但显得过于宏观和抽象。先说他的前提是"在文化创造和传播过程中"，文化创造是一个很广泛的领域，诸如文学创作、演艺、绘画……都属于文化创作；如说"传播过程"，阙先生在批评任、杨两先生时说，尽管"现代编辑活动已向前后延伸……但编辑活动仍然是这一总过程的一个部分，一个环节，而不是整体"。可见，按阙先生前面的说法，这个"文化创造和传播过程中"，还是显得宽泛。同时，"编辑活动与社会相互作用"，这里的"社会"就成为无所不包、笼统抽象的专指了。因为一切人、事、物都发生在社会中，谁能说与社会没有关系呢？但不同的人、事、物和社会的关系，总应该有不同的特点吧！不概括出这些特点，纵论与社会的关系，就不能不使人感到很难捉摸了。

第四类：王振铎教授认为基本规律有三条，任定华教授也归结为三条，但他们最后都归结为一条，都认为这是编辑活动内部本质联系的反映。

第五类：认为编辑活动基本规律存在于编辑、作者和读者的关系中，包括笔者和王华良先生的概括，但两者又有不同。如对笔者提出的基本规律，曾听到两点质疑：

质疑之一，是拙作发表后约两年，有一次几位同好坐在一起聊天。有一位同志问我，"你提出的基本规律中有'通过优选、优化，生产出新的精神产品……'之语。'优选''优化'（包括加工、组合），这些都是手段，而手段都是主观的，主观的东西能说是客观规律吗？"当时另一位同志表示异议，他说，"原文说'以众多的精神成果为基础，通过优选、优化……最大限度地满足视听者的需要，顺应社会文明发展的规律'。这里的优选、优化是有基础、有目的的，应该是客观实际的反映，可以认为是客观的"，"社会上任何人的活动都是主观的，而他认识了客观实际，反过来又改造了客观实际。如果取得了成功，应该说人的活动就是符合客观实际的，是客观的"。笔者当时表示，希望他们把这种观点写成文章发表。可是又是两年过去了，并未见到这方面的文章。由于他们没有写文章，我也不便公布他们的尊姓大名。但是作为学术研究，学术交流，笔者既然听到了，提出来请大家讨论，目的是追求真理，笔者想应该是无碍的。

质疑之二，有人认为编者与读者的关系是一种重要的本质关系，是编辑活动的出发点和归宿。但读者有不同层次，要引导读者，不能一味迁就迎合读者，编者要同时考虑读者需要和社会需要，不能只顾其一。认为"编辑与文化的关系，编辑与读者的关系。都不是编辑活动中全面的最深层次的本质关系，它们只是这种本质关系的一个部分，一个层面。这种本质关系就是编辑与社会的关系"。笔者认为，应该承认读者是一个复杂多样的群体，具有无限的多样性。但社会本来就是复杂多样的，整个社会需求就是所有人的需求，编辑是无法考虑的，编辑考虑的只是人作为读者提出的需求。所以，考虑读者需求，从某种意义上说，就是考虑社会的需求。社会对编辑的需求是通过不同的读者来反映的，不能把反映社会的需求和读者的需求对立起来。政治、经济、文化等社会环境，是外部因素，它应该通过内因来起作用，也就是通过读者、作者和编者表现出来，并发生作用的。编辑只能通过自己的努力，用出版物来吸引和引导读者，满足读者。因此，编辑和读者的关系是编辑活动最本质的关系，是编辑活动的根本出发点和最后的归宿。

2005 年 8 月 23 日，刘永凌先生在《中国新闻出版报》上发表了一篇文章《对编辑基本规律认识的误区》。他提出编辑基本规律讨论中存在的三种现象，即所谓文化泛化现象、社会泛化现象和信息泛化现象。但对为什么说是"泛化"，没有做进一步的论述，所以，不便置喙。又由于涉及到好几位先生的观点，被批评者是怎么想的，他们是不是已经走入了"对编辑基本规律认识的误区"，可以商榷，可以讨论，这里先不说。但对他表述的"编辑活动就是编辑主体根据国家的有关政策和规定，在一定的社会文化背景的规约下，充分利用各种技术手段，基于自身的综合素质，对编辑客体进行认识、选择和重构的过程"，可以进一步探讨。因为，这个表述的主要意思如果在于对编辑客体的"认识、选择和重构"，与目前某些编辑概念的界定多少有相似之处，或者有同有异。至于文章作者提出的"编辑活动基本规律就是编辑活动主体与编辑活动客体相互作用的规律"，印象中和徐柏容先生的编辑三规律中的第三条规律，即"主体、客体矛盾统一规律"，也有相似之处。其实，把主体、客体矛盾作为规律性问题来研究，最早还不是徐柏容先生。正如徐先生在他的《编辑创意论》中所说，"也有同志提出编辑主体客体矛盾运动规律，论述编辑矛盾的客观性，编辑矛盾的结构关系，编辑矛盾的特点和形式以及编辑主体在矛盾运动中的地位与作用等"[①]。徐先生这里说的"也有同

---

① 胡光清. 编辑论编辑 [M]. 北京：奥林匹克出版社，1996.

志"，大概就是指现任湖北少年儿童出版社社长兼总编辑的胡光清先生，他在 1985 年连续发表《编辑学研究范围探论》《论编辑主体和编辑客体》《论编辑客体》《论编辑主体》和《编辑学研究方法辩论》《关于编辑实践的若干规律性问题》等一系列文章，对这个问题进行了系统的研究，很有见解。徐、刘两位对主体、客体的解释，即主体就是编辑者、编辑人员；客体就是编辑的对象——文稿、书稿，或曰进入编辑状态的文稿，也较类似。笔者觉得可以商量的地方是，这样解释编辑客体是否太窄，编辑活动不是一种静止的孤立的活动，不是一个编辑者对一本文稿或几本文稿的选择、加工的活动，而是要把文本的阅读、视听对象的需要、他们可能的接受程度，创作者的世界观、学识底蕴、文字能力、表达方式等都考虑在内的一种综合性活动。但是，笔者不认为读者、作者在这里是编辑活动的外部关系，而是编辑活动不可缺少的内部关系。编辑如果不了解读者需求，就好像医生不知病人的病情就乱开处方，这不就是大笑话吗？这就充分说明了读者和作者都是编辑客体的不可分割的组成部分，但两者中读者是矛盾的主要方面。如果在这个前提下，在这样的认识范围内，有人把编辑活动的基本规律表述为：编辑活动基本规律就是编辑主体与编辑客体对立统一的规律，笔者认为这似乎是可以理解的。但问题到这里似乎还没有完结，因为主体和客体的对立统一，也就是主客观的对立统一，这是辩证唯物主义的基本原理，它适用于人类社会的所有活动，因而同样显得宽泛。比如，对编辑客体的理解，就可以大到整个社会环境，小到文稿文本，可以有不同的包容。因此，似有需要根据编辑活动的特殊需要，明确应该包括的那些方面，例如社会责任、读者认知（对视听对象的明确定位和了解）、内容质量、审美追求等（也许还有别的）。总之，只有把这些影响编辑主客体之间关系的关键问题解决了，也就是编辑主体和客体之间具体的带有根本性的矛盾统一了，才是生动具体而且有实际意义的。笔者想从这个认识出发作进一步设想：如果说编辑活动基本规律是编辑主体和编辑客体对社会责任、读者认知、内容质量和审美追求等的对立统一规律，也许可以更贴近编辑和编辑工作的实际。这种设想，是否有些道理，特求教于方家，也请同好们予以讨论。

编辑活动基本规律的研究和讨论，是编辑学研究中的一场重头戏，讨论还在继续中，我们希望有更多的同行，为它付出劳动和心血。

2006 年 11 月 6 日

《河南大学学报》（社会科学版）2007 年第 2 期

应《编辑之友》记者文心同志访问

——来自日本出版学会的信息

　　2006 年 12 月，本刊记者文心在北京开会期间，乘便访问了中国编辑学会原常务副会长邵益文先生，现将访谈情况简述于后：

　　记者：邵先生，好久不见了。听说您最近访问过日本，还得了一个纪念品，是吗？

　　邵：是的，2006 年 11 月下旬，我去过一次日本，日本出版学会赠送我一个礼品，以志纪念。

　　记者：您能讲一讲这件事的缘由吗？

　　邵：事情是这样的，2006 年 10 月中旬，我接到日本出版学会给我打来的电话，说："11 月下旬，第 12 届国际出版学研讨会将在东京举行，届时还将举行日本出版学会创立 35 周年纪念庆典，为了感谢您多年来对日本出版学会工作的支持，特邀请您在 11 月 27 日至 31 日访问日本，参加纪念日本出版学会创办 35 周年的庆祝活动和第 12 届国际出版学研讨会。还准备赠送给您一个小小的纪念品，表示一点心意，希望您能来。您来后，可以见到许多老朋友，大家一定会很高兴的。您在日本会议期间的食宿费用，将由日方负担。"远藤千舟先生（现任日本出版学会副会长、出版学会国际学术交流委员会会长，此次日本出版学会创办 35 周年纪念活动执行委员会主席之一）特别关照希望我把访日的具体时间告诉他们，以便为我预订房间。我接到电话以后，感到非常突然，一时不好做出具体回答，只说：谢谢日本出版学会的美意，由于时间的安排上是否会有问题，现在还不好说。等到我收到邀请信以后，再告诉你们。同时，请代向各位老朋友和日本出版学会的领导和远藤先生问好！

　　此后，我向中国编辑学会领导汇报了这件事。有关同志用电子邮件与日本出版学会联系，了解了有关情况。新老学会的领导对这件事情都很重视。他们认为这件事情既是对我个人的，也是对中国编辑学会的；认为这件事证明中国编辑学会在国际出版研究交流方面做了工作，产生了积极的影响，应该予以重视。

记者：您是哪一天去日本的，以后的情况如何？

邵：11月上旬，我接到了日本出版学会会长植田康夫先生签发的邀请信和访问必需的各种证明文件。但由于收到邀请信的时间较晚，已经来不及办理因公出国的护照和签证。所以，我通过旅行社办了因私出国的手续。于11月27日中午抵达东京，日本出版学会会长植田康夫先生正在机场迎候各国来宾。

27日下午5点半，日本出版学会举办了盛大的"日本出版学会创立35周年纪念祝贺会"，大会由远藤千舟先生主持，植田康夫先生作了主旨讲话，回顾了日本出版学会35年来走过的路程，取得的成就和今后面对的新形势和新任务。讲到了在"与各方人士共同庆祝的同时，也将对长期以来为出版研究的国际交流做出极大贡献的邵益文先生、尹炯斗先生[1]表示感谢并赠送纪念品"。

接着，举行了赠送仪式。然后我和尹先生先后致答谢词，我的发言如下：

尊敬的植田康夫先生、清水英夫先生、箕轮成男先生、吉田公彦先生、林伸郎先生、远藤千舟先生，各位老朋友、新朋友：

首先，请允许我祝贺日本出版学会成立35周年的大喜日子。日本出版学会成立以来，做了许多卓有成效的工作，人所共知，值得庆贺。这次，我有机会参加这个盛典，并出席第12届国际出版学研讨会，感到很荣幸。至于刚才日本出版学会对我的嘉许，我实在愧不敢当。我深知这个纪念品与其说是给我的，不如说是给中国编辑学会和中国出版科学

---

[1] 尹炯斗先生是韩国出版学会原会长。

研究所的。大家知道，过去我在中国出版科学研究所，后来在中国编辑学会，我都只是一个打杂工、跑腿的。学术活动和国际出版学术交流工作，都是在当时的所长边春光先生、会长刘杲先生的主持下进行的，又有研究所和学会各位领导的努力，而且得到中国政府的支持，我不过做了一些具体的事务性工作。中日、中日韩出版学术交流所以能够经常化、制度化地开展，还因为有各国出版学者、编辑学者、出版从业人员的积极参与和各国学会的大力推动。在此时此刻，我更加怀念那些矢志不移、潜心研究的学者和专家，以及有关的领导，是他们创造了这一片美好的景象。

回想 20 年前，也就是 1986 年 10 月，应日中文化交流协会白土吾夫先生的邀请，我以中国出版研究所副所长的身份，作为中国出版代表团的成员访问日本。在东京，我向日方提出，要求会见当时日本出版学会会长清水英夫先生，经日方安排，于 10 月 31 日下午，在新宿的一个茶室里，我见到了清水英夫先生和信木三郎先生。我们亲切交谈，互相介绍了出版研究的情况，虽然是第一次见面，却像久别重逢的老朋友一样，我们之间有许多共同语言，真是相见恨晚。双方表示今后要加强相互交流，我希望日本的出版学者能够到中国讲学，清水先生希望中国今后能够派出版学者参加当时由日韩两国轮流主办的国际出版学研讨会，这些以后都实现了。这次访日，我还和布川角左卫门先生谈妥了我们翻译出版他主编的《出版事典》中文版的工作，并于 1990 年以《简明出版百科词典》为书名在中国正式出版。正是这次会见，进一步构建了中日两国出版学术交流的桥梁。此后，日本出版学会的历任会长，从清水英夫先生、箕轮成男先生、吉田公彦先生、林伸郎先生，直到现在的植田康夫先生，都和中国出版科学研究所、中国编辑学会建立了诚挚的友谊和多种形式的学术交流活动，结出了丰硕的成果，为推动中日两国的出版事业和中日韩等国的国际出版学术研究做出了很大贡献，这是令人欣慰的。目前，包括中日两国在内的国际出版学术交流方兴未艾。中国编辑学会新任会长桂晓风先生、中国出版科学研究所新任所长郝振省先生等领导，对国际出版学术交流，更是积极热情。我相信，今后，中日两国之间的出版学术交流一定会更加紧密，国际出版学术活动一定会越来越兴旺发达，学术水平和它影响出版发展的能力也一定会越来越大！

这次能和许多老朋友相聚，又结识了不少新朋友，十分难得，我不揣冒昧，凑了几句歪诗，以志纪念：

　　新宿初晤如昨天，①
　　伊东笔谈佳话传。②
　　西单夜酌为君醉，③
　　灞桥折柳在眼前。④

　　二十春秋弹指间，
　　席间老友白发添。
　　学术交流多新姿，
　　友谊长存万万年。

记者：您对这次第 12 届国际出版学研讨会的印象如何？

邵：这次会议给我的印象，主要有四点：一、日本方面对这次会议作了比较充分的准备，各代表团的不少论文有相当的分量；二、这次的

---

① 指 1986 年 10 月我与清水英夫先生在东京新宿的第一次会晤。
② 1989 年 10 月，戴文葆先生、宋原放先生和我等中国代表赴日参加第 4 届国际出版学研讨会。会后东道主邀请我们同游伊东，由于译员不够，我们和林伸郎先生等，就在一个本子上互写中文，以笔代话进行交流，令人难忘。
③ 1993 年 8 月，第 6 届国际出版学研讨会在北京举行。晚 10 点多，吉田公彦先生提议喝酒，当时宾馆里没有夜宵，附近也没有夜市，我们就驱车到比较热闹的西单一个酒店里喝酒，日本朋友很高兴，喝完回宾馆已是次日凌晨 1 点了。
④ 1990 年，日本出版学者箕轮成男等来华讲学，我陪同共游西安灞桥，谈及这里是中国汉代古纸——灞桥纸的发现地；以及当时外国使者回国时，中国官员送客到灞桥，折柳相赠，以示告别的典故。日本客人很感兴趣，我也折柳数枝，一一相赠，以志纪念。

论文撰写者大部分是新人，年纪比较轻的占多数；三、新技术对出版的影响，诸如电子出版、网络媒体，也包括手机杂志等已成为相当热门的话题；四、对于制约图书出版发展的瓶颈——销售和库存等问题也给予了一定的重视。总之，通过对成就、经验和问题的交流，让与会者开拓了新的思路，得到了许多启示。

记者：此次访日您感到收获是什么？

邵：这次，我见到了许多老朋友，他们仍然很活跃，如清水英夫先生，他84岁了，身体很好。他说，自己想做的事情都已经做了，即使有些事情做不完，也有许多学生，他们也能完成的。他说研究出版学，开始没有几个人，有的人还有怀疑，说大众传播和出版很难分，有了大众传播学，为什么还要出版学，我们说大众传播主要是信息传播，偏于普及，如新闻报道，而出版与文化联系更紧密，有更深的知识、思想，读书总是通过缓慢的思考来理解的，再说出版所涉及的文化领域也更加广泛。现在的情况已经完全不同了，研究的人也多了，开起会来，人来得很多，一个会议室已经坐不下了，要打通两个会议室才行；写论文的也比过去多；研究的范围也变宽了。过去只研究图书、杂志，现在有了许多新的媒体，都是需要研究的。清水先生送我的礼物中，有一束挂面。他说，这是他寿诞那天，学生们专门为他制作的寿面，是用荞麦面做的，可以延年益寿，送一点与我分享。我表示非常感谢，祝他健康长寿，并望他有机会再度访华。他说，2007年5月，第36届世界期刊大会将在北京举行，他将去参加，希望那时有机会在北京会晤。我说，我们欢迎您的到来。

老朋友箕轮成男先生、吉田公彦先生，还专程到宾馆里来看我。他们说，身体已不如从前，这次相聚非常难得。但他们仍然在做出版教研工作。箕轮先生已经78岁了，他送给我2006年10月刚刚出版的新著《中世纪的出版物——修道院出版的900年》，是一本学术性很强的世界出版史书籍。75岁的吉田公彦先生仍在为出版教育奋斗。林伸郎先生和其他老朋友也都出席了纪念会，见他们身体不错，大家都很高兴。

记者：您在日本还参加了什么活动？

邵：我还参观了日本印刷博物馆，看到了《无垢净光大陀尼经》及小木塔的展品[1]，展柜说明中未说明是仿制品（可惜时间仓促，未及细看），能见到1000多年前真品这是我最大的收获。我还参观了日本出版学校，它培养了许多日本青年从事出版工作。校长吉田先生热情接待了我。据说近年来，来校求学的日本青年有所减少，这可能和目前日本出版不够景气有关。我又一次参观了我曾二度访问过的东方书店，这个店仍以销售中国图书为主，文史哲经和一些科技书都有。译成日文的中国书也有，据说营业状况还可以。

谢谢您的来访，我没有准备，说得不够条理，很对不起。

2006 年 12 月

《编辑之友》2007 年第 2 期

---

[1] 约日本天平宝字八年（公元764年），称德天皇曾发宏愿制造100万座三重小木塔，内藏陀罗尼经部分经咒，分置于东大寺、法隆寺、弘福寺等十大寺中。后来大多被毁，仅法隆寺幸存一部分。现在日本、英国都有收藏，过去曾有人认为这是现存最早的雕版印品。

编辑创新与编辑学的学科建设

编辑活动是一种创造性劳动

现在大家都在谈论出版创新，从全局看，这是建设创新型国家的需要，整个国家都在创新，出版当然也不能例外。从出版自身看，也是战胜前进道路上的种种障碍，使自己健康发展、做强做大的实际需要。所以，创新是摆在我们每一个出版工作者面前的重要任务，自觉地面对它，将使我们赢得主动、取得进展。

出版作为内容产业，出版社就是内容提供者和服务者。可见，出版创新，主要就是内容创新，虽然，它还包括复制手段、营销和管理等环节的创新。但是，最根本最重要的是内容创新，这似乎是不言而喻的。

出版的内容创新怎么做？说到底就是编辑创新。因为编辑工作是出版工作的中心环节，编辑创新当然也是出版创新的中心环节。如果编辑创新这一环被忽略了，那么，内容创新也就无从谈起，因为出版物的内容是由编辑选择和加工的，也可以说在相当程度上是由编辑决定的，如果编辑在内容上不能创新，其他环节即使有创新，效果也会受到影响。

什么是编辑？"编辑是根据一定的思想原则，以相应的信息或著述材料为基础，进行优选、创意和优化、组合等综合性的精神生产过程，使精神成果适合于制作传贮载体的创造性智力劳动。"[①] 这个界定，强调了编辑活动的创造性，说明了编辑活动本身就是一种创造性的智力劳动。同时，把编辑活动的特点主要归结为"创意""优选""优化"和"组合"。

---

① 邵益文：《20世纪中国的编辑学研究》，36页，石家庄，河北教育出版社，2000.

先说创意[①]，这是编辑创新的前提，创意首先是选题的起源。一般说，出版者要想出什么样的出版物，在编辑头脑里应该先有一个考虑，也就是从主题到表述，从内容到形式，从结构到规模，都要有个想法，逐步形成腹稿，变成方案，然后再进行论证。这种方案的产生，有几种途径：一是编辑平时长期积累的结果，或者是在长期积累的基础上，有感于当前新形势、新事物、新思潮，受触发而形成的；二是编辑根据深入的调查，广泛地听取各方面的意见，经过分析研究获得的成果；三是有感于某种特殊事件、人物、场景，引发联想而获得的。选题有了新意，出版物的创新就有了坚实的基础。

创新不是凭空来的，不是心血来潮的产物，也不是天上掉下来的，最主要的是依靠实践。人民群众是历史的真正创造者，人民群众的实践，每时每刻都发生着令人振奋的变化，蕴藏着无比丰富的创造力。所以，编辑的创意必须紧紧地依靠社会实践，包括工作实践、学习实践，生活实践、调查研究的实践……实践出真知，实践出创意，从实践到认识，从感性认识到理性认识，从而形成编辑对出版物的内容创新，进而推进编辑学科的创新。

其次，说优选。优选是编辑创新的最基本部分，它表现在编辑工作的全过程，首先体现在选题上，也是编辑创新的主要环节。

编辑创意的另一个重要来源，就是优选作者的创意、作者的成果（作品）。编辑在作者创意或成果（作品）的基础上进行优选，把作者的作品变成出版物的创意，这就是审稿，审稿是优选的基本环节。选题选好了，但稿件不一定好，或者基本可用，但有若干缺憾，所以，审稿这个优选环节，不可或缺，它甚至是比选题更重要的环节，只有把住审稿这一环节，才能使作品成为更完美的出版物。编辑的这种创意，在出版工作中是最大量的。因为编辑的创意再丰富再深刻，也只能是少数人，一部分人，

---

① 有的称为设计或者构思，或者策划，大体上大同小异，笔者认为创意更适用于各种编辑活动。

而作者是广泛的，是生活在各个领域的，他们的知识和能量，肯定会比编辑的知识和能量更广泛、更深刻。所以，一个优秀的编辑工作者始终关注、重视和努力地去发现作者的创意是理所当然的，也许正因为这样，他才能成为名副其实的优秀编辑。

再次，说优化。优化也是一种创意，是对已有作品进行加工，使它达到适合于特定载体的需要，真正符合于视听者的需求，做到尽可能完美的程度。优化是根据不同的稿件进行的，总的要求是把编辑的思想、知识、个人的体会，凝结到作者的作品中去，不仅要克服原作中的差错和不足，而且要使原作更加丰富充实，这就要求画龙点睛，不是画蛇添足。就是说编辑的加工要恰到好处，要和作者原稿的思路、结构、文风，浑然一体，同时又更加适应特定载体的需要。

最后，说组合。组合的简单解释就是组装，其实也有构建的意思，组合也是一种创意。它的要求就是使出版物更加完美，更加适应视听者的需要。当主体和各种零部件都已分别制作完成，组合就是不可缺少的工序。组合是稿件发排前的重要环节，它对出版物从内容到形式的创意有重要意义。

这里有一点需要说明，大家说出版是内容提供者，实际上这里的"内容"是一种统称，落实到编辑工作上，面对具体的出版物，它既包括内容又包括形式，比如书刊的封面、版面、装帧设计等，看起来似乎是出版物的形式。其实，它也是编辑创意的重要组成部分，是编辑创意不可或缺的方面。

说到这里，我们可以清楚地看出，创意就是创新，也就是说，编辑活动从本质上来说，是一种创新活动。

从出版物的类型看编辑的创新

说到出版物的类型，我们这里只说便于说明的几类：

第一类，主要是大众传播类出版物，如信息、一般的报刊、普及性图书、多数电子出版物和网络出版物等。它以传播信息和普及知识为主。这种出版物的创意，大多出于编辑或编辑群体。现在编辑出版工作者中所说的选题和书稿策划，也多指这一类出版物。

第二类，是学术著作、学术期刊等出版物。这类出版物网上不是绝对没有，但在目前数量还比较有限。有时有些书也带光盘同时出售，总的说来还是以纸质载体为主的。这类出版物内容是人类思想的宝库，是智慧的结晶，是作者长期研究的结果。所以，它的创意、构思，主要是由作者进行的，编辑是在作者作品、构想的基础上来实现自己作为出版者的创意。现在有的编辑主张提前进入，如果作者欢迎的话，当然是可以的，但要警惕的是注意尊重作者，不能光从出版的角度、销售的角度考虑。因为作者是这方面的专家，编辑即使能进入角色，也只能起一点参谋和辅助的作用，不能指手画脚、越俎代庖。否则，效果可能适得其反。

第三类，是艺术品。如美术作品、书法艺术、摄影艺术，包括著名作家的手稿等这类出版物，网上不是不可展示，但仅作为信息传播而已，真正要欣赏，还必须依靠纸介质出版物。这类出版物，编辑也可以有自己的创意，主要是如何更好地使作品体现出艺术特色，激发作品的精神风貌，提高它的艺术价值和观赏价值。

第四类，是工具书。这类书情况比较复杂。有的是编辑起主导作用，从规模、框架、条目设计、释文规格、附件的确定，编辑都应该有自己的创意；也有的是作者起主导作用，编辑辅之；更多的是编辑和作者紧密结合，反复讨论，共同提出方案，这需要根据不同载体的特点，提出相应的创意。

第五类，是教材，尤其是国家统编的教材，或者是经权威专家审定的教材。编辑的创意主要是如何让它更好地发挥教育的功能，包括设计、成本、用料和消灭差错等。应该说编辑在这方面也是能够有所作为的。这类书中有一部分，现在印品、电子出版物和网络兼而有之，编辑的创意也要相应跟上。

编辑创意应该具备的条件

前面讲到，编辑创意不是天上掉下来的，而是在社会实践的基础上产生的。"人的正确思想是从哪里来的……只能从社会实践中来。"[①]编辑要实现科学的创意、有效的创新，既与外部环境相联系，又与编辑周围的因素和本身的素质不可分；既要传承和创新文化，又要体现民族精神和时代精神；既要坚持社会效益第一，又要实现坚持社会效益第一的前提下，做到社会效益与经济效益相结合。根据这种要求，编辑创意至少要做到胸怀全局，心系读者，背靠知识，面向市场这几点：

一、要胸怀全局。尽管编辑是一个普通劳动者，但却是思想文化战线上的一名战士，他的工作决定了他的成果要面对广大群众，负有宣传思想理论，传递信息资讯、传播文化知识，弘扬民族精神和时代精神，引领社会时尚，引导教育群众、陶冶读者情操的责任。他虽是普通一兵，却要像统帅一样，了解国内国外，上下左右、四面八方的相关精神和情况，及时捕捉战机，才能战而胜之。要从大处着想，从小处着手，才能适应社会和自己工作对象的需要。所以，胸中要有全局，不然就很难做好工作。

二、要心系读者，或者说是多种出版物的视听者。出版是向视听者提供内容的，提供什么？具体的事由编辑来决定的。所以，编辑的心中一定要有读者，要一心向着读者，要想读者之所想，急读者之所急。那么，你提供的出版物读者才能接受，并且受到读者的欢迎。换句话说，你提供的内容，不对读者胃口，他根本不接受，那么你的一切工作就变成了无效劳动。也就是说，作为编辑，你的一切工作都要从最大限度地满足读者健康发展的精神生活的需要出发。离开这一点，编辑工作就成

---

① 毛泽东：《毛泽东著作选读》（乙种本），北京，中国青年出版社，1964.

了没有任何意义的事情；违背了这一点，把一些低级无聊的东西，甚至是文化垃圾提供给视听者，那种编辑工作只能是有害的，甚至是有罪的。这说明编辑心中如果没有读者，那是根本没法做好工作的。所以，心中有没有读者，这一点对编辑来说，尤其是对编辑出版工作的领导者来说，不仅是十分重要，而且是万分重要的。在我看来，对于编辑出版工作来说，没有其他任何东西比心系读者这一点更重要的了。

三、要背靠知识。就是说当编辑的要有丰富的知识。培养编辑人才，现在提出要高素质复合型人才，可见要求是相当高的。编辑的知识结构，大体上需要这样几块。一是思想理论、方针政策。从现在来说，就是要懂得社会主义核心价值体系，不管是搞哲学社会科学的编辑，还是搞自然科学的编辑，这都是必备的。二是专业知识，无论是哪个领域的编辑，都需要有一门或两门专业知识作基础，只有有了专业知识，组稿、审稿、改稿，才能心中有数、有底。三是编辑出版业务知识，这当然是更不可少的，特别是在目前高科技出版手段不断发展，多种媒体同时并存的情况下，编辑业务知识就显得更为复杂。这其中还包括至少掌握一门外语，这是现代编辑所需要的。四是各种杂七杂八的知识，因为编辑在工作中可能碰到的问题是难以想象的。这方面的知识，也不是一天两天、一年两年所能解决的，是需要日积月累，长期积聚的。这里就提出了一个编辑要不断学习的问题。因为社会是发展的，时代是前进的，人们的认识也是不断发展的，对于一个编辑来说，用得上一句话：学无止境。要干到老，学到老。每天接受新事物新知识，使自己始终站在时代的前沿，才能当好一个思想文化科技战线的尖兵。

四、要面向市场。出版物作为商品，尽管它有自己的特殊性，但在市场经济条件下，它要到达读者手里，必须通过市场。所以，市场流通是出版的一个非常重要的环节。所以，编辑在创意策划制作任何出版物的时候，需要做好周密的市场调查。现在不少出版社的市场调查，是面向书店、发行者、销售人员进行的，还有的是在卖场，在书市进行的。

这方面的调查是需要的，但是仅仅停留在这方面是不够的。因为书店，无论是国有或民营的，都是商店，是商店就是要讲究利润的，有利可图则干，无利可图就不干，或者不太积极。现在有的书店，只要把每年的教科书发行抓好，利润指标就差不多完成了，至多再抓几种热门书，就足够了。对于一般图书的发行就缺乏应有的重视，有的不拆包就给你退货，当编辑的把书做得再好，读者还是见不到。有的书店，还有地方保护主义，只卖本地的出版物，不卖外地的出版物。所以，如果只向书店调查，效果就可想而知了。这不是说编辑不要向书店做调查，而是说只向书店做调查是很不够的。重要的是要向读者做调查，要直接面对读者，听听读者对已有图书的反映，了解读者目前和长远的需求。出版社的选题计划，既需要专家和销售部门的论证，也要直接倾听读者的意见，还可以对工青妇的各级组织，工厂、农村、机关、学校、商店等党团基层组织和图书馆的管理人员进行调查。把读者的脉搏摸准，编辑的创意和策划才算有了坚实的基础，创新也有了方向和依据。现在退货率较高、库存不少，原因当然是多方面的。但是，编辑没有直接向读者做调查，恐怕是很重要的一条。

编辑创新，要想有新的创意，这几条是不可少的，至于是不是还有其他什么，大家可以进一步讨论。

编辑创意要讲究价值取向

编辑创意（包括出版物的内容和形式）和一切编辑活动，是决定出版物价值的基本因素。出版的价值在于坚持为人民服务、为社会主义服务、为大局服务，宣传社会主义核心价值体系，传播一切有益于经济和社会发展的科学技术和文化知识，丰富人民的精神文化生活。社会主义的编辑出版工作者的根本职责，就是要坚持马克思主义在意识形态领域的指导地位，坚定中国特色社会主义的共同理想。弘扬以爱国主义为核心的民族精神，以改革创新为核心的时代精神和科学精神，创新和传承文化，加强社会主义的精神文明建设。这是不能模糊和动摇的，否则就不能坚持出版工作的社会主义方向，这就是一切编辑活动根本的价值取向。编辑创新也要沿着这个方向前进，这是社会主义编辑出版工作者应有的价值观。无论是公益性的事业单位，或者经营性的出版企业，在这个价值取向上是一致的，没有什么区别。

现在有些人一谈到价值，就想到经济效益。尤其是在转制以后，认为出版工作主要就是一种经济工作，或者说它的职责就是搞经济。如果是这样的话，那么，编辑工作就要转到经济工作的轨道上去，就要"以经济工作为中心"，换句话说，就是要以赚钱作为出版工作的主要目标。这样，突出了经济效益，反过来势必淡化社会效益，从而背离了社会主义出版工作的根本宗旨。如果在这种思想的指导下搞编辑创新，就只能是什么赚钱，就搞什么，什么不赚钱就不搞什么，其结果只能是迁就市场，什么好卖就卖什么。这样，低级庸俗的东西就会应运而生，这只能说明编辑活动的价值取向走偏了方向。在这种出版单位，编辑要想策划有益于促进先进文化，加强社会主义精神文明建设的优秀出版物，就会更加困难，编辑创新实际上也就无从谈起，或者是整天在"以经济为中心"这句话里打转转。我们有的编辑对这种状况见怪不怪，习以为常，或者是出于无奈，随风起舞。这样，他们的工作也就可想而知。目前，图书市场上跟风书、克隆书，低级庸俗、无聊的东西，屡见不鲜，这多少反映了编辑活动的价值取向存在这样那样的问题。编辑的根本职能没有得到充分的发挥，编辑的创新也就难有作为。

刚刚结束的中央经济工作会议，要求我们深刻认识又好又快发展的方针，这是全面落实科学发展观的本质要求。从"又快又好"转到"又好又快"，是我们党在发展理论上的一次重大飞跃。"又好又快"的发展方针，要求我们在"质"中求"量"，在"好"中求"快"。这个思想对于我们的出版发展，有着极端重要的实践意义，对于我们近几年图书品种膨胀、质量滑坡，是一剂对症的良药。我们编辑要创新，首先要在"质"上面做文章。其实，出版作为内容的提供者，编辑作为出版物内容的选择和加工者，本质地说，首先就是要解决"质"的问题，只有在"质"中求"量"，才能符合科学发展观的根本要求。尤其在当前，编辑创新，一定要解决好"质"的问题。每一个有良知的编辑出版工作者，在这方面都应该有高度的自觉性。

推进编辑理论创新，加强编辑学学科建设

编辑要创新，需要有正确的理论指导，为此就要推进编辑理论创新，切实加强编辑学的学科建设。

编辑学从 1949 年诞生到现在，已经历了半个多世纪，近 30 年来，编辑学研究的发展很快，成就显著。到目前为止，据不完全统计，出版的专著已经有 115 种。设立编辑出版学本科专业的高校，往少里说，也已有 60 多所，以编辑出版学为方向的研究生办学点也已有 30 多个，而且还有 5 所大学办了研究院、所。但是它目前还不能算是显学，一般认为它还是一种潜学，有人说笑话说它是一种"浅潜学"。为什么编辑学目前还处在不显不潜的状况呢？这里除了教育行政部门的专业设置多变和不合理以外，也有学科本身的问题。

现在看，学科建设有两方面的工作要做：

一是要明确学科定位，理顺学科体系。1998 年，教育部在本科目录中设置了"编辑出版学专业"以后，把编辑学、出版学两门独立的学科合而为一。本来它们是有联系又有区别的，现在被放进一个笼子里，造成了各校专业隶属关系多样化，课程设置随意性。各校各自为政，就像北京早晨遛鸟的老头儿一样，愿意把笼子挂在哪棵树上，就挂在哪棵树上，这给学科建设增加了困难。现在新闻出版总署很关心这个问题，做了许多工作。学科建设首先要实现学科定位在一级学科的目标，使它列

入国家《授予博士、硕士学位和培养研究生的学科、专业目录》中，这是学科建设的重要一环。

同时，要编写或修订一批基本教材。这是指建设这个学科所必需的教材。如《普通编辑学》、各大门类编辑学（如《报纸编辑学》《电子出版物编辑学》），如具体到出版方面，则应有《出版学》《出版编辑学》《出版管理学》《出版经济学》《出版营销学》《出版简史》等几本必需的教材。这项工作也要新闻出版总署出面，或者委托有关单位，统一来抓，组织产学研各方面的力量，形成业界和教研单位的紧密结合。第一步，不要搞太多，但一定要坚持质量。有了几本基本的教材，然后再逐步扩充、完善，逐步形成自己的教材系列。

二要加强学术研究。要结合教材的编写、修订，就一些基本理论问题，有计划地开展讨论。现在，对于一些基本的概念、原理、规律，有的已有共识，或认识已经基本接近，有的还有分歧，要认真研究讨论，获得比较科学的结论。目前提出新观点、新见解的同志很多，这是好事，但是研究别人已有的观点的人很少，就是说有针对性的争论比较少。这样，就不利于学术发展，不利于通过讨论互相提高，逐步趋向认识上的接近或者统一。这可能和现在大家都很忙有关系。因为我们感到现在一些文章引用的材料，都是几年以前的多。还有是引用报刊上的文章比较多，真正引用专著的文字，评述专著的内容比较少。这只能说明，现在，编辑学、出版学的文章，发表在报刊上的，还有一些人看，但出版的专著，看的人就少了。原因可能是：其一，根本不知道出版了这方面的书，因为这类书，上不了广告，登不上书讯，即使出版了，其他研究者也不知道；其二，买不到书，因为这类书，印数不大，大都到不了书店，上不了架。即使到书店去找，也很难看到它；其三，看篇文章还可以，要读一本或几本书，根本就没有时间，业界人员忙着跑稿子、出新书，不要说看书，有时连看报的时间都不多。高校的教员忙着备课、做自己的课题，建立自己的体系，除非专门研究有关问题的需要，一般也不大可能把时间放在这上面。所以，大多是从网上查一查，看看这方面有哪些文章，然后就对"现状"作一番评论，发表一点意见，往报刊一投，就不错了。所以，我主张有志之士要读专著，研究专著。报刊也要增加对专著的书评，引导大家去研究，这才能把编辑学、出版学的文章做下去，把学科建设好。

所以，编辑学、出版学的学科建设要搞起来，先得有专门机构来管，或者新闻出版总署委托有关部门代管。编辑要创新，首先编辑理论要创新，要认真学习、认真看书、认真研究，理清二三十年来，编辑学、出版学理论究竟有些什么成果，什么经验，把这个基础搞清楚，才能有所进展。① 因为任何创新，都是从继承原有的基础起步的。没有继承，就不可能有创新，"继承和创新，是一个民族文化生生不息的两个重要轮子"②。不善于继承，就没有创新的基础。没有基础，怎能凭空创新呢？所以，要推进编辑理论创新，加强编辑学的学科建设，关键在创新，基础在继承。在继承基础上的创新，往往是最好的继承，也是最有活力的创新。让我们在继承和创新上下功夫，把编辑学的学科建设进一步推向前进！

2006 年 12 月 10 日

---

① 如果读许多书有困难，有一本书可以先看一下，即丛林主编的《中国编辑学研究述评（1983—2003）》（齐鲁书社 2004 年 12 月版），此书对 20 年来我国编辑学研究的成果进行了梳理和评议，所收材料相当丰富，对我们了解过去 20 年的情况会有所帮助。
② 胡锦涛：《在中国文联第八次全国代表大会、中国作协第七次全国代表大会上的讲话》，载《人民日报》，2006 年 11 月 11 日。

安塞：我的战友 你走得太仓促了

安塞走了，走得如此仓促，令人难以置信。

我得知安塞病逝的噩耗，是在 2007 年 1 月 30 日，收到 2007 年第 1 期《编辑之友》杂志时。收到一本新的杂志，本来是一件高兴的事，可是翻着翻着，翻到了安塞逝世的讣告，这太突然了，我的心久久不能平静。

从他办《编辑之友》起，我就知道"张安塞"这个名字，他主编的《编辑之友》，是我国第一本讨论有关编辑工作和编辑研究的杂志。1984 年，我奉命筹办中国出版发行科学研究所（后改名中国出版科学研究所）。以后，他经常来看我，我们交流编辑出版界的情况和问题。这样就渐渐熟悉了。他对许多问题的看法是很有见地的，如对当时出书中的"言情热""武侠热"，一浪高过一浪。他认为这种赶浪头的出书热，只能是一种暂时现象。

研究所为了办《出版发行研究》杂志，我们曾研究了《编辑之友》的办刊方针、特色和栏目设置等，从中受到了许多启发，也避免了许多刊物的雷同。

记得有一次，安塞、张辉冠、杨斌和我，一起瞻仰毛泽东同志重庆谈判时在重庆的住所。随着讲解员的讲解，我们为毛泽东同志的革命意志和战斗精神所感动。大家表感想、示决心，要为编辑出版研究奋斗终生。不想，他过早地走了。但是，他没有辜负自己的诺言，直到最后一天，他仍坚持在《编辑之友》编委会主任的工作岗位上尽自己的一份力量。

安息吧，安塞！人们会记住你对编辑出版研究的贡献，记住你是点燃编辑研究之火的带头人。

《编辑之友》2007 年第 2 期

建立普通编辑学是历史的必然

编辑学自上世纪 40 年代末在中国诞生以来，迄今已半个多世纪，即使从上世纪 80 年代起重新崛起到现在，也已经历经了 20 多个春秋。现在编辑学的学术研究、学科建设已经获得令人瞩目的成就，这是业界和学界共同努力的结果。编辑学作为一门有古老渊源的新兴学科已经获得有关各界的认同，为社会所关注，成为学科之林中一枝正在茁壮成长的新苗。

作为成长迅速的新兴学科的佼佼者，编辑学的发展主要表现在下述几个方面：

一、部门编辑学发展超出人们的预料，已呈繁荣之势。在短短的 20 多年中，已经出版的研究编辑工作、编辑理论、编辑出版历史、编辑优良传统和编辑职业道德的著作，已有好几百种，仅以编辑学命名的著作，据不完全统计已有 120 余种。图书编辑学、期刊编辑学、报纸编辑学、音像编辑学、电子出版物编辑学和网络编辑学等，各类出版物的编辑学著作都已先后问世。在上述各类出版物编辑学著作中，还可以进一步细分。如在图书编辑学方面，已出版的有社科书籍编辑学，科技书籍编辑学、学术著作编辑学、文艺编辑学、辞书编辑学、少年儿童读物编辑学和英文书刊编辑学等。其中又有注重理论研究的编辑学基本原理、偏重实际操作的实用编辑学，或以培养人才为中心的编辑学教材和着重研究当前工作和发展新趋势的现代编辑学。在期刊编辑学方面，有杂志编辑学、社会科学期刊编辑学、学术期刊编辑学、科技期刊编辑学、教育期刊编辑学、学报编辑学。有侧重理论研究的现代科技期刊编辑学导论和重在当前实际的现代期刊编辑学。在报纸编辑学方面，有新闻编辑学、版面编辑学、小型报纸编辑学、西方报纸编辑学，有现代新闻编辑学，有学术性的报纸编辑学研究，有概论性的报纸编辑学、教材性的新闻编辑学教程。在音像编辑学方面，有广播编辑学、影视编辑学，摄影编辑学和图片编辑学等。在电子编辑学和网络编辑学方面，有电子新闻媒介栏目编辑学、电视编辑学和网络新闻编辑学等。此外，还有研究评述编辑学发展趋势的《编辑学研究评述（1983—2003）》《编辑学理论纲要》和书刊编辑学系列读物《编辑创意论》《编辑选择论》《编辑优化论》、《编辑结构论》，还有专门研究编辑出版教育的书籍和20多年来编辑学研究中各种学术观点的选择和汇编。各种门类的编辑学著作，可以说已经相当丰富。编辑学著作包括理论编辑学、分支学科和各种传媒的编辑学著作已经相对完备，编辑学的学科体系也已经赫然在目。

分支学科和各种传媒编辑学的发展，必然要求互相借鉴，互相渗透，从而涌现出研究各种传播媒体编辑活动的共性，要求探索共同的覆盖面比较广的概念、范畴、规律、原理，这就发展到要求建立适用于各种媒介编辑活动的编辑学说，也就是普通编辑学，这是历史发展的必然。

二、高等学校编辑出版学专业教育蓬勃发展，已成为我国高等教育中近几年来发展最快的学科之一，成为高等教育体系中不可或缺的学科。据初步统计，到2005年，我国已有130所高等学校设置了本专科层次的编辑出版学方面相关的专业，办学点已基本上遍及各省、市，地区分布合理的编辑出版高等教学网已基本形成。在这些办学点中，既有北京大学、清华大学、南开大学，也有河南大学、武汉大学、苏州大学、南京大学、重庆大学、上海大学，也有北京印刷学院、华中师范大学、陕西师范大学、河北大学、黑龙江大学等；以编辑出版学为方向的硕士学位授予点已有29个。编辑学、出版学、发行学博士学位授予点7个。全国目前设立的编辑出版研究机构已达20余家，包括中国出版科学研究所、北京师范大学编辑出版研究院、北京大学、武汉大学、南开大学、华中师范大学编辑出版研究中心、南京大学和陕西师范大学编辑出版研究所等。在社会科学研究方面，短短几年内，涌现这么多研究机构，可见发展势头之强，这充分表明它是被教育界所看好的。当然，问题不可能没有，如现在办学点虽然不少，但从管理角度看，归属不一，有的隶属编辑出版学、出版发行学，有的属于新闻学、信息管理学，有的隶属于中文系或古典文献学，有的则属于传播学甚至图书馆学。课程设置也百花齐放，各有千秋。一个学校有一个学校自己编写出版的编辑学教材，对于一些基本概念，相关的定义和基本规律，也各有各的说法，像新闻学一样，一个教授就有一个教授关于新闻的定义。这种现象，在编辑学开始时也一样，编辑学和出版学本来是二门独立的学科，编辑活动的范围大于出版活动（如广播影视等），它的发生也早于出版活动①，现在把它们捏在一起，各校根据自己师资情况，任意设课。教师根据自己所学，从不同学科、不同角度讲课，如文化学角度、传播学角度、信息论角度甚至商业角度等等，不一而足。更有甚者，没有在编辑出版单位待过一天的教师，居然也在讲编辑学、出版学，难怪许多观点无法统一。这种情况，发展下去非常不利于编辑学的学科建设，也不利于编辑、出版教育质量的提高，甚至有悖于中央原来决定在高校开设编辑学专业的本意。为此，许多教师希望学界对基本概念、基本范畴、基本规律，能有一个比较合理的统一的界说，不能各吹各的号，各唱各的调，令人莫衷一是。看来，这个问题是到了应该解决的时候了，不然，编辑学就很难发展和前进。而这个问题的解决，只能依赖编辑学术研究的进一步开展，依赖于涵盖各种媒介编辑活动的普通编辑学的建立，依赖教育部审定的统一教材的编写出版。可见，普通编辑学的建立是媒介事业发展的客观要求，是培养新闻出版和多种媒体编辑人才的实际需要，是历史发展的必然。

三、建立普通编辑学的条件已经相当成熟。现在不仅由于各门类编辑学的发展，编辑学的学科体系已经基本形成，也不仅因为编辑出版教育的发展，建立普通编辑学已经成为客观实际的需要，更重要的是学界

---

① 参见刘杲：《编辑实践需要编辑理论》（《中国出版》）2006 年第 3 期。

对一些基本概念、基本观点已经形成了一定的共识，或者说有了某种相同相似的看法，对于一些争论最多的问题，观点也已经接近。比如说，编辑学诞生于中国，1949 年 3 月，在广州出版的李次民著《编辑学》，是世界上最早以"编辑学"命名的专著，这是在作者从 1949 年开始，在国民大学新闻系讲课的基础上，根据讲稿整理出版的；编辑学的学科分类属于社会科学；编辑学的研究对象是研究编辑活动的特殊矛盾，揭示这些矛盾所反映的客观规律；编辑活动的本质特征是创意（开发、策划、设计）和把关；编辑概念的基本内涵是：创意、选择（选题、选作者和审读者稿件）、优化（加工整理）和组合（编排、有序化、完成付印前的齐、清、定）；充分肯定编辑劳动的创造性，以及编辑在优选、传播、积累社会文化中的能动作用；编辑人才应该是高素质复合型人才，包括编辑应具有的社会责任；编辑的精神境界、服务精神和职业道德；和编辑学关系密切的邻近学科如出版学、新闻学、传播学、语言文学学和逻辑学等。对于编辑学的学科体系，也有了相当的共识，即编辑学（或普通编辑学）是一门独立的学科。作为一级学科，它涵盖了各种媒体的编辑活动。二级学科有：图书编辑学、期刊编辑学、报纸编辑学、音像制品编辑学、电子出版物编辑学和网络编辑学等。三级学科，以图书编辑学为例，就是社科书籍编辑学、科技书籍编辑学、文学艺术书籍编辑学、辞书工具书编辑学、少儿读物编辑学和翻译书籍编辑学。其他期刊、报纸、音像制品、电子出版物和网络也各有自己的子学科（参见前面的叙述）。这些著作研究和阐述了编辑理论和实践，还有多种编辑史、出版史著作，以及研究方法的著述。可见，编辑学的学科体系已经相当完备。①

　　同时，我们还应该看到，已出版的 100 多种专著中，有的直接命名为编辑学，或编辑学原理、编辑学理论、编辑学要论等，它们研究的范围已经超过纸质媒体，具备了普通编辑学的雏形，为普通编辑学的建立

---

① 参见邵益文《中国编辑学会第二次常务理事会工作报告》，《中国编辑学会第三次全国代表大会纪念册》，中国编辑学秘书处编（商务印书馆 2003 年 9 月版）。

奠定了良好基础。可见，当前建立普通编辑学的条件是相当有利的，更重要的是这也是理论创新的需要。

四、顺应客观形势的发展，积极推进普通编辑学的建立。如上所说，当前建立普通编辑学的现实基础和客观条件都是很好的。这不是某些个人的主观愿望，而是客观形势的要求，是学术发展的需要，如果大家齐心协力，因势利导，是可能取得好的效果的。但是，我们也不能不看到目前也有一些不同的声音，有些人由于整天忙于编辑业务，出版管理，他们不了解学术研究的情况，在谈起学科建设时，就说编辑学现在还没有体系……这些人往往还是一社之长，一室之主，甚至一方面之要，他们的言论就会给人以误解，不利于学科建设的顺利推进。还有一些人不知为什么，他们总是百般贬低编辑学研究的成就，甚至压低编辑学的学科地位，说它"泛化"、"玄而又玄"、"过高地估计了"编辑在文化建设上的地位和作用，等等。有的人则认为编辑学是土生土长的，没有国际背景，总是想把它纳入外国的什么学之下。其实，编辑学在中国问世的时间，比他那个外国什么学还要早那么一二年。难道一定要外国有中国才能有吗？真是令人纳闷。还有人说，编辑学研究现在存在"圈地"思想，这就更令人费解了。现在哲学社会科学、自然科学，新学科数几千计，这是社会发展、科学进步的结果，这些新学科难道都在"圈地"吗？试问，我们如果现在还是用多少年前的交通工具——牛车、马车，没有人去研究新的交通工具，我们何来汽车、火车、轮船、飞机、磁悬浮列车，我们又怎么能有宇船飞船，怎么登月，怎么探索火星，难道这些科学家都在"圈地"吗？难道这些"地"都是上帝划分好的，只准张三种玉米，不许李四开发种麦子？媒体本来是个客观事物，张三研究形成甲学、李四捉摸产生乙学、王五研考建立丙学，本来是学术繁荣的景观，有何不可？"圈地"之说，实在奇怪。难道中国文化一直留在经、史、子、集，就是最好的，就能发展到社会主义吗？

我们毫不讳言，一门新学科的产生，出现一些不同观点，甚至是不科学的、错误的观点，或有这样那样一些过头的、不适当的看法，是难免的，何况在百花齐放、百家争鸣的年代，有一些即使是"奇谈怪论"，也不足为怪，难道现在传媒中"奇谈怪论"还少吗？我这样说，并不是我们赞成这些东西，但是学术问题要依靠在马克思主义指导下的百家争鸣，要按照学术民主的原则，通过科学的讨论分析，以理服人，才能令人心悦诚服，并非加上一顶"泛化""圈地""玄而又玄"的帽子，就能解决问题的。

学术之事，乃社会之事，众人之事，非一人得而私之。众人之事，众说纷纭，无可非议。但我们总要以科学发展观为指导，看到它的进步、它的发展，尤其要本着理论创新的原则，在继承的基础上，推动它科学地向前发展，才是合乎社会进步、学术发展规律的。

2007 年 5 月

《编辑学刊》2008 年第 7 期；《一切为了读者》P99，首都师范大学出版社 2010 年 7 月版；《中国编辑研究》（2008 年刊）P358 页，人民教育出版社 2009 年 6 月版

《中国编辑研究（2007刊）》编后记

　　2005年11月5日，是我国伟大的爱国者，著名的政治家、出版家、编辑和记者邹韬奋先生诞辰110周年纪念日。新闻出版总署副署长柳斌杰同志在上海"纪念韬奋诞辰110周年座谈会"上，发表了《忠诚为民时刻为民 一切为民》的重要讲话，作为对邹韬奋先生诞辰的纪念。本年刊特设"出版楷模"专栏，列于卷首。韬奋诞辰110周年纪念是编辑出版界的一件大事，中国编辑学会和韬奋纪念馆、北京印刷学院出版传播学院、江西省新闻出版局、上海市编辑学会、上海理工大学出版印刷学院等单位，曾在韬奋故乡江西联合举办了"韬奋思想研讨会"，刘杲同志在会前发表了《韬奋是一面旗帜》的纪念文章。邵益文同志以《爱国爱民，勤奋正直，造就了现代出版楷模——韬奋》为题，为会议作了开幕词。这次会议的有关文章都已先后收入《邹韬奋研究》第一辑和第二辑（韬奋纪念馆编、学林出版社出版），为避免重复，本集不再编入。这些文章的目的都是倡导广大编辑出版工作者继承韬奋的优良传统，学习弘扬韬奋精神，为出版的健康繁荣作出新的贡献。

　　在"改革发展论坛"栏目中，我们注意了在编辑工作中贯彻落实科学发展观，加强出版物的文化含量，重视解决出版物的质量问题，强调做好服务"三农"的工作。

　　"理论探讨""工作研究"，重提了出版业的文化理性研究和"以读者为中心"的编辑观，强调了新形势下编辑工作如何创新以及标准化等问题。

　　这几年业界的调研有了新的发展，我们尽可能提供这方面的成果，同时关注了"个案研究"的进展。

　　"期刊研究"主要是总结经验和发展战略方面的思考。尤其是科技期刊方面，作了国内外对比，可供参考。

"高科技与出版"栏目，我们介绍了王选和方正人的贡献，数字出版概念的分析，包括出版社开展网络出版问题的研究，可供参考。

"人才培育"是当前出版发展的重大问题，特别讲了编辑人才学和培育出版精神，同时强调了爱岗敬业，在实践中增长才干。

"学科建设"注重了实践需要理论，编辑学学科建设中的问题，包括研究方法等，介绍了有关的观点，目的是推动进一步的研究。

"人物研究"关注从新的视角提出探索，既有研究也有怀念之意。历史方面除了介绍编辑出版史的认识价值、编辑和出版关系的见解外，着重于综合性回顾，包括海外对中国出版史研究的若干情况，为读者提供一些新的视野。

"编辑出版研究类书评"集中选了一些编辑出版研究类图书的评论，给大家提供一点信息。

总的来说，2006年发表的好文章很多，即使在我们占有资料不足的情况下，初选入围的仍有一百余篇。考虑到年刊的篇幅有限，经反复筛选，结果提供了60篇文章，篇幅大体上和以往几年相当。

感谢《中国出版》《中国编辑》《编辑之友》《编辑学刊》《科技与出版》《出版科学》《中国科技期刊研究》《编辑学报》等杂志，为我们推荐文章，提供刊物。

承人民教育出版社的大力支持，使年刊得以继续与大家及时见面，深表感谢，并望读者不断赐教。

2007年5月31日

《中国编辑研究（2007刊）》P496，人民教育出版社2007年12月版

一切从读者的实际出发

——《少年儿童读物编辑学初探》读后

摆在我们面前的这本《少年儿童读物编辑学初探》（以下简称《初探》），是多少年来我国少年儿童读物编辑工作者经验的总结，心血的凝聚，智慧的结晶。它一上来就开宗明义地指出："本书的研究重点，侧重于实际工作和编辑实践，侧重于出版物的编辑方法和技巧，兼顾编辑人员的素质研究和少儿读物的历史研究。"①明确地告诉我们，本书的思想观点、理论原理、各种见解都来自实践，经过研究概括，分条理析，形成理论和原则，又反过来指导实践，为实际工作服务。这充分说明：本书的主旨就是一切以实践为依据，一切从实际出发，这个实际是什么，从全书看，就是读者。一切从读者出发，这一点，可以说贯串在本书的各个篇章，渗透在各个方面。应该说，这就是本书最大的特色。改革开放以来，我国已出版的研究编辑工作和编辑学的著作，不下几百种，如此强调了解读者、分析读者、研究读者的，恕我孤陋寡闻，实在是为数不多。正是这一点，我认为是最值得推崇的。实际上，真正了解读者，一切从读者出发，是一切编辑活动的根本之根本，是一个合格编辑必须具备的一门硬功夫，任何时候都不能等闲视之。

本书所表述的不少经验、体会、观点，并非过去没有人说过，没有人写过。《初探》作者在认真总结的基础上，兼收并蓄，加以全面的整理，使之系统化，进而把它上升到新的高度，形成了一本中心突出、条理分明、应用性强的编辑理论研究著作，这是本书取得的最大成功，也是对编辑学研究的重大贡献。

---

① 本文未注明出处之引文，均引自《少年儿童读物编辑学初探》，雪岗主编：中国少年儿童出版社、江苏少年儿童出版社 2006 年 9 月联合出版。

本书的成功主要表现在这样几个方面：

一、从对读者对象的具体分析，到明确读物的分类和基本特点的概括，是《初探》作者对少儿读物编辑工作的重要贡献。

打开本书，首先看到的是作者对什么是少年儿童读物所作的明确的界定。它按年龄段对读者对象做了细致的划分，指出这种划分是读者的成长阶段和他们的阅读特点所决定的。接着又具体地按照读者不同年龄和教育阶段，以及与之相对应的图书内容、形式和写作体裁等等方面，对读者的适宜性作了多层次、多方位的分类，认为这是做好编辑工作的重要基础。可以有利于对少年儿童读物整体特点的把握和读物准确定位的核定，有利于满足不同读者的需要。

《初探》为了研究少儿读物的基本特点，先研究了从 0 岁到 18 岁这个年龄段读者的思想行为和阅读心理，它的特征是：①世界观尚未形成，缺乏分辨是非和分析事物的能力；②求知欲强，但定向不明确，容易受外界影响而变更；③对形象化、文艺性的东西有兴趣、易接受，对抽象的、理论性的东西不易理解，接受也慢；④随着年龄的成长，他们的阅读心理是不断发展和变化的。应该适时地加以调整，目的是把他们培养成社会主义"四有"公民，能够承担起国家和民族向前发展的未来重任。

正是根据对少儿读者这种阅读心理的认识，《初探》作者概括出少儿读物有五个基本特点，这就是：

1. 在浅显中蕴含深刻。就是要深入浅出。明确少儿读物借以说明思想和知识的依据、表述方法，必须是少儿读者能够接受的。

2. 在形象中蕴含抽象。形象化对少儿读者关系重大，因为没有形象就提不起少儿读者兴趣，也达不到教育、影响读者的目的。

3. 在文学艺术中蕴含思想和知识。《初探》认为用生动有趣的文学语言来表达思想，阐述知识是少儿读物基本的叙述手段。这样，可以增强读者的阅读兴趣，有利于读物内容的传播。

4. 在情趣中蕴含教育。《初探》认为，少儿读物在帮助少年儿童树立正确人生观，养成优良品质方面负有义不容辞的责任。任何种类的少儿读物，都有向他们进行思想品德教育的责任和功能，这是少儿读物的一个明确特点。但必须把教育寓于情趣之中，渗透在知识和故事之中，让读者在潜移默化中明是非，辨美丑，识善恶，把要传播的思想、知识，深深地刻印在读者的脑海里，这是编辑活动的根本目的。

5. 在创作中蕴含着编辑含量。作品是作者的劳动成果，也是编辑的劳动成果。在少儿读物中编辑的含量比一般的成人读物要多得多，大得多。这是由特定的读者对象的接受能力所决定的。许多作者有专业知识，但大多不熟悉少儿生活，不熟悉少儿读物表述上的特殊性，这就要求编辑下功夫加大读物中的编辑含量，使读物适合于读者的接受能力。

二、对少年儿童读物编辑加工的基本方法和要求的研究，是《初探》作者对少儿读物的另一重要贡献。

鉴于少年儿童正处于成长过程中的特点，为少儿读者提供的读物，必须适应他们的阅读习惯和接受能力，以利于他们的健康成长。为此，《初探》作者提出：

1. 要严格地把好思想内容关。加工中对不正确、不科学、不健康的内容与观点，要坚决删除，尤其是凶杀、暴力、恐怖、淫秽、色情等内容，要坚决杜绝。特别要注意掺杂在正确主张中的不正确的内容；强调引进要符合国情; 避免学术著作中不同观点的辩论，只提供准确的公认的知识，以帮助少儿读者打好科学的知识基础。

2. 严把语言文字关。这一条在一般的出版物中都是应该做到的，但在少儿读物中更加应该严格把关。少儿读物语言文字的使用，应该起到范文作用。要防止错别字，注音生僻字；不要为追求生动，滥用形容词、乱用成语，造成歧义，应该在加工时做到恰到好处；多用短句、短段；不要用概念解释概念，如能用故事、趣闻、比喻，点明道理，这样，既可以吸引读者，又可以冲淡知识的"浓度"，便于接受。

3. 要讲究形式美。如外形美观、文图合理、色彩鲜亮、形象可爱、开本多样；加工文字时要想到配图，使文与图巧妙搭配；配图时要考虑插图形式、画法、色彩等，做到多姿多彩，美观悦目，令人喜欢。

4.讲究加工技巧。加工时，编辑要换位思考，站在读者的立场，特别是从少儿读者的身份和需求审视稿件；在综观全稿，全面客观评价稿件时，要从少儿读者出发，提高稿件质量。在内容把握上，哪些要，哪些不要，哪些要加强，哪些要弱化。千万不能把少儿读物当作"小儿科"，应付一下了事。

5.抓出特色。现在同类书很多，要赢得读者，就要有与众不同的地方。为此编辑要多读优秀的少儿读物，做到心中有样板。《初探》认为许多优秀的少儿读物，内容丰富、写法新颖、语言生动、装帧美观、文图并茂、相得益彰，这里编辑的主导的作用是不可忽视的，它们的长处，编辑应该熟记于心。加工时要有意识地与样板比较，在比较中搞出自己的特色，并且超过样板，成为少儿读者喜闻乐见的读物。

三、对各类少儿图书编辑工作的研究，提出系统的有针对性的见解，是《初探》作者对少儿读物的又一个重要贡献。

《初探》的作者首先把少儿图书分为10类，然后再逐一地对这10类图书的编辑工作做了精辟细致的论述，既告诉我们编好各类书的意义和作用，也指出编好这些书的难点和应该注意的地方，诸如：

1.思想品德类图书的编辑工作。作者强调"我们培养的学生如果科学文化素质不合格，就是次品；而如果思想道德素质不合格，则是危险品"。一句话就把编写这类图书的重要性点明白了。然后，它又讲了这类书可能遇上两个效益矛盾和选择作者的问题，也就是作者的学养素质，首先是思想品德如何，有决定性意义。

2.科普类图书的编辑工作。作者强调不仅要让读者理解知识，而且重在弘扬科学精神、科学思想和科学方法，讲知识只是传播一种认识，教会科学精神、科学方法，才是教育读者如何做人和如何做事的重要意义，这对读者的一生有指导意义；然后又讲到科普图书应如何激发和保护青少年对科学的好奇心，以及编辑要当好作者和读者之间"滑动电阻器"，善于沟通，保持积极的合理平衡等，塑造出适合读者的读物。

3. 名著开发类图书的编辑工作。作者认为无论从文化积累和传播看，还是从少年儿童健康成长以及他们今后立足社会、建功立业等方面考虑。这类书都有不可代替的作用，只能编好，不能滥竽充数，贻害读者。作者强调要适应读者，抓住特点，强化所需；要正确看待原著的时代局限与糟粕，要处理好语言隔代的问题等，都是编好这类图书的关键问题。

4. 引进版图书的编辑工作。作者认为在经济全球化，文化多元化的今天，引进版图书不可或缺，目的在于取人之长，补我之短；要注意国情不同，为我所用，强调重在借鉴，促进原创；找出差距，迎头赶上。

其他如社会知识类、文学创作类、学习辅导类、工具书类、幼儿类图书和图书编辑的美术工作等，也都有翔实的论述，可以给人以启迪。《初探》还对少儿期刊、少儿报纸、少儿音像电子读物的编辑工作，包括少儿读物编辑人员的修养，也各设专章论述，内容比较全面，而且观点鲜明，不仅是一本少年儿童读物编辑人员不可或缺的教材，对于大众传播类读物的编辑来说，认真一读也是会有教益的。

读罢《初探》，使我进一步体会到编辑学是应用学科，无论是普通编辑学或者不同媒体的部门编辑学，它的理论原理、思想观点，均应来自实践，升华为理论，回答实践提出的问题。普通编辑学回答各种媒体编辑活动中共性的问题，不同媒体的编辑学要回答各门类视听制品编辑活动中碰到的各种具体问题，为指导实际工作服务，这就是编辑学生生不息的活力所在，也是 20 余年来编辑学迅速崛起的根本原因之所在。如果编辑学原理回答不了编辑活动中的问题，那只能说研究不够。反过来说，编辑学原理也只能回答编辑活动的问题，它不能也不应该去回答诸如卖买书号、催款要账等不属于编辑活动的问题。尽管这类事现在不少编辑人员在做，但那只是当前某些"编辑人员的工作"，而并非编辑活动。这里就告诉我们，要区别编辑活动和编辑人员的活动。说白一点，现在许多编辑人员在炒股，这总不能说是编辑活动，要由编辑学来回答的问题吧！

　　读了《初探》，给我另一个启发是：我们的各种媒体、各类图书，如科技读物、工具书、社科读物，文学艺术读物，包括广播、音像、影视、数字出版物，是不是都应该编写一批像《初探》这样的专著（当然，有的已经有了），回答各自编辑活动中碰到的实际问题。我想，这应该是大有益于推动各种媒体编辑学的研究，也有利于普通编辑学形成的吧！

　　2007 年 8 月 1 日

　　《中国编辑》2007 年第 5 期

建立普通编辑学引发的思考

拙作《建立普通编辑学是历史必然》在《中国新闻出版报》2007年6月13日发表以后，引起了一些共鸣，也接到了一些同行的资讯，关切之情，令人感喟。

首先一个问题是：什么是普通编辑学，它与大学里的普通语言学、普通物理学，是不是一个层次的东西。我们认为普通编辑学是研究各种传播媒体编辑活动的性质、功能及其一般规律的科学。换句话说，普通编辑学是研究各种媒体编辑活动的共性，是从它们不同的个性中概括出来的共性。普通编辑学和各门类编辑学（如书、报、刊、网络出版、电子音像出版编辑学）一样，是一门应用科学，但它不是研究各种媒体具体编辑活动特殊的理论和实践，而是研究各种媒体编辑活动通用的共同规律和共同原理。所以，一般说来，它是理论层面的东西，即理论编辑学。但它又是和实践紧密结合的，并用以指导实践的理论。

从学科体系看，普通编辑学应该是一级学科，各种部门编辑学（如图书编辑学、报纸编辑学等）是它的二级学科，而各类图书（如工具书、少年儿童读物……）、各类报纸（如日报、少年报等）编辑学则是三级学科。所以，普通编辑学是各种编辑学中最高层次的学科。我们再来看普通语言学，据《辞海》1990年版称："普通语言学，又称理论语言学。语言学的理论部门。研究人类语言的一般规律，是在研究具体语言的基础上建立起来的，主要内容有语言的本质、起源和发展、语言的基本结构及其规律，研究语言的专门方法，语言的分科，语言学在学科体系中的地位等。"又如：普通物理学，"通常指力学、分子物理学、热学、电磁学、光学和原子物理学等学科的总称，通过有关现象和实验事实的介绍，建立描述这类物理现象的基本概念和基本物理量，并从特殊到一般，总结出这类现象所满足的基本规律，这类学科的共同特点是，通常采用归纳法，从特殊到一般，并使用较少数学"。至于普通教育学，它的第一义，就明确指出是："研究教育一般规律的科学。即教育学。"根据这些解释，我们不难得出普通编辑学和普通语言学、普通物理学、普通教育学的属性和类型了，这对我们建立普通编辑学也可有所比较和参考。

有同行说，编辑学崛起20余年，过去一般都称编辑学，为什么现在又提出普通编辑学，这是什么缘故。这里，我想说明几点：

一、普通编辑学不是现在才提出的，它是随着编辑学在我国崛起而提出来的。据我所知，早在上世纪80年代就已经提出来了。[①]编辑学在中国的发展，最早是从新闻编辑学开始的，如1949年3月，在广州出版的李次民著《编辑学》，主要就是讲新闻编辑方面的，也兼及杂志。但是20世纪80年代编辑学在中国重新崛起，迅速发展，却是从图书编辑学开始的。作为标志性的事件是胡乔木先生提倡在高等学校试办编辑学专业。所以，当时的社会舆论，说到编辑学，一般就是指图书编辑学。实际上也是这样，20世纪80年代共出版的16种以编辑学冠名的著作中，除两种以外，都是讲图书编辑的或者主要是讲图书编辑的，也有的干脆就叫《图书编辑学》或《编辑出版学》。因为在当时，不要说网络尚未兴起，就是电子出版物也为数不多。所以，那时候"编辑学"这个名词就和书、报、刊等印刷媒体有着不可分割的缘由。"普通编辑学"在那时即使已经提出，也只是一种目标而已，或者说当时对普通编辑学的理解，也还是有某种局限性的。

那时，有的专著虽命名《编辑学》，但内容还是讲图书编辑的，有的也讲一些杂志、报纸的编辑工作，但不占主要位置。就算到了21世纪初，研究者的视野有所扩大，但编辑学仍然摆脱不了局限于某些媒体的

---

① 参见拙著：《编辑学研究在中国》，湖北教育出版社1992年版。

范围。当然，这不是这些研究者的责任，而是与某些新媒体发展、普及程度和人们对它们所作的研究尚需深入有关。所以，过去所说的编辑学，是局限于部分媒体的编辑学，它的涵盖面是有限的。

有鉴于此，明确建立涵盖各种媒体编辑活动的普通编辑学，以示与过去一般所说的编辑学有所区别，似乎就有其必要了。

二、有的研究者认为，各种媒体编辑学都是应用性很强的学科，实用层面的内容很多，要概括出它们的共性，有一定困难。这个问题不容否认，困难是客观存在，但这只是问题的一个方面。如果从另一个方面看，因为都是媒体，又都是编辑活动，就难免会有共同的东西，如创意（有的叫设计，有的称策划或构思）、选择（从众多原创作品中加以审视、选择）、优化（就是对原创作品进行加工，使它合乎质量的要求）、组合（把作品的主、部件组织起来，使之符合传播的需要）。这些似乎是所有媒体的编辑活动都少不了的，也许还有其他。可见，共性的东西还是有的。有的研究者说得好，共性是有的，关键在于找到一个适合的切入点。这个见解是很有道理的。

三、有的同志担心，当下高校教材建设、学科建设的种种弊端，专业光环暗淡，普通编辑学即使建立起来，命运又会如何？[①] 这种担心是可以理解的。我的看法是，事物在发展过程中，出现这样那样的情况和问题，是难免的。但是，应该相信，在科学发展观的指导下，教育改革一定能够克服各种困难和问题，不断地前进。再说，包括普通编辑学在内的各种学科建设，也不能因为某些弊端而停顿下来。相反，应该从实际出发，在总结经验的基础上，坚持发展，开拓创新，努力前进，这才是改变目前某些困难和问题的根本出路。

四、有的同行说，目前编辑的职能、责任、功效已大大扩张。编辑功能的复合化，不是几条编辑学原理所能回答得了的。这确实是一个实

---

① 参见李人凡：《编辑学站稳之后待急进》，2007年6月23日《中国新闻出版报》。

际问题。现在有些出版社的编辑，干什么的都有，搞营销的，谈折扣的，催款要账的……无所不包，这些都要编辑学原理来回答是很困难的。为此，我认为对当前实际工作中编辑所干的各种行当，应该进行具体分析。编辑活动是一种社会文化活动，是为传播需要进行创意（策划、构思、设计）、优选、优化、组合的创造性智力劳动，它是出版工作的中心环节，也是各种传媒活动中不可或缺的重要组成部分。这就是编辑学需要研究的编辑活动及其发展规律。有些工作，虽然目前有的编辑也不能不做，如前面提到的营销、催款等，但它不属于编辑活动，当然，也不应该由编辑学的原理来回答的，实际上，编辑学原理再完善也是回答不了的。在这里，我建议大家看一看美国资深编辑格罗斯主编的《编辑人的世界》一书中，柯蒂斯的一篇文章《西方文学的没落》，作者根据调查，开出了一些大出版公司编辑的工作时间，得出编辑一年中实际在办公室的时间只有 58 天。我把他统计中参加各种书展、年会的时间共 60 天加在一起，也只有 118 天。更令人费解的是，柯蒂斯进一步对 460 位曾经在大的出版公司当过总编辑的人作了调查访问，结果是：编辑即使在办公室的时间里，大多数的时间也并不是在作编辑或与编辑有关的活动，而是喝咖啡、聊天等。这些当然也不应由编辑学原理来回答（这种情况，不是说明美国没有编辑工作，因为他们具体的编辑工作，一般都被推给我们称为"社外编辑"这批人去做了）。我国的情况不同，编辑的负担很重，压力很大。编辑活动的时间应该会大幅攀升，但恐怕也会有相当部分是编辑的分外之事，也许在眼下市场竞争激烈的条件下，这种情况是难以一下子改变的。这些问题应该由不断改革、不断发展来解决，也不属于编辑学研究的范围。不然，编辑学和营销学……就很难划分了。

以上，一孔之见，不揣冒昧，仅供参考。

2007 年 8 月 8 日

问渠哪得清如许？

——论出版教育如何适应出版发展的需要

出版发展迫切需要高素质人才

1.改革开放以来，随着我国经济的迅速发展，文化事业得到了长足的发展，出版事业也突飞猛进。以1978年为基数，当时只有出版社105家，到了2003年，全国有出版社535家（不包括副牌），为1978年的509.52%，增长了4倍多；1978年，出版图书1.45万种，到了2003年，品种发展到19.03万种，为1978年的1312.41%，增长了12倍以上；1978年的总印数为37.74亿册（张），到2003年达到66.7亿册（张），是1978年的176.7%，增长了76.74%；1978年的总印张是135.43亿张，2003年达到462.22亿印张，是1978年的341.3%，也增长了两倍多；从销售金额看，1978年是9.3亿元，2003年达到461.64亿元（含书价上涨因素），为4963.87%，增加了48倍多①，中国出版的这种发展，首先说明这是社会发展的客观需要，读者的需要。不然，出版不可能发展得如此之快。

2.改革发展中的出版业，需要应对许多新情况和新问题。出版的体制改变，由计划经济转为市场经济，一方面出版是搞活了，发展明显加快；另一方面也带来了激烈的市场竞争，由此出现了一系列新情况和新问题。如为了占领市场份额，一些出版单位采取扩大品种的做法。据调查，许多出版社的出书品种比10年前翻了一番、两番，如前面讲到的增加了几倍。这对中国知识界是一个巨大的挑战和冲击。10年当中能写书

---

① 巢峰，《中国的图书市场》，载于《出版科学》2006年第1期。

的作者不可能一下增加几倍。于是滥竽充数，什么人都可以写书，导致作者的原稿质量大大下降。再说，出版社的编辑队伍10年当中也不可能增加12倍。即使有所增加，真正合格的编辑仍严重缺额，有些编辑根本就跟不上大发展的需要。这样，原稿质量不高，编辑又疲于奔命，原来一年发两三本稿子，几十万字，现在一年要发八九本、十几本稿子，字数达五六百万，八九百万，甚至一千万字以上。编辑没有办法，只好把原来的精工细作，改为粗放操作。书是出版了，但做工不细，品位不高，差错甚多，被读者讥为"无错不成书""错误百出是好书"。社会各界对出版物的批评，对编辑来说，或者听不到，或者听到也没有办法，不是习以为常，就是有苦难言。因为编辑们一天到晚，杂务缠身，忙于奔波，根本无法坐定下来总结经验，吸取教训，从实践中获取新的启迪。这说明现在的编辑出版人员，迫切需要改变浮躁心态，冷静下来，接受编辑出版的理论指导，也说明编辑出版的理论研究应该大大加强，编辑学、出版学迫切需要加强学科建设，积极回答实践中提出的新问题，才能适应新形势下实际工作的需要。

3. 当前，随着科学技术的迅猛发展，信息知识急剧膨胀，更新知识的周期不断缩短，创新的频率大大加快。加上改革发展，社会结构的改变，经济体制的改革，正在转型的社会也带来了许多新的情况，需要我们去认识和应对，可以说各种新观念、新知识层出不穷。更何况现在编辑人员的工作范围已经大大扩展，不仅要策划、组稿，审读、加工，读校、查样，还要做宣传、搞营销，甚至和书商谈发行折扣，发货、算账，催讨欠款，有时还要处理版权纠纷。这种"一条龙服务"，不仅要求编辑有渊博的见闻，而且要有扎实的专业知识。当编辑的人要有专业知识，历来都是提倡的，但在新的历史条件下，这一点尤为重要，没有一两门专业知识，实在很难应付，同时还要有相应的外语和计算机知识。

4. 现在社会舆论和相关的调研机构，都在关注阅读率走低，这个问题的原因是多方面的，总的来说是阅读环境发生了变化。有媒体多样化，挤占读者阅读时间的客观因素；也有人们求实惠、讲实利，导致新的"读书无用论"渐入人心的主观因素。但从另一方面看，又反映了读者对图书的要求越来越高，已不满足于一般的快餐式读物和应景书刊，或者是那种浅阅读的图文书籍，而是渴求富有创新精神、教育意义和真正能够提高自己思想和知识水平的精品佳作，渴求思想性、科学性、艺术性俱佳的好书。可是，要出好书，出精品，光靠那种粗放式的图书生产方式是不行的，那种编辑坐在办公室搞策划，作者奉命作文的模式，要出好书也是很难的。经验证明：好书精品，一般是作者长期积累的结果，是编辑全身心投入、与作者反复研讨的结果，有的更是历史上长期文化积淀的结果，或者是编辑在众多文化成果中艰苦探索、发掘发现的结果。这说明编辑要做成精品好书，本身必须要有较高的综合素质；出版社要想出好书，出精品，则需要建立一支高素质的编辑队伍。为什么有的稿件遭到甲出版社的退稿，到了乙出版社却成了常销不衰的好书，一个重要的原因，就在于编辑人员的鉴别判断能力。

综上所述，出版的改革发展，社会对出版的要求，出版工作的实践，都迫切需要一批能够适应现代出版需要的高素质复合型人才，他们应该是：理论素养好、精通编辑出版业务、具有战略思维和国际眼光的高级专业人才；熟悉现代传媒经营和资本运营，具有把握市场能力的经理人才；精通外语、通晓国际规则、具有开拓海外市场能力的外向型人才；文化素质高、技能高超、爱岗敬业的专门技术人才。这就有赖于高校出版学研究生专业教育来打好基础。有没有高素质的人才，已经关系到出版能不能继续向前发展的重大问题。也就是说，培养造就一支符合学习型社会、创新型国家需要的合格的编辑出版队伍，是出版发展的关键中的关键，是出版更好前进的当务之急。

理顺学科定位，把编辑出版学列为一级学科

这样一支队伍来自何方？无非是两个方面，一是对在职编辑出版人员进行再教育，进行培训、补课，或者在实践中有计划地学习；另一方面就是依靠高等学校的出版教育，请他们从现代出版实际需要出发，有针对性地培养人才。

我国高校的出版教育，自 1984 年 7 月，胡乔木同志倡议在高校设置编辑学专业以来，据不完全统计，短短 20 年，目前已有 61 所高校设立了编辑出版学专业，这个进展当然是很大的，这是教育部和各高校积极支持的结果，也是前面讲到的出版业迫切需要人才的反映。但是从实际需要来看，目前的专业发展，还是不能适应出版蓬勃发展的需要。这是因为：

1. 目前的编辑出版学专业，归口不统一。有的设在中文系，有的设在传播系、新闻系、信息系，还有的设在图书馆系……由于归属不统一，设置的课程也不一致，甚至连主干课程也不统一。这样培养出来的学生，学什么的都有，受业的深浅也各不相同。

2. 现在的编辑出版学专业，看起来口径很宽，可以说把出版的方方面面都包括在内，有编辑，有装帧设计，有书刊发行，有成本核算，有经营管理，有版权保护和版权贸易……面面俱到，其实是专业不专。因为编辑出版涉及的知识面很广，有书、报、刊，电子出版、电影电视，网络等，内容极为丰富，绝不是一个专业所能包含得了的。老实说，一个大学生即使全心全意地在学校学五年，也学不了那么多东西。如果蜻蜓点水，什么都沾一下，那只能学点皮毛。结果到了工作岗位上，往往是用得上的部分知识不深不透，用不上的部分，则束之高阁，逐渐荒废。这样的学生，毕业之后，到了出版单位，也只能打打杂儿，很难做一些专业性较强的工作。这说明，编辑出版的学问，不是一个专业所能容纳得了的，它应该分为几个专业。这样才能使学生在某一方面学得深一点、

透一点，到了工作岗位上，才能够比较顺手地从事专业性工作。

3. 当编辑的人应该有专业知识的背景。编辑工作是五花八门的，他要面对的是各种学科的专家撰写的各种各样的书稿，所以，没有专业知识，就很难组织策划、审读和加工书稿。不要说内容，就是连标点符号、公式图样，有时都对付不了。不然，古籍标点就不用作为一门学问来专门研究了。话得说回来，一个出版社，即使再大、分工再细也不可能每一个学科都设有专门的编辑，但大门类总是要有人能把关的。事情往往是这样，有时候，你在某一门学问里钻进去了，有了体会，就可以触类旁通，将知识面扩展到相邻相关的学科中去。我们出版界有懂得五六门外语的编辑，其实，真正在学校里学的也只是一两门外语，其他几门就是在工作中运用主、辅外语时，慢慢揣摩、学习，逐步掌握的。所以，要成为一个合格的编辑，就应该要有专业知识作为基础，再加上编辑学、出版学的理论和业务知识，才能如虎添翼。

所以，我赞成 2005 年底，全国近 30 所高校发出的关于设立编辑出版学研究生专业的呼吁，在国家《授予博士、硕士学位和培养研究生的学科、专业目录》中，让编辑出版学和新闻学、传播学一样，列为一级学科，把编辑学、图书发行学、出版管理学、出版的理论和历史作为二级学科。在二级学科下面，还可以根据需要设一些专业。如编辑学下面可设书刊编辑学、报纸编辑学、网络编辑学等专业。在课程的设置上，要理论与实务兼顾，人文精神与业务操作结合，着重培养出版使命感和编辑精神，做到虚实并举。这样才能理顺目前的学科结构，推动我们出版事业的健康繁荣。

把编辑出版学列为一级学科，是培养出版人才，推进出版发展的关键

有人也许会说，目前，教育部批准培养编辑出版学方向的研究生办

学点已有 32 个。不是一样培养研究生吗？为什么非要把它列为一级学科呢？事实上，编辑出版学现有 32 个研究生培养点，和过去根本不能培养研究生相比，可以说是一件好事。问题是现在这些办学点还都是"借鸡孵蛋"，分属于八九个学科，不仅归属混乱，而且课程繁杂，有的还很不合理，如不及时调整，势必越来越乱，弄得既不像出版，又不像新闻，更不像传播，最后只能把一门好端端的学科弄成"四不像"。结果恰恰是毁了这门学科，也辜负了胡乔木同志率先倡议的一片苦心。

问渠哪得清如许？为有源头活水来。为了适应出版界对出版教育的殷切期待，为贯彻教育为实际工作服务、为社会主义建设服务的方针，希望国家教育部门从出版业的实际需要出发，在学科体系中，明确出版学、出版编辑学的学科定位，理顺隶属关系，办好这门学科，积极推动出版教育的顺利发展，大力推进我国社会主义出版事业的健康繁荣。

《编辑学刊》2008 年第 7 期

为赵航著《审读论》作序

2005 年 6 月下旬，北京正进入夏至，虽然尚未入伏，也已到了风送热、人争凉的时候，我收到了赵航同志用特快专递寄来的《出版审读研究》（后更名为《审读论》）一书的打印稿，共 31 万字，命我"审读""作序"。虽然，在 2004 年"全国出版专业职业资格考试辅导教材审定委员会"会议上，他曾经当面和我谈及此事，但当时还是一种计划，我也没有细想。想不到书稿来得这么快，而且又是在"夏天不是读书天"的季节里，我还是觉得有点突然。随稿附来的信中说，这是他与他的学生马瑞洁讲师共同撰写的，他完成了其中约三分之二的篇幅。又说，这是他的第二个国家项目成果（他的第一个国家项目成果是《出版选题研究》，已由辽宁教育出版社以《选题论》为书名，于 1998 年 7 月出版）。我看了不禁分外高兴。因为《选题论》出版后，我是拜读过的，这是一本理论与实际相结合的学术著作，戴文葆先生为其作序，认为"赵航的《选题论》，就是对编辑学研究的直接贡献"，并且赞成赵航说的"在出版工程上选题是编辑工作的第一步"，认为这是"一针见血，完全正确"。现在赵航又写了《审读论》。这样，他就把编辑工作中的两个最重要的环节都研究了，并且形成了学术成果，写出了专题著作，这就难能可贵了。老实说，能够完成这样两个国家项目课题的人，在出版界或者出版教育界，还是为数不多的。而从编辑工作角度看，两个重要环节都有了学术专著，这就是我分外高兴的原因。这是我收到他的稿子以后的第一个感觉。

赵航搞出版审读研究，写出《审读论》是非常适时的。因为，目前在一些出版单位和一部分编辑人员中，不重视甚至忽视审读工作的现象相当严重，审读环节正在被简化和弱化。最近，有一篇文章说，有些编辑过分追求经济效益而忽视了图书质量，心疏于"编"，或者说，轻视文字编辑工作，没有把好审读关，书稿的"三审"流于形式，具体有以下几种表现：一是有的编辑，一收到作者的书稿，就直接发给排版公司，校样排出来后，又直接交给校对，由校对改正错字、语病等，就算是代替编辑"加工"了；二是完全依靠外聘的兼职编辑，"责任"编辑甚至没有翻一下书稿，就马上送到外编手里，而外编毕竟是兼职的，有些只是为赚点"外快"顺便做一下审校而已，有的碍于情面，不可能对书稿负完全责任，即使有的外编责任心较强，能提出不少问题，但稿子回到"责编"手上，他仍然不看，直接退请作者考虑；三是有的编辑依赖复审、终审，而复审、终审又有自己的任务，一般是"同意初审意见"，这样也就马虎过了关；四是还有的出版社为了快出书，复审工作在各位编辑之间，互相交换进行，于是彼此"尊重"，大开绿灯，有的轻描淡写，说点鸡毛蒜皮的所谓"意见"，就算不错了，不可能也谈不上提出什么实质性的问题，于是，一部三四十万字的稿子，一两个小时至多半天就审完了，剩下来只等终审签字了结。[①]

其实，此种状况并非今日始，我在1998年就曾列举过审稿的几种怪现象，如：

一是审稿不看稿。现在有的责任编辑把一部几十万字的稿子，像玩扑克那样翻一下，写上"内容没有问题，建议发稿"，就算审完。复审只看一下初审意见，就写上"同意初审意见"，也过去了。到终审，更不看了，至多把初审、复审找来，问一问有什么问题，初、复审表示没有问题，终审就签上"同意发稿"。这样，这部稿子的三审就过关了。

二是所谓"抓重点"，放弃一般。而重点又是怎么抓的呢？有的编辑说，现在品种很多，四只眼睛也看不过来，只好"抓重点"，就是二三十万字的稿子，抽读其中两三千字，就算"审"过了。至于其他"非重点"，对不住，顾不上了。

[①] 王秀琦. 编辑运行机制需要转变. 《出版发行研究》，2005（9）.

三是所谓"快速审读"。一部二三十万字的书稿，编辑室主任上午交给编辑审读，下午编辑就把书稿送还给主任，说：看完了。

四是"三审制"有名无实，或者叫流于形式。他们说，"过去审稿，好像过十字路口，有红灯绿灯，现在有了现代化的立交桥，转个圈子就过来了"。

五是一个编辑，年发稿字数几百万、上千万，就是数一遍也数不过来，不知是怎么"审"的稿。

六是稿子经常发，审读报告老是那么几句话，只要把作者名字、书稿名称和书稿字数改换一下就可以了，被人称为"通用牌"审读报告。[①]

九年过去了，现在的情况是不是好一些呢？从上面提到的那篇文章所说的情况看，似乎没有改进，还可能愈演愈烈。可见，审稿马虎，走过场，已经司空见惯，不足为奇，成为有些出版单位某些编辑人员的顽症痼疾了。

审读是编辑工作的基本环节，是保证图书质量的关键。由于不重视甚至忽视审读，造成图书质量下滑，已经是不争的事实。

2001 年，新闻出版总署对 33 家良好出版社的编校质量进行抽查，结果有三分之一的品种质量不合格。如果按每家每年出书 1000 种算，共出书 33000 种，那么就有 11000 种不合格图书在市场上流行。这个问题难道还不严重吗？特别要提请注意的是：这还是良好出版社的编校质量。

2003 年，新闻出版总署对辞书进行了专项检查，有 19 种不合格辞书受到查处。其中有 3 种差错率在 15/10000 以上，有 9 种差错率在 5/10000 ~ 15/10000 之间，它涉及的出版单位不仅有几个省的主要出版社，还有中央部委一级的出版社；就对象看，其中有几部辞书是直接供学生用的。作为工具书，其造成的恶劣影响不言而喻，后果是难以挽回的。

2005 年，新闻出版总署对少年儿童图书进行了专项检查，185 家出版社 2004 年出版少儿图书 721 种，合格的图书有 635 种，占 88.1%，换

---

① 邵益文．《20 世纪中国的编辑学研究》．石家庄：河北教育出版社，2000：320.

句话说，不合格的有 86 种，占 11.9%。若以此推算，2004 年，全年出版少儿图书 7989 种，17992 万册（张），质量不合格的就可能有 950 种，约 2000 万册（张）之多，这个数字是令人吃惊的。特别要提请注意的是：看这些书的读者是缺乏辨别能力的少年儿童，这种因为差错而留在他们脑海中的烙印不知要持续多久，而且不排除有可能会影响他们一辈子。

仅此三例，可见图书质量下降的严重程度。这难道不是轻视审读、弱化审读惹的祸？

所以，现在讲审读，对出版工作来说，用两句老话，叫"非常及时，十分必要"，无异于雪中送炭，久旱逢甘霖。

现在再让我们回到赵航的《审读论》这部稿子上来，我通读之后，有几点给我留下了深刻的印象：

（一）关于出版审读的必要性和重要性的阐述

赵航同志在这部著作中，首先强调了审读对于出版的绝对必要性和无比重要性。他引用马克思的话，"出版物是历史上人民精神的英勇喉舌和它的公开表演"，说明出版物是历史上人类表现出来的精神、言行的记录，它应该无悖于人类历史的真实。所以，美国出版人小赫伯特·史密斯·贝利认为，"出版社就好像是发送端与接收端之间的一个滤波器、转换器和发射装置"。因为每一种书都有自己的特殊内容。这归根到底是由编辑出版这种精神生产的特性所决定的。作者的创作劳动个体性与转化为出版物的社会化、公众化之间矛盾所要求的，唯一的办法就是协调、整合，求得解决。"这种创作与生产的特殊性，决定了编辑出版工作中的'审读'环节必须成为主宰"，必须对众多作者的作品进行严格的"过滤""筛选"和"把关"，这是作者的作品转化为社会化的传播物的关键，是精神产品生产特殊性的表现。这就是说，保证向社会公众传播出去的精神产品的思想性、科学性和艺术性，就全部依赖于编辑审读这个出版工作中的"核心程序"的甄别和判断。《审读论》的作者由此得出：审读实际上是编辑对稿件进行的"科学研究"，"实在是一门很严密的科学，它有着自身独特的认识论、方法论、规律性，心理状态和思维系统，这正是需要我们对审读这一课题进行持续深入研究的所在"。这里，作者不仅论证了编辑审读在出版工作中的重要意义，而且说明了研究审读，撰写《审读论》是把审读作为一门科学所需要的。

（二）关于审读原理的揭示

研究任何一门学科，最重要的是要认识事物内部的矛盾性，发掘事物之间的本质联系，揭示其客观规律，表述这种规律所反映的原理，赵航在《审读论》中正是这样做的。

赵航说：审读是决定稿件命运的重要环节，重在坚持政治思想导向、传播有益的文化知识、强调质量把关，以及公正地判断其价值取向，这一切都取决于审读者的水平与态度。审读既检验从选题到组稿等前期编辑活动的效果，又是后续系列工作能否继续的判定。但无论怎样复杂，审读的要义即必须紧扣编辑出版的基本规律。那么，这里说的基本规律是什么呢？《审读论》的作者赞成刘杲先生对编辑活动基本规律的论断，即："编辑活动的基本规律，是对人类创造的文明成果的选择、加工和传播。"赵航认为："选择与优化，涵盖了审读过程中的方方面面，概括而又原则化，是审读中要遵循的原则和总纲。"他认为："选择和优化应该居于同心圆的内圈，成为内核；它是审读的起点，也是审读的重心，可以视为核心原理。"他同时指出："优化主要集中在审读和加工阶段。审读是加工的前提"，"加工是审读的继续"。

赵航在这里，实际上讲了三个问题：

1. 强调了出版审读是编辑出版基本规律的要求，是客观的需要。在作者个人作品社会化过程中，审读是不可缺少的。你不搞出版、不做编辑便罢，要搞出版、当编辑，就不能不搞审读。

2. 强调了审读必须遵循客观规律，符合客观规律。即出版审读不是随意的，而是要按照客观规律，一板一眼地进行。任何对审读的简化、弱化、边缘化，都不符合出版审读的客观规律，注定是要失败的。

3.强调了审读的职责在于构建真善美的出版物。通过审读，进行选择和加工（优化），尽可能使出版物达到真实、正确、优美和完善的地步，即赵航所说的真善美的地步。

这是《审读论》作者对出版审读的性质、任务、地位、作用的全面论述。

赵航除了对审读原理作总体的论述之外，还分别从制约、超越、平衡、缜密等七个方面的具体原则作了细致的论证，并且用很有说服力的事例加以佐证，不仅加强了可读性，而且加深了人们对原理的理解，颇有新意。

（三）坚持在审读中创新，创新中审读

赵航根据心理学的分析，认为一个人长期积累的知识、经验、习惯可以形成一种"定势"。这种"定势"既有充分反映事物本质的一面，是积极的，又有可能隐含着某种认识上的不完整、不深刻的一面，是消极的。这就是所谓的"定势心理"，它可以带有强烈的倾向性，往往以一种固定的倾向去反映客观现实，产生出"定势效益"。他说："在审读中，正确把握心理定势很重要。一方面，编辑要有丰富的知识与经验作充分的准备，而另一方面编辑又要随时准备排除定势心理可能产生的负面影响。"作者的书稿和一棵树上的树叶一样，没有一片是相同的，是个性化十分明显的东西。所以，审读中成功地排除心理定势，是审读中实现创新的首要任务，不能排除心理定势，创新就是一句空话。

那么，怎么才能在审读中实现创新呢？这就要求对审读的内容多问几个为什么，而不是凭老经验，想当然，轻易地开关放行。赵航在这里举了一个十分生动的例子。唐代诗人张继的《枫桥夜泊》是历史名篇。"月落乌啼霜满天，江枫渔火对愁眠。姑苏城外寒山寺，夜半钟声到客船"，这是家喻户晓、转辗传诵的名作。它经过多少个编辑，出现在多少种出版物上，已无法统计。可是有谁作过认真的考证呢？一般是人云亦云，认为"乌啼"就是乌鸦叫，"愁眠"就是反映惆怅的心情罢了。当然，也有人有过怀疑，是不是"月落"时，乌鸦一定会叫，秋天夜里月落，乌鸦也会叫吗？还有"对愁眠"，究竟是什么？是指枫树和渔火吗？

还是指作者和江枫、渔火呢？但终究没有合乎逻辑的诠释。直到 20 世纪 80 年代，上海两位编辑为此到枫桥一带考察，经过向当地老人调查访问，才弄清楚。原来在枫桥以西早先还有一座桥，叫乌啼桥，一百多年前坍塌了，人们也逐渐忘掉了它的曾经存在；而枫桥对面不远处的一座山，古时曾叫愁眠山。这样，张继这首咏景寓意诗的意境就清楚了。上海两位编辑根据自己的查访，重新注解了这个名篇，就实现了自己的编辑创新。这就告诉我们，编辑在审读中创新，首先要认真研读原稿，决不放过任何一个疑点，然后细致地查找一切可能查到的资料，调查访问，广泛听取各种不同意见，做到心中有数，定稿有据，这是创新的起码条件。

编辑在审读中不仅要自己创新，而且要积极大胆地支持作者创新。在这方面，赵航也举了一个很有说服力的例子。20 世纪初，德国《物理学年鉴》的编辑们，大胆地支持爱因斯坦发表《关于光的产生与转化的一个启发性观点》的论文，使相对论的学说能够及时面世。如果这些编辑像当时某些反对者那样，认为全世界只有 12 位物理学家能够读懂这篇文章而不予发表，那么在科学史上划时代的相对论的问世，就要受阻了。所以，支持作者创新，是编辑创新的重要组成部分，甚至是审读创新中更为重要的组成部分。这是编辑应该有的态度、魄力、品格和使命。一个真正能够做到在审读中创新，又在创新中审读的编辑，才是一个好的编辑。

和许多学术著作一样，《审读论》也有一些值得商榷之处。例如，赵航在这本著作中，正确地批评了"一些出版单位逐渐放松了'三审制'，甚至抛弃了'三审制'"。在现实生活中，在一些出版社，"三审制"形同虚设，名存实亡。有的出版单位根本就不审稿，"三审制"变成了"三签制"（初审、复审、终审不看稿子，直接签字发稿），结果弄得图书质量每况愈下，错误百出，令人无法卒读。有人甚至说，现在编校完全无差错的书，不能说没有，但为数不会太多，在总数中可能只占很小一部分。此话是否言过其实，不敢妄评，但图书质量下滑问题突出，自不待言。究其原因，是一些出版单位受经济利益驱动造成的。正是由于这种状况，以及造成这种状况的原因，"三审制"必须坚持，而且只能加强，不能削弱。不然，图书的编校质量将更加没有保证，差错将更加惊人。所以，《审读论》作者提出改革"三审制"，主张为了适应市场销售的"时效性"，"尽可能减少审读环节和审读次数"，是令人怀疑的。因为图书毕竟是图书，它不同于报纸，要强调时效性。有的图书即使有时间要求，但品种不是很多，而且与报刊相比，时效的要求显然是不同的。至于说到教辅读物、挂历之类的出版物，一旦错过销售时机，就变成废纸。其实，对这些出版物的出版，是有规定的，有的要经过报批，出版单位都是早为之计，很少有误时之说。再说，目前市场上教辅成堆，堆得像小山一样，这种情况，绝不是出版不及时之故，而是质量不高，同类书太多，实际上都与审读不精、把关不严有关，与"时效"没有多少关系。至于说，现代出版业已进入买方市场，图书迅速上市已成为追求目标，"此时仍硬性规定每一本书都必须经过三次认真的审读，才能进入编辑加工环节，不仅不符合'效益经济'的基本原则，也难以在实践中得到真正落实"。按照这种说法，"三审制"已经成为累赘，真的可以不要了。其实，此论正是目前有些出版单位不坚持甚至放弃"三审制"的借口。强调经济效益，而忽视文化产品必须坚持质量第一的原则，其后果必然不利于社会主义精神文明建设。《审读论》的作者还提出用"二审制"代替"三审制"的意见，并且举出个别事例，说明"二审制"的"可行"。事物是复杂的，任何偶发事件都有可能的，但特例不等于普遍可行，更不能作为制度规定。试想，目前如此强调坚持执行"三审制"，尚且不能坚持执行，使书刊错误百出，如果改为"二审制"，那不就使图书的质量更加难以把握了吗？动机也许是为了加快出书，但这种加快违反了文化产品的生产规律，效果会如何呢？这是我们应该考虑的首要问题，也是面对现实，坚持"三审制"的关键之点。

　　或许有人认为我这种想法，不符合当前有些出版社的工作实际，近似僵化。但是考虑到现实情况，考虑到"坚持稿件三审责任制度"是国家出版行政管理部门制定的《图书质量保障体系》中的明文规定，是现行的有效法规，一些出版社不执行"三审制"是违反规定的行为，我如果明知它不对而不提出来，也是不适当的。

或许有人认为我不宜在这篇文章中谈这个问题，这一点我也曾经考虑过，并且和赵航同志进行了沟通。赵航同志认为这是不同观点的问题，有不同意见是好事，完全没有必要回避。我赞成这种意见，才写下了上面这些看法，以供大家研究。

《中国编辑》2008年第3期；《审读论》陕西人民教育出版社2008年4月版

30 年编辑学研究综述

一、改革开放为编辑学开辟了新的航道

"文化大革命"把许多东西都颠倒了，出版界批了17年"黑线专政"，大批出版物被贬为"毒草"，编一本《新华字典》，要总理亲自提出；四大古典文学名著的出版，要总理亲自批准；姚雪垠要把长篇小说《李自成》写完，也要毛主席亲自批示。全国书荒之声一片，文化建设形势的严峻可见一斑。直到十一届三中全会后拨乱反正，形势才有所改观。但究竟什么是"正"，怎么搞才对？于是各个部门都在总结经验，都在加强理论和实践的研究。出版界在中央的直接领导下，搞了《关于加强出版工作的决定》，要求建立出版发行研究所，建立出版学院，加强出版发行的理论研究。之后，胡乔木同志又提出在高校试办编辑学专业，要求搞编辑学研究。这样，全国编辑出版类报刊如雨后春笋，一下子发展到30多个，专业论文和相关图书也迅速发展，在批判"编辑无学论"中，编辑学很快发展起来。

编辑学诞生于20世纪40年代、50年代和60年代，我国内地及港、台等地区都有专著出版，但为数不多，影响也不大。从20世纪70年代末的改革开放到本世纪初，在这30年的时间里，编辑学研究从小到大，一直到迅速崛起，走过了一条不平坦的道路，这也是任何一门新兴学科发展的必经之路。

二、改革开放推动了编辑学的崛起

从20世纪80年代初到90年代中期，在中央的关怀下，在新闻出版界、

教育界同仁的努力下，编辑学这门既古老又新颖的学科得以迅速崛起，讨论了许多学科建设的基本问题。

（一）关于编辑有学无学的争论

编辑学提出之初，首先碰到的是有学无学之争。有人认为，编辑是术不是学，编辑工作几千年来，世代相传，都是师傅教徒弟，编辑学未尝闻也；有的说，编辑编辑，剪剪贴贴，充其量是个编书匠，从未想过要往学术上靠；也有的说，当编辑的只要有基本知识，有一定文字功夫，就可以编书，何必要讲什么编辑学；更有甚者，认为多少年来，没有编辑学，书也编了，而且编得不错，现在来讲什么编辑学，是多此一举。总之，认为编辑无学，或者说可有可无。以上这些看法，编辑界有识之士分析、归结为三点：一是认为这是一种传统的旧观念，认为过去没有的东西，现在也不用有；二是认为出于对编辑工作的作用缺乏全面的理解，看成只是剪剪贴贴、改改标点符号、批批大小字号，看不到编辑的重要作用，看不到编辑学问之所在；三是认为出于某些编辑人员的自谦。相反，许多认为编辑有学的人认为：编辑工作，世代相传，都是师傅教徒弟，正是说明其中有许多经验，只是过去没有去总结整理而使之条理化、系统化，所以没有形成一种学说；而所有的理论，都是从实践中来，只要认真总结，把经验上升为理论，这说明编辑学的形成是有实践基础的。有的认为，中国历史上典籍浩如烟海，有的相传多少年，都是靠编辑工作才得以流传下来，其中难道没有规律可循？更有的说，从历史到现实，为什么有的书编得好，有的书编得不好，这就说明编辑工作大有学问。根据以上的争论，著名理论家胡乔木和著名科学家钱学森等明确指出：编辑有学。再加上《中国大百科全书》《编辑实用百科全书》和《出版辞典》等一些有影响的工具书，都把编辑学作为特大专条加以阐释；一些资深编辑也纷纷撰文著书，才使编辑无学的观点开始得到了抑制，趋向沉默。但是，这个问题的逐步解决，还是在许多编辑学著作陆续问世以后。同时，我们应该清醒地认识到，抑制或沉默并不等于问题的解决，编辑无学观点的彻底解决，还有待于具有现代科学形态的编辑学的真正建成。

（二）关于编辑学的性质

既然编辑有学，那么编辑学应该研究什么？它是一门什么样的学问？它的任务是什么？这是编辑有学无学争论之后提出的问题。在这些问题上同样有几种不同的观点，争论是相当激烈的。当时提出的见解，大体上有这样一些：

1. "综合性学科说"认为，编辑学是一种综合性学科。

2. "边缘学科说"认为，编辑学是一门边缘学科，它是由几个学科互相交叉、渗透而在边缘地带形成的一门学科。

3. "杂学说"认为，既然编辑有时被人称为杂家，那么据此形成的学科应该称为杂学。

4. "综合性边缘学科说"认为，编辑学既具有综合性，又是一种边缘学科，所以称之为"综合性边缘学科"。

5. "基础学科说"认为，编辑学的任务主要不在于对诸多编辑现象和编辑方法的直观说明与描述，也不在于编辑经验的一般总结，而是要探索和揭示编辑活动的本质规律，建立完整的适用于各种学科的编辑学的科学体系，所以，它应属于基础理论学科。

6. "理论学科与应用学科二重性学科说"认为，编辑学既要研究编辑活动的发生、发展及其互相联系的特殊规律等理论层面的内容，又要研究编辑工作的技能、工艺和程序控制等带有很强应用色彩的内容，就决定了它是一门理论学科与应用学科辩证统一的二重性学科。

7. "应用科学说"认为，编辑学以编辑工作的指导思想和编辑活动的特征为主要研究对象，是一门实践性很强的应用学科。

综合以上各种观点，编辑学的学科性质问题，显然是一个十分重要的问题，它关系到编辑学究竟是一门什么样的学问，在整个学科体系中，应该如何定位，这是编辑学学科建设中必须解决的一个重要问题。

上述 7 种观点，大都是在 20 世纪 80 年代和 90 年代初期提出来的，此后对编辑学学科性质的问题，又有过一些专门的讨论，取得了一定的共识。

笔者认为，"理论学科和应用学科结合说"与"应用学科说"，两者相接近，因为应用学科也要研究理论，探索有关事物的矛盾运动和规律，并使它上升为理论原理，再用以指导实践。所以说，"理论学科和应用学科相结合"或"应用学科"，比较符合编辑学这一学科的实际。因为研究编辑学，从根本上说，是为了指导编辑实践，使编辑工作科学化，有规律可循。

（三）关于编辑学的归属问题

编辑学究竟属于自然科学还是社会科学，还是另有他说？在这个问题上，也是有不同意见的，主要有这样一些看法：

1. "属于社会科学范畴说"认为，编辑活动是一种社会文化现象，它的直接后果是生产、传播和积累社会精神产品，而社会文化现象的本质及其所产生的精神产品，都属于社会文化成果。所以，编辑学应属于社会科学范畴。

2. "文化工程科学说"认为，编辑学不仅是一门新兴学科，而且是一门新型的学科。它不是在自然科学或社会科学两大类中简单地新增一个户头，而是把许多学科的成就与方法，采撷综合应用于文化传导枢纽位置上的编辑活动的一门文化工程科学。

3. "不忙'挂靠'论"认为，在编辑学起步之初，大可不必把自己拴死在哪棵树上，如果急急忙忙找一个"婆家"，挂靠在哪一个大学科上，就很难不受其这样或那样的影响，甚至有可能削弱编辑学自己本来应有的特点，丧失了自己应有的独立地位，岂非弄巧成拙？

应该说，上述诸说，各有所据，需要很好地加以研究。

编辑学属于哪一个科学门类？笔者认为，编辑学应该属于社会科学。因为，文化学、知识学、传播学都属于社会科学范畴。说到文化工程科学，主要是一种管理学科、组织学科，从根本上说，也属于社会科学范畴。可见，不论持何种意见，最后都把编辑学划入社会科学范畴之内。

说到"不急于'挂靠'"，在一门新学科建立之初，为了开阔思路，进行充分的研究，不先考虑属于哪个大学科，应该是可以的。但这只是一种学科建设的战略设想，并不等于可以长此以往，悬而不决，最终还是要解决所谓"挂靠"的问题，这是不言而喻的。

（四）关于编辑学的研究对象

任何一门学科都有自己特定的研究对象，这是一门学科能够建立的基本前提，没有自己研究对象的学科是不存在的。编辑学作为一门新兴的学科，当然应该有自己的研究对象。那么，编辑学的研究对象是什么？

这个问题，在编辑学崛起以后的一个相当长的时期里，曾经是我国编辑学界讨论的一个热点，并且出现过几种有代表性的见解，即所谓"过程说""原稿说""关系说""主体客体说"和"规律说"。

1. "过程说"认为，编辑学研究的对象应该是"编辑过程"。

2. "原稿说"认为，编辑工作的任何环节都离不开原稿，一切工作都是为了使原稿能够优化为出版物。因此，原稿在编辑工作中有决定性意义。

3. "关系说"认为，应该把编辑学的研究对象定为编辑或编辑活动与各个方面的关系，也就是编辑工作矛盾的诸多方面。

4. "主体客体说"认为，应该把主客体的关系作为编辑学的研究对象。

5. "规律说"的基本主张把揭示编辑活动的基本规律，作为编辑学的研究对象。

（五）关于"编辑"的概念

这在古今中外的著述和工具书中本来就有多种界定，提出的看法很多，形成了"百花齐放，百家争鸣"的局面。自从编辑学研究开展以来，编辑学界对"编辑"概念有多种界定，这里仅将一些见诸于书报刊的说法，分列于后。

编辑是收集和研究有关出版的信息，按照一定的方针制定并组织力量实施选题计划，审读、评价、选择、加工、整理稿件或其他材料，增添必要的辅文，同著译者和其他有关人员一起通力协作，从内容、形式和技术各方面使其适合于出版，并在出版前后向读者宣传介绍的过程。

编辑是社会精神产品生产流程中的一个中间环节，它以物态化生产为目的，对精神产品的原稿进行选择和加工。

编辑是在利用传播工具的活动中，以满足社会精神文化需要为目的，致力于在作者和读者之间建立传播关系，把印刷和发行作为自己后续工作的一种社会文化活动。

编辑是对外载知识的智力加工，包括对知识的审选、修订、组稿等。编辑活动是缔造社会文化的活动。

编辑是通过稿本、编本和文体，与作者、读者广泛交流的社会文化活动，其目的是缔造人类精神文化结构。

编辑是信息和知识有序化、载体化与社会化的学术业务。

为了适应传播的需要，对现存用文字凝结而成的著述和可能凝结的著述进行构思，并且根据生产经营的目的与标准，进行选择、修整和组装，就是编辑。

编辑是一种以一定的文字、音像材料为基础，进行创意、选择、设计、加工、美化等综合性阶段性的精神生产过程，使之符合于制作物质载体的标准，达到宣传思想、传播知识、交流信息、陶冶情操、积累文化等目的的智力劳动。

编辑是根据一定的思想原则，以相应的信息或著述材料为基础，进行优选、创意、优化、组合等综合性的精神生产过程，使精神成果适合于制作传贮载体的创造性智力劳动。这个界说，包括这样的几层意思：一是编辑的工作根据，二是编辑的工作基础，三是编辑的工作手段，四是编辑的工作性质，五是编辑的工作目的。

以上各项都是说明，编辑工作是一种精神生产活动，是一种为社会进步、生产发展服务的社会文化活动。它既是社会主义文化建设的手段，又是社会主义文化建设的重要内容。这个活动，不是随意的，它是根据社会需要，并通过一定的载体来实现的、有广泛的社会性和具体的实践性的一种社会文化活动。

（六）关于编辑的起源问题

这个问题由编辑概念的不同界定而产生。

一种意见认为，编辑起源于殷商（或者说，"编"这种活动始于殷商）。许慎在《说文解字》中说"唯殷先人，有典有册"，也说明了殷商已有书籍，说明编辑活动肯定是存在的，虽然这种活动可能是很原始的。这种关于编辑活动起源的见解，可以名之为"殷商说"。

另一种意见认为，编辑活动起源于春秋，即公元前 6 世纪到公元前 5 世纪。理由是孔子"作春秋""删诗经"，而且主张"述而不作"，不仅有编辑实践，而且有编辑思想，应是无可辩驳的编辑活动。因此，把孔子所处的春秋时期作为编辑活动的起源，是有充分根据的。这种关于编辑活动起源的见解，可以称之为"春秋说"。

还有一种意见认为，编辑活动起源于五代至北宋时期，即公元 10 世纪前后。理由是雕版印刷虽始于南北朝，历隋唐，但真正普及兴盛是在北宋。如果再往前推一点就是五代。在此以前，雕版印刷并不普及，印刷的书也不多。既然出版都没有形成气候，也就谈不上编辑了。这种关于编辑活动起源的见解，可以称之为"五代北宋说"。

笔者认为：编辑活动既是一种社会文化活动，又是一种历史现象。从最早的萌发，到纸介印品出版物，到音像、电子计算机软件编辑，再到多媒体编辑，是一个漫长的发展过程。在这个漫长的发展过程中，应该如何确定编辑活动的起源，应有这样几点：①必须要拥有"收集整理材料"这种起码的编辑实践。②进行编辑活动时应有一定的目的和主张。③以上两项必须有史书的明确记载。根据这三条，我们看甲骨文时期的编辑活动，只能说是一种萌芽。春秋时期孔子的编辑活动，基本符合这三条，可以认为是编辑活动的开始。至于"五代北宋说"，应该说是毫无意义的，因为雕版印书普及时期，肯定有编辑活动的，但编辑活动的起源为什么一定要与雕版印刷联系在一起？此前的竹简、木牍、帛书就没有编辑活动吗？因此，"五代北宋说"缺乏根据。有人认为，手抄时期（雕版前），也有编辑活动，这似乎又往前推了一段时期，但这样和"著于竹帛"又很难划分。因此，以孔子时期为编辑活动的起源，应该说是比较合理的，也是合乎历史逻辑的。

（七）关于孔子是否为编辑家之争

这个问题由前述编辑活动起源的讨论引申而来，但问题的性质不只是编辑活动的起源问题，还关系到编辑概念界定等问题。在这个问题上，不同的意见主要是三种：

一种意见认为，孔子是我国最早从事编辑活动的，是中国历史上第一个有名有姓的编辑家。

另一种意见认为，孔子当时的活动，是一种编纂活动，而编纂是古代成书的一种方式，所以，孔子的活动不能说是编辑活动，当然不能称为编辑家。

第三种意见与第一种意见基本相同，但有自己的见解，认为孔子"删诗经"，作了"重新整理"和"修订"工作，应承认是编辑活动。

笔者基本上赞成第一、三种看法，而对范文澜先生的三条准绳，尤表赞赏，并且还想再加一条，即"思无邪"。正如《论语》所说："《诗》三百，一言以蔽之，曰：'思无邪。'"这也是笔者在 80 年代提出的观点。

（八）关于编辑学研究范围的讨论

中国的编辑学研究是从报纸编辑学开始的，这一点无论是 20 世纪 40 年代萌芽时期，或者是 20 世纪 50 年代至 70 年代，都是这样的。但是在发展中，图书编辑学、期刊编辑学进展较快，报纸编辑学也出了几本。这些论著中，对编辑学研究的范围，有两种不同见解：

一种意见认为编辑随着媒体的发展而多样化，如有图书编辑、期刊编辑、报纸编辑、影视编辑、广播编辑、电子出版物编辑；又如图书编辑中还可以分为社科读物编辑、科技读物编辑、少年儿童读物编辑、辞书工具书编辑……期刊编辑也可分社科期刊编辑、科技期刊编辑等。它们各有特色，都应该研究，可以建立各门类读物编辑学，但又有可以涵盖各种媒体的共性和普遍规律。这就是说，可以而且应该建立反映共同规律的普遍编辑学或理论编辑学。持这种意见的人还认为：现代编辑工作的范围日益扩大，编辑学研究停留在书刊范围之内，已不能适应实际工作的需要，又不能反映现代编辑工作的多样性。报纸、广播、电视、音像制品和电子出版物等方面的编辑工作都应该研究，这些方面的学术研究成果，可以为普通编辑学的建立奠定基础。

另一种意见认为：书刊、报纸、影视等编辑工作，彼此间差别很大。例如：编辑工作在书刊出版工作中是中心环节，地位很重要。但在影视工作中，编辑不居"中心"地位，也没有导演、演员、摄影和节目主持人等那样重要。书刊编辑重选题、组稿、审稿；报纸编辑则是组织报道、选择新闻、组合版面；电视编辑通常兼做文字作者和导演的工作，有的只是挑选剪辑镜头。这说明彼此之间缺乏共同点，把他们勉强地捆绑在一起，只能是一种胡思乱想，是不实际的。这个分歧，归根到底，还是对编辑工作的共性和个性的认识问题，也是对编辑工作的多样性缺乏应有的了解。如果我们深入观察书刊编辑工作的话，各门类书刊的编辑工作，同样存在着很强的个性和特点。如果我们认为编辑工作只存在于书刊生产过程中，我们要研究的只是书刊编辑学，那实际上就会把编辑学肢解为各种媒体的附属品，忽视了对编辑工作的共同特点和普遍规律的研究，结果是无法建立适应各种编辑工作需要的普通编辑学的。这样，把编辑学建设成为一门独立的学科，也就成为一句空话。为此，必须加强编辑学与邻近学科关系的研究，明确编辑学不同于其他学科的个性；同时，强调对各种编辑工作的研究，弄清它们的共同特点，找出它们的普遍规律，形成普通编辑学，才能把编辑学真正建设成为一门独立的学科。

（九）关于编辑工作导向性问题的研究

编辑工作是一种社会文化活动，属于精神生产的性质，因而它的目的性是很清楚的，就是给人以思想、知识、技能，引导人们的知和行，影响人们的观念形态。就像我们通常所说的，就是影响人们的精神世界，指导人们的社会实践。这一切都说明编辑工作是一种意识形态工作，是一种知识传授工作，是一种技能辅导工作，一句话，具有很强的导向性。也就是说，社会主义编辑工作的根本目的，是为了武装读者头脑，引导社会的舆论，传播科学文化知识，陶冶人们的情操，繁荣出版事业，为读者提供优秀的精神食粮，以培养"有理想、有道德、有文化、有纪律"的社会主义公民为目标，是社会主义精神文明建设的一个重要组成部分。

在这个问题上，持反对态度的人，即认为编辑出版工作可以不讲导向的人，可以说没有，至少公开这样说的人没有。因为出版物的导向是客观存在的，承认不承认都不会改变，但这并不等于思想上、认识上完全一致。实际上至少存在两种情况：一种情况是，口头上不反对讲导向，但实际做的时候，却是另外一套。另一种是所谓对导向理解不同，他们也讲导向，但认为编辑工作要以市场为导向，换句话说，要以价值规律为依归，以赢利为目的。这两种情况的结果是一样的，就是在工作中搞"短平快"编书出书、抢选题、搞重复出版，甚至见利忘义，与不法书商勾结，参与非法出版活动。在这些人眼里，编辑工作不是社会文化活动，而是一种投机活动。总之，搞编辑出版工作是搞文化建设这种观念，在某些人的头脑里，已经日益淡薄，甚至所剩无几。这种看法，当然是非常错误的。

我们说，在社会主义市场经济条件下，出版是一种文化产业。为了销售，出版的图书是商品，或者说是一种文化商品，发行也确实是商业活动，印刷还是一种工业，但这些都不能改变编辑工作是文化活动，是意识形态工作，是一种精神生产的性质。即使书刊发行、印刷是商业和工业，但它们仍然具有很强的思想性。有的书刊不能印、不能卖，就是这个道理。因为不健康读物一传播出去，就会给社会带来负面影响，有负社会主义编辑出版工作的初衷。所以，编辑学首先要研究导向。因为编辑学研究的是一种政治性、思想性、科学性很强的编辑工作，是为加强社会主义精神文明建设服务的社会学说，它必须讲方向、讲原则，不是只就工作讲工作，不是只讲编辑工艺、编辑技巧，否则就会走入误区。导向性是任何一种出版物都存在的，社会主义编辑工作强调的是动机与效果的统一，是掌握导向的自觉性，这是编辑学研究的首要问题。

（十）关于编辑劳动的性质和作用的讨论

这个问题也有几种不同的意见。

一种意见认为，编辑劳动的性质和作用在于中介性。就是说在一般情况下，编辑劳动不直接创造文化知识，编辑活动的过程也不是直接创造文化知识的过程。文化知识的创造者，是那些写出了文学作品、学术论著的作家、理论家和科学家，是那些创造着别具风格的画品和乐曲的画家、音乐家。只有当这些人的成果需要向社会公布，或进入大众传播渠道时，才能和编辑及编辑活动发生联系。

另一种意见认为，编辑劳动的性质在于加工性和创造性。因为编辑活动是对他人作品和资料进行收集、选择、整理和加工，使之适合传播目的与复制要求的精神劳动，一般不独立创造新的精神产品。从这个意义上说，编辑活动是一种加工性劳动，但它同时又是一种创造性的精神劳动，在图书的精神生产过程中，编辑活动具有规划设计和选择加工等多种功能，具有直接创造和间接创造双重性质。有的学者则认为，编辑以书稿为对象进行的工作，是一种重要的智力支出，要耗费大量的脑力。一部书稿经过编辑人员的处理，不仅使作者创造的价值和使用价值得到社会的承认，并且创造了新的价值和使用价值，说明编辑劳动的性质。

再一种意见认为，编辑劳动具有独立性、潜隐性和创造性。编辑劳动作为一种社会专门职业，具有独立性。他的特点是把自己的智慧、才能，贡献于他人的成果之中。一般来说，作为一种精神产品，一部图书的问世，编辑是把自己的智慧、研究成果、生活体验等都融入作者的作品中去了。这就是编辑劳动的潜隐性，所谓"为他人作嫁衣"。但这种潜隐性，并不影响编辑劳动崇高的社会地位，以及编辑在精神生产过程中的重大作用。编辑劳动在精神生产过程中的潜隐性只说明编辑和作者的社会分工不同，劳动的形式不同，并不是社会地位不同。因为编辑劳动对出版工作来说，不仅是一种不可缺少的劳动，而且是"整个出版工作的中心环节"。编辑要制定编辑方针、原则和规划，选题、设计和策划，选择优秀的精神食粮，并把它们组织、生产成为成品，提供给读者，起着引导读者、教育读者、陶冶读者情操的作用，这些方面，编辑甚至比作者负有更大责任。编辑这种既负有重大社会责任，又具有潜隐性的劳动，正是编辑不同于学者、作家、演员、教员、雕塑家、画家等精神产品生产者的地方；编辑这种既负有设计又负有生产精神产品任务的特点，正是他们不同于建筑设计师和建筑工程师的地方。这也说明编辑劳动具有不易被人发现的重大创造性的本质。

还有一种意见认为，编辑劳动在继承、发展和弘扬祖国的文化科学方面，有着不可磨灭的作用。仅以中国古代几十万种书能够出版，并保存流传至今，就可以看到编辑起了至关重要的作用。历史上许多史书、典籍、名著，至今仍为我国文化珍品，都有编辑耕耘的功劳。历史上许多史官、著作家都作了大量的编辑工作，用现在的眼光看，他们同样是有成就的编辑，许多书籍，久传不衰，影响之大，不可估量，编辑应该是中国文化的重要缔造者、积累者和传播者。

笔者的看法是：仅仅把编辑活动的性质和作用看成中介性和传播性，是很不够的。编辑劳动既然是一种社会文化生产活动，那么就应该充分肯定编辑劳动的创造性，就不是简单的中介，它不仅在传播经过选择加工的文化产品方面，而且在积累优秀文化方面有着重要的作用。对"为他人作嫁衣"的理解，不仅要看到编辑为他人的奉献精神，更要看到他们为他人"作嫁衣"时注入了自己的知识和才能。

由于对编辑工作的性质，尤其是对其作用的不同认识，于是就提出了讨论编辑主体及其能动作用的问题。

（十一）关于编辑主体及其能动作用问题的讨论

编辑主体，这里指编辑工作者本身，指编辑队伍；编辑客体是指编辑所处的社会环境、生产发展水平，也指稿件、作者、读者、印刷、发行……即指编辑工作者面临的外部环境和条件，以及它们和编辑工作的关系。文化是经济的反映，文化的发展离不开经济发展和社会进步，两者应该是同步的，这是一种客观规律。鉴于此，编辑学的理论要研究外部环境和社会关系，主观和客观的条件，这是毋庸置疑的。老实说，一门学科的建立，不研究学科外部环境、条件、与其他学科的关系，这门学科是很难独立建立起来的。

但是，编辑工作不同于商业，也不同于工业，它面对的是具体的质量标准、用料计划和工艺规程，产品的质量如何，除特殊情况外，也不取决于某一个操作者。编辑工作者面对的是具有某种质量可变性的精神生产成果或半成品，编辑的努力程度不同，质量也就不同，更何况一般精神生产的每一个生产过程（即使表演艺术、展示艺术）都具有创造性。因此，编辑的能动作用，对产品质量具有非常重要的意义。这就告诉我们，必须认真研究编辑主体，即编辑者自己，包括他们的思想道德、知识结构和业务水平，甚至他们的思想方法、工作作风和心理素质。比如，一个编辑能不能严格要求自己，是不是竭诚为读者服务，是不是具有奉献精神，作风是不是认真细致等，这些都对他所处理的书稿产生影响，甚至是重大的影响。为此，编辑学应该强调研究编辑主体，这一点在编辑学的理论体系中，应该占有很大的比重。这样就涉及如何认识编辑的能动作用问题。在这个问题上，历来存在两种不同的看法。

一种意见认为，出版物的质量取决于作者，作者写得好与不好，编辑很难改变面貌，编辑的作用主要是对已有成果的选择、把关，其作用无非是选、审、改，总体上是被动进行的，即所谓"剪剪贴贴，改改错别字，看看标点"，认为编辑的能动作用难以发挥，或者说很有限。

另一种意见认为，编辑由于职业的需要，可以通过编书编刊广泛地接触社会，掌握信息，创意、设计、策划和制定选题，可以通过编书编刊引导科研、学术的发展趋势；通过审读书稿，加工修改，可以提高作品的质量，起到"把关"的作用，掌握作品的生杀大权。编辑可以编好一本书，也可以编坏一本书，效果可以截然不同。所以，编辑工作不仅责任重大，而且是一种不可缺少的精神生产过程，是一种创造性强的社会文化活动。编辑在其工作中不是无所作为，而是大有作为的。为此，应该充分发挥编辑的能动作用。

笔者认为：强调研究编辑主体及其能动作用，目的在于提高编辑的社会地位和劳动的意义。应该看到，每一种书刊的出版，都是作者和编辑共同创造的，编辑劳动不是可有可无的，应大力提高编辑的社会责任感，进而使编辑自觉地提高思想、业务素质和道德水准。我们不是要把编辑的作用夸大到不适当的地步，甚至认为编辑应该凌驾于作者之上，这是不科学的。应该看到编辑对书刊的策划设计、宏观构思和微观控制是不可缺少的，在一定条件下也可以起主导的作用，在市场经济条件下尤其是这样。但这一切都离不开作者的创造性劳动，没有作者的支持，任何构思、策划、选择以及其他微观控制，都不能实现。因此，作者的劳动具有决定性的作用。尽管他的著述有时是根据编辑代表社会需求作出的意图进行的，但著述者毕竟是作者。

（十二）关于编辑学与邻近学科的关系

一些学者认为，任何一门独立学科的建立，必须确立起自己的基本概念、概念系统和基本的理论体系，也就是要明确自己特定的研究对象、研究范围。但是，现在许多老学科已经自成体系，渗透到历史和现实的各个领域，新学科又如雨后春笋，与日俱增，彼此纵横交错，互相撞击。因此，必须用科学的分科眼光，划清各自的特定对象和研究范围，既不扩大，也不缩小，这样才有助于学科的建立。从编辑学学科建设的角度看，研究编辑学与出版学、新闻学、传播学、校勘学、目录学等邻近学科的关系，十分重要。

编辑学与出版学的关系。一种意见认为，编辑学属于出版学，是出版学的分支学科，理由是有出版才有编辑，出版产生以前的编辑不是编辑学要研究的编辑。不同意这种意见的人认为，出版学属于编辑学，编辑工作是整个出版工作的中心环节，没有编辑这个中心环节，就没有出版工作，也就没有出版学。再一种意见认为，编辑学、出版学都是独立学科，彼此没有从属关系。因为，编辑工作不仅出版有，新闻、广播、影视、戏剧都有编辑工作，它只能是独立的。持这种意见的人认为：编辑学的分支学科——图书编辑学、杂志编辑学，可以是出版学的主干学科；报纸编辑学可以是新闻学的分支学科；影视编辑学也可以是影视艺术的分支学科，这是它们各自的不同地位所决定的。这种交错，不影响编辑学作为一门独立学科而存在。

编辑学与目录学的关系。在中国古代只有校雠学，没有分为目录学、校勘学等，统称为"治书之学"。所谓"版本、目录、校勘皆校雠之事"，其实，把版本的考订、文字的校勘、目录的编制、篇章的条理、书名的确定，以及写序跋都包括在里面了，而这些大部分就是编辑工作。所以，认为目录学、校勘学、编辑学是同宗同源，都出自校雠学。随着生产的发展，社会分工逐渐细化，校雠学也不断演变、延伸、扩展，使著、编、校逐步分离，而编辑活动的内容和形式比较复杂，所以形成独立学科也就比其他学科来得晚。

编辑学与大众传播的关系。两者之间不是彼此谁隶属于谁的关系，而是有联系又有区别。所谓联系：①大众传播学开始不包括图书，只是到了后来，有的人才把大众传播分为印刷媒介和电子媒介，而在印刷媒介中包括了图书；②在受众方面，开始仅指听众和观众，后来又增加了读者（既是读者，当然也可指图书的读者）。所谓区别：①传播学是一门边缘学科,它的研究对象十分广泛,而编辑学的研究对象就是编辑活动,既明显又具体；②传播以广泛、迅速、连续性为主要特点，而编辑学并非仅仅服务于大众传播，也不以广泛、迅速、连续性为唯一特点；③编辑工作还包括文书、档案、密码等等，这不属于大众传播的范围；④报纸、广播、影视和大众传播学关系密切，但新闻学和传播学目前都是国家的一级学科，新闻编辑学又有自己的理论体系和概念系统，它们虽互相交错，却是和传播学相并立的新闻学的分支学科。

笔者认为，上述编辑学与其他学科的关系研究，有一定的见解和深度。但总的看来，编辑学与邻近学科关系的研究，需要进一步加强，进一步拓展。

（十三）关于编辑学的学科体系

首先是编辑学的学科体系应该包括什么。第一种意见认为，高等学校编辑学专业培养的是新时期的合格编辑。因此，作为一个编辑须知应知的知识，都应该包括在编辑学的学科体系之内，否则不能称为体系。第二种意见认为，编辑不是演员，演员的功夫在于演和唱，有的甚至就只学几出戏。编辑要面对各种各样的书稿、各种各样的视听读物。出版物从形式到内容都是非常广泛的，无论哪一个编辑，应知须知的东西很多，需要一部百科全书。第三种意见认为，编辑学的学科体系，不同于一个合格编辑须知应知的知识，而且各门类读物，各学科编辑须知应知的知识也不相同，都要须知应知，即使再博学厚积，也难办到；同时，也不同于高等学校编辑学专业本科生应开的课程，这种课程大都是按照一个大学毕业生应该达到的知识水平开设的。

有人提出：编辑学学科体系主要包括编辑理论、编辑业务、编辑美学、编辑管理学、编辑战略学和编辑史；也有人认为可以分为编辑学概论、编辑史、编辑开发学和编辑价值学。有的则认为编辑学的学科体系是一个层次清晰、较为庞大的网络系统，它的第一层次包括普通编辑学、实用编辑学、编辑历史学和编辑方法论，以下层次是编辑信息学、编辑语言学、编辑心理学、编辑社会学等交叉学科；再就是编辑学的分支学科，如图书编辑学、期刊编辑学、报纸编辑学、影视编辑学和电子出版物编辑学等；如果再往下延伸，那就是图书编辑学中，再分文艺图书编辑学、科技图书编辑学、辞书编辑学、美术图书编辑学……期刊编辑学、报纸编辑学也是如此。经过讨论，比较一致的看法认为编辑学的学科体系，至少应该包括：编辑理论、编辑业务、编辑史和编辑学方法论。其中，理论部分是核心和灵魂，没有成熟的编辑学理论，要把编辑学建成为具有现代科学形态的专门学科是难以设想的。从过去研究的情况看，应用编辑学、编辑业务和编辑过程的研究比较多；对编辑史研究，虽然有一些专著和专论，并在一些问题上开展了争鸣，但不够系统；在理论编辑学研究方面，应该说论文不少，许多专著、教材也多有涉及，争鸣也有一定开展，但成果比较分散，不够系统，尤其缺少总结、归纳、概括、梳理，使之条理化。这正是今后编辑学界要着重花力气研究的问题。

（十四）关于编辑史、出版史的研究和交流

许多研究者认为，编辑史、出版史的研究，不仅是出版发展的需要，而且是编辑学学科建设的需要，没有编辑史、出版史的成果，没有对历史经验的科学总结，编辑学的学科体系是不完善的，这是必须特别重视编辑史、出版史研究的根本原因。在研讨中，研究者认为编辑史、出版史宛如浩瀚的大海，因此必须明确重点。其中许多专家学者认为，重点应该围绕近百年史来进行，集中探讨 20 世纪中国出版史的特点、作用及其分期问题，同时交流研究成果，总结经验，提出改进意见。讨论中一些研究者强调：中国作为历史悠久的出版大国，认真做好编辑史、出版史的研究工作，不仅有十分重要的历史意义和现实意义，而且有深远的国际意义。

一种意见认为，课题研究和史论著述，要大、中、小并举；要坚持运用历史唯物主义的原理，着重做好书、事、人的个案研究，做好收集和发掘材料等基础性工作。经过几年的努力，在编辑史、出版史研究方面，发表了好几百篇论文，出版了 10 多本专著，成果十分明显，也为进一步研究打下了深厚的基础。

三、改革开放促使编辑学研究不断深化

自 20 世纪 80 年代以来，编辑学的学术活动日趋活跃，编辑学专著也屡有出版，在这个基础上梳理了已有的学术成果，拓宽了新的学术领域，进一步深化理论研究，以推动学科建设的新发展。

经过 30 多年的探讨、争鸣，学界在一些基本问题上有了某种相同和相似的看法，或者观点开始接近。这些问题是：编辑学起源于中国，1949 年，在广州出版的李次民著《编辑学》一书可能是最早的以 "编辑学" 命名的专著；编辑学的学科性质是一门实践性很强的应用学科；编辑学的学科分类应属于社会科学的范畴；编辑学的研究对象是研究编辑活动的特殊矛盾，揭示这些特殊矛盾所反映的客观规律；编辑活动的本质特征是创意（策划、设计）和把关；"编辑" 的基本概念是：创意（策划、开发）、选择（选题、选作者和稿件审读）、优化（加工整理）和组合（编排有序化，做到付印前的齐、清、定）；充分肯定编辑劳动的创造性，以及编辑在优选、优化传播、积累社会文化中的能动作用。

（一）开展编辑学理论框架的研究

1996 年以来，经过学界的共同努力，对编辑学理论框架研究，形成了若干共识：①编辑学理论框架服务于建立学科体系的目的，经过多次研讨，认为编辑学的学科体系应包含四个部分，即编辑学理论、编辑业务、编辑史和编辑学方法论。我们要研究的理论框架，就是学科体系中的第一部分内容。②理论框架的基本任务是要阐明编辑学的性质、任务、研究对象、编辑活动的特点和规律，以及它所反映的基本范畴和理论原理。③这个框架应该适用于图书、报纸、期刊、广播、影视、录音和录像制品、电子出版和网络传播等传播媒体。④我们要建立的理论框架是普通编辑学的理论框架，它要总结、归纳近 30 多年来编辑学研究的丰硕成果，形

成具有现代科学形态的编辑学理论，使它能像新闻学、教育学、语言学等学科那样，耸立于我国人文社会科学的系统之中，成为一门相对独立的学科。⑤根据 80 年代以来，编辑学研究取得的成果，包括上百种的编辑学专著，数以千计的论文，既有编辑学的理论著作，又有编辑学的实用著作，既有书、报、刊编辑学专著，又有广播、影视、电子出版物等编辑学专著的出版，说明形成普通编辑学理论框架的条件已经基本具备，基础也是相当好的。⑥应该说明，我们研究理论框架是为了进一步深入研究编辑学，不是限制和束缚研究，而是提供一种参考和服务，以利于争取加快整个编辑学走向成熟的过程。⑦研究编辑学的理论框架，是总结近 30 年来编辑学研究成果的重要工程，特别是现代出版的迅速发展和编辑活动的演变，必将不断地提出新的问题，可以想见难度会是相当大的，应该有充分的思想准备。

此后，经过多次讨论，不少同志就如何构建框架提出了许多很好的意见。许多研究者以文章或著作的形式，提出了自己的编辑学理论体系或编辑学基本知识的框架。从 1995 年至 2000 年，出版各种编辑学著作约 40 种，如王振铎、赵运通著的《编辑学原理论》，任定华、胡爱玲、郭西山著的《编辑学导论》，李海崑、刘光裕主编的《现代编辑学》等，结构新颖，有独到见解。这些著作的问世均非一朝一夕之功，都是在探索过程中逐步形成的。阙道隆曾多次发表文章，赞成学科体系的内容由编辑史、编辑业务知识和编辑理论知识三部分组成，并在这个基础上，2001 年于《编辑学理论纲要》中，除"导言"外，著有包括编辑概念，编辑活动，编辑过程，编辑工作者，编辑与作者、读者（受众），编辑与传播媒介，编辑与社会，编辑规律，编辑价值，编辑模式，编辑规范，编辑风格 12 个方面。中国编辑学会为此专门召开了专家座谈会，得到了许多研究者的肯定，认为是近几年来研究编辑学理论体系的一个阶段性成果。几年来，众多编辑学著作形成的理论体系和知识框架，富有理论色彩和实践意义，在编辑学研究史上写下了浓重的一笔，为编辑学走向成熟奠定了坚实的基础。

（二）关于编辑基本规律的讨论

随着编辑学理论框架的讨论，提出了编辑活动基本规律的问题。编辑规律的探讨，早在 1986 年就已开始，但没有形成热点。此后，曾多次组织过这方面的讨论，到 20 世纪末本世纪初，在编辑学崛起以后近 30 年，才形成了几种看法，具体表述如下：

一种意见认为，编辑劳动规律是编辑人员以传播文化为目的对作品进行选择和加工。

一种意见认为，能动性与受动性相统一是编辑活动的普遍规律。举凡有编辑活动的地方，就有编辑主体通过编辑活动能动地参与社会文化大厦的构建，并同时受到所处的社会环境（包括作者、读者、社会制度、出版体制、自然条件状况等）的制约、影响的现象。

一种意见认为，编辑劳动基本规律有三条：1. 编辑劳动实践与社会经济、政治、文化相统一的规律；2. 编辑劳动实践与社会文化需求相统一的规律；3. 编辑劳动实践与精神文化产品内在要求相统一的规律。

一种意见认为，编辑活动规律有内外之分，其内部规律就是：信息传播规律、媒介建模规律、文化缔构规律。

一种意见认为，信息知识有序律，信息、知识与载体结合律，信息、知识传播律，是编辑的三条基本规律。归纳起来，就是信息、知识有序化、媒体化与社会化规律。

有的研究者则提出编辑活动的三条规律是：1. 求同、求异、求和与求同、异、和互济规律；2. 质量与效益同步规律；3. 主体、客体矛盾统一规律。

另一种意见认为，在文化创造和传播过程中，编辑与社会相互作用规律，是编辑活动的基本规律。

又一种意见认为：编辑和视听者的关系是服务和被服务的关系，二者之间的矛盾是编辑活动的主要矛盾，它规定了编辑活动的基本规律，即编辑以已有的精神成果为基础，通过优化，生产出新的精神产品，最大限度地满足视听者的需要，顺应社会文明发展的规律。

以上各种表述，尽管层次不同、视角各异、繁简有别、虚实有差，但都在不同程度上反映了编辑活动客观的哲学思考，特别在选择和优化方面，已经表现出思路上的趋同倾向，这是一种重要的突破，它为今后的继续研究打下了很好的基础。

（三）关于多种媒体编辑活动有无共性的问题

书、报、刊、广播、电影、电视、音像制品甚至光盘和电子出版物等多种媒体的编辑活动有没有共性的问题，是在编辑学研究已经越出图书、杂志和报纸等文字传播媒介编辑学的范围，需要建立适用于更多媒体的普通编辑学的形势下提出来的。学界对这个问题一般有这样几种意见：

一种意见认为：编辑活动是指开发、选择和加工原型作品，使其成为可供复制的定稿品，并向公众传播的智力活动。以原型作品为工作对象是编辑活动的本质属性，使其成为定稿品是其主要任务，凡符合这种本质属性的特征，就是共性。

一种意见认为：各种传播媒介编辑活动的内涵或共性可简单地表述为：开发选题、选择和加工作品以向公众传播。"开发"不仅包括选题的制定，还可以包括选题优化、帮助作者修改作品内容，使作品增值等。

一种意见认为：现代各媒体的编辑活动既有特殊性，也有共性。这种共性就是为了传播、积累文化的目的，对精神产品进行"策划组织""编排组合"工作。

又一种意见认为："编辑就是根据一定的思想原则，以相应的信息或者著作材料为基础，进行创意、优选、优化组合等综合性的精神生产过程，使精神成果适合于制作传贮载体的创造性智力劳动。"这里所说的"创意""优选""组合"等编辑活动特征，是书报刊、广播、影视和电子出版物、网络出版等都普遍存在的编辑活动，就是共性。

根据有关的讨论，一般认为：图书、报纸、期刊、广播、电影、电视、音像制品、电子出版物和网络出版等各种媒体的编辑活动，有个性也有共性，这是肯定的。问题在于考察各种媒体的编辑活动的共性，可以有不同的层次，不同的视角，必须找到一个恰当切入点，把个性指出来，再找到一些共有的横切面，就可以发现诸多媒体之间编辑活动的共性。这是一种理论上的创新。

（四）关于建立涵盖多种媒体的普通编辑学的讨论

编辑基本概念的逐步趋同，多种媒体编辑活动共性的认同，为建立涵盖多种媒体的普通编辑学奠定了理论基础。进一步的任务是要揭示多种媒体编辑活动的普遍规律，解决构建这一学科的基本要素。

一种意见认为，不同类型图书的编辑活动虽有很大差异，但并不妨碍寻找共同点，写出图书编辑学通论。不同传播媒介的编辑活动之间的差异虽然很大，并不否定其共同发展规律的存在。在科学认识各种传播媒介的共性的基础上，建立普通编辑学在理论上是可能的。尤其在出版多媒体化和网络化以后，出版媒体编辑，特别是音像出版物编辑和影视媒介编辑，越来越接近，彼此之间有了更多的共同语言，趋同的倾向日益明显。

一种意见认为，1998 年出版的《辞海》，对"编辑"定义的修订值得注意。1979 年出版的《辞海》把编辑工作看作新闻出版工作的一个重要环节。到了 1989 年，则把编辑活动的范围扩大到新闻出版机构以外，包括电影业。1998 年版再扩大到一切传播媒介，说"编辑"是"组织、审读、挑选和加工作品的工作""是传播媒介工作的中心环节"。这说明新版《辞海》已把它的"编辑"适用于报纸、广播、电影、电视等多种传播媒介，这有助于研究者认识编辑的特点、共性、普遍规律。

一种意见认为，研究普通编辑学要着力于有实践意义的规律性问题的研究，如一次性和创新规律，增值性和优化规律，有序性与最佳运行规律。

一种意见认为，现在出版的编辑学专著，已有100多种，不仅有图书、期刊编辑学，还有新闻、广播、电影和影视编辑学，有人还在研究电子出版编辑学，可见，建立普通编辑学已有了很好的基础。至于它的普遍规律，应致力于揭示编辑活动共有的内外关系，以及各种矛盾运动的基本发展趋势。

总之，认为建立普通编辑学的漫长之旅已经起步，这是编辑学理论的创新，而且开端是很好的。尽管前面的道路将是艰难的，但只要脚踏实地一步一步地走下去，前景应该是乐观的。

（五）做好编辑学学术观点的归纳和梳理工作

在20世纪90年代中期，研究者们普遍希望对编辑学研究中各学术观点和成果进行系统的梳理。1997年，在银川召开的全国编辑学理论研讨会上，中国编辑学会又明确提出：几年来，编辑学研究在业内外专家学者的支持下，取得了一定的发展，"但成果比较分散，需要总结、归纳和梳理，使之条理化"，以便看到它的成就和不足，便于进一步有针对性地加以研究。这个任务提出以后，得到了积极的反响，一些研究者和媒体，开始做这方面的工作，并取得了一定的进展。特别是山东省高等学校学报研究会，有志于对中国的编辑学研究活动和学术成果进行梳理和评述。在时任山东省高等学校学报研究会主任丛林同志的策划下，他们组织有能力有兴趣为编辑学研究作出贡献的20余位中青年学报编辑，先后花了四五年时间，查阅了出版的200余种专著和上万篇的论文、研究的各种资料，终于写出了近70万字的《中国编辑学研究评述（1983—2003）》，并于2004年底出版。这部书展示了20年来编辑学研究对象、编辑本质、编辑主体、编辑实务、编辑规律和学科建设等基本问题，以及编辑学的分支构成、编辑史和编辑学交叉学科的研究。这本书的出版，较好地完成了中国编辑学会提出的归纳、梳理编辑学学术观点的任务。这是一本研究编辑学的学术著作，是20世纪80年代至21世纪初中国编辑学发展历史的记述，是编辑学各种学术观点的汇集，是我国编辑学学科建设史上的一部重要著作。

此外，根据新的情况和问题，还讨论过新形势下编辑工作新特点和要求的问题，在深化出版改革中如何坚持出版物的质量第一原则的问题，以及编辑职业道德问题等。

以上各个问题，都是根据学科建设的发展和实际工作的需要进行的，从而一步一步地使编辑学学科建设走向成熟，涵盖多种媒体的普通编辑学的研究也在不断深入。相信在党的领导下，在广大研究者的共同努力下，编辑学的学科建设必将随着出版改革的深化，取得新的成果，为建设具有现代科学形态的编辑学作出新的贡献。

《编辑之友》2008 年第 6 期

组织的安排 历史之使然

——我是如何走向出版科研之路的

大概是有一年的春天，某刊记者找到我，让我谈谈自己是怎样走上出版科研之路的，我说这个问题很简单，一句话是组织调动的，他说这不行，要讲你的实践和怎么想的，我说要这样，我得做个准备，但说实话，目前我还真抽不出这个时间。他说，那也行，你准备一下，要不然写个书面材料也行。我心想，这样我就可以边想边写，写不好还可以改。于是我就勉强答应了。

我出生于浙江省一个滨海的农村，我家后面二三百米就是著名的浙东大海塘。小时候我爬上海塘，就能看到大海，涨潮后塘外坑坑洼洼的湿地里，常有许多鱼虾，这是青少年爱去的地方。

1938年秋，我开始上小学，记得第一天上学还穿着新衣服，家里人提着糕点和粽子（表示高中的意思），陪我到学校，向老师鞠躬，把糕点等交给老师，老师又把一部分分发给学生，要大家欢迎新同学。说是学校其实只有一间教室，一个老师，还是从县城请来的，学生不到50人，从一年级到六年级全在一起，老师就一个年级一个年级地挨着教，讲台上放着一把戒尺是用来打手心的。挨打的一般是四年级以上的学生。因为当时正是抗日战争时期，形势动荡，这个学校只维持了一年多一点时间，老师要走，学校也就解散了。母亲就把我送到离家五华里的外婆家住，因为那里有私塾，老师是一个胡子很长的老者，据说中过举，当过幕僚。年纪大了，才开馆以惠乡梓。到私塾，我一进门就要先拜孔夫子，再拜老师，然后才能入座。学生不多，两个八仙桌都没有坐满。我一开始就读神童诗，"天子重英豪，文章教尔曹"，老师先一个字、一个词地讲解，然后再解释整个句子。开始一天学四句，后来一天学八句，逐步加码。

"别人怀宝剑，我有笔如刀"，这种句子要反复讲，给人的印象也最深。比如，他讲，武人打天下，文人治天下。自古以来，当官的都是读书人等等，目的显然是鼓励学生认真读书，好好学习，然后考上个什么。《神童诗》念完，就读《幼学故事琼林》，其中人文、自然知识都有，但内容很不科学，老师是作为"故事"讲的。后来又学了《论语》等。下午，有不少时间是学珠算，从背加减乘除和斤两法（我国原来的一斤十六两秤合十两制的市秤）的口诀，并且要求右手执笔记账，左手打算盘，并讲究速度，目的是培养商店里需要的会计人才（账房先生），这是当时社会上人们向往的职业。第一天教的东西第二天都要背，背不来就打手心，这是没有什么好商量的。有的学生手被打肿，是常有的事。大概一年多，本村的小学恢复了。我又回到小学读书，断断续续，读完六年级。农村里没有初中，母亲只好把我送到在上海谋生的父亲那里读书，一到上海，父亲就把我送到一所中小学（就是既有初中又有小学的学校），可是进校一问，不要说上初中不可能，就是上小学六年级都不行，因为上海的小学，五年级就有英文、算数、常识，而这些我根本就没有碰过，只好从五年级上起。小学毕业后我就上了这所学校的初中，初一的班主任是语文老师，他为了鼓励学生学语文，就要班里的学生办壁报，班里的同学公推三个人（包括我在内）管此事。选稿（从作文里选）、看稿、改错别字都在内，都是我们三人干，最后请老师决定哪些可以上壁报。这样我实际上就开始当"编辑"了，到了初二、初三，许多同学拉我出壁报，我一下子参加了三四个壁报的工作，什么《晓星》《萤》《学习园地》等。每周或每两周一换，搞得挺欢。后来在进步教师的影响下，我开始和一些同学搞油印的刊物，星期天不是写稿子、改稿子、刻蜡纸，就是油印刊物，在校内流传。初中毕业时正值上海解放，同班同学分别进入不同的高中，我进了震旦大学附属高中，为了交流分散在各校同学的信息，我与几名同学又办了一个油印刊物。1949 年秋冬，震旦高中公开建团，我第一批加入中国新民主主义青年团，并被选为震高团总支宣传委员，学生会学艺部长，这样，学习和工作都很忙，各校之间的联系，就淡忘了。但是在学校我还是负责搞宣传，由于震旦是一所有名的教会学校，教法文的教师还是法国神父，情况比较特殊，当时各种政治活动又多，宣传的任务很重，校内有个长长的走廊，是师生必经之路，我们就利用走廊两边，出壁报，写、画宣传品，搞得铺天盖地。有一位政治教员对我开玩笑说，你要"压沉"震旦，说明当时的宣传材料很多。后来脱产参加工作，又分配在团区委宣传部，后调团市委。直到抽调到中央团校学习（现在的中国青年政治学院前身），学校里要搞黑板报，两块很大的黑板，从十个班里抽了两个人，一个当过某省青年报的总编辑，另一个就是我。我们要求各班的通讯员供稿，我负责催稿、收稿、看稿，然后由另一个同志负责定稿，每周出版。团校毕业了，组织上把我留在中国青年出版社当编辑，这样，我这个业余编辑就变成了职业编辑了。可以说，我从初中开始一直没有离开过"编辑"工作，附带说一下，史无前例的"文化大革命"时期，下放到"五七干校"，我仍然负责本连里的黑板报，说来也正是怪事，我似乎与编辑有不解之缘。

真正当了编辑之后，我深感自己的知识不足，当时正好遇上中央提出"向科学进军"的号召，各单位都有规划，我就参考中央党校和人民大学年轻干部的学习计划，制订了自己的"进军"规划，集中攻马列主义经典著作和康德、黑格尔的著作，比较认真地学习了"毛选"四卷，那时每天起得很早，睡得很晚，认真读书学习。记得在讨论苏共十九大赫鲁晓夫反对斯大林的报告时，领导要求大家阅读时把赫不符合马列主义的观点提出来，我在小组发言时提出十多条赫反马列的错误，得到领导的肯定，后来组织上调我到社会科学编辑室工作，分工编哲学和政治理论方面的书。我编了一些书，但配合政治运动的多，很难流传下来，但是图书的印数很大，往往几十万册、几百万册，包括我作为出版社责任编辑参加团中央组织选编、注释的《毛泽东著作选读》（乙种本）的编辑，先后累计印数达一亿两千多万册，这在当时并不奇怪。但也有选题定了以后，等作者写好稿子，形势已经发生了变化，没有再出，胎死腹中的。由此我有了一种感觉，政治形势的发展变化或者国际上斗争的缓急，对我的工作会有影响，比如有时会忙一些，要连着开夜车，反之有的原订的选题计划就要做相应的调整。如上世纪 60 年代初，因经济困难，中央强调落实政策，政治理论读物的选题，除讲基本知识的以外，只能搞些历史上英雄人物的小传。我跑外地组稿到了武汉，找省委机关的老作者，他们看到选题计划有《李自成小传》，就介绍我去找姚雪垠同志，说他刚"平反"，从农村回来，尚未分配工作，又说他这几年研究李自成很有成就。我马上赶到汉口璇宫饭店（他的临时住所）去找他。姚老说，这几年搜集了一些材料，想写一部长篇小说，第一部的上卷已完成，下卷也已动手，小传不想写了，如果你们对小说有兴趣，可以商量。我说，我不是搞文艺的，但我可以把这个信息告诉有关同志，由他们和您联系。我回京后立刻把这个消息向社长兼总编辑的边春光同志汇报，老边马上派文艺编辑室负责人江晓天同志，第二天就去武汉，约定了这部稿子。又隔了一天，北京另一家文艺出版社派专人坐飞机去汉口找姚老，可惜已经晚了一步，姚老后来在《新文史资料》上撰文提到这件事，说了中国青年出版社组稿的经过，并说我社是第一个向他伸出了友谊之手的出版社。其实，对我来说只不过是得到了信息向领导做了一次汇报而已。从这里我体会到作为一个编辑无论在计划经济时代还是市场经济时期，必须认真对待有时看来似乎是无关紧要的信息，它可能是很重要的。我常常告诫自己，作为一个编辑，第一要为读者服务，和读者交朋友，要时刻关心读者的需要和社会的需求，要多跑多问多做调查，特别是向读者做调查，要认真对待每一个信息。第二，要尊重作者，向作者请教，最好能有几个作者成为自己选题组稿等编辑工作的顾问。比如，那时候我每隔一段时间就要到艾思奇，还有孙定国等同志家里坐一会儿，送他们几本新出的书，请他们提意见，听听他们说些什么，往往可以得到许多启发，甚至能够多拿到意想不到的重要稿子。总之，要了解作者在想什么，想写什么，千万不能指手画脚，勉强他们按自己的意思办，要尽可能地为他们的写作提供自己力所能及的帮助，哪怕帮助找到一些旧报纸也好。第三，要不断地学习，使自己站在时代的前列，就要努力掌握与自己工作有关的各种信息和资料，用现在的话来说就是要不断地充电，起码要做到能和作者就稿子上的问题进行对话和交流，对稿件提得出中肯的意见，双方才有共同语言，就是要建立起作者对编辑的信任，这点很重要。

1984年初，我到文化部出版局工作，当时出版局正根据《中共中央、国务院关于加强出版工作的决定》，加强出版科研工作。7月，文化部决定筹建中国出版发行科学研究所，成立了以王益同志为组长，叶再生同志和我为副组长的筹备组。1985年6月，文化部又任命我为副所长主持工作。当时对我来说面临着三个转变：一、由编书到研究编书出书的转变；二、过去我只在一个出版社做一部分工作，现在要管整个研究所的工作，麻雀虽小但五脏俱全；三、过去我的立场、视角至多是一个社、一部稿子，好像是林中一木，现在我的立场、视野，要放在整个出版行业，要观察一片树林。总之是从微观到宏观的转变。当时上面决定研究所的工作方针是：坚持"两为"方针，坚持理论和实践相结合，专业研究和业余研究相结合，为发展社会主义出版事业服务。具体要求是开拓出版科研工作，打出出版科研的旗号，建立科研队伍，因为研究所刚筹建，缺乏专业人员，所以，王益同志十分重视，专业研究和业余研究相结合。筹备组一建立，就要求认真调查业余研究力量，局长边春光同志，主管副局长刘杲同志要求建立研究所学术委员会，聘请20余位特约研究员。我们当时还访问了社科院的新闻研究所和法学研究所，当时他们正在编《新闻学词典》和《法学词典》，而且建立了规模相当大的资料室，收集了许多国内外资料，我们也开始做这方面的工作，创办了学术性刊物《出版与发行》，后改名《出版发行研究》，作为国家出版局局长的边春光同志十分重视研究所的工作，他亲自主持召开了出版科研会议，决定编篡出版词典，作为研究所的第一个科研项目，并于1985年10月开始启动，边春光同志还专门批示：要以《出版词典》为突破口，推动出版科研工作。1986年8月，研究所还创办了全国第一家以出版出版类图书为宗旨的专业出版社——中国书籍出版社。很快，出版了《马克思恩格斯的书刊出版活动》《列宁和编辑出版工作》《实用编辑学》等出版知识丛书和包括出版概论、出版学概论在内的《国外出版译丛》等一批有影响的图书。为推进《出版词典》的编纂工作，研究所翻译出版了日本的《简明出版百科词典》，以及美国、英国和苏联有关出版类词典的材料作为参考。我当时就跟着领导和大家一起边干边学，就这样被赶上研究编辑出版的道路。由于胡乔木同志的提倡，高校编辑学专业教育也迅速发展，出版科研事业迎来了明媚的春天，许多省市都创办了编辑出版类刊物。我既然在研究所工作，当然免不了要和他们打交道，这也逼着我去思考这方面的问题。写一些小文章，小心翼翼地以肖月生（意为从头学起的小学生）为笔名发表。由于大家都是开始起步，当时连一些最基本的概念，如书籍、出版、编辑等都众说纷纭，莫衷一是。印象中有一本杂志仅就编辑概念的界定就讨论了好几年，断断续续发表了几十篇文章。记得80年代末，在我主持的一次编辑理论研讨会上，有人说，讨论来讨论去，没有结论，觉得泄气。还有人点名让我发言。我说，我不是没有看法，但学术研究，不能强加于人，学术观点很难统一。今天到会的31个人，即使勉强统一了，未到会的第32、33人也不一定同意。国外不是说100个新闻学教授就有100个关于"新闻"的定义吗？但他们照样研究新闻学，并没有影响新闻学研究的向前发展。学术研究就是这样，在一些问题上统一是相对的，不统一是难免的，即使暂时统一了，研究也不会停止。所以，中央说百花齐放、百家争鸣，是学术发展的必经之路。我们要认真研究各种不同意见，编辑工作种类繁多，实践性很强，编辑学又是一门既古老又新颖的学科，我们只能站在前人的肩上，和大家一起，以实践为基础，刻苦钻研、踏踏实实地做学问，一步一步地前进。不能一上来就要弄个你是我非，或者不看别人的劳动成果，不读别的论著，甚至根本不了解前人、别人已经说过什么，写过什么，就批评这个，反对那个，这恐怕不是严谨的治学之道吧。不是说对不同观点不能批评，但起码要做到以理服人，使真理越辩越明才好。到了一定的时候，就会取得某种共识，获得阶段性的成果，这就不错了。

是的，出版科研在起步之初，条件艰苦，困难重重，人所共知，阻力难免，责难也有，毋庸讳言。但既然是组织的安排、自己的选择，上了架，我从不犹豫，总是义无反顾地向前走，再苦再累从不怨倦。直到现在仍心仪于此、乐此不疲。编辑出版研究事业今非昔比，这是党的正确领导和业内外同志共同努力的结果。今天，我看到它的繁荣昌盛，学科建设日趋成熟，令人感动。但我十分清楚，我不过是在这个浪潮中随波逐流跟着大家走而已。质言之，是组织的安排，历史使然。从我个人来说，不过是不断地学习罢了。

2008 年 4 月 26 日

杰出的编辑出版家边春光同志传略

边春光　优秀的青年教育工作者、卓越的编辑出版家，第四届全国政协委员，曾任中宣部出版局局长、文化部党组成员、文化部出版局局长、国家出版局局长、新闻出版署特邀顾问、中国出版工作者协会副主席、中国出版科学研究所首任所长，他把毕生精力都奉献给我国的出版事业。（本书编者按）

1990 年 1 月 15 日，北京八宝山革命公墓礼堂肃立在摄氏 −12℃ 的高寒中，礼堂内外挤满了表情肃穆的人，大大小小的车辆塞满了前前后后的院子，后来的车辆只好依次排在院外的马路上。当代著名的编辑出版家边春光同志的追悼会正在这里举行。敬挽的花圈从礼堂内一直摆到礼堂外，礼堂外的雨棚下，临时拉起了长绳，挂满了挽联、悼词和吊唁者的名字，他们有乔石、李瑞环、李铁映、习仲勋、胡乔木、王任重……前来向遗体告别的有吴学谦、邓力群、朱穆之、贺敬之、宋木文、王子野、李琦、邵宇……还有从外省专程赶来的出版界人士。礼堂里哀乐阵阵、碎人心肺，人们悲痛、哀悼、怀念，痛悼边春光同志过早地离开了人世。

边春光同志，1925 年 9 月生于山东省莱芜县寨里乡边王许村，1931 年起启蒙于本村小学。幼年受其父抗敌爱国影响，1937 年就读山东莱芜师范时，曾参加进步人士发起之抗敌后援会，做抗日救亡的宣传工作，至学校被反动的国民党县政府勒令解散，旋再回本乡读书、务农。时抗日风云日起，14 岁的边春光同志，扛起红缨枪、站岗放哨、查坏人、保家乡，深得乡村父老赞许。1940 年 1 月起任莱芜县青救团儿童部部长，4 月，光荣地加入中国共产党，后历任泰山区青联组织干事，莱芜县青教会会长，中共莱芜县羊里区委书记。1943 年，抗日斗争的环境极为艰苦，当地出现"拉锯"形势，日寇频频"扫荡"，抗日队伍中时有人"反水"，边春光同志不顾个人安危，出生入死，深入群众，开展团结抗日活动，巩固了抗日积极分子的队伍，出色地完成了任务，受到当地县委的表扬。抗战胜利后，边春光同志担任泰山地委青联主任，鲁中区青联组织部部长，参加鲁中支前司令部民运工作。他废寝忘食，夜以继日，克服重重困难，动员和组织青年支援前线，为支援解放战争作出了显著成绩，受到党组织的奖励，并荣立二等功。

新中国成立初期，边春光同志任华东团校副教育长、教育长，培养了一批优秀的青年工作者，其中有的人后来成为国家的部长，他经常深入基层，总结典型经验，造就了一批先进的农村团支部，为农村团的基层建设作出了卓有成效的贡献。

1955年2月，大区撤销，他调中国青年出版社任编委，主管青年工作、思想修养读物编辑工作，并兼任《农村青年》杂志主编，从此走上了为编辑出版事业奋斗的道路。

1956年，边春光任中国青年出版社副社长兼副总编辑。在这段时间里，他先后审定出版了《共产主义人生观》和《青年修养十二讲》等优秀青年思想修养读物，为青年一代的思想建设服务；同时，自己动手，编写了《怎样做一个共青团员》一书，印数达150万册。这些书对于当时青年和团员的思想教育曾经起过重要的作用，现在五六十岁的"老团员"，仍记忆犹新。

1960年，边春光同志担任中国青年出版社党组书记、社长兼总编辑，并任团中央常委。他潜心研究青年教育读物，认真探索编辑出版工作的客观规律，经常深入基层调查研究，并注意总结编辑出版工作的实践经验，为中青社奠定了一条加强调查研究，重视长期规划，狠抓重点书稿，讲究图书质量，创造自己特色的道路。

青年出版社建于1951年（1952年与开明书店合并，改称中国青年出版社），在第一个十年中，曾经出版了一些有影响的青年教育读物和一批优秀的文学作品，诸如：《牛虻》《卓娅和舒拉的故事》《红日》《红旗谱》《创业史》《革命烈士诗抄》《在烈火中永生》等书。在出版界有一定影响，但也出了一些质量平庸、缺乏保留价值的图书；有些图书即使质量较好，但难以成龙配套，系统地满足青年读者成长的需要；也有一些图书很快失去时效。

根据这种情况，边春光同志在完成上级领导机关统一部署的图书质量检查之后，立即着手解决办社工作中的几个基本问题。

第一，首先是集中精力，狠抓了总结经验的工作。他通过各种会议向全社工作人员明确提出了两个问题：一是图书出版的基本任务是什么，出书和办报有没有区别？二是中国青年出版社应该有什么样的出书特色？经过几个月的反复讨论之后，他在总结报告中着重强调：书籍和报刊都是党的宣传工具，这是共性。同时，它们都有自己的个性，即报刊反映快，比较适宜于宣传党的现行的具体政策，书籍则适宜于侧重宣传党的基本理论、基本观点和基本政策；书籍除了和报刊一样负有政治宣传、思想教育的任务之外，还负有传播知识、积累文化的任务；中青社作为一个青年读物出版社，一定要抓住青年特点，为青年读者提供塑造世界观的政治思想理论和科学文化的系统知识；出书要强调稳定性、系统性、知识性和趣味性，以促进青年德智体的全面发展。他直截了当地说：出书和办报不分，那办出版社干什么？中青社出书和别的出版社一样，没有特色，那办中青社干什么？他这些铿锵有力的话，在大家思想上引起了很大的震动，同时也受到了极大的教育。中青社有的同志回忆说：在长期的工作实践中，越来越体会到边春光同志这些基本思想的强大生命力。同时，又感到他作为一位现代编辑出版家的"基本的编辑出版思想"，在那时"已经初步奠定了基础"。

第二，根据当时中国青年出版社的办社宗旨，出书的方针、任务，读者对象的特点等，明确提出"政治第一、质量第一"的方针。他认为图书的政治标准和质量标准应该是统一的，出书一定要坚持质量，不能单纯追求数量。他强调指出：出版一本有质量的书，要比出版十本一般化的书好得多。为了真正解决图书的质量问题，他认为，首先，在思想上要有严格的质量要求，其次，在工作中要有正确的质量标准，再次，要找到能够保证质量的作者（为此，他还要求各编辑室建立一支基本的作者队伍），最后，要培养一支合格的编辑队伍。他不仅提出这些要求，并且通过实施这些要求，来推动出版社的全面工作，达到既出好书又出人才的目的。

第三，抓重点书，创造自己的出书特点。边春光同志根据当时团中央负责同志的要求，在控制出书品种的同时，提出集中力量，打歼灭战，大力提倡抓重点书的主张。用形象的语言来说，就是要搞自己的"大盘菜"，为青年提供健康有益的精神食粮。首先，他下决心缩短战线，严格控制出书品种，全社由 50 年代中期每年出版新书 400 种左右压缩到 100 种左右，战线缩短了，就腾出主要编辑力量用于抓重点书稿，他往往集中两三个编辑骨干去处理一本书稿。从调查研究、提出选题、和作者一起编写书稿提纲，直到带着书稿，到工厂、学校征求读者意见，到农村组织青年试读，然后最后定稿。为了搞出一部有质量的书稿，他常把作者请到出版社来给他们一个安静的环境写稿、改稿；常派一些编辑深入工厂、农村，体验生活，然后和作者一起讨论、修改稿件。为了搞好重点书稿——长篇小说《红岩》，曾几次把作者请到北京，出版社包括他自己在内，先后共有七个编辑人员参加这部书稿的编辑工作，仅编辑部内部大的讨论就有七次，又和作者一起先后讨论过八次。在写作过程中先后拆版排印了三次。在这个过程中，边春光同志多次主持召开有作者、读者和编者参加的座谈会、讨论会，多次一起讨论书稿的修改方案，及至审读四稿校样时，他还提出建议重新设计安排小说中主要人物许云峰和李敬原的党内职务，把李敬原作为党的主要领导人放在监狱之外，强调提高李敬原识别叛徒、判断形势的能力，这样就把监狱内外党的两位领导人在思想上紧密联系起来，显得更加有血有肉、有声有色。作者罗广斌深有体会地说："按老边的意见这么一改，使《红岩》里党的领导形象，增加了一倍的力量。"现代题材的长篇小说《红岩》对青年进行共产主义理想和革命英雄主义教育方面独具神韵，充分体现了中青社的出书特色。20年来多次再版，到20世纪90年代初，印数已达746万余册，成为当代中国青年十分喜爱的小说，在国内外享有盛誉。

在边春光同志抓质量、抓重点、抓特色的思想指导下，中青社先后出版了一批有质量有特色的长篇小说：《红岩》《创业史》《李自成》《风雷》《朝阳花》，和一批青年教育读物：《中国共产党历史讲话》《人的一生应当怎样度过》《青年英雄故事》《论雷锋》《青年修养通讯》《理想、情操、精神生活》《王若飞在狱中》《中国历史常识》等，在青年读者中有深刻的影响。也是在这个时期，中国青年出版社出版了《毛泽东著作选读》（乙种本），累计印数达七百多万册，成为中华人民共和国出版史上印数最大的书籍之一。

第四，下决心搞长远规划。从1960年总结办社经验以后，他开始提出制定长远出书规划。从1961年初起，他花了半年多时间，组织全社干部，深入基层，向青年读者作调查研究，访问专家、学者，各级团委干部和书店的职工，先后召开了60多次座谈会，分别访问了126位专家、学者，整理成40多份简报，印发给全社同志。正是在这个基础上，制定出《中国青年出版社1961—1967年基本选题规划》，列题793种；同时拟订了《1961—1967年工农青年通俗读物基本选题规划》，列题364种。此后，他本着"基本不变，逐步调整"的办法，要编辑人员调查读者和作者的情况，以调整充实七年基本选题策划；另一方面又根据调查所得新情况和新需求，定出当年的选题策划。每年都要经过一定规模的调查，然后才形成选题计划，这一套方法，后来，基本上成了中青社的传统做法。

正当边春光同志打算集中精力，把《规划》进一步落实实施的时候，1962年10月，庐山会议上提出了"利用小说反党"的问题。中青社由于在《红旗飘飘》十七集上刊出《胡城斗古骑》一文，受到牵连。同时，由于英国作家凡尔纳的科幻小说中提到 100 年以前非洲土著吃人肉的事，而被指责为宣扬殖民主义观点，违反了外交政策总路线。上级领导机关派出工作组进驻中青社，大会小会审查了好几个月。边春光同志作为中青社的第一把手，承受着巨大的压力。但是他以"白天不做亏心事，半夜敲门心不惊"的态度，一面接受审查，一面坚持工作，以惊人的平静和沉着，继续抓重点书，抓图书质量，抓有特色的图书。著名长篇小说、姚雪垠的《李自成》（第一卷）和在读者中有深刻影响的《毛主席的好战士——雷锋》等好书的编校工作，正是在这个时候进行的。他的这种心态，正是他作为一个共产党员光明磊落、一心为党的境界的具体表现。

从 1966 年夏天开始的"十年动乱"中，边春光同志作为中青社的主要领导人，受到猛烈的冲击和残酷的迫害，大大小小的批斗会不下百余次，但是，他以非凡的记忆力回答每一个具体的责问，以大无畏的精神，承担应该承担的"政治责任"，力求减少部下的压力，为他们解脱。在极度困难的条件下，表现镇静乐观的情绪，借以教育群众。有些审查他的"专案组"人员，通过对他的历史的调查，知道了他青少年时期出生入死的事迹，改变了原来的看法。1969 年 3 月，出版社"一锅端"下放劳动，他到了河南潢川的黄湖农场——团中央"五七干校"，重新拿起 20 年前拿过的牛鞭子，在早春摄氏 3℃ ~ 4℃ 冰凉的水田里，犁田耙地，从不叫苦，几个农工和他交上了知心朋友，并从他那里得到了正确对待农村基层干部的教育。

1970 年 12 月，边春光同志调陕西工作，先后任省广播局党委副书记、省出版局局长和中共陕西省宣传部长。为恢复和发展陕西的出版事业作出了贡献。那时候正值"十年动乱"中后期，出版事业受到严重的摧残，边春光同志出任陕西省出版局的第一任局长，面对着出版事业一片荒芜和队伍凋零，人们心存疑虑和困惑的情景，他首先致力于编辑出版队伍的建设。一方面进行深入细致的思想工作，亲自和一些老同志谈心，解除疑虑，稳定人心；对于一些受到迫害的同志，该落实政策的就落实政策，该起用的起用，该复出的复出，使一些老同志很受感动。另一方面，他积极发现、培养新人，并果断地选拔了一批优秀的中青年干部担任重要工作，为以后陕西省出版事业的发展奠定了良好的基础。

与此同时，他十分注意团结作家，对待他们热情、诚恳，和他们推心置腹，交流思想，做知心朋友，并经常帮助作家解决创作中遇到的问题和生活上的困难。著名作家柳青、姚雪垠、马忆湘、王英先、李若冰、罗广斌、杨益言等许多老中青作家，和他有着深厚的友谊。柳青患病，乏人照顾，他把柳青的长女调到西安照顾父亲。当时，柳青刚刚"解放"，许多人还对他"敬而远之"，住房也十分偏僻简陋，连报纸都无法投递，他就把柳青的报纸订在他那里，每天派人把报纸转送给柳青。1972 年，边春光同志主持召开陕西省业余作者创作座谈会，他不顾当时宣传"样板戏""三突出"的压力，不仅请柳青到会讲话，并印发了当时被一些人认为"不跟形势""不合时宜"的讲稿，而且在社会上广为流传。这时有些好心人为老边担心，但他认为柳青是老革命、老作家、忠诚的共产党员，既然他敢讲，我就敢印，没有什么可以担心的。他就是这样和作家心连着心。

当时，陕西的出版工作恢复较快，这与他一如既往地开展调查研究，制定出版规划，组织编写书稿是分不开的。特别是他以自己的胆识顶住压力，排除干扰，出版了《春城飞花》《一月九日》等好书，确定了《鲁迅研究丛书》的选题，得到社会上和有关部门的好评。直到现在，陕西出版界的老同志谈起边春光同志在陕西的七年，仍然叨念不已。

1977 年 12 月，正当我国出版工作者集中批判所谓新中国出版工作"十七年"是"黑线专政"，推动两个反动"估计"，讨论制定出版工作的具体路线、方针、政策的时候，边春光同志受命出任中宣部出版局局长，他仍然坚持从调查研究入手，倾听各方面的意见，为坚持出版工作的社会主义方向，具体落实党的出版方针，竭尽全力。为澄清被"四人帮"搞乱了的出版工作思想理论的是非，做了许多工作，而且积极参与审定人民出版社的方针任务，组织《汉语大词典》的编纂工作，研究在新的形势下如何出版通俗政治读物，制定了出版 43 种通俗政治读物的计划，并迅速落实了组织编写工作，还专门开会讨论加强青年读物的出版工作，认真研究缩短出版周期。又根据当时农村形势和读者需要，研究提出了加强农村图书发行工作，活跃农村文化生活的建议和措施。他参与研究制定了《出版社工作暂行条例》，对出版社的方针、任务，以至作者和读者工作等一系列重要问题，作出了明确的规定。对出版界的拨乱反正，繁荣我国出版事业作出了很大的贡献。

1982 年 5 月，边春光同志被任命为文化部党组成员、文化部出版局局长，后任国家出版局局长。他不顾个人得失，挑起了出版行政管理工作的担子，克服种种困难，一如既往、始终不渝地认真贯彻执行党的政策方针，为开创我国出版工作新局面，建设有中国特色社会主义出版事业不遗余力。他主持制定的《1981—1990 年全国出版事业发展规划纲要》和《关于采取有力措施尽快缩短出版周期的意见》都见成效。他一贯注重文化财富的积累，注重抓"骨干工程"和重点图书，始终重视图书的质量，追求出书的社会效益。积极提倡书刊评论工作，主张书评要实事求是，优则优，差则差，不仅要评一本书，而且要评一套书，要评一个时期的出书倾向，认为这是坚持出版方针，坚持书刊质量所必需；他积极推进图书发行体制的改革，都取得了明显的进步。《中共中央、国务院关于加强出版工作的决定》发布后，他采取一系列具体措施落实中央指示，提出编印发要综合治理，同步改革，配套实施，在坚持社会效益第一的前提下，把社会效益和经济效益统一起来，促进出版事业的健康发展。1983 年，党中央指出：思想战线不能搞精神污染。边春光同志坚决执行中央指示，结合出版工作实际，提出了完整的指导性意见。强调精神污染一定要清除，出版事业一定要繁荣。1984 年，他在长沙主持召开了地方出版工作会议，总结了"立足本地，面向全国"的基本经验，为进一步发扬地方出版工作的特色，推动我国出版事业的发展作出了贡献。1984 年底 1985 年初，有人主张今后不要再提精神污染，不要再反对资产阶级自由化。同时，歪曲"创作自由"，散布"想写什么就写什么，写出什么就得发表什么"，并指责出版部门不为"创作自由"开绿灯。在这种形势下，边春光同志主持召开了"全国出版局（社）长会议"，针锋相对地提出："编辑要把关"，他说："作家有创作自由，不等于作家写的任何作品都应当发表、出版"，一个作品是否出版，"编辑负有选择的责任"，编辑"要对国家和人民负责"。同时，他明确提出："在新形势下，要出版更多的好书，为建设社会主义的精神文明和物质文明服务。出版部门这方面的责任比过去更重了，要求更高了；同时，反对和抵制资产阶级腐朽思想的侵蚀的任务也加重了。这是新的历史时期对出版工作的新要求，也是坚持党的出版双方针的新内容和新特点。"他的这些思想，在当时为出版界抵制资产阶级自由化思潮的泛滥，起过积极的作用。1985 年 12 月，在太原他主持召开的"全国出版社总编辑会议"上，针对当时错误思潮对出版队伍的侵蚀和一些出版物质量滑坡的情况，他旗帜鲜明地提出了"三坚持"，即"在任何时候都要坚持出版方针；任何时候出书都要坚持以社会效益为最高准则；任何时候都要坚持出版工作的政治责任和社会责任"。对于端正当时出版界一些人的指导思想，抵制资产阶级自由化和"一切向钱看"等错误思潮，增强出版工作者执行党的出版方针的自觉性起到了正确的导向作用。

1986 年，他再次批评一些出版社在出书指导思想上的偏差。他说：某些出版社的负责人"忘记了出版工作的社会责任，在资产阶级自由化思想的影响下，贯彻党的出版方针不那么坚定了"，"'一切向钱看'的观念，'拜金主义'的思潮腐蚀了我们队伍中的一些人，支配着我们队伍中一些人的行动"。边春光同志始终坚持贯彻党的出版方针，抵制错误思潮的侵入，反对出版工作中的不正之风和不良倾向，在他主持出版行政管理的四年时间中，发出的有案可查的反对非法出版物，反对淫秽、黄色、低级庸俗等不健康读物的文件、通知、通报，先后有四五十件之多，这在思想战线风云多变的几年中，是难能可贵的。

1987 年，边春光同志退居"二线"，任新闻出版署特邀顾问、中国出版科学研究所所长，他不顾自己有过二次心梗，一头扎进了出版科研当中。边春光同志历来重视出版研究工作，早在 1964 年，他结合学习毛主席的《论十大关系》，联系出版社工作实际，写出了《正确处理出版工作中的十个关系》，辩证地论述了"数量和质量""重点和一般"等十个问题，赢得了当时出版界许多同志的好评。在出版局长任上时，他也多次强调要总结经验，研究理论，他说：如果天天忙于事务，不研究出版方针、出版理论和出版工作中带规律性的问题，就会使自己处于盲目和被动的状态。

到研究所工作以后，他一再强调出版研究要面向现实，他指出："出版研究的任务是宣传出版工作的方针和政策，传播出版工作的业务知识，研究出版工作历史的和现实的经验，以帮助出版战线的同志提高思想和业务水平、促进出版事业的繁荣和发展。"强调"出版研究工作要从出版工作的现实出发，密切联系出版工作的实际，从理论和实践的结合上，回答出版工作中的各种问题"。为了达到这个目的，他认真地深入基层做实际调查，常常与省、市出版局、出版社和各级书店的同志，促膝交谈，了解情况，探讨经验和问题，往往直至深夜。他为了开好第五届全国出版科学学术讨论会，搞好一个发言，就在逝世前一个月，还到陕西、河南两省做了 20 天调查，同 22 个出版社及书店和出版局的同志深入座谈，商量问题，终于形成了《当前出版工作中需要研究的几个问题》。他认为，只有把实际工作中的问题理清楚，提出一些有参考价值的意见，才能有利于决策部门下决心，有利于出版工作者提高认识。不幸的是，这个"发言提纲"竟成了他最后的遗作。在研究所工作期间，无论大会小会，他经常提出当前出版工作中迫切需要研究的重要问题，请所内外同志共同研究。1988 年 4 月，他经过思考写出了《出版研究工作中的十个问题》，都是我国出版工作中的重大实际问题。1989 年夏天以后，他再次系统地总结我国出版工作的经验教训，撰写了《对于当前出版工作我想了十个问题》。再次强调了出版工作中必须做到的"四个坚定不移"，即坚持四项基本原则坚定不移，坚持"二为方向"坚定不移，坚持出书以社会效益为最高准则坚定不移，出版部门的同志廉洁奉公要坚定不移。他大声疾呼：出版工作者"不要做金钱的奴隶，不要玷污人类灵魂工程师这个光荣的称号"。这两篇"十个问题"，可以说是边春光同志在新的历史时期对于建立具有中国特色的社会主义出版事业基本经验的总结。同时，他致力于研究怎样办好一个出版社，1989 年，他撰文提出办好出版社的八个基本条件，即：一要有明确的办社方针，二要有符合出版社要求和从实际出发的出书结构，三要有近期和长远的规划，四要有有影响的重点书，五要团结一批作者，六要有有决策能力的总编辑，七要有合格的编辑队伍，八要有经常的图书评论。这个八条加上他在 1964 年提出应该正确处理的"十个关系"，可以说，这就是他办出版社的基本指导思想。

边春光同志十分强调在研究出版工作中重大实际问题的同时，要研究出版工作的基础理论，主张把两者结合起来。他认为研究基础理论，是创立具有中国特色的出版文化，是培训出版队伍所必需的，是为发展和繁荣出版事业服务的。主张研究基础理论也应该紧密结合实践，并能够指导实践。所以，他积极提倡建立具有中国特色的出版科学，建立包括编辑学、出版管理学、图书发行学和出版人才学等的学科体系。他任国家出版局局长的时候，就积极支持中国出版科学研究所的第一个重大科研课题，并亲自挂帅主编《出版词典》，提出把《出版词典》作为研究出版学的突破口，他说："这是对长期积累的出版工作的实践经验作科学总结，使出版工作的科学知识系统化，为培养提高出版队伍提供业务知识教材。"编好了"将有助于改变某些人认为'出版无学'的偏见"。同时，主编《中国出版人名词典》《出版知识丛书》，要求出好《出版知识译丛》，这些书的出版为编辑出版研究开阔了道路。同时，他积极筹划为编辑工作者出版一套案头书。按照他的想法，这套书应该包括《出版词典》《编辑实用辞书》《编辑须知》，再加上《辞海》和《现代汉语词典》，便于编辑们随时查阅参考，以期减少或避免差错。为此他付出了巨大的辛劳，他主编的《编辑实用百科全书》，是研究所又一个重大科研课题，制订框架，设定条目，审读样稿，他都事必躬亲，令人感动。《出版词典》和《编辑实用全书》的出版，无论在理论或实践上，还是在科学性或专业性方面，与当时国际上已出版的几本同类书相比毫不逊色。他十分关心出版教育，倡议召开出版人才培养经验交流会，关心高等学校的出版专业和中等出版教育，主动承担出版教材的规划和编审组织工作。他力求通过这些专业工具书、丛书和教材的面世，为出版科学的基础理论建设，为培养出版人才，繁荣出版事业尽自己的心力。

在研究所的工作中，他始终强调专业研究和业余研究相结合，坚持两条腿走路的方针。他认为专业队伍是重要的，但力量毕竟是有限的，应该着眼于年轻人的培养，把他们引进门，要他们钻进去、出成果。但是更要看到我国有许多老编辑、老出版工作者，他们辛勤劳动一辈子，有丰富的实践经验，这是一笔宝贵的财富。出版科研应该把他们发动组织起来，就可以发挥很大的作用。

在出版研究所两年多的工作中，他始终重视抓规划，抓队伍建设，并且强调一定要做好资料工作，认为这是科学研究的基础。后来，他根据实际需要，明确提出研究所要做好三方面的工作，即科研、信息和资料，并通过这些工作来达到出成果、出人才的目的。

边春光同志为出版研究日夜操劳，忘我工作，一刻也没有松懈过，直到1989年12月29日终于心力交瘁，倒在办公桌前，遽然逝世，做到了鞠躬尽瘁，死而后已。

边春光同志豪爽刚正，真诚直率，作风正派，办事公道。对事，直言不讳，坦荡无私，工作泼辣，作风果断，有胆识，有气魄，有远见。他平易近人、宽厚豁达，坚持原则，知人善任，量才录用，没有偏见，即使反对过自己的人，仍然该用则用，该提则提。同时，对部下要求很严，说话算数，没有讨价还价的余地，又使人感到可信、可行，没有不合理的要求。如果发现不负责任，出现差错，他从不姑息，敢于批评。对工作，敢负责，敢拍板，出了问题，从不把责任推给别人。他讨厌光说不做，欣赏全心全意干活的人，即使干不好，也帮你担担子，帮你解决问题，逐步引导，力求把工作做好。所以，在他领导下工作，只要真心实意地干，总是使人舒心，也给人信心。这是和他一起工作过的许多人，无论是他的同级或者部下的共同感受，也是人们对他不能忘怀的原因。

边春光同志的一生，是在编辑出版工作中度过的，他始终忠诚党的出版事业，时刻不忘观察出版界的动态，关心事业的健康发展，他的毕生心血都洒在了我国出版事业上，为出版发展作出了卓越的贡献。作为一个编辑出版家，他当过刊物的主编，出版社的副总编辑、社长、总编辑，担任过一个省的出版局局长，也担任过中宣部出版局局长、文化部出版局局长和国家出版局局长。一个具有如此丰富的从事出版工作经历的人，在当代中国是罕见的。所以，边春光同志关于出版工作的理论和实践，不能不说是我国出版工作者的一笔宝贵财富，对我国社会主义出版事业将会产生持久的影响。

附记：

写作此文时，我主要参考了以下材料：宋木文、刘杲的《革命的原则性和坚定性》，阙道隆、蔡云的《为出版的一生——回忆边春光同志》，伍杰的《鞠躬尽瘁 死而后已》，戴文葆的《我的唁辞》，吴道弘的《痛悼边春光同志》，王维玲的《往事与哀思——痛悼边春光同志》，吴功伟、朱诠、毛鹏的《为出版事业奋斗一生的忠诚战士》，以及《怀念我们的所长边春光同志》和《悼念出版科学研究的先驱者边春光同志》等，在此一并表示谢意。

2008 年 5 月

为倪集裘著《科技期刊纵横谈》作序

倪集裘同志是一个有 30 余年编龄的资深编辑，仅在浙大《新农村》杂志就已经工作了 20 余年，这个经历是非常难得的。最近，他给我写信，要我为他即将出版的编辑论文集写几句话，我毫不犹豫地答应了。这不仅因为是老乡，更因为我在 20 世纪 50 年代也做过几年农村青年读物的编辑工作，深知个中滋味。那时，我们以具有高小、初中文化水平的农村青年为读者对象出书。为了使编的书能让他们看得懂，我经常到大江南北的农村去做调查，把我们已经编好的书的校样拿到农村，让青年读者试读、座谈，看他们能不能读懂、理解，有没有"拦路虎"，对其中哪些段落感兴趣，回来再加以修改。为了了解读者，和农村青年交朋友，我们同吃同住同劳动。虽然出版的是一些薄薄的小册子，但花的功夫可不小。书出来以后，还有一个发行问题，新华书店的发行人员，把这些书送到县里，县里再转到各乡、镇的代销点——供销社。书店所得的利润，连供发行人员下乡的旅差费都不够，书的销售情况也就可想而知了。幸好，那时各地的团组织比较健全，通过共青团组织，书还是可以发一点的。所以，一听说办《新农村》杂志的倪集裘同志要出这方面的文集，就不知不觉地勾起了我对一段往事的回忆，引发了当年搞农村读物的感情，想起了当时给我印象最深的几位年轻的读者朋友，也使我对坚持办农村刊物 20 余年的集裘同志肃然起敬。特别是在今天，"解决好农业、农村、农民问题，事关全面建设小康社会大局，必须始终作为全党工作的重中之重"（胡锦涛《在中国共产党第十七次全国代表大会上的报告》）的时候。我情不自禁地要向集裘同志，以及许多像他那样多年来坚持在农村读物编辑工作岗位上的同行们表示深深的敬意！

集裘同志的文集，篇幅不大，显然是经过再三筛选的，但细细读来，可以清楚地看出这是他的切身体会，是 20 余年经验的结晶，是他结合实际工作做编辑理论研究的成果。

他首先认真领会了党的十六大关于"统筹城乡经济社会发展，建设现代农业，发展农村经济，增加农民收入，是全面建设小康社会的重大任务"的精神，提出充分发挥农业科技期刊在建设社会主义新农村中的重大作用。强调了"必须树立'读者第一'的思想"，农科期刊要服务好"三农"，不能仅仅是"我编你看"，"必须增强读者意识，紧密围绕受众的'注意力'，把读者的需求作为编辑工作的出发点和归宿。贴近读者，贴近农民群众，想农村之所想，编农业之所需……这应当成为首选"。

他强调编好农业科技期刊，必须树立精品意识。具体做法上，必须做到精选——以高标准慧眼识珠，沙里淘金，选择符合自己需要的稿件；精编——精心推敲、修改、提炼、充实稿件；精审——认真执行"三审制"，明确三级审稿的不同职责，是保证质量的关键；精校——提倡"点式阅读"，逐字逐句地校对辨认，做到"纤毫毕现"，使差错难以"漏网"；精印——墨色均匀，图文清晰，装订正确……明确提出"五精"是优质的保证。总之，一定要"在全面提高期刊的质量上下苦功夫"，精益求精，才能造就精品，才算是竭诚为读者服务。

他认为在当今社会，农科期刊必须强调创新，而创新的首要条件是要掌握最新的信息，力求避免低层次、已知的、重复的信息，抄来抄去，而要传播新颖性、科学性和实用性的信息。这样才能增强信息的指导性、时效性，体现信息价值的本质。这正是信息论的精髓所在。

集裘同志的文集，精辟见解颇多，难以一一引述，但纵览全书，由于它是从实践中来的，是切身体会，对于农科期刊工作，或者对于其他各门类编辑工作，都有借鉴的意义，不愧为一个资深编辑为我们提供的一份宝贵的礼物，值得珍惜。

2008 年 5 月 18 日

《科技期刊纵横谈》中国农业科技出版社 2008 年 6 月版

坚持科学发展观，大力建设具有现代特色的品牌型出版社

一、科学发展观是马克思主义中国化的最新成果

科学发展观是与时俱进的马克思主义发展观，是党的十六大以来以胡锦涛同志为总书记的党中央立足我国社会主义初级阶段基本国情，把握新时期我国发展的阶段性特征，总结我国发展实践，借鉴外国发展经验，适应新的发展要求，提出的关于发展的创新思想，从而丰富了马克思主义发展观，是马克思主义中国化的最新成果，它使当代马克思主义放射出更加灿烂的光芒。

发展是马克思主义的基本范畴之一，是马克思主义世界观和方法论的重要组成部分，是马克思主义认识世界、改造世界的重要思想武器。马克思主义辩证唯物主义就是关于世界物质性和物质运动变化的规律性理论，发展就是它的核心内涵和根本要求。所以，科学发展观的提出，也就是马克思列宁主义哲学辩证唯物主义新的升华。

全面把握科学发展观的基本内涵和精神实质，用以观察我国出版事业。妥善解决改革发展中面临的各种问题，促进编辑出版事业的健康发展，尤其是对于建设具有时代特色的品牌型出版社具有十分重要的意义。

改革开放 30 年来，尤其是进入新世纪以来，在新媒介迅猛发展的形势下，中国出版的发展大步猛进，仅从图书说，出版社已由 1978 年的 100 余家发展到 2007 年的 579 家，品种由 14987 种发展到 248283 种，总印数由 37.7 亿册（张）上升到 62.93 亿册（张），总印张由 135.4 亿张上升到 486.51 亿张。这些数字表明我们出版社、出版物数量都在成倍、十几倍地上升，为发展经济，传承文化，把握舆论导向，提供智力支持，

发挥了具大的作用。

二、以社会主义核心价值体系引领社会思潮，是编辑出版工作深入贯彻科学发展观的核心

在我国出版业迅猛发展的同时，也出现了一些新情况和新问题。

（一）随着经济全球化、文化多元化的发展，新时期社会思潮呈现了多元化格局，各种社会思潮不断涌现，它们当中有正确的与错误的、积极的与消极的，既有占主导地位的正确思想，又有不占主导地位的庸俗的、错误的甚至是腐朽的思想，而且随着形势的发展这种思潮不断改变，形成了变化频繁、性质多样的复杂状况。它们互相交流、互相融合，有时又互相激荡甚至冲突的局面。这为我国编辑出版坚持以社会主义核心价值体系，引领复杂多变的社会思潮，把握正确导向提出了新的课题。

（二）随着高新科技的发展，数字化出版、网络技术、手机出版、电子音像出版等新媒体的萌发和壮大，对传统出版形成了巨大的冲击。传统出版如何在信息技术革命中保质量、求生存、谋发展，正面对着崭新的机遇与极大的挑战。

（三）随着改革开放的深入和出版产业的增长，尤其是卖方市场向买方市场的转变，长期以来潜在的出版业内部矛盾逐步凸显，出版领域的资源配置、利益分配、竞争激化，对出版单位传统的体制格局、经营模式带来新的冲击。结构重组，转企改制，改变经济发展方式，谋求又好又快的发展也迫在眉睫。

鉴于出版外部环境的变化和内部矛盾的演变，市场竞争激化，各个出版单位（不管是事业性的还是企业性的）以科学发展观为指导，认识和掌握自己的客观发展规律，建立具有时代特色的品牌型出版单位，推进编辑出版单位又好又快地科学发展，为社会主义文化大发展大繁荣贡献力量，正是新形势下可持续发展的最好选择。

贯彻落实科学发展观，建设具有时代特色的品牌型出版单位，有其共性和个性的要求。

共性即是以社会主义核心价值体系引领多样化的社会思潮，就是"要巩固马克思列宁主义指导地位，坚持不懈地用马克思主义中国化最新成果武装全党、教育人民，用中国特色社会主义共同理想凝聚力量，用以爱国主义为核心的民族精神和以改革创新为核心的时代精神鼓舞斗志，用社会主义荣辱观引领风尚，巩固全党全国各族人民团结奋斗的共同思想基础"[1]。社会思潮多样化表明，新时期编辑出版工作必然要面对国内外的这种变化，积极探索用社会主义核心价值体系引领各种社会思潮的有效途径，既尊重差异，包容多样，最大限度地形成社会主义思想共识，又大力发展社会先进文化，努力改造落后文化，坚持抵制各种错误和腐朽的文化，这是辩证的统一。

这就要求用深入贯彻科学观来统筹兼顾，理顺调控，才能推进整个社会思潮健康地发展前进。

三、打造特色出版，是贯彻科学发展观的重中之重

要建设具有时代特色的品牌型出版单位，必须贯彻科学发展观，才能得到科学的发展，这是毫无疑问的。但要科学地发展还必须塑造自己的个性，个性就是与众不同的特色，没有个性就没有特色。这就是要求每个出版单位（不论它是集团内或者是集团外的），必须结合自己的具体实际，把科学的发展观变成自己科学发展的思路，如明确自己的定位，包括受众定位、出书定位、经营定位。要通过广泛的深入调查研究，把自己的定位搞清楚。首先是我这个出版单位的受众是谁，这些读者的文化程度、思想状况、就业状况、他们的困难和问题是什么。社会对他们

---

① 胡锦涛：《在中国共产党第十七次全国代表大会上的报告》。

的期盼和他们对社会的需求，尤其是他们的阅读状况、兴趣爱好和对出版物的要求。把这些情况统统搞清楚了，然后再有针对性地出书，包括主要出哪方面的书，哪些是重点书，出书以后要到读者当中作反复的调查，并弄清哪些书是受欢迎的，为什么？哪些书读者反应冷淡，又是为什么？

哪些书读者想看，但又看不到或者买不到，这又是为什么？这样，经过几次反反复复的调查实践，读者定位、出书定位和发行当中的问题，也就比较清楚了。然后，选定出书方向，集中出一批受读者欢迎的书，坚持摒弃那些无益有害的书，少出不出那些平庸书，一定要有所为有所不为，有所失才能有所得。这样，慢慢地品牌就出来了，读者要买哪方面的书，就专门找你这个出版社，你在读者中，在市场上，就算基本上站住脚了。做出版的切不可跟风，赶时髦，东一榔头，西一棒子地出书，这样是搞不出特色，形不成品牌的，即使偶尔有一榔头砸准了，如果不很好地总结，不找出其中原因，时过境迁，也就完了。欧洲的奥地利，不是一个大国，人口只有 800 万，博曼出版集团是全国首屈一指的出版大户，拥有 18 家出版社，出版 80 种杂志，150 种教科书，它的跨国合作，看准了出版经济实力较差的东欧，做出了很好的业绩。一张报纸《我们的维也纳》，2000 年就发行 97 万份，一本杂志《24 小时》，发行到 100 万份，也就是说，全国老少每 10 人中就一个是它的订户。它找冷门出了一本杂志叫《电缆车》，在好几个国家发行，甚至还有中文版，其他国家没有这种杂志，它成了奇货。还有好些杂志，发行量都在 10 多万份，几十万份。这是讲大社、讲出版集团。奥地利还有一家小出版社，叫康帕斯，只有 50 个雇员，每年只出一本书，叫《奥地利工商企业名录》，印数也只有 2 万多本，由于它拥有 150 年来各个工商企业的历史和现实的大量资料。有的企业，因经过两次大战，自己找不到档案了，但可以去康帕斯去找，所以，它拥有很大的权威性。现在工商企业能在它那里登上一个广告是很吃香的，它还利用自己掌握的历史和现实资料，搞咨讯服务，社内的设备很先进，日子过得蛮滋润的。可见大的可以有大的特色，小的也可以有小的特色。正像我们国内有些收藏家，只收集一种东西，集腋成裘，声名雀起，有的搜集计划经济时期的粮票、油票、布票，有的搜集火柴盒、烟盒，都可以搞出自己的特色。大千世界，无奇不有。在宏大的文化领域中，一个堂堂的出版社，能找不到自己的特色吗？问题在于是不是有心去做罢了。

四、下苦功夫创新，是深入贯彻科学发展观不竭的动力

要有自己的品牌就要创新。一个出版单位要立足于出版之林，就要有读者群、有受众，要有市场份额，一定要有自己的品牌产品。品牌和特色从本质上说是一回事，是一个事情的两面。品牌是特色的标志，是特色的具体体现，特色是品牌的集中反映，是品牌的结晶。也就是说，特色是靠品牌支撑的，品牌是靠特色来弘扬的。所以，出版单位要创造特色离不开品牌的塑造。打造品牌产品，不是一件轻而易举的事，也不是凭侥幸就能碰上的事，是需要花苦功夫，花大力气的，关键就是要创新。现在人们一提到"三红一创"（指《红岩》《红日》《红旗谱》和《创业史》）就知道是上世纪五六十年代的中青社；汉译西方名著和工具书就知道是商务印书馆；计算机图书就知道是清华大学出版社；外语教学图书就知道是外研社；高校教材就知道是高等教育出版社；大众生活日常用书就去找金盾出版社。尽管现在有的出版社遇到强劲的对手，但是他们在读者心目中的地位和印记绝不是一代人、二代人就会消失的。这些品牌的打造也不是三年五年的事。就说"三红一创"吧，它经历了两任社长兼总编辑，就是朱语今同志和边春光同志，历时十余载，至于投进去的编辑力量，更是无法计算，仅《红岩》一书，先后参加过工作的编辑骨干，包括总编辑、编辑室主任在内，就有七八人之多。其中不少是呕心沥血，曾经经历过多少个不眠之夜的创新型编辑，他们的业绩绝不逊色于现在已被人树碑立传、称为大家的编辑同行们，只是没有人写他们而已。这

就是编辑这个行当，所谓"为他人作嫁衣裳"的特点。这与现在有些出版单位把书号、经济指标落实到人，任编辑个人去闯，完全不可同日而语。作者的特点是分散的个人创作，再加上编辑带着经济指标的个人闯荡，许多因素制约着他想创新也很困难。这样要搞出品牌，不是说根本不可能，但恐怕是很难的。真正想打造品牌产品，就要领导带头，集中优势兵力，一个一个地打攻坚战，这样苦干几年，才有可能。当然，在目前市场竞争激烈，利益驱动盛行的条件下，要这样做是很困难的，不仅出版社赔不起，许多作者同样也赔不起，不愿干这类事。但是文化要创新，出版要出色，读者要品牌、要精品。出版单位不下苦功夫是不行的。尽管你可以今天策划一套书，明天抛出一丛书，洋洋洒洒几十本，还请名家当主编，名人作题鉴，新书发布会轰轰烈烈，但照样沉入书海，除了自己感觉良好以外，读者还是不买账，你又能奈其何！出版创新，可以表现在各个方面、各个环节，但最重要的是内容创新，搞出对社会负责、对受众负责的精品佳作来，但是现在有的人，把创新仅仅理解为热衷于策划各种各样、卖得掉的畅销书。能搞出畅销书当然好。但不能为了畅销，把一些社会病态，如盗掘文物、"造就"坏蛋，纯属误人的无聊之举，拿来"畅销"，这种畅销，无益有害，只能是饮鸩止渴，不但是自杀，还害人、害社会。这样搞"出版"，完全从捞钱出发，与贪污盗窃何异，这种害国害民之举，乃出版之奸商，国家之盗贼也。退一步说，即使内容无害，也算得上畅销的书，一年又能有几本，还不如踏踏实实、脚踏实地地干，出几本好书，为读者造福为好。我说一句也许一些人不爱听的话。当编辑的，搞出版的，要真的有所作为，切记：出书不在多而在精。这话现在不中听，但却是国内外出版人的共同经验，而且也只有这样，才能把出版做强做大。"山不在高，有仙则名。水不在深，有龙则灵"，出版也只有有精品，有好书，才能打得响，搞得好，才能又好又快地发展。

做强做大是出版人的追求，在经济全球化、文化多样化的时代，尤其是这样。但什么叫强，它至少应包括出版的经济实力和文化影响力的增强。出版本质上是信息文化产业，更要注意或者说归根结底是为了文化力的增强，也就是中国特色社会主义文化力的增强。经济力增强了，出好书、出精品，可以有利于文化力的增强。但如果出的是没有影响力的平庸书，那么经济力再强，投资再大，结果没有人看，那就无益于文化力的增强。中国在古建筑中，亭台楼阁不计其数，但能够传下来给人们留下印象的有多少，无非是岳阳楼、黄鹤楼、滕王阁、阿房宫而已，有的毁了再建，屡毁屡建，留传千古，不就是因为有欧阳修的《岳阳楼记》、崔颢的名诗《黄鹤楼》、王勃的《滕王阁赋》以及佚名的《阿房宫赋》吗？苏州的寒山寺，原来虽然也有些故事，可并不怎么出名，但有了张继的佳作《枫桥夜泊》以后，就家喻户晓了。这就是文化力，这是无比的力量所在，原因就在于它有精品佳作，而这种文化力又会给这些建筑物带来经济效益。

五、"以人为本"是深入贯彻科学发展观的根本战略

"以人为本"是编辑出版的根本目的。出版不是一般的工业和商业，也不是为了搞出一大堆花花绿绿的印品、叽里呱啦的唱品、五光十色的视品。根本的目的是为了文化的大发展大繁荣，是为了人。"为人"在这里有两方面的意思。首先是为了受众。千百万接受信息和知识传播的群众，要向他们传播思想理论、文化知识，提高他们的思想理论、精神境界、知识水平，也就是认识世界、改造世界的能力。质言之，就是要以科学理论武装人，以正确舆论引导人，以高尚精神塑造人，以优秀作品鼓舞人。把受众塑造成具有坚定的理想信念、丰富的文化知识、高尚的道德情操，模范遵纪守法的合格的社会主义公民。这是编辑出版人的崇高使命和神圣职责，是责无旁贷的。另一方面，就是编辑出版人在从事自己职业的过程中，把自己锻炼成合格的从业者，优秀的编辑出版人才。这一点应该说是非常重要的，从专业的角度来说，它比前者更重要。因

为编辑出版是传播思想理论、文化知识、科学技术的工作，在古代就是"垂世立教""助人伦、重教化"的工作。所以，受教育者必须先受教育，"打铁先要本身硬"，编辑出版人首先要学习、提高自己，然后才能出好书。正如只有先有优秀的园丁，才能培养出色彩鲜艳、芬芳扑鼻的香花。好的作品是靠编辑去寻觅、发现、选择、优化而来的。编辑的理想信念、文化素养、精神境界、道德操守的高低，决定了出版物的品格。如果编辑的思想水平、精神境界不高。那么，线短放不高风筝，要他编出高品位的出版物，是不可思议的。一句话，没有高素质、高境界的编辑，就没有高质量、高品位的出版物。所以，"以人为本"对一个出版单位来说，首先就要造就一支高素质的出版队伍。这是一个出版单位能否科学发展的根本战略，这不仅关系到出版单位本身树什么旗、唱什么调的问题，也关系到在复杂多变的社会思潮中能不能以社会主义核心价值体系引领广大受众的问题，这是保证出版单位能否科学发展的重要关键。

建设一个高素质的出版团队，就是要发现人才，出版单位的领导，要有求贤若渴的愿望。要不惜以三顾茅庐、萧何月下追韩信的精神，网罗人才；发现好的苗子，要舍得花本钱培养；要知人善任，把好钢放在刀刃上，才能出成果、出人才。"以人为本"还有极重要的一点，就是要千方百计地发挥广大职工的积极性。发动群众、依靠群众，是我党的优良传统。群众没有积极性，领导人本领再大，也只能事倍功半，甚至一事无成。在中国特色社会主义市场经济条件下，出版单位的分配要透明，力求做到合理公正，便于得到群众的监督，不能像某些西方国家的私人企业那样，搞暗箱操作，如董事长的收入是普通职工的多少倍，甚至十几倍、几十倍，这是西方国家忽视群众创造性的表现，它不符合中国的国情，更不能调动职工的积极性。有的外国人说，管理也是生产力。但人是最重要的生产力，合理的分配，正是促进生产力发展的重要手段，分配不合理，既违反了依靠群众、服务群众的原则，背离了"以人为本"的思想，当然也谈不上贯彻科学发展观，这是发展文化出版产业之大忌。

因为文化出版是精神生产，人的能动性是任何机械所无法比拟的，更何况一切生产工具都是依靠人来操作的。所以，出版单位能否科学发展，关系到出版单位的成败。出版单位之间的比较，说到底是队伍的比较、人才的比较，是人的积极性的比较，这是具有战略意义的事情，也是"以人为本"，深入贯彻科学发展观的根本，切不可等闲视之。

2008 年 7 月

《中国编辑研究（2008）》编后记

　　《中国编辑研究（2008）》年刊和大家见面了，它收编的是 2007 年发表的文章。

　　2007 年是党的十七大召开之年，是改革开放和现代化建设取得重大进展的一年。在十七大精神的指引下，出版战线高举中国特色社会主义伟大旗帜，围绕服务大局、服务人民、改革创新的总要求，不断增强贯彻落实科学发展观的自觉性和坚定性，更加自觉、更加主动地推进出版业的大发展和大繁荣。

　　在十七大精神的鼓舞下，编辑出版业者意气风发，思想活跃，新见解、新思路层出不穷，有新意、有见地的文章很多。本集的编选工作在启动之初，各方面推荐的文章就有 200 余篇，经初步筛选，尚有 100 余篇，我们实在不想再继续割爱，但篇幅有限，经再三磋商、斟酌，编委会集体讨论，又忍痛割舍了 30 余篇，结果就成了现在的模样，这是当编辑的不想做但又不能不做之事。说实话，有的被割舍的文章，也许比保留下来的文章更有亮点、更有新意。只是，年刊有其宗旨，并且在创办之初就作出了两条规定：其一，每个作者只收一篇；其二，只收前一年（如 2008 年刊只收 2007 年内）发表的文章。正是在这样的前提下，相比较而作出的抉择，不当之处难免，务求谅解。

　　本集的栏目与往年相比，没有太多变动，只作了一些微调。

　　"改革发展论坛"，突出了十七大精神，更加自觉、更加主动地推动出版大发展大繁荣，强调了改革、发展、创新。介绍了商务人的信念，世纪集团的目标——努力成为一代一代中国人的文化脊梁，广西师大出版社的"铸就自己的品格"，复旦大学出版社的"推动原创"，强调了一个出版单位要有自己的出版理念、精神品格和出版特色，每个编辑都应该有自己的追求。

"理论探讨"，在"以人为本"提高出版物质量的前提下，着重探讨了增强出版物文化含量、坚持内容创新、提高精神境界等不可或缺的价值取向。对一些书刊内容的低俗现象及其产生的原因作了评述。

"工作研究"和"期刊研究"，主要讨论了当前传播大众化和分众化的发展趋势，编辑规范和编辑流程中一些部门可以发挥的作用。同时，对编辑工作的几个环节，如策划、审读、加工等的不同看法进行了探讨，并对期刊内容创新予以研究。应该说，这些问题都是实践中提出来的，是作为工作来研究的。其实，有些问题的讨论带有学术研究性质，是编辑学研究中应该探讨的问题，所以，它和学科建设有密切关系。我们更希望将这些问题从理论层面上作深入研究，引发广泛的讨论。

鉴于这几年我国数字化出版迅速发展，网络出版、手机出版等新媒体激增，出版社是只当内容提供者，还是可以有更大的作为，成为大家普遍关心的问题。为此，我们在"高科技与编辑出版"这个栏目中，着重分析了这方面的现状以及如何介入更有利于编辑出版的发展。这是对当前、对今后编辑出版发展都有重大意义的问题。

"阅读与编辑出版"是个老话题，但现在出现了新情况。其中，后现代阅读方式的兴起与出版转型以及阅读率走低对图书质量的挑战，都是我们应该加以重视和研究的问题。

"人才培养"和"编辑出版教育"是十分重要的栏目，尤其是在现在。编辑出版在本质上是一个创新的行业，而人才正是编辑出版创造力的根本，特别在全球化、数字化的背景下，人才对编辑出版创新的作用越来越凸显。因此，编辑出版人才的培养，已成为当前最迫切的任务。一定要加强对创新型人才、新技术人才以及具有现代化出版理念和深厚文化素养的复合型、外向型编辑出版人才的培养，以适应出版工作面临的新形势和新任务的需要。

"学科建设"着重介绍了对我国编辑学与西方媒介论的比较，阐述了当前建立普通编辑学的可能性和必然性。说明这是编辑学学科建设发展到一定阶段的历史必然，尤其是在市场经济条件下，在新媒体迅速发展和编辑方式多样化的情况下，探索编辑活动的共性，研究它的客观规律以指导实践，已经成为非常迫切的要求了。

"历史与人物"方面，初选入围的文章很多。几经筛选，仍比往年有所增加，说明这方面的研究正在深入。温故而知新，这将有利于现代出版的发展。

"国外出版"所收的文章，涉及集团形成、数字化发展和大学出版等方面，有助于扩大视野。宋木文同志著《亲历出版30年》和刘杲同志著《出版笔记》，无论从哪方面说，都是编辑出版方面的两部重要著作。出版后，解读、评述甚多，限于篇幅，我们只选用了其中的一部分，用"笔谈"形式展示，以飨读者。

最后，我们非常感谢《中国出版》《出版发行研究》《中国编辑》《科技与出版》《编辑学刊》《编辑之友》《出版广角》《出版科学》《编辑学报》《出版史料》《出版人》等杂志，以及有关报纸及业内同人为我们推荐稿目，提供材料，使我们能够比较顺利地完成任务。感谢人民教育出版社十多年来在人力、物力和财力上的积极支持，使年刊能不断地和读者见面。

欢迎大家多提意见。

2008年10月10日

《中国编辑研究（2008）》P561，人民教育出版社2009年6月版

敬悼王益同志

王益同志逝世的噩耗传来，令人悲痛。虽然说他享年 92 岁，可以说是喜丧了，但从此再也见不到这位忠厚的长者，心里仍感到难以承受。王益同志的逝世，是中国出版界的巨大损失。

回想 25 年前，我有幸在王益同志的直接领导下，从事中国出版发行科学研究所（1989 年 8 月改名中国出版科学研究所）的筹建工作。他考虑问题的全面深入、对工作要求的明确、在落实过程中的细致耐心，给我留下了极为深刻的印象，也给我很大的教育。

1984 年，文化部正式批准筹建中国出版发行科学研究所，并任命王益同志为筹备组组长，叶再生同志和我副之。王益同志当时已六十七八岁，是文化部出版局的顾问，他还管发行改革和印刷方面的事，头绪相当繁多。但对研究所的筹建工作，他深思熟虑，不仅早有谋划，而且一直抓得很紧。在他的心目中，办好研究所，是出版行业基本建设中之基本。

早在 1984 年四五月间，王益同志就在《出版工作》杂志（当时有关出版的唯一的内部刊物）上发表文章，在谈到出版学术研究的现状时，概括了"五个没有"，提出了"三个二十"。"五个没有"就是：一没有出版学院，甚至在大学中也没有出版系……（新闻方面的系有 21 个）；二没有出版研究所……（新闻方面有 30 多个研究所或研究会）；三没有出版过讨论出版发行工作的学术著作……（新中国成立前和新中国成立后出版过有关新闻工作的论著有七八十种）；四没有公开发行的讨论出版发行工作的学术性刊物……（新闻方面有 34 种）；五没有社会公认的出版发行的专家学者……因为"出版发行学"还没有建立起来。他强调这"五个没有"对出版事业的发展，对出版工作质量的提高，对出版人才的培养成长，都十分不利。王益同志还明确指出，在"五个没有"

中，首先要办好研究所，而且为了办好研究所，第一步，他提出了"三个二十"，即二十个人、二十间房、二十万元的经费，这是开办的前提条件。王益同志的"五个没有"，是当时出版科研的实际情况，"三个二十"也是根据客观要求与可能提出来的，在那时的具体条件下，已经很不容易了。

筹备组成立以后，王益同志主要抓了几件事：

一、协助局党组研究制定研究所的方针、任务和工作原则。经过多次讨论，确定研究所的方针是：在马克思列宁主义、毛泽东思想和邓小平理论指引下，坚持"两为"方向，贯彻"双百"方针，理论联系实际，研究出版工作中的重大理论问题和实际问题。任务是要对中国出版发行工作的历史和现状、理论和实践进行全面系统的研究；组织编撰有关出版发行科学的学术性、资料性和信息性书刊和教材；收集、翻译国外学者、专家有关出版工作的学术著作、资料，作为发展中国出版科学的借鉴。

明确出版科学研究工作要实行专业研究和业余研究相结合的原则，广泛依靠出版战线及有关方面从事编辑、出版、发行科学研究的人员，交流研究资料和研究成果。

二、访问请教专家、学者，向他们学习取经。文化部出版局对建所工作十分重视，主管副局长刘杲同志和筹备组组长王益同志曾经作过许多具体的指示，要我们走访有关部门、兄弟研究所和有关的领导同志及学者、专家，听取他们对建立出版发行研究所和开展工作的意见。他们要我们首先走访新闻研究所、法学研究所等兄弟单位，学习他们的办所经验，并征求有关部门、有关单位的领导和专家的意见。我们访问了陈翰伯、王子野、罗竹风、胡道静等同志，他们提出了许多很好的意见，对具体开展建所工作有很大的帮助。

三、深思熟虑，解决人员编制问题。经过半年多的筹建，王益同志"三个二十"的设想已经基本实现，但真正要开展工作，20个人显然不够。而要人员编制是个大问题，局党组曾反复讨论，听取各方面的意见，但各方面对人员编制意见不一，有的说50人，有的说70人，也有的说要100多人。究竟以多少人员编制为好？王益同志认为：提出人员编制既要看研究所工作的实际需要，又要考虑编制委员会可能批准的概率，如果一有反复，那就会旷日持久，造成麻烦。加上当时正值精简机构，压缩编制的时候，要新建机构，扩大编制，实在是一件很不容易的事。王益同志为此煞费苦心，考虑再三，决定提出"力争70，死保50"的方案，并为此准备了许多资料和多种理由，准备向有关方面申述。报告上送不久，编制委员会就找我们去当面商谈。一位局长接见了我们，我们汇报了研究所筹建情况和编制方案。这位局长很客气，没有提出疑问，也没有要我们论证，只问了一下，这样的研究所现在有几个，我们说"只此一家"。他沉思了一下说，新闻有好几个研究所，连有的省和大学都有，出版只有这一个研究所，70人也不多，并说，目前编制是紧，但真正需要的，应该给，不需要的一个也不能给。你们回去研究一下，把正式的编制方案报来。他这个表态真是出乎我们的意料，我们心里的一块石头也落了地。在回来的路上，王益同志很高兴，说："想不到问题解决得如此干脆，这也鼓舞我们一定要把出版科研工作搞好。"这件事使我深深地感到党对出版事业的关怀和处理问题的实事求是精神。

四、重视研究队伍建设。王益同志强调研究所行政人员不要多，专业人员要坚持有真才实学，同时要做好业余研究队伍的工作。他认为，专业研究人员总是有限的，很难适应开展工作的需要，一定要坚持专业研究和业余研究相结合的原则，尽可能调动各方面的研究力量，发挥他们的积极性。他要求我们对业余研究队伍作一次认真的调查摸底，做到心中有数。他仔细审核了我们设计的调查表，要求印几百份，并以文化部出版局的名义，发文给各省、市出版局、中央部委出版社和新华书店总店，要求各地按我们提出的条件，发给有关人员填写，按规定时间报送研究所筹备组。这次调查得到各地热烈响应，有的还嫌表格不够，来电话索要，有的书店的老同志一看到"出版发行科学研究所"这个名词，觉得发行工作终究被承认为一门学科，感动得老泪纵横。这次调查，不但是对业余研究力量的一次摸底，也是对研究所筹建工作的一次造势。回收的表格有三四百份，王益同志抽看了其中的一部分，高兴地说："这里面真是有一批人才。"事实证明，后来研究所工作的开展，依靠了大量的业余研究力量，产生了许多科研成果。

五、重视资料收集工作。王益同志认为我们对国内外，尤其是国外的出版资料收集甚少，要十分重视、认真地做好这项工作，这是做研究工作的基础。他一方面以出版局的名义，给各省市出版管理机构、新华书店和中央各部委出版社发文，要求提供可供研究的资料，一方面和一些老同志沟通，请他们把可割爱的书刊捐赠给研究所。同时，要求研究所预订国外有关出版工作的杂志（因受限于外汇，他要求订几种最主要的刊物）。所以，到第二年研究所正式成立时，就看到了这些刊物，对研究所工作起了很好的作用。王益同志这种细心的工作精神，实在令人敬服。

王益同志刻苦学习的精神，更是令人敬佩，他六七十岁了还在学英文，还动手翻译出版了一本书。一次，我和他谈起我们要出版一本英译中的书稿，他提出把书稿给他看看，结果他认认真真地看了书稿，改正了不少差错，还提出许多问题，请作者斟酌。作者是位年轻人，看了十分感动，说："这样的编辑现在太少了。"王益同志的审阅最终使书稿质量有了很大的提高。作者哪里知道，这位"编辑"的年龄可能比他的祖父还大，而且是拿了放大镜审读他的稿件的。

王益同志是大家敬重的我国出版界的一位元老，他在我心目中的分量很重。他从1935年加入生活书店起，一直服务于出版工作。他热爱出版工作，忠于职守，一心扑在工作上，为有中国特色社会主义出版事业做出了杰出的贡献；他平易近人，关心同志，正派公道，不愧为一个优秀的老共产党员。他是我们学习的榜样。现在他走了，我们将永远怀念他，学习他，他将永远活在我们的心中。

王益简介：

王益同志原名王鹭如、王希言、王弦，1917 生于江苏无锡市，1935 年考入上海生活书店当练习生，开始了出版工作生涯，当年即参加了中华民族抗日武装自卫会，投身革命活动，1939 年在上海加入中国共产党。早在 1941 年，王益同志就曾为苏北抗日民主根据地出版印刷事业的开拓而奔波，受华中局书记兼新四军政委刘少奇的指派，负责筹建江淮出版社和扩大江淮印刷厂的工作。1943 年，他主管新四军政治部的书刊出版印刷工作。抗战胜利后，他随新四军转移山东，并主持山东解放区书刊出版印刷的领导工作。

新中国成立后，王益同志历任华东新闻出版局副局长、出版总署发行事业管理局副局长、新华书店总店总经理、文化部出版事业管理局局长、人民出版社党委书记、国家出版事业管理局副局长。1982 年，王益同志退居"二线"后，担任中国出版工作者协会顾问、新闻出版署特邀顾问，这期间，他仍在不断思考我国出版业的改革与发展问题，提出了许多建议并做了大量工作，如推动发行体制机制改革；担任国家经委印刷技术装备协调小组副组长时，编制出我国印刷技术装备"六五""七五"改造规划，对我国印刷技术的进步起到了组织领导和推动的作用；和王仿子同志联合提出"关于筹建印刷博物馆的建议"；筹备创建中国出版发行科学研究所（现中国出版科学研究所）。

王益同志是中国人民政治协商会议全国委员会第五、六、七届委员。

王益同志是韬奋出版荣誉奖获得者，著作有《出版工作基本知识》《战争年代的山东新华书店》《不倦的追求——王益印刷文集》《王益出版发行文集》。

《出版发行研究》2009 年第 3 期；《中国编辑研究（2010）》P743，人民教育出版社 2015 年 10 月版

沉痛悼念阙道隆同志

2009 年 6 月 11 日 12 时，著名编辑学家，中国编辑学会顾问，中国编辑学会第一、二届副会长，中国青年出版社原总编辑阙道隆同志，因肺部纤维化，抢救无效，停止了呼吸。作为相知相交 50 余年亦师亦友的老同志与世长辞，我不觉心中黯然，失落之感油然而生。回想往事，热泪横流，难以自制。

1955 年，阙道隆同志和我，差不多同时调入中国青年出版社工作（他比我大概早一个月）。我们同在当时的第一编辑室做编辑工作，虽然分属两个不同的编辑组，但编辑室在同一个四合院，组织生活和政治理论学习都在一个小组。那时候，编辑人员大多都是单身汉，他虽已结婚，但夫人并未调京，我们都住在后圆恩寺一号院的集体宿舍里。每天早晨，我们编辑室的几个人，往往不约而同，结伴上班，说说笑笑，穿过府学胡同，就到了东四十二条社里。晚上，或开会，或学习，有时社里组织集体看电影或其他文娱活动，散场后又一起返回宿舍，一路上也并不寂寞。我们相互之间差不多无话不谈，无论在工作上、学习上、生活上，都十分接近。

后来，经过几度机构调整、人员流动，老阙到了文学艺术编辑室，我到了政治理论编辑室。尽管不在同一个编辑室了，但我们的同志心、战友情，始终没有改变。

"文革"后期，我们又一起到了"五七干校"，文学编辑室和政治理论编辑室被编成一个排，他当排长，我担任党小组长兼副排长，一共 20 余人，都住在一个大房间里，劳动、学习、生活又紧紧地拧在一起了。在劳动之余，有时也想一些问题，如：为什么过去按上级指示编的书，都变成了"毒草"？为什么编学习毛主席著作的辅导读物，也变成了"毒草"……许多问题百思不得其解。偶尔交谈一下，也说不清楚为什么。但由此想到，搞编辑工作不容易，要好好研究，总结经验。

粉碎"四人帮"以后，"干校"的人陆续分配，我们先后离开"干校"，有的调其他出版单位工作，但仍住在中国青年出版社的宿舍楼，可以早晚相见，反而多了一个互相沟通各单位情况的渠道。1984年，文化部出版局根据1983年6月《中共中央、国务院关于加强出版工作的决定》精神，抽调人员筹建中国出版发行科学研究所，我是被抽调的人员之一。当时，研究所的工作原则是实行专业研究和业余研究相结合，并且执行"边筹建、边工作"的方针。阙道隆同志是出版科研的积极分子之一。在这个时期里，他给我的印象是，出版科研方面的事，有求必应，而且完成得到位。

大胆探索，保证《实用编辑学》的及时问世

为了适应培训编辑出版队伍的需要，研究所筹建之初，就计划搞两套丛书，即《出版知识丛书》和《出版知识译丛》，并请边春光同志担任主编。当时，这两套书只有一个选题设想，如《图书编辑学》《杂志编辑学》等。因为那时候出版研究刚"起步"，一些基本概念都不那么清楚。所以，只能成熟一本、出版一本，期望经过三四年的努力，形成丛书。阙道隆同志为此付出了辛劳，编写了《出版知识丛书》中的第一本书——《实用编辑学》。一次，在北京工人体育场北门外东侧的小树林里晨练时，我把编一本图书编辑学的想法和他谈了，并望得到他的支持。他当时表示：可以找些人酝酿酝酿。我知道他处事稳重，没有把握是不会点头的。但从他的表态中，我看得出他对这件事是重视的。过了几个星期，他专门来研究所谈了一次，大意是：编辑学研究是个什么样子，包括什么内容，怎么写，没有一个可以参考的东西，最好有个类似的东西，拿来看看，心里也踏实一些，不然，搞出来驴唇不对马嘴，岂不贻笑大方。我当时就从资料室找来1982年6月中国人民大学出版社出版的、郑

兴东等编著的《报纸编辑学》给他看，他很高兴。此后，他多次找人商量，拟定和修改编写纲目。1985 年 2 月初，他又在中青社开了一次会，参加的大多是中青社的编辑骨干，我也应邀参加了会议，主要是确定篇目，落实各章的撰稿人，从此这本书就进入了编撰阶段。1986 年 5 月，稿子交到研究所，进入了编辑程序。1986 年 8 月 23 日，经国家出版局批准，中国书籍出版社正式成立，此书随即发排，并于 10 月正式出版。这在当时出版周期较长的情况下，是编创密切合作的最好的证明。无怪乎当时人们都很惊讶，怎么出版社才成立两个月就出书了。他们哪里知道，这本书的筹划、编写到出版已经两年多矣。这就是中国书籍出版社出版的第一本书——阙道隆主编的《实用编辑学》，也是我国第一本图书编辑学专著，并荣获全国首届编辑出版理论图书奖。

积极参与《出版词典》和《编辑实用百科全书》的编撰工作

这两本辞书是中国出版科学研究所为开展出版科学研究活动的奠基之作，前者更是国家出版局批准的研究所第一个重大科研项目。边春光局长曾批示："要以《出版词典》为突破口，推进出版科研工作。"当时研究所的干部，除了新分配的大学生以外，几位老同志也没有编过词典，觉得这个任务既新又难。为此，我们从两方面着手，一是积极组织动员全国出版研究队伍的力量，根据国内外的研究成果，来研究、界定有关的基本概念，阐述重要命题的学术内涵；二是请上海辞书出版社副总编辑严庆龙同志为大家讲课，边学边干。阙道隆同志积极参加了这两本辞书的编撰工作，被聘为《出版词典》编委，并成为该词典重要组成部分之一——"编辑"分支的主要负责人。在《编辑实用百科全书》中，他是副主编之一，担任了两个重要分支——"编辑过程"和"编辑与信息资料"的筹划、编撰和审稿工作。后来，他还和陈仲雍等同志一起参与了全书的审稿工作，为出版社终审完稿创造了良好的条件。在大家的努力下，两本辞书在坚持质量的前提下完成了任务，该书在当时即使和国外的同类书相比，也毫不逊色，在理论色彩方面还有自己的长处。

为主编《书籍编辑学概论》（以下简称《概论》）殚精竭虑

20 世纪 80 年代末，设立编辑学专业的高等学校逐渐增多，教材问题亟待解决。经新闻出版署批准，阙道隆同志被任命为新闻出版署编辑出版教材领导小组成员和编辑专业高等教材编审委员会主任，他除抓紧编辑有关编辑专业的几本教材之外，还亲自担任主编，和徐柏容、林穗芳同志一起，编撰了主干教材之一的《概论》。为了编撰这本书，他花费了很大的精力，除了完成分工的三分之一篇章，还承担了全书统稿的任务。由于三人合写，文风不一，他煞费苦心，使全书的文风基本趋于一致。我住在他楼上，出入都要经过他家门口，晚上不论我什么时候回家，他卧室里面的台灯始终亮着。因为，他当时还担任中青社的总编辑，担子是相当重的，教材的审读、编写、加工，基本上都是在业余时间进行的。有时，经过他的家门进去看望一下，聊上几句，他虽然感到任务很重，但从不叫苦，使我深受感动。《概论》出版以后，他要一个书评，我开始感到这本书的作者都是经验丰富、水平很高的老同志，由我写书评不太合适。但是在他的催促下，恭敬不如从命，我就写了《对编辑学研究的重大推进——〈书籍编辑学概论〉读后》的短文，认为它是"编辑理论、经验和知识的有机结合"，为书籍编辑学树立了一个比较科学的框架，"是对我国编辑学学科建设的重大推进"，它"标志着书籍编辑学正走向成熟"。

探索《编辑学理论纲要》（以下简称《纲要》）呕心沥血

1992 年，在中国编辑学会成立时，刘杲会长就提出"建立编辑学理论体系"的问题。一时间，编辑学的著作如雨后春笋，直线上升。到 1996 年，仅 4 年时间，出书约 30 种，但一般都是从各自的实践经验出发，再从理论上进行概括，形成自己的结构，这样由于角度不同、层次多样、见解不一，于是学会提出了两个任务：一是制定编撰《图书编辑工作的基本规程》，主要从操作角度的规范化考虑；二是编写"编辑学理论框架"（以下简称"框架"），主要从建立理论体系着眼。为统一基本认识，1997 年，学会还在银川召开了"第五次全国编辑学理论研讨会"，就《纲要》的编写提出了几种设想。阙道隆同志从此积极酝酿准备，默默地投入了《纲要》的编写工作。1998 年初，他发表了《建立和完善编辑学的学科体系》的论文，分析了当时各地研究的情况，提出了 12 个"编辑理论研究课题"，在他看来，这些就是《纲要》应该包含的内容。1999 年，他又发表了《〈编辑学理论纲要〉的构想》。这篇文章实际上是后来发表的《纲要》的初稿。在我看来，也有公开听取反映，广泛征求意见的意思。又经过两年，到 2001 年，他正式发表了《纲要》，学会为此专门召集了在京的部分专家，进行了座谈研讨，得到与会者的充分肯定，认为是我国编辑学研究的阶段性成果，同时也提出了应该有编辑规律的内容。于是他又继续研究，并于 2002 年 5 月写了《试论编辑规律》的论文，提出了在"文化创造和传播过程中编辑与社会互相作用的规律，是编辑活动的基本规律"。先后算来，他为了《纲要》的写作足足花了五年时间，终于为编辑学理论体系的构造，开辟了新的思路，使我国编辑学学科建设又上了一个更高的台阶。他这种锲而不舍、刻苦钻研的治学精神和艰苦奋斗、不达目的决不罢休的坚强意志，不能不令人叹服。

十一年铸一剑，打造《中国编辑研究》成为学术品牌

《中国编辑研究》是由中国编辑学会主办、年刊编委会编、人民教育出版社出版发行的编辑学研究的学术性、资料性读物，每年出版一本，收编前一年发表的有质量、有资料价值的文章，目的是交流研究情况，

积累研究资料，汇集研究成果，为促进编辑学学科建设和繁荣我国社会主义出版事业服务，是推动学术发展、坚持"两为"方向、贯彻"双百"方针、发扬学术民主、实行学术自由的理论园地。阙道隆同志从 1996 年年刊创办开始到 2006 年一直担任主编。我只是根据学会的分工，在编委会挂一个名，负责协调与有关方面的关系，也做一部分选文的工作，一般编辑的工作都由主编打理，人教社还负责终审和编校工作。11 年来，阙道隆同志为策划编辑年刊花费了大量心血。根据年刊的宗旨，他反复考虑选文范围的综合性和专业性、研究问题的现实性和前瞻性、入选作品的学术性和资料性、作者队伍的包容性和广泛性。11 本年刊共选编了 712 篇文章，合计 544.8 万字。他在工作中特别注重文稿的质量，有时为了一些文章是否入选，进行反复的比较，征求有关同志的意见。我曾经说他，为了坚持年刊的质量，精编细作，表现了他宁愿身瘦，而不愿书"瘦"的敬业精神，是值得我们认真学习的。年刊积累了编辑学研究的大量材料和丰富的学术成果，已经成为编辑学研究者不可或缺的参考材料，在国内获得广泛的好评，这是和阙道隆同志的努力分不开的。

此外，从 2003 年到 2006 年，他一直担任新闻出版总署主持的"全国出版专业职业资格考试"辅导教材审定委员会的委员，他总是认真审稿，提出中肯的意见，发挥了很好的作用。2008 年 3 月 23 日，是阙道隆同志八十华诞，他写了《八十述怀》："八十惊迟暮，阳春忆盛年。壮心空自许，晓梦亦难圆。立学待新秀，编书愧宿贤。今知年已老，万事且随缘。"刘杲同志步原韵作诗贺之："风雨坎坷路，一生总向前。编写辉煌卷，立学瑰丽篇。宽和对世事，勤奋着先鞭。而今八零后，野鹤闲云天。"表示了亲切友好的赞扬。22 日，我应邀参加他的寿宴，人数不多，但谈笑风生，其乐融融，大家祝他健康长寿。他虽很清瘦（自己说只有 80 多斤），但精神矍铄，一再要健康状况不佳的同志注意健康，我顺口拈了几句："二〇〇八春光好，阙公八十如年少。平安府里话平安，再过念年忆今朝。"他要我用笔写下来。我说：韵押无矩，怕贻笑大方，不敢示人，内心祝您长寿是真。

2009 年春天，听说他摔了一跤，脊椎骨裂，在床上躺了三个月，后日渐好转，又能在小区里散步活动了。我们都为他能闯过这一关而高兴。谁知 6 月 1 日傍晚，突然得悉他因肺炎高烧正在医院抢救，我当即和胡守文、程绍沛等同志沟通，据说病情较重，翌晨我即去医院探视，他神志清醒，原来说不能动弹的左手，经过抢救也能抬起来了。我告诉他情况已有好转，让他安心养病。他能听懂我的话，但是他说的话除了个别句外，基本上听不清楚。此后我怀着忐忑不安的心情，一直关注着他的病情，和一些同志互相以电话通报信息，但一直没有他病情好转的消息。哪里知道 11 日就传来他的噩耗。寿宴后仅仅过了 447 天，他就悄悄地走了。

阙道隆同志的逝世，不仅使我失去了一位师长和战友，也使编辑学研究失去了一根栋梁，是我国编辑学学科建设的巨大损失。"立学待新秀"，让我们按照阙先生的遗愿，使年轻人发挥更大的作用，沿着前人开辟的道路，在学科建设上勇往直前！

《编辑之友》2009 年第 8 期

编辑学在新中国的茁壮成长

——为新中国成立 60 周年而作

一、编辑学的萌发

（一）编辑活动在中国的历史渊源

中国是世界上著名的文明古国，历史悠久，文化昌盛，典籍浩繁。有史以来，可以统计的出书品种，已超过三百万种。编辑活动的历史，源远流长，殷墟出土的甲骨文中就有"编"字。许慎在《说文解字》中称："编，次简也。"可见，编辑活动在"有典有册"的殷商时期，就已萌发。从古代孔子、吕不韦、刘向父子，到近现代张元济、鲁迅、邹韬奋、叶圣陶、王云五……编书的人历代都有。正是他们为创造和发展中国文化作出了巨大的贡献，为全人类文明进步铸就了灿烂的篇章。同时，也为我们留下了编辑活动的丰富经验和优良传统，他们在编辑实践中提出的思想见解，制定的编辑体例，形成的工作方法和作风，是今天人们研究编辑学的思想渊源和价值的重要资料。

从简帛、手抄本到印刷术的发明，中国书籍日益普及；从邸报、杂志到报纸的出现，信息传播日渐频繁，这表明经济的发展、社会的变革、文化的演变、媒体的更迭，必将对精神生产和媒体制作提出新的要求，以及与之相适应的体制和规章，也将在编辑活动的指导思想、基本原则和方法上表现出来，编辑活动的理论和实践，将随着有所变革、有所创新、有所积累，这些都为编辑学的研究提供了新的契机。

（二）中国的也是世界上的第一本编辑学著作的诞生

19 世纪下半叶和 20 世纪初逐步形成的近现代中国新闻出版业，经过半个多世纪的风风雨雨，跌宕起伏，到 20 世纪上半叶，各种思潮云涌而起，社会处在大变革的前夜，作为当时最敏感的文字媒体——报纸，有一个如何适应变化着的形势的问题。报纸如何办、如何编，不能不成为业界深为关切、亟待善处的问题。20世纪40年代，我国已有八所大学开办新闻学系，在校学生逾千，至于新闻专科学校和各种培训机构则更多。有教育就需要教材，正是在这种情况下，中国，也是世界上第一本编辑学著作——《编辑学》应运而生，它由广州自由出版社出版，时间是1949年3月，作者李次民是广东国民大学新闻系教授，有多年新闻实践和讲授新闻学的经验。他在1947年根据当时的社会需要，讲授编辑学，二年后在讲稿基础上，经修改充实后出书。这本书的内容主要讲报纸编辑学，不仅有具体操作性问题，而且有一定的理论色彩，是一本实用性比较强的教材性书籍，其中还设专章讲了杂志编辑工作。全书共22章，20万字。作者认为：一张报纸的好坏，其先决条件在于主编者学养与编辑艺术，他在这本书的《初版自序》中说，新闻编辑"不是单靠个人有学问就能做到的，这正如萨空了先生在其《科学的新闻学概论》里面所说：'编辑新闻，决不是任何知识分子，都能胜任的。'这也就是说，做编辑的人员，必须明了编辑的重要及其作用"。

这本书是最早把编辑工作作为"编辑学"这样一门学问来加以讨论，并且创造了"编辑学"这个词的专门著作。

"编辑学"这个名词，之所以能在中国出现，首先是因为中国有极为悠久而且连绵不断的文字工作传统；其次是中国自古以来积累有无比丰富的典籍，他们之所以能够传世，与历史上出现诸如诸子百家、学术争鸣的风气，从而造就一批学人，自觉不自觉地在那里收集整理材料、润色修改、编纂书籍分不开；再次是中国的统治者，自古以来都有修志编典的传统，不论他们的动机是出于维护统治，美化自己，或者排斥异己，但是，在客观上他们都程度不同地肯定了编纂、编修、编集这些工作的必要性和重要性。

二、编辑学随新中国的建立而发展

中华人民共和国的建立，新闻出版事业的发展，呼唤编辑学的兴起。1949 年，新中国成立，使中国社会发生翻天覆地的变化，人们的思想理念、精神风貌出现了深刻的变化，对新闻出版也提出了新的要求，编辑人材的培养，理所当然地要求编辑研究的支持。20 世纪 50 年代，北京的中央工艺美术学院和文化学院都曾开设书籍装帧专业和编辑出版系，上海也成立了出版专科学校（后改为上海高等出版专科学校），开办的新闻出版专业人员培训班就更多了，编辑工作的讲稿、讲义也纷纷出现。同时，翻译出版了一些苏联有关出版工作的性质和业务的书籍，如《出版社的任务》等，编辑学著作也就应运而生。中国人民大学出版社把当时苏联 K.N. 倍林斯基教授在人民大学向学生讲授的"书刊编辑课大纲"的讲稿，译成《书刊编辑学教学大纲》一书，于 1956 年正式出版。目的也是为适应当时该校编辑专业的教学需要。内容主要讲各门类图书编辑工作的原则和方法，虽然也涉及刊物的编辑工作，但主要是讲书籍的编辑工作，特别重视书籍的编辑指导思想和编辑人员的政治和文化的素养等问题。它对后来的编辑学研究有重要影响。

20 世纪 60 年代，我国香港、台北也有编辑学著作出版。1965 年，香港的海天书楼出版了余也鲁的《杂志编辑学》，作者是一位资深编辑，全书主要讲杂志编辑工作的意义、作用和方法，尤重操作，有较强的实用性。多年来，几次修订再版。90 年代，又补充增写了电脑编辑等章节，累计印数以万计，主要在东南亚发行。1968 年，台北的"中国出版公司"也出版了陈世琪著《英文书刊编辑学》。但总的看来，这个时期编辑学的学术活动虽有开展，但还处于萌发时期，学术著作的出版也为数不多，只能说是一种发展状态。

三、改革开放推动了编辑学研究的迅速升温

"十年动乱"极大地摧残了包括出版在内的中国文化事业。中共十一届三中全会拨乱反正，实行改革开放，使教育科技、文化艺术事业得到了新的发展，特别是新闻出版事业的飞速发展，编辑工作自然而然地得到了重视，研究编辑学的问题，也引起了人们的关注。

1983年6月6日，《中共中央、国务院关于加强出版工作的决定》（以下称《决定》），指出"要建立出版发行研究所"加强出版发行的科研工作。中央的《决定》极大地推动了编辑出版的研究工作，也为编辑学研究带来了和煦的春风。

上世纪80年代初，一些资深编辑在报刊上发表文章，呼吁研究编辑学，陈仲雍、仉子明、肖月生发表了《科学地编辑与编辑的科学》和《需要一部编辑学》等文章，认为数万名编辑人员"很需要一套切合实际的编辑学"，并且提出建立图书编辑学、报纸编辑学、杂志编辑学。他们认为："百科全书编辑学、辞书编辑学、儿童读物编辑学……有共性又有个性，彼此都有不同的特点。"研究编辑学已是"当务之急"。

1984年，在著名学者胡乔木的倡导下，几所高等学校试办了编辑学专业。同年，著名科学家钱学森和裴丽生也提倡研究编辑学。这些都是对编辑学研究的推动与促进。

同年3月，中国出版发行科学研究所（1989年8月改为中国出版科学研究所）开始筹建，7月，文化部批准成立以王益为组长，叶再生、邵益文为副组长的筹备组。1985年3月，研究所正式成立。文化部任命邵益文为副所长，主持工作。在国家出版局局长边春光同志和主管副局长刘杲同志的领导下，研究所很快启动了设有各种读物编辑工作和出版科研等专章的《当代中国的出版事业》（"当代中国丛书"之一）和以编辑、编校、装帧等为重要分支的《出版词典》，稍后又发起汇集当代编辑人才为主的《中国出版人名词典》的编撰工作。与此同时，研究所

十分重视编辑学的研究。建所之初就着手组织图书编辑学、期刊编辑学和科技书籍编辑学的研究和编写。1987 年 8 月，前国家出版局局长、新闻出版署特邀顾问边春光同志出任研究所首任所长，更加紧了出版研究的步伐。从 1985 年夏到 1992 年秋，出版理论和编辑学的学术研究和著作的编辑出版工作，主要是由这个所协同有关方面来张罗的，进展是显著的。

1985 年和 1987 年，上海市编辑学会和专业性的中国科学技术期刊编辑学会先后成立。这是我国两个最早成立的编辑学方面具有独立法人资格的学术团体。1987 年 9 月，中国出版科学研究所在乌鲁木齐召开了第一次全国编辑学学术研讨会，同年，又与河南大学联合在郑州召开了编辑学研讨会，此后，又和湖南省出版局、湖南省版协联合，在长沙举办了编辑学研讨会，上海市编辑学会也在扬州召开了编辑理论研讨会。这个时期的学术讨论，涉及到学科建设的许多基本问题，由于许多问题是先后反复讨论的，为了叙述方便，有关讨论的内容，我们在后面一并阐述。正因为这些讨论基本上是在一片空白的基础上进行的，它对提出问题，打开思路，寻找答案，形成了百花齐放、百家争鸣的局面，在社会上引起了广泛的影响，也形成了一批初步的成果。

1986 年，在政府的支持下成立了两个出版方面的专业出版社，即中国出版发行科学所的中国书籍出版社和山西省的书海出版社。1985 年，山西省在《编创之友》的基础上创办了《编辑之友》杂志，7 月，中国出版科学研究所开始试办《出版与发行》（后改名《出版发行研究》），上海市编辑学会也于 1986 年创办了《编辑学刊》，后来，中国科技期刊编辑学会又创办了《编辑学报》。新闻出版署主办的《新闻出版报》和《中国出版》杂志，也经常发表编辑工作与编辑学方面的文章，一些刊物和报纸，还专门开辟了研究编辑实践和编辑理论方面的专栏。《编辑学刊》曾集中一两年时间，发表了许多文章，专门讨论了"编辑"概念问题，学术气氛相当浓厚。

这些机构、组织的成立和专业媒体的涌现，有力地推进了编辑学研究的开展；这些理论传播、学术阵地的创办，大大促进了编辑学研究的发展。

据统计，在这段时间中（1983—1992），即中央《决定》发表到中国编辑学会成立这个时间段内，我国共出版以编辑学命名的著作约30种（不包括内部印行的讲义和参考资料等）①。

在这十年中，发表的编辑学方面的论文好几百篇。编辑研究方面有影响的著作，当推边春光主编的《出版词典》和《编辑实用百科全书》和《中国出版人名词典》。《出版词典》是一部全面反映出版知识的专科词典。列11个分支，7000多个词目，约140余万字。《编辑实用百科全书》约170万字，是一本理论性、实用性、资料性兼具的专业性百科全书，是编辑经验的科学总结，是编辑实践的理论升华，对编辑学的学科建设做了重要的奠基性的工作，是我国有史以来专讲编辑工作方面的一本重要著作。《中国出版人名词典》全书共230余万字，共收录全国出版界人物10954人，它凝聚了我们当代兼及近现代出版界的精英，为了解20世纪80年代我国出版人才资源留下了一份有价值的记录。

上述20世纪我国出版研究的重大工程，包括王子野主编的《当代中国的出版事业》三卷本和许力以主编的《中国大百科全书·新闻出版卷》，都对编辑工作与编辑学作了精辟的论述和充分的阐释。它们使编辑学在学科之林占有一席之地。

总之，在这十年中，在编辑学的学科建设，包括编辑学理论探讨，

---

① 郑东兴等著《报纸编辑学》，阙道隆主编《实用编辑学》，中国出版科研所科研处编《编辑学论集》，高斯、洪帆主编《图书编辑学概论》，张玫、王克勤著《书籍编辑学简论》，王耀先主编《科技编辑学概论》，王振铎、司锡明主编《编辑学通论》，邵益文著《编辑学研究在中国》，朱文显、邓星盈《编辑学概论》，徐柏容著《杂志编辑学》，徐柏容、杨钟贤著《书籍编辑学》，任定华等著《科技期刊编辑学导论》，刘光裕、王华良著《编辑学论稿》，王瑞棠主编《广播编辑学》，奚尧先等主编《学术期刊编辑研究》，陈景春主编《文艺编辑学》，方集理主编《编辑学基础》，潘锦华等主编《现代编辑学》，等。

编辑业务、编辑人物、编辑历史、编辑传统的研究方面，取得了丰硕的成果。①

以上这些书籍的出版，既是编辑学学科建设不可缺少的组成部分，又为编辑学研究提出思路，揭示了历史和现实的经验，积累了丰富的资料，大大促进了编辑学的理论研究。

80年代是编辑学研究在新时期的起步时期，这些著述都是开创性的，一般采取总结实践经验，升华为理论的方法。内容涉及到编辑学学科建设中的方方面面。从概念、原理、规律到方法论等问题，都已经提出，并展开了初步的探讨，取得了一定的成果，作为一门新的学科，有一种很好的造势。

四、编辑学的崛起

上世纪90年代，深化改革，扩大开放，中国经济得到了新的增长，为出版发展提供了新的活力，创造了极好的机遇，同时也提出了新的挑战，出版工作在获得重大发展的同时，也遇到了一些新的情况和问题，因而也给出版研究提出了新的课题。作为整个出版工作环节中的编辑工作，如何在新的形势下，把握契机，健康发展，并且创造新的经验，丰富编辑学的理论宝库，进而指导编辑实践，不仅是实际工作的需要，也是编辑学学科建设本身的要求。

新的形势要求编辑学研究向纵深发展，既需要以80年代大家比较关心的书刊编辑学研究为基础，又要面对各门类、各层次、多种媒体编辑工作的需要；既要回答实际工作中提出的问题，又要研究理论体系的

---

① 如：曾彦修、张惠卿等著《编辑工作二十讲》，戴文葆等著《编辑工作基础知识》，金常政著《百科全书及其编辑研究》，赵家璧著《编辑忆旧》、《编辑生涯忆鲁迅》，韦君宜的《老编辑手记》，杨牧之的《编辑艺术》，钱君匋著《书衣集》，韩仲民著《中国书籍编纂史稿》，陈原等编纂的《商务印书馆大事记》和钱小柏、雷群明著《韬奋与出版》，等。

构建。面对这样的任务，若干专业性、地区性的学术团体已不能适应新的需要，迫切要求编辑学研究能更全面地开展，更有计划、有组织、有领导地进行。

1992 年 10 月，具有独立法人资格的全国性群众性学术团体——中国编辑学会成立，正是适应了这种形势的需要。它的成立，使编辑学研究有了一个专门谋划和推动的组织，有助于加强编辑学研究者之间的联系，有利于编辑学研究的开展。

学会成立之后，在刘杲会长的直接领导下，编辑理论和实践的研究得到了很大的加强，它在学术研究的指导思想上，要坚持"为人民服务，为社会主义服务"的方向，进一步强调了编辑学研究要理论结合实际，贯彻"百花齐放，百家争鸣"方针，具体的是从编辑学学科建设和新形势下编辑实践研究两方面着手，为促进出版繁荣，更好地为广大读者服务。

（一）从实际出发开展编辑学的学术研究

从 20 世纪中叶起，直到本世纪初，60 年来，编辑学研究走过了从萌发到崛起，从小到大的道路，这是任何一门新兴学科产生发展的必经之路。在这段时间里，讨论中涉及的问题很多，主要有：

1. 关于编辑有学无学问题的讨论。编辑学提出之初，首先碰到的是有学无学之争。有人认为，编辑是术不是学。说编辑工作几千年来，世代相传，都是师傅教徒弟，编辑之学，未尝闻也；编辑编辑，剪剪贴贴，充其量是个编书匠，从未想过要往学术上靠；当编辑的只要有基本知识，有一定文字功夫，就可以编书，何必要讲什么编辑学；更有甚者，认为多少年来，没有编辑学，书也编了，而且编得不错，现在来讲什么编辑学，是多此一举。总之，认为编辑无学，或者说可有可无。反之，许多认为编辑有学的人认为：这是一种旧观念，为什么过去没有的东西，现在就不能有；认为是出于对编辑工作的作用缺乏全面的理解，看成只是剪剪贴贴，改改标点符号，批批大小字号，看不到编辑的重要作用，看不到编辑学问之所在，认为编辑工作，世代相传，师傅教徒弟，正说明其中有许多经验，只是过去没有去总结整理，使之条理化、系统化，所以没有形成一种学问。而所有的理论，都是从实践中来，只要认真总结，把经验上升为理论，说明编辑学的形成是有实践基础的；有的认为，中国历史上典籍浩如烟海，有的相传多少年，都是靠编辑的工作才得以流传下来，其中难道没有规律可循；更有的说，从历史到现实，为什么有的书编得好，有的书编得不好，这就说明编辑工作大有学问。同时，著名学者胡乔木和著名科学家钱学森等也明确提倡研究编辑学。《中国大百科全书》《编辑实用百科全书》等一些有影响的工具书，都把编辑学作为特大专条加以阐释，一些资深编辑纷纷撰文著书，才使编辑无学的观点，开始得到了遏止，趋向沉默。但是，这个问题的逐步解决，还在许多编辑学著作陆续问世以后。同时，我们应该意识到，抑止或沉默并不等于问题的解决，编辑无学观点彻底解决，还有待具有现代科学形态的编辑学的真正建成。

2. 关于研究方向和重点的确定。编辑活动存在于多种媒体，但各种媒体的编辑研究很不平衡，为此，1994 年，在郑州召开的全国编辑学理论研究会上，刘杲会长明确提出必须集中力量、突出重点，认为在当前一个时期的研究工作要以有中国特色社会主义书刊编辑理论为重点和主攻方向。坚持理论联系实际的原则，努力回答现实生活中的问题，为繁荣社会主义的出版事业服务。这个思路有力地推动了编辑学的研究。

编辑学作为一门独立的学科，要站立起来，必须回答学科性质、任务、研究对象、概念系统、规律和原理等学科建设的基本问题。这是建立一门学科必须解决的问题，也是编辑学研究兴起以后，出版界、教育界颇为关心的问题。正是在这种形势下学会成立以后，立即开展了关于编辑学基本理论问题的研究和讨论。

（二）编辑学学科建设基本问题的讨论

1. 关于编辑学研究的范围问题。编辑学在我国最早是由新闻编辑方面提出来的，但目前的研究者大多是长期从事书刊编辑工作的，所以，一般都是从书刊编辑工作入手进行研究。但是现代编辑工作的范围、媒体的类别，比书报刊要宽得多。编辑学研究为了适应这种需要，认为研究范围应包括广播、电视、音像制品和电子出版物等各方面的编辑活动。这些门类的编辑学术研究成果，将为普通编辑学的建立奠定基础。

2. 关于编辑学的学科性质问题。开始时看法不尽一致，认为编辑学是应用性学科、基础学科、综合性的边缘学科，或工艺性学科等都有。经过讨论，大体上取得了共识。认为编辑学属于应用科学，作为应用科学，它包括编辑的应用理论和编辑的应用知识，这两个部分都是编辑学研究的内容。刘杲同志认为将编辑学定位为应用科学，并不是轻视和否定它的理论性。相反，要重视学科的理论建设，建立比较严谨的理论体系。作为应用学科，也只有建立了理论体系，才能真正成为一门学科。

3. 编辑学应该属哪个学科范畴，它的任务是什么，不同看法不少，有的认为它应属社会科学范畴；有的认为应根据它内容和载体的不同，分别属于不同的学科，如编辑科技书刊或研究电子出版物应属于自然科学范畴；有的认为应介于社会科学和自然科学之间；也有的认为属于文化工程科学。经过讨论认为，编辑工作的基本内容，一般是属于思想文化领域的事，因此应该属于社会科学的范畴。明确了编辑学研究的目的和任务，是为了指导和改进编辑实践，使编辑工作科学化、规范化，同时又便于开拓创新，保证最大限度地满足社会需要，最充分地体现时代精神。

4. 编辑学的研究对象问题。这也有几种说法，如认为编辑学研究对象应该是编辑过程，具体如"编辑工艺说""编辑策划说""编辑审读说"等；认为编辑学的研究对象是原稿，理由是编辑工作的任何环节都离不开原稿，或编辑工作的实质是对原稿的评价等；有的则认为编辑学的研究对象是编辑活动的规律等。经过长期的反复研讨，主张研究编辑规律的人逐步增加，但其他不同观点仍可进一步讨论。

5. 关于编辑概念问题。这个问题涉及古今中外，学界从不同视角、不同层次，提出了许多不同的界说、定义、内涵或特指，有的是传播学的某些概念，改头换面后套用过来的，所以很不一致。经过多年的讨论，学界先在有关前提方面取得某种共识。即首先要界定的是编辑基本概念，不是某一种媒体编辑的具体概念；应该反映编辑活动的特有属性，即本质属性，而不是非本质属性；是本质的理性概括，不是感性的操作过程的描述；概念不是不变的，它是随着社会前进而不断丰富发展的。

经过以上的讨论，取得了一定成果，在2001年4月《中国编辑学会第三次全国代表大会的工作报告》中曾指出：经过几年的探讨、争鸣，学界在一些基本问题上有了某种相同和相似的看法，或者观点开始接近。这些问题是：编辑学诞生于中国，始于1949年在广州出版的李次民所著《编辑学》一书，到目前为止，可认定为世界上最早的以"编辑学"命名的专著；编辑学的学科性质是一门实践性很强的应用学科；编辑学的学科分类应属于社会科学的范畴；编辑学的研究对象是研究编辑活动的特殊矛盾，揭示这些特殊矛盾所反映的客观规律；编辑活动的本质特征是创意（包括策划、设计）和把关；"编辑"的基本概念是：创意（策划、开发）、选择（选题、选作者和稿件审读）、优化（加工整理）和组合（编排、有序化）；充分肯定编辑劳动的创造性，以及编辑在优选、传播、积累社会文化中的能动作用。这些共识有利于把编辑学研究进一步引向深入。

（三）编辑学理论研究的新进展

到了20世纪90年代末和21世纪初，在中国编辑学会的领导下，编辑学研究迈出了新的步子。刘杲会长根据业内外的意见，把建立普通编辑学作为编辑学研究的目标，着重讨论了如下问题：

1.多种媒体编辑活动有没有共性。书、报、刊、广播、电影、电视、音像制品和电子出版物等多种媒体的编辑活动，有没有共性的问题，是在编辑学研究已经越出图书、杂志和报纸等印刷媒介编辑学的范围，需要建立适用于更多媒体的普通编辑学的形势下提出来的。经过研讨认为，各种媒体的编辑活动，有个性也有共性，是肯定的，关键是要找到合理的科学的切入点。科学地概括各种媒体的编辑活动的共性，将是一种理论上的创新。一些研究者撰文著书，在这方面作出了有意义的贡献。

2. 关于建立涵盖多种媒体的普通编辑学的问题。一般认为建立涵盖多种媒体的普通编辑学有三个条件，即编辑活动的基本概念有一定的共识；对它们的共性有一定的认同；对普遍规律的认识有必要的趋同。现在学界在这些问题上的认识正在接近，这就为建立普通编辑学奠定了基础。有的认为：不同传播媒介的编辑活动之间虽有差异，并不能否定其共同发展规律的存在。在科学认识各种传播媒介编辑活动共性的基础上，研究和建立普通编辑学是理论的深化，是合乎学科发展规律的，在理论上是可以成立的。

3. 编辑学理论纲要的探讨。建立编辑学理论框架是编辑学学科建设的一项重要内容。同时，随着高校编辑学专业本科教育的发展，迫切需要一个"教育大纲"。1995 年，中国编辑学会根据上述要求，提出编写编辑学理论框架的任务，经过多次研讨，发表了不少有价值的见解。在学会第二次全国代表大会的《工作报告》中，对研究编辑学理论框架的目的、意义和基本内容，涵盖的范围以及有利条件等做了分析和说明，并且把它作为当前学会工作的重要任务来进行。此后，许多同志在这方面做出了许多努力，以著作和论文的形式提出了自己的见解，如王振铎、赵运通著《编辑学原理》，包括一些编辑学概论和基础理论性著作，以及阙道隆撰写的《编辑学理论纲要》（以下简称《纲要》），全文五万余字。学会为此召开了在京部分专家学者座谈会。与会者对《纲要》给予肯定的评价，认为是近几年来探索编辑学理论框架的一个阶段性成果。同时，也提出了一些可以探讨的问题和修改的建议。作者后来又撰文作了补充，这些都是对编辑学理论框架问题研究的一种有力的推动。

4. 关于编辑规律的探讨。在讨论理论框架的过程中，有人认为研究科学就是研究规律，提出要研讨编辑活动的规律问题。学会据此召开了编辑规律专题研讨会，与会者集中讨论了编辑活动的基本规律，提出了不同的见解和概括。如认为编辑活动基本规律是编辑人员以传播文化为目的对作品进行选择和加工。认为"能动性和受动性相统一是编辑活动的普遍规律"。认为在文化创作和传播过程中编辑与社会相互作用规律，是编辑活动的基本规律。认为编辑基本规律就是信息、知识有序化、媒体化与社会化的规律。有的把传播媒介的基本规律概括为："在为内容向公众传播做准备的过程中作者和读者／用户之间的供需关系的矛盾，在全面正确评价的基础上，依照质量第一和社会效益第一的原则加以调节和解决。要点是全面正确评价两个'第一'。"有的认为编辑劳动的基本规律有三条，即：编辑劳动实践与社会经济、政治、文化相统一的规律；编辑劳动实践与社会文化需求相统一的规律；编辑劳动实践与精神文化产品内在要求相统一的规律。有的主张研究编辑活动的基本规律要从分析编辑活动的矛盾入手，认为编辑活动的诸多矛盾中，编辑与作者的矛盾、编辑与视听者的矛盾是基本矛盾，在这两个基本矛盾中，编辑与视听者的矛盾又是主要矛盾。根据这个主要矛盾，把编辑活动的基本规律概括为：编辑以众多的精神成果为基础，用优选、优化为手段，生产新的精神产品，最大限度地满足视听者的需要，促进社会文明的发展。这些构想为进一步深化讨论编辑活动的基本规律奠定了基础。

（四）推动编辑史、出版史研究的开展和交流

编辑史、出版史的研究，不仅是出版发展的需要，而且是编辑学、出版学学科建设的需要，没有编辑史、出版史的研究成果，没有对历史经验的科学总结，编辑学的学科体系是不完善的，这是学界一贯重视编辑史、出版史研究的根本原因。十多年来，学会先后召开过多次编辑史、出版史研讨会。如与湖北省编辑学会等有关单位合办"英山毕昇墓碑研讨会"，推动中国出版通史的编纂和近百年编辑出版史座谈会等，都取得了成功。许多研究者认为，我国编辑、出版历史悠久，成果丰硕，认真做好编辑史、出版史的研究工作，不仅有十分重要的历史意义和现实意义，而且有深远的国际意义。强调编辑史、出版史研究要关注政治、

经济、文化等各方面的关系，要开拓新的领域，研究新的课题。研究著述，应该大、中、小并举，学术性著作和普及性著作并举，通史和断代史、专题史并举。要坚持运用历史唯物主义的原理，着重做好书、事、人的个案研究，做好收集和发掘材料等基础性工作。值得庆幸的是：我们有一批出版界和高校的研究者，尽管经济困难、资料缺乏，仍在锲而不舍地做研究、编撰和资料收集工作，由于各方面的努力，千方百计进行研究和著述，编辑学的理论和编辑史的研究，取得了令人欣慰的进展和相当的成果。这些都为编辑学的学科建设，奠定了扎实的基础。

（五）关于编辑工作中若干实际问题的研讨

20世纪80年代后期到90年代初，即学会成立前后，正是我国的出版改革不断发展和深化的时期，计划经济向社会主义市场经济转轨的浪潮汹涌澎湃，经济改革也要求出版社由单纯的生产型向生产经营型转变，给编辑出版工作带来许多新的情况和问题。编辑出版工作要努力适应社会主义市场经济体制和社会主义精神文明建设的需要，又符合出版自身规律的要求；要努力坚持把社会效益放在首位，力求实现社会效益和经济效益的最佳结合。为了编辑学的学科建设能够与时俱进，学界一直围绕着这样一个大题目进行自己的研究，并且讨论过许多问题，主要如：

1. 关于图书属性的讨论。社会主义市场经济大潮的兴起，使图书的商品性得到充分的体现，甚至被不恰当地强调。这使一些人产生了"一切向钱看"的思想，有的还搞精神产品商品化。经过研讨认为，一般进入流通的图书有两重性，它是精神产品，同时又是商品。在计划经济条件下，我们对图书的商品性认识不够，随着社会主义市场经济体制的建立，图书的商品属性逐步凸现。出版应该有盈利，这是毫无疑问的，不然不利于事业的发展，但也不能要求每本书都赚钱，不然有的印数少的学术著作就无法出版，同样会影响整个社会的向前发展，这里就要求以盈补亏，求得总体上有一定的盈利就可以了。中国出版业，作为社会主义的精神生产，应有自己的价值取向，有自己的追求和选择，不能像西方那样一切以盈利为转移。如果搞出版产品商品化，那就不符合中国的国情。结论只能是：图书是精神产品，也是商品，但不能搞出版物商品化。更不能"一切向钱看"，不然难以避免文化品位的失落。

2. 出版要不要面向市场，如何面向市场。在市场经济大潮的冲击下，有的出版物质量滑坡，有人甚至买卖书号，引起社会不满。有人因此对面向市场产生疑虑；另一些人则把适应市场经济体制的要求，简单地看成是出书迎合市场，甚至出版一些不健康读物去迎合一些人的低级趣味，这些认识和做法都是片面的。经过研讨认为，在社会主义市场经济条件下，出书要面向市场是肯定的，但面向市场不是迎合市场，而是要引导市场。就是说，这种"面向"不是消极的，是积极的。所谓"积极"就是要主动去占领，要有意识地加强引导，不占领就不能引导。不引导，任其泛滥，就不符合社会主义出版的本意。

3. 编辑工作还是不是整个出版工作的中心环节。随着市场经济的发展，有人认为，"编辑工作中心环节论"过时了，只要"书商愿意要，愿意卖，就可以了"。这样，一些人有意无意地忽视编辑工作，结果错误百出。其实，这是一个很大的误解。经过总结和研讨，许多人认识到在图书生产中只有抓住编辑工作这一环节，才能保证质量，多出好书，活跃图书市场。因为在出版生产中，从坚持出书方向，优化选题，提高质量，直到宣传推广等，都离不开编辑工作，都要从编辑工作做起。所以，"编辑工作是整个出版工作的中心环节"这一论断，不仅没有过时，反而显得更加需要突出。

4. 如何正确处理编辑策划和编辑案头工作的关系。这是出版面向市场以后的一个热门话题。有人把策划强调到不适当的地步，认为案头工作可有可无。经过研讨，多数人认为，编辑工作中应该强调策划的重要性，这是编辑的一项重要基本功。策划就是创意，强调策划就是强调编辑的能动作用。但策划要注重文化成果的积累和建设，不能搞无原则的迎合，也不能只讲"包装"。所以，要解决好策划的价值取向问题。案头工作是任何一个编辑不能不具备的重要的基本功，即使是西方国家的组稿编辑，许多也是从案头工作做起的。目前在我国有些出版单位中，有一种忽视案头工作的倾向，认为只要选题策划好，就一好百好，对审稿、加工，视而不见。其实，选题的设计、策划和书稿的审读、加工，都是编辑工作的组成部分，是一种精神产品生产过程中的工序，它们相辅相成，是鸟之两翼、车之两轮，缺一不可，策划和审稿、加工任何时候都不可偏废。

5. 出书要不要坚持"三审制"。"三审制"是我国出版工作的基本制度，随着社会主义市场经济的发展，出版竞争加剧，一些出版单位为了抢占市场，对书稿不严审精编，还提出要"简化三审制"，"灵活"对待"三审制"。究竟如何认识这个问题，还要不要坚持"三审制"，经过研讨认为，经验证明："三审制"是符合我国实际的编辑责任制度，有利于调动各级编辑人员的积极性，有利于提高图书质量，有利于出版事业的健康发展。认真坚持"三审制"，就可以坚持出版物质量，多出好书，多出精品；反之，则使不健康读物、坏书甚至有政治性错误的图书得以出笼，平庸书也乘机上市，造成不良影响。所以，尽管市场竞争怎么激烈，仍应强调坚持"三审制"，这一条任何时候都不能动摇。只有坚持"三审制"，才能保证优质图书占领市场。要强调编辑的社会责任感、历史使命感，把提高出版物的质量和编辑的人生奋斗目标联系起来，才能真正贯彻"三审制"。

6. 各级编辑职责的研讨。坚持"三审制"、保证图书质量的讨论，引申出各级编辑怎么工作，如何理解他们不同的地位和作用。这里既有认识问题，也有实际问题。根据各级编辑不同的岗位特点，逐个进行了多次的研讨，弄清了一些模糊观念，分别明确了责任编辑、编辑室主任和总编辑的工作范围、职责、重心，坚持自己的职责，以及当前需要注意的问题，提高了各级编辑的认识。

7. 在社会主义市场经济条件下，编辑究竟应该如何工作。这是在编辑实际工作的讨论中，提出的一个非常重要而实际的问题。有人认为：现在编辑的战线拉长了，职责"扩大"了，主张编辑工作要走"新路子"，不能按原有的规范去做。经过讨论，许多同志认为，编辑工作的基本规范，这是长期以来在实践中形成的基本思想、基本原则、基本程序、基本制度和基本方法，反映了编辑工作的客观规律。编辑工作的改革和创新不能违反规律，也不能改变规律。从当前实际情况看，有几种规范必须强化，即编辑职业道德规范、编辑工作规范、技术规范和语言文字规范。在这种情况下，学会协同有关方面着手做了几方面的工作：

（1）学会决定制定《图书编辑工作基本规程》（以下简称《规程》）。委托湖北省编辑学会起草，由蔡学俭同志执笔。经过京内外专家的多次研讨、修改，并上报新闻出版署。经署有关部门批准转发"供全国各出版社参考"。《规程》讲了图书编辑工作的性质、方针和任务，编辑工作的基本过程，应该达到的要求和做法；既总结了实践经验，又注意了新形势下出现的新情况、新问题，使基本规程与积极创新相结合，使整个编辑工作精细有序，促进了编辑工作的规范化和优质化。

（2）强调弘扬编辑的优良传统，树立高尚的职业道德。编辑职业道德问题，曾经讨论过多次，也发表了一些有分量的文章，划清了编辑职业道德与一般公民义务、社会公德的界限，认为编辑的职业道德应从编辑工作的特点来概括，一般的公民义务、社会公德和各行各业普遍要求的职业道德，是共性的东西，编辑应该遵守，但可不列为编辑特有的职业道德，并且通过中国编辑学会年会提出了编辑应该遵循的倡议：①按照出版方针，坚持客观公正的用稿标准，不以稿谋私；②把自己的知识、经验无偿地纳入他人的作品之中，奉献给社会，认真"为他人做嫁衣"；③为读者着想，为读者服务，对社会负责；④尊重作者，真诚地对待作者；⑤在同行之间互相支持、互相帮助等（即"编辑职业道德五条"）。为弘扬优良传统，体会先辈的道德品格，并与有关单位一起，共同研讨叶圣陶的编辑出版思想与实践。强调他作为编辑的社会责任感和历史使命感；全心全意为读者服务，一心一意"为读者着想"的品格；坚持有所为，有所不为，将把最好的精神食粮提供给社会作为编辑的追求；崇尚勤勤恳恳、一丝不苟、精益求精的严谨作风等，有重大的现实意义和深远的历史意义。

以上讨论，都是紧密结合编辑工作实际，尤其是结合编辑的思想实际进行的，是结合进一步坚持编辑的理想和信念，牢固树立正确的世界观、人生观和价值观进行的，有利于编辑队伍的思想建设，促进出版的发展。

这些问题是：自 20 世纪 90 年代中期开始的，由于改革开放的深入和高新技术的发展，出版工作也出现了新的局面，一些新的问题提上了日程。

1. 关于新形势下编辑工作新的特点和要求的探讨

在信息传播发展到数字化、网络化的新形势下，对编辑工作新的特点、要求，需要进行新的审视。学会第六届年会专门讨论了这个问题，学会有关领导在会议的主题发言中提出了"五变""五不变"的新特点，"五变"即：在信息化、数字化的条件下，编辑活动的领域扩大；信息量加大，选择性大大增加；载体多样化，编辑活动的频率加快，稿件通过网络传输，要求编辑迅速做出反应；透明度大，传播空间宽广，可以无远弗届；编辑活动由原来的单一服务转变为多样化的综合服务（不仅限于文字、图片，而且有音响、视频，形成多媒体的功能），这是编辑活动的发展。同时认为，在高新科技条件下编辑活动有稳定的一面，即"五不变"：编辑活动作为精神生产和创造性智力劳动的根本性质不变；传播和积累文化的目的不变；创意、优选、优化和组合的基本特征不变；既要适应精神生产规律，又要适应市场经济和竞争规律的原则不变；编辑工作是出版工作中心环节的地位不变。同时强调：经济全球化必将带来东西方文化的激荡和交流，对编辑出版工作来说，弘扬民族文化、捍卫文化的民族品格和民族尊严的责任不能改变：市场经济的发展、经营环境的变化、坚持发展社会主义先进文化的前进方向不能改变。

2. 再次深入讨论关于编辑职业道德问题

由于市场经济的发展、市场竞争的加剧，经济利益的驱动对传媒事业的影响，使编辑活动受到一定的冲击，编辑队伍中一些人的职业道德滑坡，成为业内外关注的重要话题，在理论和实践方面研讨编辑职业道德建设问题，是学会不可推辞的职责。在过去多次研讨的基础上，需要继续重视深入研讨，要进一步认识编辑职业道德建设的基本要求和基本途径等问题的必要性。刘杲同志为此发表了《社会主义编辑职业道德随想》的长文，全面论述了编辑职业道德建设的意义、性质、内涵、核心、特征以及编辑职业道德的培育与养成，从理论和实践的结合上作了深入的分析，提高了研究编辑职业道德问题的理论层次，有很强的针对性和重要的指导意义，是当代研究编辑职业道德的理论创新，是重要的思想成果。

3. 关于多出精品、多出人才的讨论

党的十六大提出抓住 21 世纪头 20 年的战略机遇期，集中全力，全面建设小康社会的宏伟目标，鼓舞着广大编辑出版工作者，大力发展社会主义文化，建设社会主义精神文明，促进社会主义出版事业的健康繁荣。学会专门召开年会，着重研讨了发展先进文化、实施精品战略的问题。强调重视编辑工作的制度创新、机制创新，提高出版物质量，促进出版繁荣。刘杲会长发表了《出版：文化是目的，经济是手段》的文章，从出版的根本性质、目的、任务、社会价值等方面，论述了社会之所以需要出版，就是为了传播和积累文化。如果不注重文化，出版也就失去了存在的意义。指出，出版的发展需要以经济为手段，出版物作为商品，可以也应该获取一定的经济利益，以支持出版的发展，但这不是出版的根本目的，仅仅是发展出版的手段。如果把握不好，混淆甚至倒置了目的和手段，出版者就可能忘记自己传播、积累文化的本职使命，蜕变为追逐利润的市侩，出版物的品位和质量也必将受到损害。这种见解从根本上坚持了出版的社会责任、根本职能、出版物的品位和文化含量，为实施精品战略提供了理论依据。

4.讨论出版单位转制后的编辑工作问题

随着出版体制改革的深化，一部分出版单位由经营性事业单位转制为企业单位，它对出版单位和编辑工作将带来什么样的影响，一时认识不一，成为业内的热门话题，学会就此问题组织会员进行研讨。多数人认为：出版社不同于其他经济部门，是生产精神产品的单位，在转制以及其他改革中，要坚持把精神文明建设和市场经济结合起来；坚持把社会效益放在首位，实现两个效益的结合；出版社转制本来并不触动编辑业务，但要防止由于强调市场效应而造成两个效益的关系在实际上的错位，或者销售逼迫生产改变出版方向、品位和质量；防止出现有人把兴奋点放在年薪制和领导层持股方面，有的人还担心转制后个人的去向、拉大企业内部的分配差距和退休后的生活待遇而产生不安情绪等。强调要牢固树立为人民服务、为社会主义服务的出版观，首先要抓出版方向，加强大局意识、责任意识和质量意识。要建立一套适应社会主义精神文明建设和市场经济相结合的出版机制，加强上下监督，充分发挥各方面的积极性，使整个出版单位的运作能够走上良性循环的发展轨道。

5.关于在深化出版改革中要坚持图书质量第一原则问题的讨论

在深化出版改革的条件下，编辑工作如何适应新的形势，坚持正确的导向，保证出版物的质量，坚持发展社会主义先进文化，是社会一直关心的问题。为此，在2005年10月召开的第10届年会上，刘杲会长在讲话中指出,如何保证和提高图书质量,是出版改革面临的一个重大课题。认为坚持图书质量第一，就是坚持国家和人民的利益第一，绝不允许为了单位和个人的利益，损害国家和人民的利益。坚持质量第一，是出版为人民服务、为社会主义服务的前提。不然，就是否定了自己存在的社会意义，也否定了自己安身立命的依据。认为坚持质量第一是正确处理社会效益和经济效益关系的基础，否则社会效益和经济效益就无从谈起。优质高效，先有优质，后有高效，优质是前提。靠提高图书质量赚钱，是生财有道；靠牺牲图书质量赚钱，是不义之财。强调出版企业的核心竞争力来自优秀的图书质量。提高出版企业的竞争能力虽然涉及好多方面，但图书质量是核心。指出能不能牢牢抓住提高图书质量的问题，关系出版改革的方向。出版改革要推动图书质量上升和遏制图书质量下滑。如果忘了坚持图书质量第一，就是忘了根本。出版改革的最终目的是发展出版生产力，不断提高图书质量，所有的改革措施都要符合质量第一的要求，都要有利于实现质量第一的目标。与会者认为这个讲话非常重要和及时。认为部分图书质量滑坡，阅读率走低和库存增多是互相联系的。这些问题的形成，既是出版外部环境的变化所致，又有出版本身的内部原因。我们只有多出精品，才能用最优秀的精神食粮去满足广大读者的需求。

6.讨论编校工作，保证出版物质量

做到书刊编校质量合格，是出版工作的起码要求。但是一段时期以来，编校质量下滑，"无错不成书"已经司空见惯，社会上对此屡有批评，领导机关多次检查的结果表明，编校质量问题令人不安。学会根据业内人士的要求，与有关单位联合召开了编校工作专题研讨会，取得了一定的共识。认为校对工作在现代出版工作中占有十分重要的地位，是出版流程中的一个重要的不可缺少的环节，是一种创造性的文化活动，是编辑过程的一个组成部分，是出版物付印前最后一道质量把关的工作。因此，认真做好校对工作，保证出版物的编校质量，是出版工作者对读者负责的根本要求。当前编校质量下降的原因：首先是原稿遗留差错过多；其次是校对力量薄弱；再次是校对队伍素质偏低。但是，根本的也是最重要的原因，是一些出版社领导不重视校对工作，没有把它作为做好出版工作的一个不可缺少的环节来对待。一致认为，保证出版物质量，消灭差错，是出版工作者分内之事，各个环节都要严格要求。强调"必须牢记一句话：改革不忘质量，改革必须有利于提高出版物质量"。首先，编辑要提供合格原稿；同时，校对要认真负责，保证质量，对书中出现差错，要引以为耻；出版社领导要把编校质量看成有关出版社的信誉、水平和服务态度的重大问题，要下决心把它放到重要的议事日程上，切实加强管理，解决机构设置、人员配备、队伍培训等问题，做好校对职称改革工作，并要求上级领导部门采取有效措施，务求"无错不成书"的现象能够得到遏止，进而彻底解决。

7. 关于编辑人员评价体系的探讨

随着出版物市场竞争的加剧，编辑队伍面临着新的工作机遇和挑战，编辑在出版物生产的作用和社会责任越来越凸显。中国编辑学会第四届会长桂晓风认为，当前编辑人才工作中出现了许多新情况、新问题，也有许多新的经验和教训需要总结，这是中国新闻出版事业坚持正确导向，实现更大繁荣的前提。为解决这些问题，学会及时开展编辑人才评价体系的研讨，探索了编辑人才评价的标准，讨论了合格编辑应具备的条件，提出并讨论了建立和完善编辑人才评价体系和评价机制问题，认为这是我国出版业人才资源整体开发的当务之急。经过讨论，提高了对上述问题的认识，强调要为编辑人才成长制造条件，要转变旧的观念，从多方面关心编辑人才的培养和使用，更好地为社会主义新闻出版事业服务。

8. 关于编辑工作新《规程》的讨论

编辑产品是一种特殊产品，它作用于人的精神世界，对民族精神的培育、国民素质的提高、科学技术的进步和国家整体实力的提高有重大影响，它的生产应有严格的规范。桂晓风会长认为编辑规范工作是一项非常重要、非常复杂的工作，要进行系统的整体的思考。强调编辑规范工作要抓主要内容，要有创新精神。经过讨论认为，新的编辑《规程》是编辑实践经验新的总结，是编辑规律的反映，是提高图书质量的有力保证。认为各类图书有共性又有个性，特别是在数字化时代，对编辑规范工作提出了更新更高的要求。要正确处理规范与创新、发展的关系，在实践中不断总结经验，努力探索客观规律，使编辑工作规程得到不断丰富和完善。

9. 探讨了"优秀出版物的价值"问题

为了在编辑出版工作中认真学习和实践科学发展观，提高贯彻落实科学发展观的自觉性，努力促进我国编辑出版工作的科学发展，进一步提高出版物质量，多出精品，中国编辑学会第十三届年会以"优秀出版物的价值探讨"为主题，进行了集中的讨论。会议认为，出版物的内容质量是出版物的灵魂，出版物的价值核心是文化，出版物的生命在于创新。指出：出版物创新的主要依靠是作者，作者的世界观和学识见解决定作品的品位和质量，作者的创新思维决定作品的创新价值，是作者、编者、设计者和校对等有关出版人员共同创新的。编辑应以创新精神推动文化创新，努力追求优秀出版物的价值。会议还讨论了出版物的价值评价、价值的实践和提升。强调编辑是优秀出版物的催生者和传播者。

此外，学会还根据情况，办了许多专题研讨会，分别召开了总编辑、编辑室主任、责任编辑工作研讨会，农村读物、科技读物、青年读物、少年儿童读物、网络编辑研讨会，以及出版教育研讨会，并多次与中国版协、中国出版科学研究所联合举办出版理论研讨会。同时，还开展了中青年优秀编辑评选，面对高等学校编辑学专业学生的"未来编辑杯"论文竞赛，现已进行六届，并积极参与新闻出版总署全国出版专业人员职业资格考试辅导教材的编写、审定、修改和实施考试的具体工作。参与有突出贡献的中青年优秀出版人才的评选，这些活动得到了有关方面的广泛的好评。

以上各项活动都是根据要求，紧密结合编辑工作实际，尤其是结合编辑的思想实际，进一步坚持编辑的思想和信念，牢固树立正确的世界观、人生观和价值观进行的，有利于编辑队伍的思想建设，有利于编辑人员提高认识，做好实际的编辑工作，有利于我国社会主义编辑出版工作的健康繁荣。

五、基本经验

（一）加强马克思主义在编辑研究中的指导地位，推动理论创新

党中央历来重视积极发展哲学、社会科学，这对于坚持马克思主义

在我国意识形态领域的指导地位，对于探索有中国特色社会主义的发展规律，增强我们认识世界、改造世界的能力，有着重要意义，而且明确提出要"推进学科建设和理论创新"。说明要深化改革，繁荣新闻出版事业，必须积极开展编辑学、编辑理论和实践的研究，在正确理论的指导下，为建设有中国特色社会主义出版事业服务。新闻出版等传媒事业，是社会主义精神文明建设的重要方面，是正确舆论导向的把握者，是科学理论的传播者，是崇高道德的弘扬者，是优秀作品的生产者。因此，它本身就首先需要科学的理论支持。要充分认识加强出版理论研究和理论创新是百年大计，是基本建设，是加强队伍建设最根本的一环。我们注意到一个情况，近年来，我们没有发现哪个重视编辑出版理论研究的地区和单位，出过坏书；反过来说，凡是受到重大行政处分的单位，几乎没有一个是重视编辑出版理论研究的。实践证明，我们必须贯彻落实科学发展观，把编辑学和编辑出版理论研究进一步引向深入，向纵深发展，在实践中把编辑学的学科建设推向前进。

（二）坚持理论与实践相结合的原则

理论联系实际是一切理论研究的根本原则，也是编辑学研究的根本原则。我国的编辑学研究，从上世纪 80 年代兴起以来，一直是贯彻执行这个方针的，进入 90 年代以后，特别是学会成立以后，这个根本方针得到了进一步的明确和坚持。编辑学研究必须联系实际，这个实际主要是市场经济条件下编辑工作中的一些重大原则问题和实践问题。在市场经济条件下，编辑出版工作既要按照精神生产规律办事，又要按照市场经济规律办事；既要认识市场、流通对编辑工作的重要意义，承认市场对出版的推动，出书要面向市场，又要强调面向市场，不是迎合市场，而要引导市场；既要强调出书对路，编辑工作必须大胆探索，积极创新，又要坚持编辑工作的基本规范和基本要求；既要重视编辑策划的重要作用，又要强调选择和"把关"在新条件下的特殊意义；既要强调编辑的主体地位和能动作用，又要强调爱岗敬业，尊重作者，爱护读者，遵纪守法，恪守编辑的职业道德的必要性。能不能紧密结合当前实际，正确处理好这些问题，对于编辑学研究的深化和编辑学学科建设具有极为重要的意义。

（三）坚持贯彻"百花齐放，百家争鸣"的方针

贯彻"百花齐放，百家争鸣"的方针，是学术发展的必由路，也是编辑学发展的必由之路。贯彻"双百"方针，要区别政治问题和学术问题、两种世界观的问题。学术问题要坚持学术民主和不同观点的自由讨论。近 20 多年来，编辑学研究所以发展比较快，而且在不少问题上已经形成了几种不同的观点，正是和坚持贯彻"双百"方针分不开的，也是今后需要坚持的。精神产品的生产是一项非常复杂的劳动，需要专家、学者和文艺工作者发挥个人的创造精神。我们应该尊重和爱护专家、学者的辛勤劳动，坚持解放思想、实事求是，坚持"双百"方针，努力造成一种鼓励探索与创造的良好环境和气氛，在学术研究上不同观点和学派应该自由讨论，在艺术创作上不同形式和风格的作品可以自由发展。编辑学是一门新兴学科，正在发展形成的过程中。要真正成为一门具有现代科学形态的独立学科，仅仅靠少数几个人是不行的，必须在马克思主义指引下，认真贯彻执行"双百"方针，集思广益，集腋成裘，使编辑学的学科建设日臻完善。

（四）关键在于建立一支有活力的研究队伍

编辑学研究能不能深入发展，从这几年的实践看，关键在于能不能团结各方面的积极分子，建立和扩大理论研究的骨干队伍。这支队伍应该有丰富的实践经验，相当的理论和知识水平，年龄结构应该是梯形的。为此，必须做好"三个结合"。

1. 发展出版界和高等学校两种研究力量的结合

编辑学是一门正在兴起的学科，它的研究队伍的形成，必须从实际出发，并在实践中形成。编辑工作是一种政治性、思想性、科学性、专业性很强的工作，又是难苦细致的创造性劳动。编辑工作的这种性质，

决定了编辑学是一门实用性很强的学科，它萌发于编辑工作的实践，首先在一些善于对自己的工作进行理性思考的热心人那里脱颖而出。编辑学来源于实践，它离不开实践作为基础，这是不奇怪的。但是，另一方面，编辑人员既是出版物的设计者，又是出版物的生产者。特别在市场经济条件下，要出好适合读者需要的书，不是一件容易的事。因此，在平时，身处第一线、忙于实际工作的编辑人员不太可能有足够的时间，对编辑学进行全方位的周密的理性思考，并赋予科学的形态。因此，推进编辑学的学科建设，加强编辑学的研究必须把编辑出版界的研究力量和高等学校的编辑研究力量紧密地结合起来。使注重理论的人看到实践的需要，了解编辑工作的实际情况；使从事和注重实践的人，进一步掌握各种各样的理性思维，获得新的启迪。这两方面的人，通过一定的形式，按照"百花齐放，百家争鸣"的方针，交流观点，讨论学术问题，畅所欲言，取长补短，不断完善自己的学术思路和理论体系，对编辑学研究有很大的推动。

出版界和高等学校两种研究力量的结合，既协调了编辑学研究队伍的人员组合和知识、经验的结构，并且大大扩大了研究队伍，也使双方得到互补，有利于取得丰硕的成果，这是应该肯定的。今后应该进一步坚持和加强这种结合。

2. 人文社会科学编辑与科技编辑包括多种媒体编辑的结合

出版是一种多学科多层次的精神生产部门，它的出版物五花八门，涉及各个领域、各种媒体，这就决定了编辑工作的多样性，图书、期刊、美术、影视、广播和电子出版等，它们的编辑工作既有共性又有个性，各门类视听读物的编辑人员，又各有所长。所以，编辑学研究必须协调各门类出版物的编辑工作。以图书编辑学为例来说，特别是人文社会科学读物和科技读物编辑之间协调，把两方面的力量结合起来，是搞好图书编辑学研究的重要条件。这种多种媒体编辑的结合，现在已为越来越多的人们所认同，并且开始取得了一些进展，但还有许多工作要做，今后要进一步加强各种媒介编辑人员之间协调，使这种结合更加合理、更有计划地进行。

3. 加强老中青结合

上世纪 80 年代以来，编辑学研究队伍的一个特点，是注意老中青结合。编辑学崛起的时间不算长，最多也不过二三十年。所以，它的参与者，科班出身的几乎没有，大都是在实际工作中苦干了三四十年、五六十年的人，有的还是在即将离退休的时候，才搭上这班车的。这里的原因，不仅是工作忙，没有时间作理论上的思考；更重要的是"不入虎穴，焉得虎子"，不苦干多少年，也没有那么多经验可以总结。所以，一些老编辑、资深编辑参与进来，十分必要，问题是必须同时有中青年参加，这就要强调老中青结合，要发现和培训中青年苗子。这样做，一方面是为了保证后继有人；另一方面，是因为青年人接受新鲜事物快，思想活跃，善于开拓进取，善于学习运用新的技术，这种敢闯敢干的精神和科学思维，正是编辑学作为一门新兴学科所必需的。尤其在高新科技迅速发展的时代，更加应该坚持这一点。

这三个结合，是学术研究的实际需要，也是过去编辑学研究的重要特点，是带有战略性的。在学术发展过程中，尽管程度不同，但总的说来，在指导思想上是越来越明确、越来越重视的，其中有的阶段是做得相当好的。总的看也是成功的。正是坚持了这三个结合，使得编辑学的研究队伍不断壮大，学术成果不断涌现，研究水平不断提高，学科建设不断前进。

（五）开展国际学术交流，积极吸收国外的优秀成果

开展国际学术交流，积极吸收国外的先进经验和优秀成果，同时把编辑学推向世界，使它在国际上占有一席之地，也是编辑学界应尽的义务。

在这段时间里，我们的编辑学研究者，曾经不止一次地出访日本、韩国，访问过菲律宾、马来西亚和尼泊尔，访问过美国、欧洲和埃及，参加过多次国际性的学术研讨会，扩大了眼界，了解了国外的研究情况、

研究方法、研究思路和研究成果，翻译出版了国外的一些专业著作，如美国的《编者与作者之间——萨克斯·康明斯的编辑艺术》《图书出版的艺术和科学》《出版学概说》《出版概论》、苏联的《八十五次喜与忧——一个编辑的思考》、日本的《出版事典》（译成中文时改名为《简明出版百科词典》）《现代出版学》《在社会环境下的图书出版》《日本的出版教育》《日本出版社概况》等，有助于我们编辑工作和编辑学研究的开展。同时，也邀请日本、韩国等国的学者来我国讲学，和一些国家的编辑出版专家共同交流研究成果，并且轮值举办过两次有相当规模的国际出版学术研讨会。广泛地探讨促进出版发展的有效途径和方法，交流未来出版发展前景的思考，涉及到出版发展的许多深层次的问题，开阔了我们的思路。

由于编辑学发源于中国，所以，中国的编辑学者，无论是出访或者赴国外参加有关的国际学术活动，或者接待外国出版学者来华访问、出席有关会议时，都向国外同人介绍编辑学的研究状况，阐明编辑学的基本问题，引起国外同行的注意。国外的报纸，还不止一次地专门介绍了中国的编辑学研究，刊载对我国编辑学者的专访。与此同时，也有不少文章或著作被译成外文，在国外出版或发表。这说明，编辑学正在走向世界。

总的说来，在过去的半个多世纪中，我国编辑理论和实践的研究，发展的势头是积极向上的，目前正在向纵深发展，编辑学的学科理论体系已基本形成，学科建设已经基本成熟。

注：本文原题为"编辑学：从萌芽、崛起到走向成熟"。

2009 年 10 月

《第十四届国际出版学术论文集》P25，中央编译出版社 2010 年 12 月版；《建国六十周年纪念文集》河南大学出版社 2009 年 9 月版

《中国编辑研究（2009）》年刊编后记

中国编辑学会学术年刊《中国编辑研究（2009）》反映了 2008 年我国编辑实践和理论研究的成果及有关情况。

"2008 年是极不平凡的一年。"在中国共产党领导下，全国各族人民认真贯彻科学发展观，坚持以人为本的原则，迎难而上，奋力拼搏，战胜各种艰难险阻，我们实现了国民经济继续保持平稳较快的增长，坚持了改革开放的进一步深入推进，社会事业加快发展，人民生活得到进一步改善，全国人民万众一心，夺得了全面抗击特大自然灾害的重大胜利。我们成功举办了北京奥运会、残奥会，圆满完成神舟七号载人航天飞行。与此同时，中国特色社会主义文化正前进在大发展大繁荣的道路上，我国的出版事业在深化改革、继续加快发展，编辑出版研究在新的形势下，也取得了新的进展。

2008 年，在出版体制改革的推进下，许多出版单位转企改制，出版现代化又有了新的进展，出版环境和生产手段发生了许多变化，使研究工作的视野更加开阔，以著作、论文、调查报告和研究资料等形式出现的成果有所增长，十分可喜。可是，年刊限于篇幅，不得不有所取舍。根据编委会讨论意见，我们选文的要求是：一要贴近编辑，二要注重质量，三要力争反映当年的特色，四要考虑到编辑工作的诸多方面。我们虽然努力贯彻，但限于人力和认识水平，尚不能尽如人意。

柳斌杰同志的《做无愧于时代的新型编辑》一文，充分体现了党和政府对编辑的期盼，也很符合年刊的宗旨，我们将其置于本集之首，名曰"卷首篇"，这是年刊编辑工作的一种尝试。其他栏目，大体上与以往相同，没有大的改动。

"改革发展论坛"，由于 2008 年是改革开放三十周年，这方面的文章很多，有关出版的各个方面、各个环节都有记述，我们无法全收，又担心顾此失彼，而且大多数文章已被收入各种文集，因此，仅收了几篇综合性的文章。

"理论探讨"和"学科建设"，我们着眼于提出新问题，或对原来的问题发表新的见解的文章，如对出版观的思考，对读者与编者关系的研究，对编辑主体、客体的有关分析等，从不同的角度探讨了问题，包括《新闻编辑学研究在新时期的探索与突破》，也说明了编辑学研究正在走向深化，其实，这篇文章提出的问题从某种角度看，和当前编辑学界正在提倡的加强普通编辑学研究的思路是相通的。

出版数字化发展很快，成就显著，但同时也提出了不少问题，包括它对编辑工作的影响以及出版文化安全等问题，业界颇为关心。我们在"高科技与编辑出版"栏目中，收编了一些相关文章，供大家研究思考。

"工作研究"所载文章，都是从实际工作中提出来的，虽然涉及的问题大小不一，但从编辑工作角度看都应加以重视。编辑怎样抓"好书"，这个问题本来是编辑职责的题中应有之义，但现在有些编辑可能淡漠了。他们忙于抓策划、抓营销、抓效益……这些当然都是必要的，是不可缺少的，但抓好书、创品牌，是不可忽视的根本目标，抓这儿抓那儿，无非都是为了出好书。希望各社编辑都来重视这方面的问题，做好这方面的工作。因为一个出版社能否站得住脚，能否在百花丛中争艳斗妍，能否在社会上树立起自己的成功形象，能否在历史上留下自己的足迹，关键全在于能否出好书，只有好书才是出版社塑造起自己业绩丰碑的奠基石。这里我们只是提出问题，究竟编辑应该如何抓好书，还希望大家提出更多的经验。

"期刊研究"这次强调了期刊的社会责任和建设"一流期刊"的思考，这是期刊工作者首先需要考虑的问题。尤其是在突发事件来临之际，期刊编辑应该怎么办？这次我们围绕重庆《党员文摘》在汶川大地震中的作为，收编了一组文章，供大家研究思考。

随着出版改革的不断深化，我国经济社会的迅速发展，高新科技对编辑出版的影响逐步加剧，出版人才的培养问题日益凸显。这不仅关系到当前出版为文化大发展大繁荣作出贡献，更关系到编辑出版的未来，是一个战略性的问题。在"人才培养"栏目中，我们收编了一些文章，说明当代编辑应该具有什么样的新本事，如何把握自己的职业操守，坚持编辑应有的气节，这是编辑自尊、自重、自律的需要，也是进行自我努力的目标，以真正达到无愧于"人类灵魂工程师"的光荣称号。

在"历史与人物"方面，我们首先收编了黄涛同志的先进事迹，供大家学习。2008 年 11 月，中共中央宣传部、新闻出版总署、解放军总政治部联合发出《关于开展向黄涛同志学习活动的通知》，提出：解放军出版社原顾问黄涛同志，毕生致力于党的出版事业，由他主持编辑的《星火燎原》等红色经典出版物，在广大读者中产生了广泛影响。他先后荣获二级独立自由勋章、二级解放勋章、独立功勋荣誉章、全国第二届韬奋出版奖。《通知》要求，各级新闻出版行政部门和单位要走在前列，以开展向黄涛同志学习活动为契机，深入学习实践科学发展观。广大党员干部特别是各级领导干部，要以黄涛同志为榜样，加强学习，以自身的表率作用带动和促进学习活动的深入开展。这是党对我们广大编辑人员的要求，也是我们学习的极好机会。2008 年 9 月 7 日，我国著名编辑家戴文葆先生与世长辞。报刊上常有悼念文章发表，年刊初选入围的文章也有好几篇。经编委会讨论，因限于篇幅，只收编了两篇，以表示我们和其他作者以及熟悉、关心戴老的编辑同志们的哀悼之心。

最后，我们感谢业内许多媒体为我们推荐稿目、提供材料，可惜我们接触有限，难免挂一漏万，敬请谅解。承蒙人民教育出版社十多年来如一日，以大量人力、物力、财力支持中国编辑学会，使年刊得以逐年与大家见面，为同行们提供了这个交流的平台，我们表示诚挚的感谢。

欢迎大家多提意见。

2009 年 12 月

《中国编辑研究（2009）》P534，人民教育出版社 2010 年 4 月版

为王振铎著《编辑学理与媒体创新》作序

  收到王振铎先生寄来的《编辑学理与媒体创新》的校样，要我作序。振铎同志是我的老朋友，老朋友要出新书，我当然首先是高兴，向他祝贺。一翻校样，原来是他二十余年来辛勤研究编辑学的部分成果的展示。洋洋四十余万言，是近年来编辑学读物中一部颇具影响的著作。要我写几句话，我当然不便推辞。但是一大摞校样摆在面前，尽管他的基本观点我是了解的，其中有些文章也曾经拜读过的，但对一位作者来说，集文成书，可能作些修改是在所难免的。所以，不看一遍，于心难安，而要看一遍，有的甚至不止一遍，也不是一件轻松的事，但看着看着，觉得有收获，不知不觉地读了起来。最后掩"卷"回味，综观全稿，再一次印证我对他的印象"勤奋治学，勇于独创"。他的许多观点、见解，持之有故、言之成理，创一家之言，不愧为编辑学这个百花齐放、百家争鸣的学术花坛中一朵独特的奇葩。

  可是正当我想动笔的时候，一个偶然的机会，我有幸拜读了刘杲先生给这本书写的序言，看了以后，获益匪浅，但同时面对刘先生的高度评价和精辟分析，大有"眼前有景写不出，崔颢题诗在前头"之感。思之再三，我只好信马由缰，说到哪里是哪里了，就算是我的一点学习心得，也是给老朋友的一个交待。

  振铎先生的专业是中文，毕业于我国素负盛名的河南大学。听说他早在大学时期，就在一个文学评论刊物发表过论文，在当时是很难得的，曾经轰动全校。这说明他刻苦学习，有自己的见解，堪称优秀学生。

  毕业后，留校教学，编学报，后一直执教于母校。上世纪80年代，编辑学在中国兴起之时，他即投身于编辑学的研究与教育。河南大学并不是中央指定的首批三家试办编辑学专业的高校之一，但还是比一般高校起步得早，这大概和他当过多年学报编辑有密不可分的关系。振铎先生在编辑学的教研工作中，不倦地追求，一以贯之，而且至今仍退而不休，成果丰硕；同时又桃李满天下，学生遍及全国各地，这是他四十余年不懈努力的结果。

由于振铎先生等一批学人的努力，河南大学是我国高等学校中第一个举办编辑学研讨会的学校。大概是在 1986 年底，全国首届出版科学学术研讨会之后不久，可能是 1987 年上半年，振铎先生就和我商量，想和中国出版科学研究所联合主办编辑学研讨会，我当然赞成。但由于当时中国出版科学研究所正在准备全国第一次图书编辑学研讨会，拟在乌鲁木齐举行，相当紧张，河大开会之议，只好往后放一放。9 月，乌鲁木齐会议开幕，这次参会人员不多，一共只有 21 个人，主要是业界的同人，但振铎先生参加了，可能是唯一受邀的高校教研人员。就在这次会议期间我们和边春光同志一起商量，决定河大的研讨会由两家合办，具体由河大筹备，在第四季度召开，老边和我都去参加。河南大学和振铎先生对这次会议的准备工作抓得很紧，很快就商定于 11 月 6 日在郑州召开。事有凑巧，正当河大会议前夕，新闻出版署党委通知：要组织慰问团到商丘看望署机关和直属单位在商丘支教的讲师团同志，正好研究所也有同志在讲师团。我就和魏玉山同志提前两天先到商丘，然后再到郑州开会。不料，我在商丘被开水烫伤，动弹不得，一躺就是十多天，不能前去赴会。会后，振铎先生专程从开封到商丘看我，谈了会议的情况，边春光同志和省、校有关领导都讲了话，讨论也很热烈。我未能参会深感遗憾。12 月 16 日，经医生同意，我被担架抬上火车，到郑州转车返京，不想，振铎先生又在开封上了同一次火车，到郑州为我送行，我很感动。

从 1987 年中国出版科学研究所早期活动开始，到现在的中国编辑学会，振铎先生一直积极参与编辑学学术活动，而且根据自己的编辑经验和教育实践，发表了许多有见解的文章，并且合著出版了《编辑学通论》《编辑学原理论》，最近又出版了《编辑学原理论》（修订本）。直到这一本《编辑学理与媒体创新》，应该说都是很有见地的。

振铎先生在学术活动中敢于独创的精神，给我的印象是很深刻的。他的编辑学三原理，就是新的独创，尽管其中有借鉴的成分，但对编辑学来说，确实是独特的。这方面许多同人都有过评述，我就不赘言了。

记得 1985 年，由于工作的需要，我曾经写过一篇短文——《中国书的起源和发展》①，说明"图书是一种工具……人类从蒙昧状态进入文明社会，在这漫长的历史发展中，图书的功绩是伟大的，不能忽视的"，"可是图书并非一开始就像现在这样，它从内容到形式，经过长期的发展，有了重大的变化"。上世纪 80 年代，在讨论编辑活动起源时，也说过"编辑活动是一种社会文化活动，又是一种历史现象，从最早的萌发，到纸介印品……再到多媒体编辑，是一个漫长的发展过程"②，认为甲骨文不仅有文字记录，还有小洞可以串联，甲骨文的册数和册的次序，可以说是"我国最原始的书的雏形"，也说明了编辑活动的萌芽，"尽管这种活动是很原始的"③。这是我当时的看法。这次拜读了振铎先生的有关文章，虽然我们的观点是相似的，但振铎先生以翔实的资料、周到的分析，不仅论证了甲骨文有编辑活动，而且有复制的迹象，使我对这些问题有了新的认识，有助于今后继续学习这个问题，应该好好地感谢他。

振铎先生在本书"编辑活动的特点与规律"一章中说，编辑活动有三条基本规律，"即缔造文化结构的规律，创建符号媒介的规律和传播知识讯息的规律"，并说"三条规律在整个编辑活动中缺一不可，是自始至终存在并运用着的规律"，又说"基本规律究竟有几条，那就看实际的矛盾有多少，看矛盾运动的具体条件和环境的复杂性而定"（本书第 224 页）。这里给人的印象是规律不分主次，三条都是基本规律。但在拜读《编辑学原理论》（修订本 2009 年 6 月版）后，发现提法有了一

---

① 参见《出版与发行》1986 年第 1 期。
② 参见拙著《20 世纪中国的编辑学研究》，河北教育出版社，2000 年版，第 40 页。
③ 参见拙著《20 世纪中国的编辑学研究》，河北教育出版社，2000 年版，第 39 页。

些变化。书上说"编辑活动的性质、特征以及活动规律，都是在社会文化缔构中体现出来的。文化缔构原理是编辑主体在社会文化实践活动中遵循的最基本的原理"，"就这三个基本原理而言，文化缔构原理涵盖编辑活动的性质、任务、目的和方法，总体制约编辑活动的实践，应为最基本的原理，符号建模原理和讯息传播原理，是编辑活动运作规律的具体概括，是实现缔构社会精神文化目的的方法原则。"还说："我们把文化缔构原理看作编辑学的第一原理，或曰最基本原理。"这个新的表述，当然是一种进步。在学术研究、理论探讨上思想有发展，认识有深化，完全是正常现象，在实践中创新，在研究中独创，更是如此，这是学术发展的必由之路，也是为什么我们在学术研究中必须坚持"百花齐放，百家争鸣"这个方针的根本原因。

愿振铎先生在敢于独创、不断创新的道路上取得更多的成果，为编辑学的学科建设作出更大的贡献。

2009 年 12 月 28 日

《编辑学理与媒体创新》河南大学出版社 2010 年 5 月版

读者 战友 老师

——我与《编辑之友》

　　《编辑之友》是我国第一本公开定期出版的编辑出版类刊物，创刊已经 25 年了。它诞生的时候正是中国出版发行科学研究所的初创时期，由于工作的需要，我当然是每期都认真拜读的，也正因为这样，我一开始就成了《编辑之友》的忠实读者。尽管 25 年来，它的负责人已经换了好几任，从张安塞到孙琇，又到庞沁文，直至现在的康宏，我们都有过接触，是同一个战壕里的战友、同志。

　　曾记得为了创办《出版与发行》杂志，我们曾研究过《编辑之友》的办刊思路和特点，以避免两者重复；曾记得《编辑之友》的同志几乎一次不漏地参加中国编辑学会的年会和有关的学术活动。张安塞、孙琇等同志还多次为办好学会的年会和学术活动出过主意；曾记得为创办中国编辑学会会刊，张安塞同志曾经奔波于太原和北京之间；曾记得为《中国编辑》杂志的创办，以及落实到河北教育出版社承办和以后的出刊，孙琇同志作出了许多努力，立下了汗马功劳；曾记得杜厚勤和王力为核对文稿的一字一句，在电话里反复校正……总之，20 余年来《编辑之友》的历届同人积极稳重、认真踏实、朴实无华、埋头苦干的精神，给我留下了深刻的印象。由于我们的目标是一致的，工作是相似的，我们互相支持、互相帮助、互有教益，他们刊登的文章总能引发我的思索，使我获得启迪，让我从中学到许多东西，从而成为它的学生。近年来，一些编辑出版类刊物正在摇身一变，成为吸引更多人眼球的摇钱树的时候，《编辑之友》却坚定它做好编辑的朋友的信念，调整步伐，把双月刊改为月刊，让它的影响力和辐射力进而扩大。它给人的印象，就是一位充满职业自豪感的当代编辑的高大形象。

编辑和作者，目标是一致的，都是为了办好刊物，服务读者。许多期刊的编辑，往往认为自己是刊物的主人，其实不然。刊物的主人既包括编者，也包括作者和读者，只有作者和读者把你这个刊物看成自己的刊物，这个刊物才能办好。对作者，重要的是对待他的稿件，不能用的坚决不用，但要讲清原因。如要修改，就应多就少改，可改可不改的，坚决不改。即使要改，也要取得作者同意。即使是老朋友、老熟人，或者是名不见经传的所谓"小人物"，只要是作者，就要征求他的同意，绝不可强加于人。《编辑之友》在这方面做得好，所以，它的作者队伍才能不断壮大，得到更多新作者的支持。

25 年来，它坚定不移地面向全国，做全国编辑的知心朋友。《编辑之友》在太原出版，但它议论的问题都是全国全行业的问题，作者也都是来自全国。所以，在读者眼里，《编辑之友》一直是一份全国性的刊物，是编辑人反映自己的理念、智慧、经验和心声的园地，是自己真正的朋友。

25 年来，它毫不动摇地立足编辑、立足出版。25 年不算长，但也不算短，风云变幻，新事物迭起，理所当然。但它坚持办刊宗旨，立足点始终不变，同时又与时俱进，但不跟风、不赶时髦，所以，它不仅巩固了原有的读者群，并且吸引了更多的新读者。

25 年，四分之一个世纪，不容易。要说的话也许还有，限于篇幅，就此搁笔。一句话，我祝贺它，愿它在编辑之友的道路上走得更加顺当久远。

《编辑之友》2010 年第 2 期

编辑 "三要"

假日，几位久违了的老编辑聚在一起，谈天说地，悠然自得，可三句不离本行，又扯到了编辑工作上。有的说，现在出书可难了，被电子出版、网络冲击得厉害；有的说现在品种多，压得喘不过气来；有的说，现在好书不少，但多被淹没在书海中了。一谈到看稿子，话更多了，说有的作者引用外国人的话，说马克思主义"过时了"，有的内容庸俗、低俗、媚俗；有的不分精华糟粕，把古代的东西一股脑儿往外端，一个不小心就捅娄子了。可是，老编辑毕竟是老编辑，也说了不少防范、改进的举措。我把它整理了一下，似乎有这样三条，称之谓"三要"，与同行们交流，并求赐正。

一、要一以贯之地坚持马克思主义在意识形态领域的指导地位

由于世界多极化、经济全球化、文化多元化和媒体多样化的深入发展，国际国内各方面的矛盾和问题相应交织、相互作用。西方的思想文化、意识形态、生活方式，包括敌视、攻击、否定马克思主义的思想观点，乘机渗透和侵入我国。加上我国目前正处在改革发展的关键时刻，各个方面、各个阶层的不同利益日益凸显，形形色色的社会思潮大量涌现，对人们的思想观念和理想信念形成冲击。在这种情况下，作为出版工作者，须自觉划清"四个重大界限"，即划清马克思主义与反马克思主义的界限，社会主义公有制为主体、多种所有制经济共同发展的基本经济制度与私有化和单一公有制的界限，中国特色社会主义民主与西方资本主义民主的界限，社会主义思想文化与封建主义、资本主义腐朽思想文

化的界限等。这个问题虽然是十七届四中全会提出的，但对从事传媒工作的编辑却有特别重要的意义。这是关系到我们增强政治敏感性，提高自身鉴别力，巩固思想路线的大事，尤其是划清马克思主义与反马克思主义界限，事关中国特色社会主义的指导思想和精神支柱，乃是我们建设中国特色社会主义的根本方针，也是做好编辑工作的根本要求，更是在意识形态领域坚持和弘扬社会主义价值核心体系，坚持马克思主义基本理论，坚持马克思主义基本理论与中国具体实践相结合的中国特色社会主义理论体系占主导地位，引领多元化的社会思潮，促进中国特色社会主义文化发展大繁荣的基本保证。

二、要旗帜鲜明地抵制低俗文化

一段时间以来，内容低俗的出版物和媒介制品招摇上市，贻害受众，污染社会空气，引起了社会的关注，舆论的批评。我们必须旗帜鲜明地加以反对，绝不能迁就放松，姑息纵容，甚至蓄意炒作，推波助澜，误导受众，危害社会。

某些媒介制品中的低俗之风，花样繁多，蔓延颇广，主要表现在对传统经典胡批乱侃；对历史人物极尽戏说、讥嘲之能事；或以揭秘爆料为卖点，制造假象，影响到读者的判断。有的宣传拜金主义、宿命论和封建迷信思想，模糊了奋发向上的人生观；有的炒作名人、明星的隐私绯闻和生活琐事，迎合部分读者的猎奇心理；有的宣传离奇古怪的养生之道、治病秘方，用反科学、伪科学的货色糊弄读者，造成思想混乱，甚至误导人们的健康生活；有的宣传"厚黑学"，鼓吹一切以"利"字为中心，为了达到这个目的，不惜以奉迎吹拍、心计权谋、尔虞我诈、坑蒙拐骗、投机取巧的处世"妙方"毒化社会风气；有的为了追求眼球效应和感官刺激，居然渲染淫秽色情，在"裸"字上做文章，大打"性"的擦边球，模糊社会的道德底线；有的以揭"黑"为幌子，大写暴力、凶杀和糜烂的生活方式，毒害青少年读者；还有的宣扬风水、看相、算命以及生日星座等封建数术，侵蚀人们健康的思想、信念。低俗出版物的大量涌现，出版者最初的目的是以赚钱为目的，唯利是图；实际上却渲染了社会的消极因素，败坏了社会风尚，瓦解了人们的意志和追求，不利于弘扬正气，塑造美好心灵，培养优良品德，建立良好的精神氛围。这与我们所提到的划清社会主义思想文化与资本主义腐朽思想文化的界限有直接关系，这是我们编辑工作者不能不注意的问题。

三、要重视当前某些中文出版物夹杂字母词日趋泛滥的现象，净化汉字语言环境

近年来，国际交流日益频繁，新概念越来越多，在某些出版物中字母词大量出现，极大地影响了我国的语言和文化环境。面对这种状况，新闻出版总署领导明确指出：在汉语中不规范使用字母词，会直接造成交流的不畅通，人为地在广大读者面前设置了一道语言屏障。汉语言文字博大精深，作为一种成熟的语言符号体系，我们应该保证它的广泛性、系统性和规范性，没有必要刻意使用外文字符。

由于信息和网络技术逐渐发展，助长了外来语通过互联网很快渗入汉语的热头，时间一长，使有的人只知道 WTO、GDP、GPS、DNA，而忘了"世贸组织""国内生产总值""全球定位系统"和"脱氧核糖核酸"等汉词，这是非常值得注意的。我们认为，作为出版工作者，在一出版物中，要注意慎用字母词。首先，在标题上应该慎用，在文中使用时要严守《中华人民共和国国家通用语言文字法》的规定，不使字母词继续蔓延，扰乱汉语语言文化环境。这是编辑工作者义不容辞的社会责任和最起码的职业要求。作为编辑，我们不仅自己要认真做到，同时也要求作者依法办事。编辑携手，共同来净化汉字语言环境。

鉴于当前信息和网络技术飞速发展，编辑工作的空间越来越宽阔，

时间要求也越来越快，新生事物和新的名词概念越来越多，对编辑工作的要求也越来越高，难度也越来越大。这也是社会发展、时代进步的客观要求。编辑工作要适应这种新的环境，必须坚持不断地学习，不断提高自己的思想政治水平、知识技能，改进工作作风。我们的一切工作，都是为了读者能够更好地阅读，并通过阅读把自己塑造成社会主义建设的有用人才。我们既然选择了这样一个通过提供优秀出版物为读者服务的职业，我们自己就应该更好地阅读和学习。

《编辑之友》2010 年第 11 期

发扬优良传统　推进现代出版
——读齐峰等著《山西革命根据地出版史》

读齐峰、李雪枫同志新著《山西革命根据地出版史》，给人留下极为深刻的印象，无异是一次难忘的学习，是对编辑人、出版人的一次精神激励，如果敢于结合自己的思想进行对照，那必然是一次职业精神的洗礼，一次职业品格、职业道德的升华。

《山西革命根据地出版史》以丰富的史实、生动而严谨的笔法，系统地阐述了从 1937 年七七事变，直到 1949 年解放战争结束，这 12 年间山西四大革命根据地（晋察冀、晋绥、晋冀鲁豫太行区和晋冀鲁豫太岳区）的出版历史，严格地说是山西革命根据地出版报纸、刊物和图书的历史。据统计，山西四大革命根据地先后至少曾有 22 家报社出版过报纸 400 余种（见该书第 9 页，下同），先后曾建立过 19 家出版社、17 家印刷厂和 10 多家书店（当时的书店、印刷厂都可以出书），出版图书 2520 余种，共计 480 多万册（见第 5 页）。至于期刊出版尤为活跃，由于战争形势的变化，新的期刊创办和原有期刊停刊，或停刊了又复刊，复刊了又停刊，变化较大，所以，准确的数字已无法统计。这里只举一例，即在 1940 年、1941 年抗日战争的艰难时期，在日军对山西革命根据地实行严密封锁的情况下，至今保存下来的期刊仍有 70 种之多（见第 8 页），而实际数字肯定要比这个多得多，印数更无法统计。但有的曾伪装封面，流传到敌占区，有的还传到了国外，可见其数字不会太少，而且有很强的生命力。那么，山西革命根据地的出版活动，所以能够发展壮大的原因是什么呢？

一、党的重视和正确领导

山西革命根据地的出版活动能够发展壮大，首先是党的重视和正确领导。毛泽东同志很早就说过："中国无产阶级要推翻剥削阶级统治的旧政权，建立自己统治的新政权，一靠枪杆子，一靠笔杆子。笔杆子的斗争主要集中在出版战线上。靠革命的出版物，到群众中，传播革命的道理，把党的主张变成广大群众的智慧和力量。"（转引自该书 144 页）他还说过，为了战争，必须使每个士兵和人民都明白为什么要打仗，使几万万人齐心一致，那么，怎样去动员呢？就是："靠口说，靠传单布告，靠报纸书册……这是一件绝大的事，战争首先要靠它取得胜利。"（《毛泽东选集》第 471 页）为了这件绝大的事，毛泽东同志曾为《晋察冀日报》题写了报头，为"新华书店"题写了店名，发表过《在延安文艺座谈会上的讲话》《对晋绥日报编辑人员的谈话》和其他许多重要的指示。朱德同志曾经高度评价根据地的出版工作。他说："一张《新华日报》顶一颗炸弹，而且《新华日报》天天在作战，向敌人发射出千万颗炮弹。"（见第 301 页）党的领导同志，包括彭德怀、贺龙、刘伯承、聂荣臻、彭真、邓小平等，都有过题词或作过许多重要指示、给予奖励和鼓励，或亲自为书报刊等写文章，积极支持新闻出版事业的发展，极大地鼓舞了广大战士和群众，促进了抗日战争和解放战争一个又一个的新高潮，巩固和扩大了革命根据地。

二、坚持走群众路线，密切联系群众，依靠群众把新闻出版搞得有声有色

正如毛泽东同志《在延安文艺座谈会上的讲话》中所指出的那样，"为什么人的问题，是一个根本的问题，原则的问题"（《毛泽东选集》第 859 页）。根据地的出版工作，一句话，就是为工农兵写，写工农兵，

给工农兵看。为了达到这个目的，根据地党政军、人民团体和新闻出版工作者，作出了极大的努力。由于根据地地处偏僻，农民一般不识字。他们就先办扫盲班、识字班，编扫盲书和识字课本，帮助群众识字，提高他们的文化水平，然后编写群众身边的故事，让他们获得能够看得懂、听得懂的通俗书刊和文艺材料。随便插一句，笔者有幸，在 20 世纪 50 年代，为了配合全国扫盲，专门访问过全国劳模李顺达和申纪兰同志，听他们讲扫盲的故事，还看过当时印刷得非常简朴的扫盲课本，才知道了农村扫盲是怎么一回事，给我上了很好的一课。在农民识了一些字以后，根据地的出版工作者就帮助农民自己写自己的事，写自己亲身经历的或发生在自己身边的事。有的刊物还明确告诉读者和通讯员，写稿的要求是："哪怕记录素材也好，只要内容真实，形式短小，通俗明白就好。"有的报刊编辑部还规定，版面用字不超过 300 个常用字的范围之内。这就大大鼓舞了群众的积极性，打破了写稿是文化人的事的旧观念，涌现了许多生动活泼的稿件，使出版物变成广大群众日常生活的指导员。这样，丰富多彩、群众喜闻乐见的稿件就广泛涌现，如评词、街头诗、杂谈、建议、自问自答、童谣、三言两语的小言论，甚至漫画。把这些作品印在副刊上效果很好，当时流传较广的有农民诗人安娘的三首"口歌"和不识字的农民毕金川的诗三首《天为宝盖地为池》《老猪生来笨又大》和《过新年》等，分别刊登在《过新年》和《太岳文艺》杂志上，深受读者的好评，这不仅团结教育了群众，也提高了群众的政治觉悟和文化水平，有利于党的方针政策的贯彻执行，为广泛动员群众，夺取革命战争的胜利，奠定了群众基础。

三、艰苦奋斗，克服一切困难，不断创新天地

根据地的新闻出版工作环境的艰苦难以言表，物资的匮乏无法形容，今天的人们难以相信毛泽东同志的伟大著作《论持久战》《新民主主义论》

和赵树理等作家许多脍炙人口的作品，包括一些重要文件，最早是用油印、石印出版的。有的还发行过手抄本，七七事变以后，实际上由党领导的"第二战区民族革命战争战地总动员委员会"出版的《战地总动员》一书，由于印刷机被敌机炸毁，只好油印出版。全书 72 万字，刻成蜡纸 360 张，共 720 页，每页含蝇头小楷 1000 字，创中国油印史之冠。如果当时申请吉尼斯纪录，可能也是世界之最了。

1944 年初，为了配合整风运动，中共中央晋察冀分局决定出版《毛泽东选集》，并把这个任务交给了晋察冀日报社社长兼总编辑邓拓同志。但当时一无材料，二无精装工具，三无精装技术，在敌占区又很难买到白纸，报社领导就带领报社全体同志自力更生，办起了手工造纸厂。用稻草、麻绳造纸，所造纸张虽较粗糙、发黄，但可用来印报，把省下来的白纸印《毛泽东选集》。封皮上的红绸子是同志们冒着生命危险从敌占区买来的，没有烫金用的金片就用铜末代替。我国第一部精装的《毛泽东选集》就是这样在山沟沟被印装出来的。这记录了只有不怕困难的共产党人才能创造的奇迹。

四、关键在于有一支坚强的队伍

根据地的出版活动，不仅生活艰苦、物资匮乏，更严峻的是它是在战斗环境中进行的，出版工作者往往是在头上有飞机轰炸、脚下有地雷、身边还有子弹射击的条件下工作的，加上出版机构、印刷厂等又要随时随着日寇的"扫荡"、反动派的"清剿"、敌我战斗的发展变化，拆迁搬家，又重新安家。这都是家常便饭，据说许多打过游击的同志都养成了边行军，边打瞌睡的习惯，以补充睡眠，可是，出版工作者连行军中打瞌睡的机会都没有，他们需要的是边行军，边构思报道、打好腹稿、考虑编排。等到战斗、行军的间隙，就马上把它写出来、发出去，以鼓舞广大军民的斗志，而把敌人的"扫荡"和"清剿"放在脑后，把自己的生死置之度外，全心全意地为救亡图存，为战斗胜利，为人民利益而忘我奋斗。一手拿枪，一手拿笔，枪杆和笔杆齐飞，鲜血与汗水同流，这就是根据地出版工作者的真实写照。正因为这样。在短短的 12 年中。为出版而战斗牺牲，或因长期的艰苦奋斗，积劳成疾、因病过世的同志难以一一统计；仅 1942 年 5 月，被誉为"华北抗战的向导"，拥有员工 700 余人（包括印刷厂），日发行量最高达三万余份的《新华日报》（华北版）人员，在太行山遭遇日寇"穿梭式扫荡"，加上轰炸扫射，社长兼总编辑何云率众多次突围未果，不幸壮烈牺牲，仅此役就有编辑、记者和其他工作人员 46 人牺牲和失踪。这不能不说是我国新闻出版史上最壮烈的一页。更令人敬佩的是，尽管环境恶劣、条件艰苦，以邓拓、何云为代表的广大山西革命根据地的新闻出版工作者，仍然坚持一丝不苟的编辑作风，不管是办报编刊，还是出书，都力求严谨、细致，字斟句酌地再三推敲、反复校阅，直到没有一字错漏，才签字付印。在战斗环境中，死神随时可以降临的条件下，毫不犹豫地坚持对革命负责、对读者负责的精神，真正体现了用特殊材料造成的共产党员的高尚品质。

本书作者以马克思主义历史唯物主义的立场、观点和方法，梳理了山西革命根据地新闻出版的历程，阐明了历史的缘由和它对中国革命的伟大贡献——为新中国新闻出版事业培育了人才，探索了党领导的新闻出版工作前进的航道。

本书材料翔实，既有宏观的论述，又有微观的描写，并附有大事记和可能收集调查到的出版机构、报刊图书的目录、编著者的姓名，不愧为一个弘扬先贤、烛照后人的很有价值的科研成果。诚如柳斌杰同志在为包括本书在内的《山西出版史》（三卷本）所作的总序中所说的，作者研究并撰写了"这一个特殊时期的山西出版，有助于我们全面了解党的文化政策、出版政策，并为新中国成立后党的新闻出版政策的确立找到直接的依据"，认为本书作者"在一定程度上代表了当今编辑出版学研究者的整体状况……继承了老一辈学者的勤奋、严谨的治史传统，又体现出了新一代学者锐意开拓、敢于啃硬的创新精神和时代特色"，柳斌杰同志所说，不仅是对本书作者的高度评价，也是对我国当前编辑学、出版学、新闻学研究的殷切期望和有力鞭策，我们应该学习和发扬革命根据地出版工作的优良传统，在新的形势下为推进现代出版作出不懈的努力，为中国特色社会主义出版事业的繁荣贡献自己的力量，这也是当代编辑出版工作者的责任和义务。

《编辑之友》2010年第8期（"品读专集"）；《中国编辑研究（2010）》年刊P543，人民教育出版社2013年8月版

写在《一切为了读者》一书的前面

我从 1955 年起开始做编辑工作，迄今已 50 余年，经历的风风雨雨也很有意思。虽然编了一些书，大都是时效性较强的读物，随着风云变幻，有的在当时可能很有影响，发行几十万、几百万册，可是时过境迁，逐渐被人们所淡忘；有的费了很大劲，但因形势变化胎死腹中，未能与读者见面；总之，当了一辈子编辑，没有留下传世之作（个别的那是因作者关系也许有可能）。但是我不遗憾，因为我为读者服务了，有一点还可以感到自豪，那就是——在半个多世纪的编辑生涯中，自信没有编过一本坏书、一本对不起读者、对不起子孙后代的书。这并不是我个人有多大能耐，主要是由于党的正确领导。我从学校里开始到后来脱产做了几年青年团的工作，这个经历给了我是非界限，确立了引导、教育青年的理念以及坚持正确的政治方向、为人民群众服务、当好党的助手的指导思想。人总要走正路，不要走邪路，这一点已经深深地扎根在我的脑海之中。走上编辑道路之后，我也时刻以党的出版方针，"两为"方向和"百花齐放，百家争鸣"的原则提醒自己。我从内心里感谢曾经直接领导过我的同志，他们高度的原则精神，艰苦奋斗、身体力行、平易近人的作风以及在处理实际问题时的智慧和胆识，都给我留下了深刻的印象。他们在我人生道路上给予我的关怀令我终生难忘。我深切怀念曾经接触过的开创新中国出版事业的耆老，如王子野、王益、陈原、陈翰伯、叶至善等同志，他们都是德高望重的文化人，为出版事业呕心沥血的奠基者、开拓者。还有我周围的一些同志，他们的言行，也无形中给了我深刻的教育。

如前所说，我虽干了多年的编辑，却毫无建树，但在党的教育下，心中从未忘记过读者，而且能和几位工农青年读者做朋友，我们曾经同吃同住同劳动，每当我为他们编书的时候，他们的形象就会出现在我的脑海中，这一点，我常常聊以自慰。所以，我现在就把《一切为了读者》作为这本小册子的书名。除了收入"心存读者"等方面的论述外，其中有些篇章，如关于为少年儿童出书、出版教育、我个人接触到的一些国外出版印象等篇目，考虑到也许这套丛书的其他作者不一定会涉及，承蒙首都师范大学出版社领导和《书林守望丛书》编辑同志们的错爱，我才不揣冒昧地拿出来凑数，以博一笑耳。

编入本书的拙作共 50 篇，其中近一半是 2000 年底以前发表的，最早的发表于 1991 年 2 月，最晚的一篇刊出于 2007 年 5 月，所以，其中所涉及的情况和问题，大都是过去的事了，有的甚至已经成为历史，特别是近几年来，出版改革不断深化，许多情况已经发生了变化。读者如果能从其中看到出版业变化的一些轨迹，我就很满意了。

看这份校样的时候，编辑和校对的同志们，十分认真、细致，给原稿指出了不少问题和谬误，一方面我很感谢，同时也很内疚。我当了一辈子编辑，为什么轮到自己写东西的时候，而且是已经发表过的文章，还会有那么多问题，后来仔细一想，除了有些是粗心大意以外，还有两方面的问题，一是发表在报纸上的文章，一般是不加注释的；二是有些发表在杂志上的文章，不少只在文后说明一下"参考文献"，并未讲明具体出处。通过这次教训，我更深刻地感觉到编辑工作不可少，校对工作不可无，不要以为发表过的东西就没有问题、可以放手出笼，这也算是一点心得吧！

我的兴趣在编辑学，开始也有同志希望我从这方面列题。但考虑到目前的年轻编辑，出书、创收，压力太大，负担太重，有人说他们的心理承受力早已达到了临界点，这是编辑学需要研究的课题。因为这对出版、对编辑学研究来说，都是挑战，同时又是锻炼我们的机会，当然，需要大家付出更大的努力，用更多的时间来研究，用更多的篇幅来论述，所以，在这里就不谈了。但是我坚信只要我们坚持走中国特色的社会主义道路，为夺取全面建设小康社会新胜利而努力奋斗，我们的整个出版行业和编辑学的学科建设一定会取得更大的胜利。

2010 年 4 月

《一切为了读者》P1，首都师范大学出版社 2010 年 7 月版

致谢批评　恂述浅见

——兼答苏良亿先生

摘要　判断编辑活动的起源有三条标准，根据这三条标准，作者赞成编辑活动起源于春秋，并认为孔子是我国历史上第一个编辑家。

关键词　编辑活动起源　孔子

中图分类号: G232　**文献标识码**: A　**文章编号**: 1009—5853（2010）04—0021—02

2009 年第 3 期《出版科学》杂志，发表苏良亿先生大作《论编辑起源于印刷术的发明和使用：与邵益文同志商榷》批评拙作《30 年编辑学研究综述》一文中把"收集整理材料"作为"编辑起源"不当，追问"收集整理材料，是编辑活动独有的吗？"这个批评很正确，我完全接受，并表示衷心致谢。正如苏先生所说，"创作活动需要收集整理材料，那么创作活动是否也是编辑活动呢？"事实确实如此，不要说创作，生活中许多事都要收集整理材料，区别只在材料不同而已。之所以出现这个错误，是当时在写这个问题时，原想找一个较早的关于编辑一词的解释。找来找去，找到了《辞源》1979 年版的解释，"编辑"条说，"收集材料，整理成书"。不想，落笔引用时，变成了"收集整理材料"，还郑重其事地加了"引号"，却把"成书"这一要点给忽略掉了，致成大错。

至于确定编辑活动起源的三条，即："①必须拥有'收集材料，整理成书'（我现在按原想法把它改过来）这种起码的编辑实践；②进行编辑活动时应有一定的目的和主张；③以上两项必须有史书的明确记载。"这是我个人的一种浅见而已。苏先生就此批评"有没有目的的编辑活动吗"有道理。编辑活动应该是有目的和主张的。我所以提出这一点，是因为以前在讨论古代编辑起源时，有人只要一看到"编辑"两字联想来用，就认为是成书的编辑活动。所以，我想把它区别开来，才提出应该是有目的和主张的。关于孔子是不是编辑家，曾经讨论得十分热烈。我的想法是按拙见上述三条可表明编辑的起源，又完全适合于有名有姓的孔丘，而且范文澜先生在《中国通史简编》中也曾指出孔子整理六经有三条准绳。所以，我认为孔子是我国历史上第一个编辑家。正如苏先生在大作中所说，因"官学衰落"，孔子为代表的一批杰出教育家遂办私学，"孔子删《诗书》，定《礼》《乐》，演《周易》，作《春秋》，以供教学之用。儒家的经典传说都出自他手。"至于苏先生说现在许多教师参加教材撰写，他们是不是就此都成为编辑了？当然不是。据了解，现在高教社和一般的大学出版社出版的材料，都是请人编撰的，作者是作者，编辑是编辑，和其他出版社出书没有什么不同，因为现在早已实行创编校分享，分工非常明确了。至于其中人民教育出版社的教材，一般由专家、教员、编辑组成的三结合小组编撰，并且不同特点的项目，三者中以谁为主，也有所不同。可以说你中有我，我中有你。可是在孔子那个时代，当然谈不上有"三结合"，更可能的是一人三任，因为创编校是合一的。当然，我把今天21世纪的做法和公元前四五百年时的情况相比，是不科学的。目的只是想说明古代编辑的起源，不能用几千年或几百年的情况来看待而已，不然生产发展，社会进步又怎么说呢？

最后，我想说明编辑起源，说法很多，拙作中只罗列了三种不同的观点，其实，这个问题的讨论，已经说不清有多少年了，今后也不知道要争论多少年。如问我个人怎么看，记得1986年因工作需要，我曾写过一篇短文《中国书的起源和发展》[①]，说明"图书是一种工具……人类从蒙昧状态进入文明社会,在这漫长的历史发展中,图书的功绩是伟大的,不可忽视的"，"可是图书并非一开始就像现在这样，它从内容到形式，

① 邵益文. 中国书的起源和发展 [J]. 出版与发行，1986（1）.

经过长期的发展，有了重大的变化"。在上世纪 80 年代，讨论编辑活动起源时，也说过"编辑活动是一种社会文化活动，又是一种历史现象，从最早的萌芽，到纸质印品……再到多媒体编辑，是一个漫长的发展过程"①。认为甲骨文不仅有文字记录，还有小洞可以串联，甲骨文的数量，它的册数和册的次序说明编辑活动已有萌芽，"尽管这种活动是很原始的"②。《尚书·周书·多士》称："推殷先人有典有册"，可见，殷商时期已经有了书籍，有书籍就会有编辑活动，尽管只是一种萌芽。到史书上有记载，有名有姓，有编辑目的和主张，且有编辑成果的是春秋时期的孔子。所以，我赞成编辑活动起源于春秋，并认为孔子是我国历史上第一个编辑家。

　　以上浅见刍议，不足取也，再次感谢苏先生，迟复为歉。

2010 年 4 月 29 日
《出版科学》2010 年第 4 期

---

①② 邵益文. 中国书的起源和发展 [J]. 出版与发行，1986（1）.

简谈编辑学在新中国的建立和发展
——在第 14 届国际出版学术会议上的发言

摘要：本文阐述了编辑活动在中国的悠久历史渊源，新中国成立后，特别是改革开放以来，编辑学在中国建立、发展并逐渐成为一门现代科学，这也反映了当代中国编辑和出版教育界的研究者的不懈探索和执着追求。

关键词：编辑　编辑活动　编辑学　学科建设

探讨编辑出版与文化的问题，离不开编辑出版文化的重要组成部分编辑学、出版学及相关学科的学术研究。它们是编辑出版思想的结晶、实践经验的升华。鉴于时间的限制，笔者只简单地介绍一下编辑学在中国的建立和发展。

一、编辑学的萌发

（一）编辑活动在中国的历史渊源

中国是世界上著名的文明古国，历史悠久，文化昌盛，典籍浩繁。有史以来，可以统计的出书品种已超过三百万种。编辑活动的历史源远流长，殷墟出土的甲骨文中就有"编"字。许慎在《说文解字》中称："编，次简也。"可见，编辑活动在"有典有册"的殷商时期就已萌发。从古代孔子、吕不韦、刘向父子，到近现代张元济、鲁迅、邹韬奋、叶圣陶、王云五等等，编书的人历代都有。正是他们为积累、创造和发展中国文化作出了巨大的贡献，为全人类文明进步铸就了灿烂的篇章。同时，也为我们留下了编辑活动的丰富经验和优良传统。他们在编辑实践中提出的主张和见解，制定的编辑体例，形成的工作方法和作风，是今天人们研究编辑学的思想渊源和有价值的资料。

从简帛、手抄本到印刷术的发明，中国书籍日益普及；从邸报、杂志到报纸的出现，信息传播日渐频繁。这表明经济的发展、社会的变革、文化的演变、媒体的更迭，必将对精神生产和媒体制作提出新的要求以及与之相适应的体制和规章，并在编辑活动的指导思想、基本原则和方法上表现出来。编辑活动的理论和实践，将随之有所变革，有所创新，有所积累，这些都为编辑学的研究提供了新的契机。

（二）中国（也是世界上）第一本编辑学著作的诞生

19世纪下半叶和20世纪初逐步形成的近现代中国新闻出版业，经过半个多世纪的风风雨雨，跌宕起伏，到20世纪上半叶，随着各种思潮的风起云涌，社会处在大变革的前夜，作为当时最敏感的文字媒体——报纸，面临着如何适应变化着的形势的问题。报纸如何办、如何编，不能不成为业界深为关切、亟待善处的问题。20世纪40年代，我国已有八所大学开办新闻学系，在校学生逾千，至于新闻专科学校和各种培训机构则更多。有教育就需要教材，正是在这种情况下，中国（也是世界上）第一本编辑学著作——《编辑学》应运而生。此书由广州自由出版社出版，时间是1949年3月，作者李次民是广东国民大学新闻系教授，有多年新闻实践和讲授新闻学的经验。他在1947年根据当时的社会需要讲授编辑学，两年后在讲稿基础上经修改充实后出书。这本书的内容主要讲报纸编辑学，不仅有具体的操作性，而且有一定的理论色彩，是一本实用性比较强的教材性书籍。作者认为：一张报纸的好坏，其先决条件在于主编者的学养与编辑艺术。他说，新闻编辑"不是单靠个人有学问就能做列的"，编辑新闻"决不是任何知识分子都能胜任的。这也就是说，做编辑的人员，必须明了编辑的重要及其作用"；这本书最早把编辑工作作为"编辑学"这样一门学问来加以讨论，并且创造了"编辑学"这个词的专门著作。

编辑学这个名词，之所以能在中国出现，首先是因为中国有极为悠久且连绵不断的文字工作传统；其次是中国自古以来积累有无比丰富的典籍，它们之所以能够传世，与历史上出现诸如诸子百家、学术争鸣的风气，从而造就一代又一代的学人，自觉不自觉地在那里收集整理材料、润色修改、编纂书籍分不开的；再次是中国的统治者自古以来都有修志编典的传统，不论他们的动机是出于维护统治，美化自己，还是排斥异己，但是，在客观上他们都程度不同地肯定了编纂、编修、编集这些工作的必要性和重要性。

二、编辑学随新中国的建立而发展

中华人民共和国的建立，使中国社会发生了翻天覆地的变化，新闻出版事业的发展，也提出了培养编辑人才的新要求。20世纪50年代，北京和上海的高校开办了一些相关的专业，各种培训班也很多。1956年，中国人民大学还翻译出版了当时苏联 K.N. 倍林斯基教授的讲稿——《书刊编辑学教学大纲》，目的也是为适应当时该校编辑专业的教学需要。20世纪60年代，香港、台湾地区也有编辑学著作出版。但总的看来，这个时期编辑学的学术活动和学术著作的出版为数不多，只能说是处于萌发时期。

三、改革开放推动了编辑学研究的迅速升温

"十年动乱"极大地摧残了包括出版在内的中国文化事业。1978年，中国实行改革开放，新闻出版事业得到了新的发展，编辑工作自然而然地得到了重视，编辑学问题的相关研究也引起了人们的关注。1983年，党和政府作出"要建立出版发行研究所"，加强出版发行的科研工作的决定，极大地推动了编辑出版的研究工作，也为编辑学研究带来了和煦

建设的基本问题。这是建立一门学科必须解决的问题，也是学界颇为关心的问题。正是在这种形势下，中国编辑学会多次开展关于编辑学基本理论问题的研究和讨论。

（二）编辑学学科建设基本问题的讨论

在这方面，讨论过图书的属性问题，编辑的起源问题，编辑概念、学科性质、研究对象、研究任务、范围，以及编辑学应属哪个学科范畴等问题。

讨论取得了一定成果，在 2001 年 4 月《中国编辑学会第三次全国代表大会的工作报告》中曾指出：经过几年的探讨、争鸣，学界在一些基本问题上有了某种相同和相似的看法，或者观点开始接近。这些问题是：编辑学诞生于中国，始于 1949 年在广州出版的李次民所著《编辑学》一书，到目前为止可以认定为世界上最早的以"编辑学"命名的专著；编辑学的学科性质是一门实践性很强的应用学科；它的学科分类应属于社会科学的范畴（无论是人文学科或科学技术的编辑活动）；它的研究对象是编辑活动的特殊矛盾，揭示这些特殊矛盾所反映的客观规律；编辑活动的本质特征是创意（包括策划、设计）和把关；"编辑"的基本概念是创意、选择（选题、选作者和稿件审读）、优化（加工整理）和组合（编排、有序化），使精神成果适合于传播载体的创造性智力劳动；充分肯定编辑劳动的创造性，以及编辑在优选、传播、积累社会文化中的能动作用。[1] 至于编辑起源，则主张"编辑活动的范围大于出版活动的范围，编辑活动的发生早于出版活动的发生"[2]。这些共识，有利于把编辑学研究进一步引向深入。

（三）编辑学理论研究的新进展

到 20 世纪 90 年代末和 21 世纪初，编辑学研究迈出了新的步子。根据业内外人士的意见，学会把建立普通编辑学作为编辑学研究的目标，

---

① 《中国编辑学会第三次代表大会纪念册》，商务印书馆 2003 年版。
② 刘杲：《出版笔记》，河北教育出版社 2006 年版，第 410 页。

着重讨论了如下问题：

关于多种媒体编辑活动有没有共性的问题，即书、报、刊、广播、电影、电视、音像制品和电子出版物等多种媒体的编辑活动，有没有共性的问题，为什么说编辑工作是多种媒体的中心环节。经过研讨，认为各种媒体的编辑活动有个性也有共性。科学地概括多种媒体编辑活动的共性，是一种理论上的创新。许多研究者认为，实践证明任何媒体的传播都离不开编辑的选样、整理和加工，编辑活动是各种媒体的中心环节，这正是各种媒体的一个重要共性。

关于建立涵盖多种媒体编辑活动的普通编辑学的问题。这个问题关系到建立普通编辑学的理论基础，是理论研究的深化。认为从研究编辑学到研究适合于各种媒体的普通编辑学是历史发展的必然[1]，是合乎学科发展规律的。

关于编辑学理论框架的研讨。从 1995 年起，学会提出编辑学理论框架的任务，尤其是学会"三大"的"工作报告"中对研拟"框架"的目的、意义、基本内容、范围及有利条件作了分析和说明后，许多研究者以文章和书籍形式提出自己的见解，如《编辑学原理论》《编辑学导论》《现代编辑学》和《编辑学理论纲要》等，在理论和实践上各具特色，为编辑学走向成熟奠定了坚实的基础。

关于编辑活动基本规律的探讨。在这个问题上学者有多种见解，各有自己的特点和长处，引起共鸣的不少。如"编辑基本规律是编辑人员以传播文化为目的对作品进行选择和加工"[2]。又如，从分析编辑活动的矛盾入手，阐明编辑与视听者的矛盾是主要矛盾，从而把基本规律概括为：编辑以众多的精神成果为基础，以优选、优化为手段，生产新的精神产品，最大限度地满足视听者的需要，促进社会文明的发展，简称"二优律"。这些构想为进一步讨论编辑活动的基本规律奠定了基础。

---

[1] 邵益文：《建立普通编辑学是历史的必然》，载《编辑学刊》，2007 年第 4 期。
[2] 刘杲：《出版笔记》，河北教育出版社 2006 年版，第 410 页。

此外，学会曾多次召开过编辑史、出版史研讨会，推动中国出版通史的编纂和近现代编辑史、出版史的研究，都取得了很多成果。

以上问题的讨论，有时候争得很激烈，但是我们不怕争论，我们相信真理会愈辩愈明。值得庆幸的是，业界和高校有一批研究者克服种种困难，锲而不舍地做研究、编撰和资料收集工作，千方百计地进行研究和著述。据不完全统计，到 2008 年底，中国已出版的研究编辑实践和理论的著作数以千计，其中仅以"编辑学"命名的著作已超过 220 种，发表的论文和资料为数更多。总之，经过 60 年来三代人的努力，编辑工作、编辑学和编辑史的研究取得了令人欣慰的进展和丰硕的成果，为编辑学的学科建设奠定了扎实的基础，终于使它耸立在学科之林，绽放在百花丛中。

2006 年，中国编辑学会的领导班子进行了换届选举。此后在桂晓风会长的领导下，加强了新媒体编辑活动的研究，着力于新形势下编辑人才的培养，使我国的编辑研究与时俱进，进一步向纵深发展，为我国社会主义传媒事业作出了新的贡献。

2010 年 5 月 8 日

全力奉献优秀文化　圆出版强国之梦
——胡守文《社长是出版社的名片》读后

我读过一些出版社社长写的书和文章，不是很多，但有一些，比如《我做出版工作的体会》《抓重点、抓特色、抓队伍》《狠抓质量，繁荣出版事业》《搞好市场调查，加强经营管理》《抓精品，创品牌，建设一流出版社》等等。这些著述，各有见解。有的结合出版社体制改革，分析了本社的性质和特点，提出了合乎时宜的举措；有的强调了抓质量，抓管理，促进出版的健康发展，壮大出版产业。总的看，都讲了不少道理，应该说是有想法、有追求的。但细细一想，觉得其中不少看法，还是从总结工作经验角度的考虑。这些经验，当然也需要，它操作性强，有实用价值，如果不断总结积累，使自己的认识与时俱进，顺势而上，也可以推动工作不断前进，创造新的业绩。

可是，当我看到守文同志的新著《社长是出版社的名片》以后，似乎有了一些新的感觉。为什么？因为这本书一开头就给人一个意外，它不是一般的叙述出版经验和管理方法，而是提出了一个问题，用作者的话来说是"追问"，"追问"什么？"追问"出版是什么。答案是：出版是以社会思想文化为基础形成的作品的"复制过程"。接着又追问：出版人应有什么样的品格？答案是要着眼于大局，要执着地为中国特色社会主义出版事业竭尽自己的全力，要传承优秀文化给人以愉悦的精神享受，要为中华民族的伟大复兴，实现出版强国之梦而添砖加瓦。这就要求出版人，特别是社长要有强烈的使命感和责任感。学问再大，也是白搭。追问至此并未结束，他紧接着又提出：作为出版人，作为社长，我为什么而干？我是怎么干的？我有没有辜负出版人的品格？……这一系列的追问，实际上是要时时刻刻提醒自己、警告自己、激励自己、鞭策自己，作为出版人，作为一个出版社的掌门人，要时刻惦记着自己的责任和重担，反思和告诫自己，我这个角色表演得怎么样？是不是像"日以三省吾身"那样，反省这些"追问"，让自己的灵魂，每日都在成功的喜悦和挫折的自责中反复地思考着。结论是：只有内含神圣的使命感和责任感的"追问"，才能成为一种可贵的出版品格。从而形成了这样的观点，"追问"是现代出版人必须具备的品格之一。守文的这许多"追问"，是为了什么？不用说是为了传承优秀文化。我们在他的书中可以看到，他不止一次地提到建设"出版强国"。他说：有一个梦——"出版的强国梦"。建设出版强国，当然要有一定的出版物数量，但主要不在于数量，而在于质量，在于把优秀的文化成果奉献给广大的读者，这不只是他的梦，也是我们大家的梦，十七届六中全会提出了"建设新闻出版强国"，这是包括出版人在内的全国人民的心声，守文说出来了，而且写在书上，成了上述一系列"追问"的出发点！

正因为他要求奉献优秀文化，所以，他认为，对于一个出版社来说，"没有一个好的团队，是决然无法产生好的选题和好的读物的"。因为好书的产生，有的需要经过大量艰苦细致的编辑工作，需要很高的编辑含量，这一点是不能忽略的。但更重要的是一个出版社倘若没有一个好的决策者和掌门人，那么对这个出版社来说，也许就是灾难性的。这里集中地说明了"社长、总编辑在建设一个出版社的过程中，起着举足轻重的作用"。

俗话说：兵弱，弱一个；将弱，弱一窝。社长是出版社的决策者，他的作为、他的能量对于一个出版社来说，无疑是具有决定性的。实践表明一个出版社的盛衰荣辱关键在于有多少优秀的出版物，也就是要出好书、出精品书、出标志性的图书。好书多了，出版社就能获得赞誉，所以，出好书是出版社每个员工的企盼，但社长要从一个更高的层面思考，怎样才能多出好书。因为好书是一个出版社出版理念的体现，是出版社形象和境界的表现，它是出版社的标志，人们从这些标志的提示中，可以识别这个出版社的追求和境界。同时，也是出版社社长、总编辑的政治素质、专业修养、学识水平、思想境界、市场眼光……的折射，当然是社长的出版理念的物化，"有什么样的社长、总编辑，就有什么样的出版物和出版社"，所以，社长就成了出版社的"名片"。

出版既是文化的一个重要组成部分，同时，又是文化传承的载体，出版物的文化含量不高就是文化的干瘪，出版物的低俗无聊就是文化垃圾。文化和出版两者是密不可分的。斌杰同志为包括本书在内的《出版文化丛书》所作的《总序》中说："出版业是文化的基础产业和主要的传播行业，在文化建设中担当着重要的责任……作为一个高度重视文化传承和文化传播的国家，我国出版业的文化积累和传播历来富有重要的文化使命和价值追求，一部中国出版发展史，就是一部中国文化史"，"文化追求是出版恒久的推动力"，也是出版的根本目的和价值所在。

当前，我国正沿着中国特色社会主义道路，"为全面建设小康社会，实现中华民族伟大复兴，打下更为坚实的基础"[1]。生产力是社会发展的根本动力，我们的一切奋斗"都是为了解放和发展社会生产力，不断改善人民的生活，我们已经取得了举世瞩目的伟大成就"[2]。

经济发展了，与之相适应的包括出版业在内的文化也必将得到相应的发展。这是极好的机遇，我们应该紧紧抓住这个机遇。用刘杲同志的话来说："中国出版要为建设当代中国文化竭尽全力。这是出版的基本功能，出版的社会责任，出版的国家义务，出版生存发展的基石，出版生龙活虎的灵魂。"面对世界各国的多元文化，我们要敢于交流、敢于竞争、分庭抗礼、平起平坐，争妍于百花丛中。只有这样，中国出版才能毫无愧色地说，我们为之献身的当代中国文化，已经屹立于世界民族之林。总之，一句话，出版只有不断地"追问"，竭尽全力，

---

① 引文未注明出处者，均见胡守文著《社长是出版社的名片》，中国书籍出版社 2010 年 7 月版。

② 胡锦涛：《在庆祝中国共产党成立 90 周年大会上的讲话》，人民出版社 2011 年 7 月版。

奉献优秀文化，中国的出版人，出版社的社长、总编辑们，才能表明自己的出版品格，拿出自己亮铮铮的名片，也才能圆自己的中国"出版强国"之梦！

2010 年 9 月

《编辑学刊》2012 年第 1 期

韩国出版研究的先驱

——纪念安春根先生逝世 18 周年

安春根先生离开我们 18 年了。他是韩国出版研究的先驱者，也是我最早结识的韩国同行中的重要人物之一。

1927 年 7 月，安春根先生出生于韩国东部江源道高城郡外金刚面南涯里。按习惯，人们称呼他为南涯安春根先生。他是韩国出版研究的先驱，因为他于 1958 年 3 月第一个走上汉城新闻学院讲台讲授出版课程，1966 年 9 月起，他又在梨花女子大学讲出版概论。后又应中央大学、明知大学、汉城大学、庆熙大学、高丽大学，中央大学新闻研究生院等的邀请，教授出版学科；是他在 1963 年最早在韩国出版了《出版理论》；是他倡导于 1969 年 3 月 17 日成立了韩国出版学会，并于 1969 年 6 月 5 日组织了出版研究会，并以韩国出版学会名义创立总会，开展活动；他于 1969 年 8 月创办了《出版学杂志》，先后发行 44 期，为出版学研究扩大了影响；是他于 1984 年倡导举办国际出版学术研讨会，首先与日本出版学会联合，于 1984 年 10 月 31 日在韩国汉城举办了首届国际出版学术研讨会，至 2010 年已举办 14 届。安先生等倡导的国际出版学术研讨会，在各国同行的共同努力下，使国际出版交流不断走向纵深，推动出版事业的健康发展。

安春根先生不仅担任过韩国出版学会第一任会长和后来的名誉会长，韩国爱书家山岳会会长、国立中央图书馆古书委员以及著名出版机构友社的编辑顾问、友社出版奖学会理事长等文化职务，还创办图书出版广文书馆。他著述良多，涉及广泛，包括出版学、书志学、教育学、访谈、回忆和随笔等，至于散见于报刊上的文字，更是不胜枚举。安先生对出版的影响，从时间上说，不仅发生在 20 世纪和 21 世纪初，就是在今天甚至今后还会不断发酵；从空间上说，早已跨出了国界。

1989 年 10 月，我和戴文葆、宋原放赴东京参加第四届国际出版学研讨会，第一次遇见了安春根先生，他对中国人首次参加国际出版学术研讨会，非常高兴，且一再邀请我们 2001 年到汉城参加下一次会议，他的热情和真诚，令人感动，也使人感受到他对国际出版文化交流的高度重视。就在这一次，他向我们赠送了他的新著《杂志出版论》，而且每一本都亲笔题签。此书后来经戴文葆先生的努力，于 1993 年由人民出版社出版了中译本，安先生还为中译本写了简短的序言——《中译本出版致中国读者》，他说，"这本书原来用作韩国各大学的教材，意外的是，竟受到了一般业务人员的热心关注。更使我惊喜的是，拙著竟然能在中国翻译出版"，"我激动的心情真是难以形容"，"我热心希望拙著能对韩中文化交流作出微薄的贡献。安春根 1993 年 1 月 12 日"。可是，人们怎么也没想到，仅仅 10 天之后，他就与世长辞了！安先生没有看到《杂志出版论》的中译本，这不能不说是安先生和中国有关出版人的莫大遗憾。

安先生在他的著述中明确提出：出版是为了"增进大多数国民的幸福，它必须有责任感，正直、公正，以传播真实的内容为使命"。出版是"作为使者向社会宣扬善良，它不能助长邪恶"。他反复强调出版物应该"起着文化发展的推进器的作用"。出版企业切不可凭借出版物"去攫取不当利润"。他还说，一本书或一本杂志的出版都是给大众阅读的，一定要切实地为读者起到增加文化涵养的作用，使他们"完成读书原定的任务"，而且指出一本杂志要做到读者爱看，就"不仅要有趣，而且要有益"。他还一再强调，编辑的重要性，认为编辑的责任"不亚于发行人"，因为每一本书刊都"浸透了编辑的心血"，"决定着他所编辑的书的质量"，他认为一本书刊"能否具有存在的价值，完全取决编辑如何活动，如何创新，如何解答读者的问题，及对社会起什么样的作用"。安先生这种出版理念和编辑价值观，不仅在过去，而且在现在和将来，都应该成为我们从业人员的信条，是我们做好出版工作，当好一个编辑所不能须臾忘怀的。

安先生离开我们 18 年了，但他走得并不远，我们应该纪念他，愿他的理念和我们的事业同在。

《编辑之友》2011 年第 3 期

《普通编辑学》后记

  编辑学自 20 世纪 40 年代在中国诞生以来，已有 60 多年的历史；即使从 20 世纪 80 年代编辑学重新崛起到现在，也已经历了 20 多年的历史。20 多年来，在编辑学界同人的不懈努力下。编辑学研究内容不断深入，范围不断扩大，学科建设不断完善，人才培养成效显著，编辑学作为一门有古老渊源的新兴学科，已经获得广泛认同。为社会所关注，正在成为学科之林中一朵正在茁壮成长的新葩。

  一门学科之所以成为科学，必须有自身的研究范式以及基本理论框架，有自身的逻辑体系和概念范畴体系。经过 60 多年尤其是近 30 年的研究和探讨，学界对编辑学中涉及的最重要的概念、范畴、规律、问题等有了较为深入的研究并取得了比较一致的看法，编辑学的各个分支学科和各种具体媒介的编辑学研究取得了一大批重要成果；与此同时，国内高等学校也纷纷开设编辑出版学专业以及编辑学相关课程。在这种情况下，吸收和总结编辑学教学和研究的成果，建立一门能够反映编辑学本质和普遍规律、涵盖各个分支编辑学研究共性的普通编辑学，既是理论创新和科学研究的要求，也是学科建设和人才培养的需要。

  中国编辑学会从创办之日起，就一直致力于推动编辑学理论研究和建设，组织了一系列专题会议和大型学术研讨会，推动创办了专门的多个编辑学研究杂志，对有影响的编辑学研究论文进行汇编，多次组织了编辑学理论框架的讨论和理论纲要的编写，并尝试对普通编辑学进行研究和探讨，积极推动普通编辑学的建立和发展。2006 年，新一届中国编辑学会成立后，把推动普通编辑学理论研究和编写《普通编辑学》作为学会的重点工作之一。现在摆在读者面前的这本《普通编辑学》就是在中国编辑学会多年来领导、组织和积极推动下形成的成果。

在本书的编写过程中，中国编辑学会自始至终都给予了高度重视，成立了以桂晓风会长为主任的高规格的编委会。编委会先后于 2006 年 7 月、2008 年 6 月、2010 年 10 月组织了三次专门的研讨会和审稿会，中国编辑学会会长桂晓风，常务副会长兼秘书长王德有，副会长袁良喜、程绍沛等都先后参与讨论和审稿。对该书的理论框架、重要范畴、重要术语表述等提出了重要意见，给予了具体指导，从而对保证本书的质量和顺利进行起到了重要作用。

编写我国第一本正式命名的《普通编辑学》，对我们来说只是一种尝试，其实，也是树了一个靶子。为业界、学界和读者提供分析、批评和指教的对象。再说，《普通编辑学》当然不会只是一本，我们希望它的问世能够抛砖引玉，催生一批"普通编辑学"的研究成果，这才是我们编写这本书最重要的目的。

本书由邵益文、周蔚华主编。各章撰写分工如下：第一章（阙道隆、邵益文、周蔚华），第二章（于翠玲），第三章（赵航、马瑞洁），第四章（王振铎），第五章（冯志杰、邵益文），第六章（吴燕、周蔚华），第七章（徐莉），第八章（赵航、马瑞洁），第九章（张炜），第十章（范军、董中锋、周蔚华）。两位主编对全书进行了审读修改和统稿，最后由桂晓风同志对全书进行审定。本书在编写和出版过程中还得到了中国编辑学会名誉会长刘杲同志的指点和帮助，得到了中国人民大学出版社的大力支持，获得了文汇·彭心潮优秀图书出版基金资助，策划编辑翟江虹、李学伟，责任编辑钟婧怡为本书的出版付出了辛勤的劳动，在此一并感谢。

2011 年 6 月

《普通编辑学》P285，中国人民大学出版社 2011 年 9 月版

追忆王幼于同志

从 1965 年开始，直到 2005 年 5 月，我和幼于同志都住在朝阳区工体北路的中国青年出版社宿舍，进进出出，几乎每天可以相见。幼于同志平时说话不多，见面时一丝微笑，表示相互问好。他给我最深的印象是，每天起身很早，坚持锻炼身体，天色初明，你只要在窗口一站，就可以看见他在人行道上走步，不分寒暑，每天如此。我想，他能活到 96岁，可能与此有关。2005 年夏，我们宿舍的所在地被开发商看中，遭到拆迁以后，住户各奔东西，分散在北京的东南西北，除了有工作关系或住得相近的以外，一般很难见面。大概是去年入夏，听说他病了，我以为他住在协和医院（因为他有一个儿子在协和工作），想去探望他，后来一打听，他没有住在协和，而是住在一个小医院里，好像是一个社区医院，但又不知道具体是哪个医院，因而也无法探视。9 月下旬的一天，传来他的噩耗，不禁感到突然，心绪惆怅，但又有什么办法呢？9 月 27 日，我到八宝山参加向幼于同志的遗体告别仪式，只见他脸颊消瘦了一些，其他和生前一样，安详地躺在那里，表示他无愧于心地走完了长长的一生，令人起敬。

1914 年 8 月 17 日，幼于同志生于浙江慈溪，1937 年夏毕业于浙江大学化学工程系，当过工厂的技师、工程师，也做过中学教员、大学讲师。1951 年 3 月进北京开明书店做编辑工作，1953 年开明与青年出版社合并，改名中国青年出版社，他就一直在中青社工作。他原是中国民主促进会会员，1956 年底加入中国共产党，开始时我们在一个支部，后来党员多了，就不在一起了。1955 年，他任第四编辑室（从事自然科学读物编辑工作）副主任，1958 年，贾祖璋先生调科学普及出版社工作后，他出任编辑室主任，1960 年任中国青年出版社副总编辑，并成为以边春光同志为首的中青社编委会成员。编委会当时是出版社最高的行政机构。他的分工是主管自然科学读物编辑室工作。1979 年，在中国科普创作协会第一届全国代表大会上被选为常务理事。由于他在科普出版工作方面作出了优异的成绩，在 1984 年的第二届全国科普作协代表大会上被推选为荣誉会员。

幼于同志为人，实事求是，知之为知之，不知为不知。"文革"前，我在社会科学编辑室工作，书稿中有时难免涉及一些自然科学方面的问题，有拿不准的或者原稿表述不清、读者不好理解的，就去请教他，他都给我作出详细的解释、明确的答案，从不模棱两可，马虎了事。有时碰上他也不清楚的，就帮我找其他编辑同志询问，或指点我到某某书籍中去查找参考材料，有时甚至他自己去找了参考书，再来告诉我，帮我解决了在处理书稿中碰到的问题。从幼于同志身上，我看到了一个从不张扬，也不夸夸其谈的编辑，他从不主动宣传自己的长处和功绩，有的只是心系读者，尊重作者，谦虚谨慎，埋头苦干，认真细致，踏踏实实地工作。为了读者能够明白清楚地接受深奥的科学知识，宁愿自己多熬几个夜晚，也要把这些艰深的知识通俗易懂地告诉读者，为科普爱好者打掉"拦路虎"；碰上稿子上有外文词，他总是认真地把它翻译成中文，不像现在有的报刊，故意塞上几个外文字，以吸引读者好奇的眼球。他就是这样坚持用最普通的语言文字，以求达到科学普及的目的。

1983 年 6 月，中共中央、国务院作出了《关于加强出版工作的决定》，提出"要建立出版发行研究所……加强出版、印刷、发行的科研工作"。接着，胡乔木同志又提出在高等学校试办编辑学专业。在中央决定的感召下，我国出版界跃跃欲试，一下子编辑学专业、讲习班、讲座，风起云涌、势不可挡，可是教材缺乏的问题相当突出。当时，刚刚成立的中国出版发行科学研究所（即现在中国新闻出版研究院的前身）、中国书籍出版社顺势而起，决定出版一套《出版知识丛书》，并请边春光同志担任主编，我具体张罗其事。为此通过中国版协科技工作委员会，约请王耀先同志编写《科技编辑学概论》一书，因为此前一些当时在科技编辑研究方面的活跃人物如王耀先、杨俊、罗见龙、申非和庞家驹等同志，都在科技工委和其他单位举办的编辑培训班讲过课，曾经编写过一些教材，有的还付梓出版。有的同志还曾协助清华大学编辑学专业开设的"科技编辑工作概论"课编写过讲义。所以，约请他们编写《科技编辑学概论》是有基础的，或者说，在当时来说，条件是比较好的。作者也不负众望，很快就拿出了初稿。但是，当时中国书籍出版社做过科技书籍的编辑不多，个别的虽有这方面的经验，但忙于其他工作，只有一个青年同志作了初审，也没有提出什么重要的意见。没有办法，想来想去只好请幼于同志帮忙，请他为出版社审稿。电话联系时，他听说这些写作者和稿子形成的过程，认为"不会有什么问题"，有婉拒之意。我只好实话实说，因出版社内部编辑力量不足，请他帮忙，他才同意。大概过了一个月，他把稿子退我，同时给我一份四千字的"审读意见"。他联系当时实际，对科技编辑在审稿和加工中经常遇到的一些问题提出了不少意见，尤其是针对科普读物和翻译作品的编辑工作，提出了许多很好的见解。"审读意见"的主要内容和出版社的意见一起，后来转到了作者手里，作者看了十分满意，认为是行家里手的真知灼见。这份"审读意见"是后来作者修改稿件的重要参考，也是幼于同志对我国第一部《科技编辑学概论》（王耀先主编，中国书籍出版社 1989 年 10 月出版）作出的贡献。我在写这篇短文时，曾要求出版社同志寻找档案，但没有保存下来。不然，一定是纪念他的一份很好的材料。

写到这里，突然使我想到一件令我十分遗憾的事，幼于同志在认真做好出版社的工作之余，还翻译、著述过十多种科普读物，如《星空的巡礼》《俄罗斯化学史话》《奇妙的原子》《什么是相对论》等，并与他人合著过五种科普著作，如《懂一点电子计算机》《生物是怎样进化的》等等，但他从未向我们提起过撰写这些书的事，即使我们每天在同一个四合院工作，长期住在一个宿舍楼里，曾在一个支部学习和过组织生活，也从未听他宣扬过这方面的情况。特别是我调中国出版科学研究所工作以后，为了研究编辑工作和编辑学的需要，曾经有意识地搜集过研究编辑理论和实践方面的著作，但是对他曾经参与撰写并于 1987 年在上海科学技术出版社出版过《科普编辑概论》一书的事，却一无所知，这除了我孤陋寡闻之外，也说明幼于同志低调处世、不事张扬的高尚风格，即使在我请他审读同类书稿时，他也没有提到这方面的任何消息。直到这一次他的公子王勉铄先生送我一本《古镇慈城》（幼于同志家乡的出版物），其中刊有幼于同志的简历，我才知道有这么一本书，实在令人惭愧。

幼于同志走了，应该说，他走得很泰然，因为在他足足六十年的编辑生涯中，他一直坚持着"开明"竭诚为读者服务的精神和稳重的出书风格，始终把图书质量放在第一位，对书稿的处理要求精益求精，并从中表现出他的创造精神。他作为一个编辑，始终保持着自己的社会责任感和历史使命感，一心一意为读者提供宝贵的精神食粮，为新中国的科学普及事业，启发、鼓舞并培养了一代又一代青年，为他们走上热爱科学的光明大道尽了自己的心和力。他就是这样，把自己的一生默默地献给了自己热爱的科普出版工作，实现了自己的人生价值。在我的心目中，他是一个优秀的共产党员。他德艺双馨，一切为了读者，无愧于"人类灵魂工程师"的光荣称号，是一个无愧于社会、无愧于读者的优秀编辑家，我永远怀念他，认真地向他学习。

2011 年 9 月

《襟怀孺子牛——纪念王幼于先生百年诞辰》，中国青年出版社 2013 年 4 月版

刘杲同志对编辑学研究的重大贡献

摘要： 刘杲同志对编辑学研究的贡献是多方面的，体现在为编辑学研究制定了方针，解决了编辑学的学科定位、学科定性问题，揭示了编辑学的研究对象，建立了编辑学的理论体系并不断促其完善，对编辑活动基本规律的艰苦探索，以及组织编写编辑职业资格考试教材等。

关键词： 刘杲　编辑学研究　贡献

中图分类号： G23　**文献标识码：** A

刘杲同志是当代著名的出版家，也是杰出的编辑学家。他思路开阔、见解深邃，对我国出版事业和出版研究的贡献是多方面的。本文仅就他对编辑学研究所作的部分贡献，作一简要阐述，以期同行加以补正。

编辑学在中国是一门古老的学问。自殷商、秦汉，历经唐宋明清及至近代，它寓于校雠学、选学、训诂学等治书之学，直到新中国成立前几个月，才从古老的学科中分离出来，成为一门新的学科。但在它问世之后的 30 年中，研究者很少，即使有兴趣问津者，也多系于实务之研究，有理论色彩的著述为数寥寥，且多基于经验层面之作。故知者甚稀，影响亦微。20 世纪 70 年代末，我国实行改革开放政策。在新的形势下，党和政府于 1983 年作出了《关于加强出版工作的决定》，强调"社会主义现代化建设的新形势，把出版工作推到我党我国历史上前所未有的地位……必须加强和改进出版工作，使出版工作有一个更大的发展"。《决定》还具体地指出：要建立出版发行研究所，加强出版发行的科研工作 [1]。《决定》极大地推动了被"文化大革命"批判和否定的出版工作的恢复和发展，激发了业者推进出版工作，加强出版科研的积极性。可是，当人们真正关注它的时候，却泛起了一阵"编辑无学"之声。正当此时，在 20 世纪 80 年代中叶，一些著名人士，如胡乔木、钱学森等呼吁提倡研究编辑学，在高等学校试办编辑学专业，从而进一步提高了业界和学界的学术自觉，一些有经验的老编辑和有识之士，振臂呼吁，奋起拼搏，投身于编辑学的研究和写作，终使 80 年代成为编辑学迅速崛起的年代。刘杲同志作为出版行政领导机关分管出版科研工作的领导，不仅一直高度重视、密切关注这方面的工作，而且率先示范，以身作则，参与其中，对学术研究过程中遇到的难点和工作中的问题，作出明确的判断和正确指导，及时推动了编辑学研究的发展。由于他和其他领导同志的关怀和督促，编辑学研究蓬勃发展，中国编辑学会也及时酝酿筹建，于 1992 年正式挂牌成立。编辑学研究工作从此有了一个筹划和推动的机构，刘杲等一些老同志也实现了一所一会（建立中国出版科学研究所和中国编辑学会）的心愿。现在中国编辑学会已发展成为拥有 340 个单位会员、425 个个人会员的组织，编辑学研究成果已有 120 多部著作和数以万千计的论文与研究资料，在高等学校编辑学已经发展成为拥有 60 多个专业和近 20 个科研院所的学科。这种令人兴奋的局面，与最初的"编辑无学"的状况相比，真是天壤之别，应该说这种成就与包括刘杲同志在内的一些老领导、老同志呕心沥血、殚精竭虑、排除万难、坚持奋斗是分不开的，刘杲同志正是这一批老同志中的杰出代表。正是他们领导我们从"编辑无学"走到编辑有学，直到今天编辑学已基本成熟，成为具有现代学科形态的一门新兴学科。

刘杲同志对编辑学研究的重大贡献，概括说来有这样几个方面：

一、为编辑学研究确立了正确的方针。他明确指出：编辑学研究要"坚持马克思主义的指导地位"[2]352，"坚持为人民服务，为社会主义服务的政治方向。建设有中国特色社会主义出版事业，是我国当代出版事业发展的目标，出版及其他媒体的实践经验、理论概括和发展需求，是编辑学这门学科产生发展的客观基础。为建设有中国特色社会主义出版事业服务，这是我国当代编辑学研究的历史责任，是编辑学一切研究活动的出发点和落脚点，是编辑学安身立命的基石"[2]370。这里他阐明了编辑学研究的指导思想、政治方向、发展目标和理论联系实践的原则。为了学术研究更加符合实际，更加接近真理，他又强调了编辑学研究要坚持"百花齐放，百家争鸣"的方针。说明"这既是对认识规律的尊重，也是对学术民主的尊重"[2]371。刘杲同志不仅阐明了编辑学研究的方针，而且指明了编辑学研究的方向。他说：要建立具有现代科学形态的成熟的编辑学，"要从研究编辑学的基本范畴、基本命题、基本规律入手，构建和完善这一学科的理论体系"[2]370。研究编辑学"要进行当代中外编辑活动的比较研究……要从研究社会主义历史阶段的编辑活动入手，从建立图书、期刊编辑学入手，由个别到一般，最终建立涵盖各种传播媒体编辑活动的普通编辑学"[2]370-371。刘杲同志阐明的这个研究方针和他制定的编辑学研究发展的路线图在实际工作中的贯彻执行，对编辑学得以迅速地繁荣发展，起到了极为重大的作用。到90年代末，关于编辑学的研究著作就出版了80余部。根据刘杲同志的意见，参与研究工作的同志先集中收集相关资料，并于1998年3月，由中国编辑学会通报了《国内外若干工具书对"编辑"一词的表述》[3]27。这些"表述彼此不尽相同，但其中出现频率最高的字眼是对稿件和资料的组织、收集、审读、选择、修改、补充、编排、设计……究竟怎样表述，作为科研课题还可以继续探讨。但是，有一点可以肯定的：人类的一切研究和创作的成果，要公之于众，并且为公众所享有，无不经过编辑的选择和加工，古今中外概莫能外"[2]310，这可以说是刘杲同志第一次对编辑概念的界定。

1999年1月，刘杲同志曾说："党的十一届三中全会以来，编辑学研究是逐步发展，几乎从无到有，现在已经初具规模，取得了一些研究成果，来之不易，令人鼓舞。但是离建立现代科学形态的编辑学理论体系好像还有相当的距离，仍须继续努力。这不奇怪，因为跟一些其他的成熟学科相比较，编辑学毕竟还太年轻。不能不看到，编辑学研究是分散进行的，而且有相当多数的研究是业余进行的。理论和方法，过程和结论多有不同，这样做的好处是充分展开，各抒己见，百舸争流，异彩纷呈。"[2]319 这是他对上述方针贯彻实践以后，出现的大好形势和存在问题的分析，应该说是十分中肯的。

二、正确地解决了编辑学学科的定位问题。当编辑学研究的热潮兴起之后，首先碰到的是编辑学应如何定位。当时，它和任何一门新兴学科一样，面对的问题是众说纷纭、诸论蓬起。以定位问题来说，就有多种意见，如：（1）主张编辑学是一门综合性学科。理由是举凡一切依赖载体获得传播的视听工具，都离不开编辑活动。（2）主张编辑学是一门边缘学科。理由是编辑学和许多学科互相交叉、渗透，是在边缘地带形成的一门学科。（3）认为编辑学兼有综合性和边缘性学科的特点，所以说它是一门综合性边缘学科。（4）有的说它是基础学科，理由是编辑学要探索和揭示编辑活动的基本规律，建立完整的适用于各种学科的编辑学的学科体系，所以说是基础学科。（5）主张编辑学是一门杂学，理由是有人把编辑说成是"杂家"，所以，这个学科也应相应地称为杂学。（6）还有人认为编辑学是理论学科和应用学科兼具的二重性学科。理由是：它既要研究编辑活动的发生、发展及其相互联系的规律和理论，又要研究操作层面的工艺、技术等应用性内容，所以是具有双重属性的学科。（7）认为编辑学是以编辑业务为主要研究对象，是一门实践性很强的应用学科[3]15-18。以上的讨论表明，研究编辑学的性质，必然要联系到编辑学的内容。刘杲同志细致地研究了编辑工作的目的、任务和编辑学应该研究的内容，并且作了明确的回答。他说："编辑学是应用学科，因为编辑学有很强的实用性，不属于基础学科；有相当的理论内涵，不能限制为应用技术。作为一门应用科学，编辑学应当包括基本理论和实用技能两大部分。实用技能是基本理论的具体应用。此外，还应当有编辑史。实践经验是理论的基础。编辑史提供的是编辑活动的历史经验。"[2]321 由于刘杲同志的这个论断，终于解决了编辑学是一门应用学科的定位，同时也明确了编辑学的内容应由编辑理论、编辑实务和编辑历史三个部分构成。这个看法，得到了广泛的认同。

三、明确地解决了编辑学的学科定性问题。也就是编辑学是自然科学还是社会科学，或另有他说。简言之，即编辑学应该属于哪个学科。

多数人的意见，认为编辑学属于社会科学，理由是编辑活动是一种社会文化现象，它的根本目的和直接后果都是生产社会精神产品，而社会文化现象的本质及其所生产的精神产品，都是社会文化成果，所以，编辑学应属于社会科学。

另一种意见，认为科技读物编辑，面对的是科学技术，它的全部目的是为了制造和传播科技成果。据此认为，科技编辑学似乎应该属于自然科学。但不同的意见认为：科技编辑为科技生产服务，但他本人不是科技生产者，它是科技书刊的生产者和科技知识的传播者，他所做的仍然是文化工作，同样应该属于社会科学的范围。

还有一种意见，认为编辑学是一门新型学科，它既不属于自然科学，也不属于社会科学，而是把自然科学和社会科学许多学科的成就和方法，综合应用于文化传导枢纽位置上的一门文化工程科学。

此外，有一些意见，认为编辑学应属于文化学、传播学、知识学等等。

多数意见认为，编辑学属于社会科学，退一步说，就算编辑学属于文化学、文化工程学、知识学或者传播学，但这些学科本身都属于社会科学，编辑学岂能例外。如就编辑学的性质、目的和任务来说，它只能是属于社会科学范畴的一门独立学科。刘杲同志分析了历史和现实的情况指出："中国编辑学研究渊源于20世纪初的五四新文化运动，是西方文化的引进促成了中国现代社会科学的建立……这是中国编辑学出世的大背景。"[2]343 又说："编辑学属于应用学科，是人文社会学科中应用性很强的一门学科。我们要从实际出发，逐步建立具有现代科学形态的成熟的编辑学……构建和完善这一学科的理论体系。"[2]370 刘杲同志这些话，从历史和现实角度为编辑学的学科归属作了精辟的论断。

四、关于编辑学研究对象的揭示。每一门学科都有自己特定的研究对象，这是一门学科能否建立的基本前提。那么，编辑学的研究对象是什么呢？这个问题争论也比较大，具体说来有这样几种：

1. "原稿说"。理由是编辑工作的主要环节都离不开原稿，一切工作都是为了使原稿能够达到物化为出版物的目的。因此，原稿在编辑工作中有决定性的意义。所以，编辑学的研究对象应该是原稿。

2. "编辑过程说"。认为编辑学研究对象应该是编辑过程。理由是编辑学主要应该研究编辑工作的整个过程，或曰"全过程"，认为编辑学应该研究从规划、选题一直到为复制（印刷）作准备和复制后的宣传评价等全部工作。

3. "关系说"。主张把编辑学的研究对象定为编辑与各方面的关系或编辑工作中各方面的互相联系。也就是编辑工作中各种矛盾或矛盾的诸多方面，包括编者与作者、读者、出版、发行及社会环境等诸多方面以利益为中心的互相鼓励与相互制约的关系。

4. "主体客体说"。也就是把编辑的主客体关系作为研究对象。主张编辑学研究编辑主体、编辑客体以及主体作用于客体的关系及其反映的形式。可见，主体客体说实际上是"关系说"的延伸，它只是把"关系说"所涉及各种利害关系集中到编辑主体、客体以及主体作用于客体这一点而已。

5. "选题策划说"和"推广营销说"。认为编辑学主要应该研究"策划"和"营销"，在市场经济条件下尤其应该如此。认为这些是整个编辑工作中具有决定性意义的环节，应该是编辑学研究的主要对象。

6. "规律说"。其观点是把揭示编辑活动的基本规律作为编辑学的研究对象。主张编辑学是一门研究编辑活动的形成、发展及其固有规律的科学，要揭示编辑活动基本矛盾和本质属性，研究它的客观规律，使之成为具有现代科学形态的新兴学科。

在众说纷纭面前，刘杲同志以他的睿智和敏锐，做出了科学的论断，他说："编辑学的研究对象是编辑活动，编辑活动是人类文化活动中不可缺少的重要环节。"[2]405 "对编辑规律特别是编辑基本规律的研究，是编辑学理论研究的重要组成部分。"[2]406 "基本规律存在于各种文化传播活动所包含的编辑活动之中，具有普遍性。"[2]406 同时指出："在新世纪，网络出版手段将给整个出版活动带来目前难以完全预料的巨大变化，我们应当热烈欢迎……即使如此，编辑活动的选择和加工这个基本规律不会改变。"[2]344 从而科学地解决了编辑学的研究对象是编辑活动，尤其是编辑活动的基本规律，明确了编辑学研究不断发展的方向。

五、积极建立编辑学的理论体系，倡导制定编辑学的理论框架。刘杲同志在 20 世纪 80 年代高等学校开始设立编辑学专业之初，即 1986 年 5 月，由中国出版发行科学研究所召开的"图书编辑人才培养座谈会"上就讲过编写编辑学教材的问题。他认为开始时可以参考国内外的有关论著进行编写，"作为讲稿先用……再来总结提高"[4]。1992 年，在中国编辑学会成立大会的讲话中，又提出要"建立编辑学的理论体系"[5]。1995 年 9 月，"95'全国编辑学理论研讨会"在四川举行，主题是讨论学科定位问题，讨论了编辑概念、学科的性质、任务等学科建设的基本问题，争论相当激烈，尤其是高校的同志，认为编辑学应面对实际，要重视建立学科的理论体系，有的提出希望编写教学大纲。同时，由于出版改革的深化，"策划编辑"等实际工作中的问题也需要回答。刘杲同志决定提出两个课题研究任务，即编写"编辑学理论框架"和《图书编辑工作基本规程》。经过协商，由天津市编辑学会和湖北省编辑学会分别承担这两项任务，同时欢迎其他研究者积极投入这项工作。两地编辑学会很重视自己的任务，分别于 1996 年 3 月和 5 月提出了征求意见稿，1996 年 4 月，学会把《图书编辑工作基本规程》（初稿）发给近 20 位专家征求意见。后来，又把"理论框架"征求意见稿纳入 9 月在银川召开的"97'编辑学理论研讨会"作为重要内容进行讨论，一些热心研究编辑学的同人也分别提出了各自的方案和设想，进行探讨。刘杲同志写了《我们的追求——编辑学》一文，充分肯定了编辑学研究的大好形势。

提出编辑学应该"有一个比较完整的理论框架"，它"应当是迄今为止编辑学研究成果的一种提纲挈领的归纳"，同时提出制定"框架"对进一步研究编辑学"不是限制和束缚，而是一种参考和服务"[2]319-320。当时正值筹备学会第三次全国代表大会，起草《工作报告》，根据刘杲同志意见，专门写了一段关于理论框架研究的问题。"1996年以来，本会一直积极推动编辑学理论框架研究，形成了若干共识：（1）编辑学理论框架服务于建立学科体系的目的，经过多次研讨，认为编辑学的学科体系应包含四个部分，即编辑学理论、编辑业务、编辑史和编辑学方法论，我们要研究的理论框架，就是学科体系中的第一部分内容；（2）理论框架的基本任务是要阐明编辑学的性质、任务、研究对象、编辑活动的特点和规律，以及它所反映的基本范畴和理论原理；（3）这个框架应该适用于书、报、刊、广播、影视、录音、录像制品等传播媒体；电子出版和网络传播目前尚在发展中，还有待理论的进一步提炼，可以先不涉及或少涉及；（4）我们建立的理论框架是普通编辑学的理论框架，它要总结、归纳最近二十年来编辑学研究的丰硕成果，形成具有现代科学形态的编辑学理论，从而能与新闻学、教育学、语言学等学科那样，耸立于我国人文社会科学的系统之中，成为一门相对独立的学科；（5）根据80年代以来编辑学研究取得的成果，包括上百种的编辑学专著，数以千计的论文，既有编辑学的理论著作，又有编辑学的实用著作，既有书、报、刊编辑学专著，又有新闻、广播、电影电视、电子出版物等编辑学专著的出版，说明形成普通编辑学理论框架的条件已经基本具备，基础也是相当好的；（6）应该说明，我们研究理论框架是为了进一步深入研究编辑学，不是限制和束缚，而是提供一种参考和服务，以利于争取加快整个编辑学走向成熟的过程；（7）研究编辑学的理论框架，既是总结近二十年来编辑学研究成果的重要工程，又要看到现代出版的迅速发展和编辑活动的演变，必将不断提出新的问题，可以想见难度还是相当大的，这方面既要实事求是，又要有克服困难的充分的思想准备。[6]这些意见，对于统一认识、调整视角、从实际出发、制定理论框架，起了积极的推动作用。刘杲同志对阙道隆同志的《编辑学理论纲要》[7]的研究和制定，一直赋予极大的关怀和高度的评价。他从一开始提出，到形成过程中的研讨和修改，直到最终定稿，曾经就包括框架的规模、范围、基本内容、编辑的地位、编辑学性质、任务、研究目的、编辑活动基本规律、编辑学与人才培养的关系，以及如何处理理论和实践、规律和变革，放开和收拢等关系，广泛总结经验，收集资料，并就上述问题多次讲话或撰文论述，阐明自己的观点，很好地推动了《编辑学理论纲要》的制定。

六、对编辑活动基本规律的不断探索。如果说编辑学是研究编辑活动发生、发展及其客观规律的科学，那么研究探索规律，尤其是编辑活动的基本规律，就是问题的关键，或者说关键中的关键，这是一切编辑学研究者应该竭尽全力，倾心以赴，去追求和探索其真谛的必要环节。刘杲同志在主管编辑学研究的整个时期，就是这样做的。大家知道，刘杲同志研究编辑活动的基本规律过程中曾经有过三次表述。第一次是1998年7月在西宁召开的"中国编辑学会第四次年会"上，他是这样说的："编辑活动基本的客观规律是对科学文化成果的选择和加工。"他这样讲是有他的思想基础的，这就是"编辑工作的最高追求是出版传世之作"。他说："我们做图书编辑工作的人常讲，无论如何，总要出几本书能够立得起来，传得下去。否则，多少年过去，留下什么呢？烟消云散，什么也没有……传世之作当然是高质量的，是精品，是精品中的精品。传世之作是高峰，思想理论的高峰，科学技术的高峰，文学艺术的高峰。""如果拿不出跟我们的辉煌历史相称的，跟我们今天重要的国际地位相称的出版成果，我们向当代和后世怎么交待？……我们应当下决心攀登高峰。"基于这样的主导思想，他认为"奉献传世之作，离不开编辑工作的重要作用"。他认为策划、选题、组稿和审读都是选择。当然，"创作是首要的，传播也必不可少"。但两者都离不开编辑，"离不开编辑对创作成果的选择和加工"。他认为"整个人类文明的发展就是不断选择的结果，这种历史的选择是很严格的，它一次又一次地淘汰那些落后的、野蛮的愚昧的东西，同时留下那些比较先进、比较文明、比较科学的东西。把留下来的成果传给后世，并在此基础上继续发展"。他说：编辑"不仅要选择，还要加工。加工是创作的延伸和作品的增值"，"总之，经过编辑加工使书稿的内容更趋完善，形式更趋完美"，它和选择一样是编辑劳动的创造性。[2]312-314 选择和加工是图书成为反映人类文明成果的客观要求，也是人类文明发展的基本规律。第二次是 1999 年初，他在一篇文章中说："编辑活动的基本规律是对人类创造的文明成果的选择、加工和传播。"这个表述和第一次表述相比，除了增加"传播"两字外，没有更大的差别。从文章发表的时间看，当时正是许多研究者响应学会提出的建立编辑学理论框架提供自己构思的兴奋期；也是电脑在编辑加工中应用，出版与数字化联姻之初，编辑活动由单向向双向、多向交互式转化，它由原来的单一服务变为多样化的综合服务。为此他特地说明："选择包括优选和创新、加工包括内容和形式的优化、传播包括复制成果和服务受众。"[2]321 这正是他善于抓住新生事物，与时俱进地作出新概括的原因。这种敏锐和敢于创新的精神，是一个研究工作者应该具有的品格。第三次是 2005 年 11 月，他发表在《出版发行研究》杂志上的《编辑规律学习笔记》。此文中有些观点曾在此前的会议或文章中发表过，这里只是把他自己前一阶段的看法加以归纳整理，作出比较系统的说明，他在文章中说："编辑基本规律是编辑人员以传播文化为目的对作品进行选择和加工。"这个表述和前两次的区别在于一是加上了"编辑人员以……"突出了规律存在于编辑主体有目的的活动之中。二是把前两次的"科学文化成果""人类创造的文明成果"都改成为"作品"，而且是指一切法定作品，包括数字化的作品。用"作品"两字，首先区分了作者和编辑，突出了编辑是在处理作者作品过程中所反映的社会客观要求；同时，作品是个中性字，它的包容不同于"文明成果"。三是把"传播"明确为"传播文化是目的，选择和加工是手段"，使这一表述，显得更加符合编辑活动的客观实际，也更为简洁。刘杲同志在这篇笔记中，还阐明了编辑活动基本规律的若干特性，诸如："编辑活动的规律和编辑活动的本质是同一的。" [2]405 "编辑规律不止一个，其中起主导作用的是编辑基本规律。" "对编辑规律特别是编辑基本规律的研究是编辑学理论的重要组成部分。" "在文化传播活动中，只有经过对作品的选择和加工，才有可能把最好的精神食粮奉献给公众。""编辑基本规律存在于各种文化传播活动所包含的编辑活动之中，具有普遍性。" "在编辑活动中，编辑基本规律影响全局和贯彻始终，并且制约其他规律。" [2]405-406

刘杲同志对编辑基本规律的三次表述、两次修改，说明他时刻关注着编辑活动在实际工作中的发展，并不断地用编辑的社会实践检验自己的观点，力求使自己的概括正确地反映编辑活动的本质联系，使之更加符合客观实际，不断地提升它的科学性。

七、为不断完善编辑学理论体系中基本的概念系统不遗余力。2001年，为了科学、客观、公正地评价、选拔出版专业技术人才，国家人事部和新闻出版总署决定在出版专业实行全国统一的职业资格考试制度，由总署负责组织编写培训教材和有关参考资料，总署由主管副署长桂晓风同志牵头，建立了由刘杲、巢峰等同志参加的"全国出版专业职业资格考试辅导教材审定委员会"，由业界和高校从事编辑出版教育研究的专家参与其事，首先要编写四五本辅导教材，由于时间短、任务重，许多人都夜以继日地工作。但在编写过程中发生了一个问题，编辑出版工作中许多名词、概念的解释并不一致，这种情况不解决，这套教材是编不成的，辅导、考试命题、答题，更需要有一个统一的解说。实际主持这项工作的刘杲同志当机立断，决定成立由少数人组成的专门小组，先确定需要解释的名词、概念，分头写出简而明的释文。最后由刘杲同志亲自主持，集中两三个人，一条一条，逐字逐句，斟酌推敲，这样，先后花了几天时间，120余条释文终于成稿，经刘杲同志审阅修改后，印发审定委员会全体同志讨论，获得通过。推动了教材编写工作的顺利进行，保证了 2002 年 5 月及时出版和考试的准时完成。这次辅导教材的编写不仅保证了此后几年教材修订和考试的顺利进行，对编辑学、出版学的学科建设，也是一次有力的推动，这是刘杲同志的一大贡献。但是刘杲同志谈到此事时，仍谦虚地说，"教材是新闻出版总署直接抓的。即使如此，教材的说法只是适应编写教材的需要，不是编辑学学术讨论的结论，不妨碍大家在学术上深入研究和继续讨论"[2]376。

八、与时俱进，着眼未来，抓住新事物，研究新问题，提出新见解，预测新发展，推动编辑学不断前进。这是刘杲同志研究编辑学的一个重要特点。早在编辑学崛起之初，他就提出要建立具有现代科学形态的编辑学；还在大家讨论图书编辑概念的时候，他就提出研究编辑学的最终目标是建立涵盖各种媒体编辑活动的普通编辑学。同样，在网络传播出现不久，他就提出要研究网络编辑和建立网络编辑学的必要性。他说："信息数字化、网络化给媒体带来了与过去截然不同的物质载体和传播手段，文化成果的数字化传播需要选择和加工。要在网络上不断涌现的海量信息中避开垃圾信息，剔出无用信息，开发有用的信息产品，同样需要编辑的收集、选择和加工整理。如果没有有效的编辑活动，铺天盖地的信息只会成为灾难。在信息时代，编辑的客观需求是相同的。只是数字化、网络化的技术手段跟过去不同。"[2]382 他在 2006 年初曾经说过："编辑学研究涉及网络编辑的不多。现在看来，把网络编辑活动的研究提上编辑学研究的日程已经迫不及待。可以明确地讲，网络时代需要网络编辑学。"[2]412 他又说："网络编辑与传播媒体编辑，共同目的都是建设文化，其编辑活动的基本要求都离不开内容的选择和加工，在这个前提下……网络编辑有哪些不同于传统编辑的基本特征，是值得深入研究的。毫无疑问，网络编辑学应当是整个编辑学研究的一个重要组成部分。"[2]412 2006 年 2 月，他在离开学会会长领导岗位的学会第四届代表大会上做了一个语重心长的临别赠言。他在要求"研究新情况和新问题"

的前提下，提出了一系列需要研究的课题后说："今后的编辑学研究要与时俱进"，"使整个理论研究和学科建设更加结合实际，更加联系群众，更加富有生气，更加具有吸引力……更加显示中国编辑学研究的时代特色"[2]409-413。这段话，不仅是他对今后研究编辑学的希望，也是他自己鞠躬尽瘁、执着追求编辑学研究的心声。正是因为他有这样追求，才有编辑学的迅速发展并得到广泛的认同。

刘杲同志对编辑和编辑学研究的贡献是多方面的，如他对编辑工作的价值取向、文化和经济的关系的论述，对于推动和指导编辑出版史研究的论证，对把编辑学专业列入《授予博士、硕士学位和培养研究生的学科、专业目录》所作出的努力，对编辑人才培养、编辑职业道德的论述，编辑学与临近学科特别是与出版学的关系和理论创新是学科建设的灵魂的论述，等等。一篇短文是不能完全概括的，如能起一点抛砖引玉的作用，使大家对刘杲同志的编辑思想加以关注和重视，从而推动编辑学学科建设的不断前进，为社会主义文化大发展大繁荣做出贡献。

注释：

[1] 边春光. 中国编辑实用百科全书. 北京：中国书籍出版社，1994：695.

[2] 刘杲. 出版笔记. 石家庄：河北教育出版社，2006.

[3] 邵益文. 20 世纪中国的编辑学研究. 石家庄：河北教育出版社，2000.

[4] 刘杲. 加强图书编辑人才的培养 // 刘杲出版文集. 北京：中国书籍出版社，1986：87.

[5] 刘杲. 在中国编辑学会成立大会上的讲话 // 刘杲出版论集. 武汉：湖北人民出版社，1998：478.

[6] 邵益文. 中国编辑学会第二届常务理事会工作报告 // 中国编辑学会第三次全国代表大会纪念册. 北京：商务印书馆，2003：33.

[7] 阙道隆. 编辑研究文集. 北京：中国青年出版社，2003：147-234.

2011 年 10 月

《中国编辑》2011 年第 6 期；《为了编辑学的理论建设——刘杲同志编辑思想研讨会文集》中国建筑工业出版社 2015 年 7 月版；《中国编辑研究（2012）》年刊 P112，人民教育出版社 2014 年 7 月版

关于少年儿童读物专业委员会的回忆

——为该专业委员会成立 20 周年而作

1992 年 10 月，中国编辑学会成立以后不久，就开始酝酿建立二级机构——专业委员会。学会领导的意思是：根据需要和可能，不要一下子把摊子铺得很大；要避免和兄弟单位"撞车"，大家都去干同一件事，弄得机构重叠，积极分子难于应付，或者敷衍了事，流于形式。根据这个意图，先建立了由金常政副会长担纲的"工具书和百科全书编辑专业委员会"和由吴道弘副会长牵头的"编辑史专业委员会"，并先后于 1993 年 9 月和 10 月，分别在北京和武汉召开了成立会议，讨论了有关工作和学术问题。梅益同志和单基夫同志，宋原放、戴文葆、蔡学俭、谭克等领导同志和专家参加了会议. 我也应邀参加了在北京召开的会议。这两次会议开得很好。会后，学会分别发了简报，向各出版单位通报了情况，引起了一些反响。一些单位也想搞这种擘业性的交流会。成立少年儿童读物专业委员会就是在这样的形势下提出来的。

在上世纪 80 年代末，在文化部相关部门的影响下，开过一次全国性的少年儿童科普读物作家和编辑研讨会，在这次会上，一些同志认为这样的交流很有必要，就自发串联起来，提出建立少年儿童知识读物的研究组织，后称少儿知识读物研究会。大家公推中国少年儿童出版社自然知识读物编辑室主任陈天昌同志牵头，负责联系和召集。他们每年都有活动，搞得很带劲。但是，他们与上面没有明确的领导关系，于是就找到我，希望成为中国编辑学会的下属机构。我和陈天昌同志原来在一个单位工作，共事约 30 年，当然是很熟悉的。我就和学会有关同志商量了一下，认为应建立一个少儿读物专业委员会，由中少社牵头。陈天昌同志办事认真，也有编辑工作经验，就请他先写一份材料，以便开会时讨论。陈天昌同志很快就提交了一份申请报告。后经会长碰头会议通过，成立学会的"少儿读物专业委员会"。同时，根据各方面的意见，决定筹建图书编辑学专业委员会，因为这是当时学会学术研究的重点，还有青年编辑专业委员会、期刊编辑专业委员会，加上前述"工具书和百科全书""编辑史"等，共六个专业委员会，一并报上级领导机关审批，民政部后来核准了这六个专业委员会。少年儿童读物专业委员会成立后很活跃，活动较多，我也参加过几次活动。现就参加过的几次做些大概的回忆。

第一次是 1994 年 9 月在长沙举行的研讨会，为了与以前的活动衔接，这次会议还是用"少儿知识读物研究会"和"专业委员会"两块牌子召开的，各地的少年儿童出版社和设有少儿读物编辑室的出版社，大都派人参加了。会议由陈天昌同志主持，湖南省出版局副局长刘孝纯到会祝贺，并介绍了湖南的出版情况，会上交流了经验，宣读了论文，气氛相当热烈。我应邀参加会议，并以《着眼于下个世纪，关注着未来命运》为题目发言，主要讲了少儿编辑的读者对象是我们未来的主人，他们将决定我们国家、民族、全人类四分之一人口的未来，所以，少儿读物编辑不仅要对今天负责，也要对明天、对子孙后代负责。他们首先必须有正确的政治方向、崇高的理想、高尚的道德情操和高度的社会责任感；同时，提到了实际工作中的一些问题，如少儿读物成人化、引进了一些渲染凶杀暴力等不合围情的东西，以及把大众读物高档化、搞豪华本，结果卖不出去，造成浪费等问题；强调做编辑工作要有创造性，要适应读者的健康需求等。①

第二次是 1995 年 11 月在沈阳召开的，会议传达了全国少儿重点图书出版规划会议精神，交流并评选了优秀论文，同时，因陈天昌同志工作变化，进行了换届，选举了中国少年儿童出版社总编辑黄伯诚同志为第二届少儿读物专业委员会主任。我应邀出席并发言，首先充分肯定了陈天昌同志多年来团结少儿读物编辑，为少儿知识读物编辑研究工作，

① 见邵益文著：《出版学编辑学漫议》第 86 页，河南教育出版社 1995 年 9 月版。

对少年儿童读物专业委员会的成立和发展做出了努力，为推动少年儿童读物编辑工作健康发展做出了贡献。同时，祝贺新一届少儿读物专业委员会的产生，希望发扬中国编辑的优良传统，为编辑出版更多的优秀少儿读物做出更大贡献。

第三次是 1997 年 5 月在南昌召开的少儿读物编辑学术研讨会，主题是学习光荣革命传统，为少年儿童提供更多更好的精神食粮。会议结合素质教育，讨论了做好少儿读物编辑工作问题，并且评选了优秀论文，展示了近两年各社出版的优秀读物。黄伯诚同志主持会议，江西省新闻出版局副局长梁凯峰同志出席会议并讲话。我应邀出席，并以《为少年儿童当好精神食粮的营养师》①为题发言。当时正值党的十四届五中、六中全会以后，中宣部和新闻出版署召开的"全国少年儿童出版工作会议"根据中央精神，提出少儿出版工作的根本任务是：按照社会主义精神文明建设的要求，提高青少年的思想道德素质和科学文化素质，培养跨世纪的合格建设人才和有理想、有道德、有文化、有纪律的社会主义新人。研讨会根据这个精神强调要着力提高出版物质量，多出好书，努力提高我国少年儿童的整体素质，应该坚持正确的政治导向、价值导向、体能导向、知识导向、情趣导向，把我国少年儿童培养成为全面发展的人。强调少年儿童正如一张白纸，可塑性很大，"出书一定要坚持全面发展，德、智、体、美各方面都不可偏废，不能畸轻畸重，每出一本书不仅要注重质量，着眼于少年儿童的全面发展，而且要细致分析、全面考虑，注意缺什么出什么，不要一窝蜂去找一两个热点，要注意缺门、冷门，要雪中送炭，拾遗补阙，促进全面发展"。

我参加的第四次会议是少年儿童专业委员会"98 工作会议"，于 1998 年 11 月在浙江绍兴召开。主题是根据中宣部和新闻出版署当年 10 月在郑州召开的全国少年儿童出版工作会议精神，研究少儿读物专业委

---

① 见邵益文著：《20 世纪中国的编辑学研究》第 334 页．河北教育出版社 2000 年 1 月版。

员会的工作，浙江少儿社社长、总编辑陈纯跃同志主持会议，浙江省新闻出版局副局长、本会理事王晓明同志和省版协副主席、本会理事钱伯年一同出席并讲话，表示祝贺。少儿读物专业委员会主任黄伯诚同志提出了会后一二年的工作意见，我应邀出席并发言。我主要讲了"进一步发展少儿读物的一些想法"①，包括三个问题：一是着重强调了要发展必须创新。针对当时少儿出版界流传的所谓"成套书多，单行本少；重复出版多，原创作品少；图画本多，文字本少；适合城市儿童的多，适合农村儿童的少，以及老面孔、老祖宗、老外、老作者"等，所谓"四多""四少""四老"的说法。我认为要改变"多、少、老"，关键在于创新。"三毛"这个形象是上世纪30年代的东西，现在是传统教育的好教材，但电视上常放，收视率就不如《狮子王》《神脑聪仔》了，这说明读者需要新的形象。现在是知识经济社会，在海量信息时代，只要编辑认真策划选题、加工，是可以创造新形象和新知识的。二是在市场经济条件下，要发展新的市场，就要放眼世界，扩大视野，一定要"走出去"。"走出去"就可以交流，就可以弘扬优秀的中华文化。少儿读物，语言障碍少，是便于"走出去"的有利条件，这一点不能忽视。同时，要看到农村人口多，少年儿童多，一定要积极扩大适合农村少年儿童的品种，这是一个重要市场，没有市场就等于没有读者，出版也就没有出路。三是队伍建设。出版是文化事业，是积累、创新知识，传播科学，弘扬艺术的行业。队伍的质量对它来说，与一般的工商业比较，更具有决定性的意义，所以更需加强队伍建设。我国的少儿出版工作，基础很好，成绩斐然，又有比较稳定的读者群体，在全会精神的引导下，只要我们认真去做，一定能取得新的成就，做出更大的贡献。

1999年3月，少年儿童读物专业委员会在海南海口召开研究会，并进行再度换届，由中国少年儿童出版社副总编辑孙学刚（雪岗）担任主

---

① 见邵益文著：《20世纪中国的编辑学研究》第334页. 河北教育出版社2000年1月版。

任，组成新一届专业委员会，我没有参加。2001 年 7 月，少年儿童读物专业委员会在乌鲁木齐召开学术研讨会，我因准备即将召开的学会第六届年会未能成行。但我为这次会议写了一篇发言稿，题目是：《我为少年儿童健康成长贡献了什么——世纪之初寄语少年儿童读物编辑》①。我认为"21 世纪是一个新的世纪，世界变化将会很大，发展也会很快，是一个充满希望同时又需要我们进行艰苦卓绝地奋斗的年代"；认为在全面加强德、智、体、美的教育，深入开展爱国主义、社会主义和集体主义教育的基础上，使青少年的精神面貌积极健康、奋发向上的主流已经形成，爱国主义精神高涨。但在新的形势下，有些方面还需要注意，如：要强调爱国必先强身的思想教育；要做好爱国还需要"强心"的思想教育，这个"心"就是孟子说的"心志"，我们现在称为"意志"，也就是说要培养坚强的意志，养成勤奋节约艰苦奋斗的精神。作为少儿读物编辑，要以培养"四有"公民为目的，集中精力抓好重点书，也就是要解决世界观和人生观问题。希望大家经常反思一个问题，我们天天编辑出版少年儿童读物究竟为了什么？在每年总结工作的时候应该想一想，这一年我为少年儿童的健康成长究竟贡献了什么？这是每一个有责任感的少儿读物编辑都应该反思的。

2002 年 9 月，少年儿童读物专业委员会在西安举行研讨会，是以中国编辑学会的名义召开的。会议主题是在新形势下如何进一步提高少儿读物质量，为提高少儿整体素质做贡献。中共陕西省委宣传部副部长刘斌、省出版局副局长任中南等到会讲话。新闻出版署质检部的辛广伟同志应邀到会并作了报告。少儿读物专业委员会主任孙学刚同志分析了少儿读物编辑工作形势、成就和面临的问题，主要是缺乏有国际影响的和为人们公认的原创作品；选题重复，缺乏创意；营销宣传上夸大失真；少儿特色和编辑含量减弱，不正当竞争有所抬头。这个发言引起与会者的共鸣，

① 见邵益文著：《编辑的心力所向——编辑工作和编辑学探索》第 281 页，贵州人民出版社 2004 年 10 月版。

认为说得很深刻，很符合实际。

在闭幕会上，我以《保护好少年儿童出版这一片净土》①为题发言，主要是说这次会议是在以优异成绩向十六大献礼的热潮中召开的，使大家深感时代对少儿读物提出了新的很高的要求，这是对我们的鞭策，也是对我们的鼓励，深感自己责任重大。当前我们出版工作和各项工作一样导向正确，形势喜人，成就斐然。当然也不是没有问题，主要是违规、违纪问题时有发生，盗版、盗印等非法活动屡禁不止。最近还发现个别少儿社买卖书号，受到停业整顿的处理，这在全国少儿社当中还是第一次，应当吸取这个严重的教训。编辑被称为"人类灵魂的工程师"，我们要塑造好少年儿童的灵魂，首先要注意自己的灵魂，要培养"四有"公民；自己首先应该成为"四有"公民，己不正焉能正人，这是对编辑最起码的要求。我们要下决心摆正两个效益的关系，决不以牺牲少儿的健康成长为代价去换取经济效益。

2003 年 7 月，少年儿童读物专业委员会在大连召开会议．并邀请部分骨干参加。孙学刚同志提出了撰写《少年儿童读物编辑学初探》的设想，并列出了提纲。与会人员对此进行了讨论，一致同意共同完成此书的写作，并邀请一些专业研究人员参加。这是一项很有意义的工作，是一个创举。同年 10 月，专业委员会又在昆明召开学术研讨会和工作会议，我也参加了。孙学刚同志主持会议。总结了过去一年的工作，并对今后的工作做了部署。他强调了在深化改革的形势下，必须大力提高编辑队伍的整体素质，以适应市场经济深入发展条件下对编辑工作的新要求。中共云南省委宣传部副部长吴贵荣、云南省新闻出版局党组书记、副局长汤汉清到会祝贺，晨光出版社社长崔寒韦介绍了少儿读物出版情况。我作了简短的发言，强调了出版工作要牢牢掌握中央领导同志提出的坚持先进的前进方向，"以大力发展先进文化，积极支持健康有益的

---

① 见邵益文著：《一切为了读者》第 133 页，首都师范大学出版社 2010 年 7 月版。

文化，努力改造落后文化。坚决抵制腐朽文化"；一定要多出精品，把精品战略进行到底。少儿读物编辑更需要学习，要有更高的思想品位和精神境界，才能无愧于自己的使命。会议期间，还进一步研讨了《少年儿童读物编辑学初探》一书的编写工作，大家发表了很好的意见。我着重讲了两点：一是既然称之为"学"，就要加强理论色彩；二是要体现少年儿童读物编辑工作的特点。此书于 2006 年 9 月出版，是我国、也许是世界上少年儿童读物编辑学的开山之作。后来，此书获得"中国编辑学会科研成果二等奖"。少年儿童读物专业委员会是中国编辑学会下属比较活跃的二级机构之一。他们工作积极主动，基本上每年都有活动，参加者的队伍遍及全国，而且比较稳定，以资深编辑和中层干部居多，也有一定比例的社级领导参加，同时也注意吸收青年编辑参加。在我的印象中，这支队伍很有少儿特点，无论是年轻的，还是年龄较大的，都非常活跃。他们不仅用心工作，而且很有"玩"性，有的自称"害虫"，爱逗乐，会余之际和他们在一起，往往笑声不绝于耳，有时"闹"得很"凶"，真像回到了少年时代。平时他们的注意力集中在研究编辑工作，着重掌握动向、交流经验、表扬先进，致力于提高编辑的思想和业务水平，一心为培养少年儿童、为国家造就有用人才付出心力，这些都有助于实际工作的开展，深受各出版社的支持。我见到的三届少儿读物专业委员会成员，工作各有特色，他们的共同点是热爱少年儿童，竭诚为读者服务，可圈可点之处甚多。爱其人，忧其之无成，这是他们共同的"心"；人才不滋培，栋梁安得成，这是他们共同的"志"。值得我记忆，值得我学习。

2012 年 3 月 10 日

《回顾·思考·前行——中国编辑学会少年儿童读物专业委员会成立二十周年 少儿知识读物研究会成立二十五周年纪念文集》P19，安徽少年儿童出版社 2014 年 10 月版

编辑研究拾微

摘要： 略述对编辑学研究的四点看法：编辑学诞生百余年的观点，尚需材料加以证明；"一切为了读者（受众）"的命题不会也不应该过时；柯蒂斯关于编辑"必须十八般武艺样样俱全"的描述是在讽刺编辑不务正业；老一辈编辑的工作并非"坐堂编辑"那么简单。

关键词： 编辑学　诞生历史　邹韬奋　柯蒂斯　"坐堂编辑"

中图分类号： G232　**文献标识码：** A　**文章编号：** 1009—5853(2012)03—0034—03

一

前些时，在一份杂志上看到一篇文章说："编辑学独立成为一门学科已有百余年的历史，在我国则始于 20 世纪 80 年代"，并且注明了此论的出处。我看了大为振奋，因为我们过去掌握的资料是：编辑学始于我国 20 世纪 40 年代，第一本书是李次民先生于 1949 年 3 月在广州自由出版社出版的《编辑学》，距今也只有六十余年，现在既然有文章说"已有百余年的历史"，大概是掌握了新的材料，当然是可喜的事。于是，设法找来该文注明的此论出处：李经《编辑学原理初探》[①]。经查对，李经先生的原文是："编辑工作的历史可谓久远，从我国图书发展的历史进程来看，可以说，自从图书的出现，便有了编辑工作，编辑工作是随着书籍的形成和传播而产生的，但编辑真正脱离开著书立说而独立成为一个专业，不过 100 多年的历史，而编辑学，作为一门新兴的学科，

---

① 李经. 编辑学原理初探 [J]. 编辑学报，2002(6)：394-396.

自突破'编辑有术无学'的论点发展至今，更是短暂。时至今日，我们说'编辑有学'，这其中的'学'自然是指的编辑学原理。"从这段文字中，我们无法得出编辑学已有"百余年的历史"的看法，它只是说编辑工作作为一门独立的职业已经有"百余年的历史"[①]罢了。笔者很理解作者的心情，希望编辑学诞生的历史更早一点，但这需要用材料加以证明。

二

一次和几位中青年编辑聊天，在谈及"一切为了读者"时，一位具有博士学位的青年说："这是邹韬奋在上个世纪 30 年代提出来的，已经过去 80 多年了……"言外之意，这个提法已经过时。笔者听了，不禁愕然。如果说现在多媒体流行，"读者"这个概念已经向"受众""用户"延伸、扩展，那是客观存在，但这只是"读者"这个概念有了发展而已，如果考虑到现在一些出版集团已成为上市公司，出版经营不仅要对读者、受众负责，还要对股东负责。就是必须赚钱，如果出于这个考虑，从编辑的角度说，也只能致力于把书编好，多出健康有益的好书，让更多的读者来买你的书，才能达到赚钱的目的。可是，要读者买书，归根结底，编辑还是要考虑读者和受众的健康需求，还是要着眼于"一切为了读者（受众）"。由此可见，对于搞出版、当编辑的人来说，"一切为了读者（受众）"这个命题是不会过时的，也是永远不应该过时的。韬奋说："生活书店的发达，当然有许多主观和客观的条件，但是服务精神，鞠躬尽瘁的服务精神，在千百万读者好友心坎中播下的种子，是最重要的一个因素，这是我们不能否认的，这是我们所应永远记取的，发扬光

---

① 编辑工作作为一门独立的职业究竟开始于何时，现在研究者也有不同看法，在此不作深涉。

大的。"① 我想，韬奋这一段话，对于当编辑、搞出版的人来说，确实是应该永远记取的。只要出版、传媒存在一天，"一切为了读者（受众）"这个目的，就不应该过时，只要编辑出版人还有文化担当和社会责任感的话。说到读者，当编辑的一定要坚持一条："读者在我心中"，或者说"一切为了读者（受众）"。应该确立读者（受众）高于一切、重于一切的观念，这应该是编辑的主要信条，没有这一条，编辑就失去了灵魂，也就不成其为编辑了。为什么？因为读者（受众）是编辑工作的根本出发点，更是编辑工作的归宿。

三

近年来，读了业界同人写的几篇文章，都很关注工人出版社出版的《编辑人的世界》第四章柯蒂斯文章中的一段话："面临今天出版业的种种变革，编辑还剩下什么工作可做呢？答案是，几乎每一件事情都需要编辑。今天的编辑和老一辈编辑不同的是，他们必须十八般武艺样样俱全，既要精通书籍制作、行销、谈判、促销、广告、新闻发布、会计、销售、心理学、政治、外交等等，还必须有绝佳的——编辑技巧"（见该书 35 页）。主编格罗斯在编《编辑人的世界》时，特意把这段话摘出来，用黑体字排在柯蒂斯文章的前面，以便引起人们的注意。国内同行在引用时也不相同，有的只引前一半，到"十八般武艺样样俱全"为止，有的只引用其中两句，"今天的编辑……必须十八般武艺样样俱全"。看上去好像都是为了给时下出版社编辑杂七杂八什么事情都干找到最好的佐证，所以，对柯蒂斯这段话都是肯定的、正面的解读。可是，在笔者看来，柯蒂斯这段话是反话，是用来讽刺编辑不务正业，尽干些杂七杂八事务的不正常现象。根据何在？有如下五点：

---

① 邹韬奋. 韬奋新闻出版文选 [M]. 上海：学林出版社, 2000：333.

第一，主编格罗斯在把柯蒂斯这段话摘出来放在文章前面时，紧接着加了一段话："在这篇文章中，柯蒂斯探讨了在今天复杂多变的出版世界中，编辑需要扮演的多重角色，可以被取代和不能被取代的部分，以及必须面对的挑战和抉择。"这段话的意思很明确，十八般武艺中，编辑的某些角色是可以被取代的，应该由其他人去做，有些角色是不能被取代的，应该有所抉择。

第二，柯蒂斯这篇文章的标题是："我们真的需要编辑吗？"在《编辑人的世界》这样一本专业书中，提出这样的问题，本身就是对编辑需要扮演多重角色提出的一个疑问。

第三，就在这篇文章里，柯蒂斯说："今天的编辑什么事都得做，就是不做编辑工作"（37页）。这难道还不是对"必须十八般武艺样样俱全"的否定吗？

第四，柯蒂斯又说，"今天，……作者在刚出炉的书中发现可怕的文法、造句、不实材料、排字上的错误，甚或更糟糕的，被幸灾乐祸的朋友或评论家指出这些错误时，都不禁感叹：'今天的珀金斯在哪里？'每当发生这类错误时，不啻对人们记忆中神圣的编辑形象——珀金斯，重重打了一个耳光……"（36页）。

第五，《编辑人的世界》主编格罗斯在编辑这本书时，紧接着收编了柯蒂斯的另一篇文章——《西方文学的没落》，并在文章开头就提出，"为什么我们再也看不到好书？……答案很简单：现在的编辑不再花费心力于编辑工作上"（见43页）。柯蒂斯这个结论不是随便说的，而是通过纽约州立就业辅导处的调查，即在访问了460位大出版公司的前任总编辑以后，对编辑一年中在办公室的工作时间有多少天，以及这些时间是怎么度过的，做了详细记录，得出的结论是编辑每年实际在办公室工作的时间是58天．而这58天又是怎么度过的呢？在每天8小时的时间里，编辑花在编辑工作中的时间几乎为零。格罗斯为此在该文的开头加了一个说明："敢言的柯蒂斯在几年前为《出版商周刊》写的一篇愚人节讽刺小品中，以戏谑的口吻描述了编辑的工作习惯，同时也借着这篇小品，回答了他自己提出的问题，我们需要编辑吗？"（见43页）意思很明确，出版物中的差错和问题如此之多，可珀金斯——编辑在哪里呢？至此我们应该如何解读"必须十八般武艺样样俱全"这句话，难道还不清楚吗？

四

可能与"今天的编辑和老一辈编辑不同"这句话有关，现在有些研究者写文章，说改革开放前，出版社的编辑是"坐堂编辑"，意思是编辑像中药铺里的"坐堂医生"，专等患者上门求诊，完全是被动的。一些老编辑看了不以为然。笔者认为，应该承认，现在出版社的编辑外出的机会多了，参加各种研讨会和培训班的几率高了。但这绝不等于说改革开放前的编辑，只是坐在办公室里等稿上门，这种说法是不符合实际的。据笔者所知，除了有的出版社因自投稿太多，抽出一两个编辑专门看作者的自投稿，发现一些好的、有修改基础的（当然为数很少），就交有关编辑部门进一步处理外，一般编辑，少不了要走访作者、书店，要做调查、制订选题计划、组稿、约稿，绝不是坐在办公室里守株待兔可以完成任务的。实际上当时许多出版社，每年在制订选题计划以前，都要组织编辑到工厂、农村、学校等基层去做一两次认真的调查，不仅编辑要去，社长、总编辑、编辑室主任都要有组织地外出调查，回来要写出调查报告，互相交流，最多的时候可以有十几份甚至几十份调查报告，同时放在大家面前，供大家阅读，作为制订选题计划的参考。选题计划提出以后，要分头到各地去征求意见，要调查适合为本社写稿的作者，并向特定对象组稿。然后，要不断地催促作者编写提纲，撰写样稿、初稿，提交审读、讨论，提出意见，再与作者沟通。有的出版社还规定，每个编辑每年必须到书店去站几天柜台，直接面对消费者，了解购书者的需求。

搞通俗读物的，还要拿了校样，到农村、工厂找读者试读。看文字上有没有"拦路虎"，内容上有没有不好懂的。一一记下来，回社以后再做加工，直到读者看得懂为止。杂志社的编辑，与作者、读者的联系更多。大家知道《阿Q正传》，鲁迅在思想上虽早有酝酿，但没有动笔，正是编辑催出来的。著名小说《红岩》的作者，都是编辑经过再三了解，得知他们不仅有亲身经历，而且出版过《在烈火中永生》，才向他们组稿的。而且，编辑部为了让他们能集中精力写稿，摆脱日常工作的干扰，还帮助他们请了创作假，又把他们请到北京，在出版社一住一两年，甚至更长。有关的编辑、室主任，差不多天天与他们见面，无话不说，包括总编辑、社长，都在一个锅里吃饭，可以经常交换意见。著名长篇历史小说《李自成》，是编辑到武汉，向姚雪垠先生组织其他稿件时发现的。试问世界上有这样的"坐堂编辑"吗？所以，改革开放前编辑的工作情况，绝不是像有些同志想象的那样。只要一杯清茶、一张《参考消息》，等着天上掉馅饼就可以过日子的。把改革开放以前的编辑说成是"坐堂编辑"，是一种误解，或者是对过去出版社的编辑工作缺乏了解。戴文葆先生在描述他的编辑生涯时说过："时代之波涛汹涌奔腾，鼓舞我去寻觅，鼓舞我去审视。"这不就说明，时代不允许编辑"坐堂"等稿上门吗？

2012年3月28日

《出版科学》2012年第3期

关于编撰《普通编辑学》的一些思考与回忆

——在出书后一次座谈会的发言

编撰出版《普通编辑学》是改革开放以后一批编辑学研究先驱者的夙愿。上世纪 90 年代就有人提出研究并建立普通编辑学的问题，刘杲同志在本世纪初，即 2002 年，就曾经说过："我们从研究社会主义历史阶段的编辑活动入手，从建立图书期刊编辑学入手，由个别到一般，最终建立涵盖各种传播媒体编辑活动的普通编辑学。"① 他在 2006 年 2 月离开编辑学会领导岗位时又说："今后的编辑学研究仍然要以最终建立普通编辑学的学科体系为目标。这是不能动摇的。"② 可见，他把建立《普通编辑学》这件事看得很重，有很高的期盼。当时的很多研究者也同意这样的看法，认为建立普通编辑学很有必要，也很重要，只能随着学术研究的发展而发展，水到渠成，才有可能实现。

随着新世纪的来临，建立普通编辑学的呼声也随之高涨。原因之一是随着出版改革的逐步深化，和高新科技在新闻出版工作中广泛使用，党和国家对出版、传媒提出了更高的要求，高素质出版人才的培养，已成为突出的问题。而培养人才的高等学府，虽然开办了数十个编辑出版学的本科专业和若干硕士授予点，但教材不足。编辑学是其中不可或缺的基本课，但大都还停留在各种传播门类编辑工作的基础理论与实务方面，涵盖各种媒体编辑活动的理论编辑学即普通编辑学尤为缺乏。据此，2006 年，新一届中国编辑学会诞生，很快就把编写《普通编辑学》一书作为重点列入工作计划，编辑学会新会长桂晓风同志找了一些人来座谈后，又指定我当这本书的主编，我勉为其难地接受了下来，同时，编委

---

① ② 刘杲著：《出版笔记》第 371 页，河北教育出版社 2006 年 8 月版。

会的组成，重要的是要找一个能合作的副主编。想来想去，觉得中国人民大学出版社总编辑周蔚华比较合适，原因有三：一是人大出版社几年前就出过编辑学的书，在国内是最早的；二是我读过一些周蔚华同志的文章，在观点和文字上有相当高的水平；三是曾听一些同行谈起，他对工作很认真，这样我就请示晓风同志，想请周当副主编，得到新会长的同意，这样就把编委会成立起来，并从 2007 年正式启动，首先要求总结梳理近 30 年来的学术研究成果，提出合理的框架。继往开来，推进编辑学的学科建设。

但是，当真正进入编写过程之后，我们还是遇到了不少问题，这些问题是什么呢？

首先，普通编辑学研究什么？或者说普通编辑学应包括哪些内容，以及如何建立普通编辑学的理论体系等。我们参阅了已经出版的编辑学总论、概论、原理，包括网络编辑学、影视编辑学和新闻编辑学等著作，大都离不开编辑性质、任务、作用和过程等内容，只是阐述上有不同侧重，有的研究者还提出了具体的主张，如：

有的意见认为："普通编辑学包括历史、理论、应用三个部分……历史即编辑史，是编辑活动和实际经验的记载和梳理，为编辑理论提供客观依据。理论，即编辑理论，是编辑活动的历史经验和现实经验的理论概括，揭露编辑活动的本质和规律。应用，即编辑实务，应用编辑理论，形成活动规范，指导编辑实践"，"这三个部分是互相依存、互相推动的"[1]。

也有意见认为："各种媒体编辑学的发展，必然要求……研究各种传媒编辑活动的共性"，"要求建立适用于各种媒介编辑活动的编辑学说，也就是普通编辑学，这是历史的必然"[2]。

另一种意见认为：在信息如潮的时代，社会的主要矛盾之一就是信息的多样性和受众需求的特殊性的矛盾，而编辑就是这个矛盾的处理者，

---

① 刘杲著：《出版笔记》第 371 页，河北教育出版社 2006 年 8 月版。
② 邵益文著：《一切为了读者》第 100 页，首都师范大学出版社 2010 年 7 月版。

是人类社会的一种信息"过滤器"，他的基本职能就是对载体信息进行选择、加工或重组，使其分类化、优序化，便于人们接收和利用。认为各种传媒的编辑，虽然面对的对象、采用的技术不同，但其共同的本质就是各种媒体的编辑都是在对信息进行加工处理，"这就是普通编辑学理论构建关切的重要课题"①。笔者认为，这种观点正与曾经引起编辑学界注意的任定华先生提出的"信息、知识有序化、媒体化与社会化"②以构建编辑学的基本理论的见解相一致的。

研究上述各种观点，我们认定普通编辑学和某种特定媒体编辑学的关系，是个别和一般的关系，只有把各种媒体编辑活动都具有的共同特点集中起来，归结出一般的特点，即撷取他们的共同点加以研究，也就是研究各种媒体编辑活动的共性，才能构建涵盖各种媒体编辑活动的普通编辑学，但是这种媒体的编辑业务，他们的具体操作方式是多样化的，他们的共性究竟是什么呢？这是构建普通编辑学理论体系的关键所在。

二、经过研讨，我们认为：各种媒体编辑活动的共性主要表现在：

1. 在指导思想上的共性。各种传播媒体的编辑活动，都要坚持马克思主义基本理论的指导地位，坚持以紧密结合中国革命和建设实际的发展着的马克思主义指导新的实践，坚决批判形形色色的反马克思主义理论、抵制各种非马克思主义观点。在科学、艺术和学术领域，必需坚持马克思主义指导下的"百花齐放，百家争鸣"的方针，实行学术民主，保证学术繁荣和发展。

2. 方针政策上的共性。各种媒体的编辑活动，必须贯彻"为人民服务，为社会主义服务"的方向。坚持质量第一的方针。坚持社会效益和经济效益相统一的原则，在社会主义市场经济条件下，尤其是这样，如果两个效益发生矛盾，不管在公益性的事业单位，还是在自负盈亏的企业单位，

---

① 参见王栾生《信息时代编辑学理论构建的视点取向》，华北水利水电学院学报（社科版）1999 年第 2 期。

② 任定华著：《编辑学导论》第 2 页，中国经济出版社 2001 年 5 月版。

也不论是国有单位还是民营单位，经济效益必须服从社会效益，在任何情况下，都不能以牺牲社会效益去换取经济效益。当然，指导思想和有关的方针政策，这两项不限于编辑活动，它涵盖着我国整个文化教育、科学、艺术等上层建筑许多领域，但作为各种媒体的编辑活动无疑是必须坚持的。

3. 编辑活动目的的共性。各种媒体编辑活动的根本目的，都是为了向受众提供健康有益的精神食粮，编辑活动的成败，作用大小，都是通过受众来检验的。所以，受众就是一切媒体编辑活动的根本出发点和最终的归宿。离开了受众，编辑活动就成了无目的的盲动，这一点应该成为编辑意识的元意识，它体现在一切编辑活动的始终。一句话，就是要从广大受众的正当需要出发，并千方百计地加以满足。总之，是要以科学的理论武装人，以正确的舆论引导人，以高尚的精神塑造人，以优秀的作品鼓舞人。这是编辑活动的根本目的，也是编辑活动的根本任务，无论哪一种媒体都不能例外。

4. 编辑活动职能的共性。编辑活动是为媒体准备可供复制和传播的文本或作品。编辑活动是一种社会文化活动，它是积累文化、传承文化、创新文化的活动。在现在特别是网络问世以后，信息如海，稿本如山，但是在这些信息和稿本中，精华与垃圾并存，真理与荒谬同在，因此，必须经过编辑活动，运用采集信息（调查研究）、创意（策划、设计或构思）、选择（审鉴）、加工整理、科学组合、核校等职能来完成自己的任务，才能大力发展先进文化，积极支持健康有益的文化，坚决抵制腐朽文化。完成把握先进文化的前进方向，发展面向现代化，面向世界，面向未来，民族的科学的大众的社会主义文化，丰富人们的精神世界，增强人们的精神力量，才能积累、创新和传承中华文化。媒体是不同的，各有自己传播形式和特点，但编辑职能是相同的。

5. 编辑活动基本规律的共性。各种媒体编辑活动，有许多客观上必然要出现的规律，但这些规律是分层次的。有的是表现在某个环节、某个阶段或某些方面的，是局部性的，往往人们把它称为具体规律，有的贯穿在整个编辑活动全过程，制约着编辑活动各个方面，是全局性整体性的，人们一般称之为基本规律。局部的具体规律，有时在相关媒体的编辑活动中也同样存在，在一定范围内具有共性，但它不像基本规律——即以传播为目的的选择和加工，或优选、优化，在各种传媒的编辑活动中都是贯穿始终，不可或缺的，在信息化时代尤其是这样。

6.坚持质量第一，多出精品，是编辑活动推进精神生产的又一共性。讲究质量是一切物质产品和精神产品的共同要求。但是，质量问题表现在物质产品和精神产品上的意义，还是有不同的。这些不同首先表现在空间是：物质产品受一些空间限制，精神产品可以无远勿届，它受到限制相对较少。其次，在时间上，物质产品也有某种限度，用完了就结束了，尽管古代的出土文物，仍有收藏和观赏的价值，但仍然是有限度的。精神产品则不同，它可以流传千古，多少年以后，仍然可以影响人们的精神世界，甚至指导人们的实践，虽然也有限度，但总的看，比物质产品要宽泛得多。再次物质产品质量不好，可以回收。精神产品的质量不好，很难回收，尽管生产者想消除影响，但实际上是不易完全做到的。所以，精神产品生产者，包括编辑活动在内，讲求质量、多出精品，是一种共同的要求，也就是共性。

7.创新、求特是编辑活动的重要共性。从书、报、刊、影视，到电子、网络出版物，由编辑活动完成的产品，都有极强的个性化特点，同行之间竞争又十分剧烈。因此，每一个编辑产品都要强调创新，搞出自己的特色，才能立于不败之地，在市场赢得更多份额，取得良好的社会效益和经济效益。所以，编辑必须在创新、求特上下功夫，这对任何一种编辑活动来说，都是不可忽视的共性。

8.编辑人才的共性。当今世界，如果说大众传媒五花八门的话，那么，为传媒服务的编辑人员更是千姿百态，多才多艺。但是，尽管他们各有千秋，仍然有不可忽视的共同特点。首先他们需要有坚定信念，较高的政治理论水平，能自觉地意识到积累文化、传承文化、创新文化的历史使命感和社会责任感；他们应该有高尚的精神境界和职业道德，是货真价实的"人类灵魂工程师"；他们既要政治坚定，又要有专业知识，同时又精通业务。如以一般大学应用性专业的本科毕业生来说，他们毕业以后，就可以参加专业对口的实际工作，但编辑学专业毕业以后，还很难做编辑工作，他们必须有一门或两门其他的专业知识。也就是说，他们学了编辑的理论知识和操作技能、工作方法，但是还不够，还需有其他文科或理工科的专业知识。这样，编辑学的理论知识和编辑工作的操作技能才有了实践的基础。这是编辑行业的特点，也是编辑活动的共性。这就是一个教授、工程师或医生，他可以不知道编辑是怎么一回事；反之，一个医学编辑不仅可以当编辑，而且还可以给人看病，一个编建筑图书的编辑同样可以当建筑工程师或建筑设计师的原因。也就是说编辑人才必须是既有专业知识又懂得编辑理论和实务的复合型人才。

9. 面向市场、引导市场的共性。我们前面说过，编辑活动是一种社会文化活动，是一种精神劳动，这是它的本质属性，但是它的产品又是以交换为目的，必须经过市场才能得以流通的。因此，它又具有商品属性，因而编辑就需要了解市场、研究市场。市场是编辑产品流通的基本渠道，对产品流通具有决定性影响，这是市场积极的一面。但市场是多变的，有竞争性、时效性、地域性，有的时候甚至有虚伪的成分，这些都是造成畅销或者滞销甚至退货的基本原因，所以，编辑必须真正了解市场、分析市场的发展趋势和规律，才能进行有效的营销。另一方面也要注意有人为了谋利，不惜迎合市场，不讲质量，甚至把低俗、不健康的东西，塞进市场。所以，编辑要讲究思想境界和职业道德。他们必须以优秀的健康的产品去引导市场，避免贻害受众。这也是编辑活动的一个重要共性。

在编写过程中，曾有同志提出，认为质量问题是媒介（出版）管理学的问题，市场问题是媒介（出版）经济学问题，普通编辑学可以不讲。

经过讨论，多数人认为质量问题和市场问题，是编辑活动天天碰到的问题，是决定编辑活动成败的问题，它对当前编辑工作的影响很大，尽管出版管理学和出版经济学应该讲这些问题，但在市场经济条件下，从实际情况出发，编辑学必须根据自己的特点，从编辑工作的角度，讲清楚这些问题与自己的关系，也许还是一种理论创新的尝试。所以，才有这两章的安排。

三、重视"虚实结合"，"通用相宜"。这是我们碰到的又一个难题。因为编辑学是应用学科，应用学科应该有针对性，也就是某种媒体的编辑活动特有的各自的目的和个性，而普通编辑学研究的是五花八门、各种媒体编辑活动的共性，它要从个性中抽出共性，从特殊中抽出一般。这样就要从理论层面开展研究，而且要解决理论和实际应用相结合的问题。这样就产生了一个问题，如果过于抽象，可能离实务应用太远；如强调应用实务，就难以抽象、上升到普通编辑学的理论上来，就会出现"通则无用，用则不通"的矛盾。这说明"通"和"用"，"虚"和"实"，都应有一个"度"，不然很难做到既"通"且"用"，"虚实相宜"的问题。经过研究，认为："虚"不能无"实"，"实"不能损"虚"。也就是既要"虚"中有"实"，也要"虚实"适度，力求达到既"通"且"用"的目的。这说明各种媒体编辑活动的具体的个体化操作在普通编辑学的构建中，是很难得到反映的，它所能获得的只是抽象的一般的具有共性的东西，也就是只能是理论层面的东西，这就决定了普通编辑学必然是理论编辑学，至多是编辑学三个组成部分中的理论部分。这就是说，我们所说的普通编辑学，也就是理论编辑学，它仍然是应用学科，它主要是结合实际，阐明编辑学的理论原理、指导原则、基本知识、编辑活动的要素和方法论，以及人才素质及其培养等，它应该是理论和实际紧密结合，史论结合，有自己的概念系统和理论范畴的科学。

四、如何认定传播手段现代化以后的编创界限，这是我们在考虑普通编辑学理论构建时碰到的又一个新问题。科学发展到网络传播以后，编辑活动已由原来的单向变为双向甚至多向互动，它可以把文字、图片、音响、视频集中在一起，把单一传播方式转换为多种功能的综合性服务，这也表明它对出版资源进行了进一步的开发和整合。而这些活动由谁来完成，属于什么性质，于是如何认识这些活动，就有了不同的看法。有的认为这是编辑的"深层次加工"，即使是改编也仍然是编辑活动。另一种看法，认为这是一种创新活动，就算是改编，按现行著作权法也是有著作权的，如此种种，目前还难以统一。我们只是客观地加以表述，让这种活动进一步发展成熟，或在著作权法修改中有新的规定，再作学习、探讨加以论述。或者说提出问题，让大家来研究探讨。

　　以上诸项，只是简单设想，未必妥当，敬请同行指正。

2012 年 4 月

忆戴老

——为纪念戴文葆同志逝世四周年而作

戴老离开我们已经四年了，回想往事，历历在目，他的音容笑貌也经常在我脑海泛起，有时竟忘记他已经离开我们了……

我开始知道戴文葆这个名字是在 1983 年，那时正是"文革"以后，各出版社开始评高级职称，我当时在中国青年出版社工作，具体张罗这方面的事。人民出版社是出版界评高级职称的全国试点，文化部出版局主办的内部杂志《出版工作》又作了报道。为了更好地掌握评审标准和具体做法，我和中青社人事处的同志就去人民出版社"取经"，总编辑张惠卿和其他有关同志接待了我们，并向我们介绍了有关经验和情况。在谈到如何掌握编审这个标准时，他谈到了戴文葆同志，并且说，什么样的人可以评编审，他们就树立了戴老这个标杆，接着谈到他的知识水平、编辑经历、工作成就等。我听了以后，肃然起敬，心里想，这个标杆可能太高了。但当时正是评审工作全面推开的初期，上面的精神是从严掌握，后来《出版工作》刊登了戴老的材料，他实际上是我国出版界 1983 年评编审的样板，或者说是"标准"的具体化。这使他在我心目中留下了深刻的印象。

我和戴老真正接触，相知相识，还是在中国出版发行科学研究所草创之时。1984 年初，我奉调到文化部出版局工作，具体负责筹建中国出版发行科学研究所（1989 年 8 月后改名为中国出版科学研究所，即现在的中国新闻出版研究院）。这项工作是根据 1983 年 6 月《中共中央、国务院关于加强出版工作的决定》中的有关精神具体提出的。当时文化部和出版局的领导都很重视，出版局各部门的同志也很关心，局分党组除分工由刘杲副局长主管以外，还特请老领导、当时的顾问王益同志兼任筹备组组长。可是对我来说，从一个出版社转到出版局，不仅到了一个新单位，而且工作性质也不相同，所以不能不多方求教，寻求多方支援。这样，戴老就自然而然地成了我难得的老师和许多事情的顾问。

1988 年 4 月，经新闻出版署批准，成立了研究所学术委员会，戴老是这个委员会的副主任，是研究所社外力量的重要支柱，也确实为研究所的工作提出过许多好的意见。他曾就当时编辑出版的实际工作和学术研究的情况和趋势，做过认真分析，提出过很好的建议，如怎样看待商品经济条件下编辑出版工作的新动向，以及图书发行工作中的新问题等。同时，戴老还为编辑研究做了许多实际工作，如给编辑培训班讲课，应聘担任南开大学编辑学专业的兼职教授，在条件很差的情况下，每周不止一次地往返于京津之间。有些工作听来甚至琐碎。那是 1993 年 8 月，第六届国际出版学研讨会在北京召开，这是在我国首次轮值举办。依照惯例，与会的外国代表们需要去机场迎接。考虑主要的代表都来自日本和韩国，因戴老和我曾去两国参加过前两届的研讨会，较为熟悉人头和情况，我就把他老人家请出来帮助去接机。戴老二话不说，第二天一早就和我们出发到机场。可是来得太早，加之飞机晚点，大家等了很长时间，而戴老一直都在那里耐心地等待，给大家留下了很深的印象。类似这样的工作，无论大大小小，戴老都做，都一样地上心、认真。这可以说是戴老对研究所成立以来的一种高兴、兴奋的情感流露，但更多的，还是戴老一生对编辑、出版工作的热忱与执着。对我来说，无论是在研究所还是在编辑学会，与戴老共事时我都能深深地感受到他的热情关怀和大力支持。

作为中国编辑学会的发起人之一，戴老一直没有离开学会，从第一届到临终都是顾问。学会凡是需要他参加的会议，都请他出席，他也积极参与，提出各种建议。1994 年 9 月，我从中国出版科学研究所退下来，从事编辑学会的工作。在学会工作的这段时间，现在能找到的戴老曾寄送给我的两张贺年卡和他的一本新著弥足珍贵。其中一张寄于 2000 年元旦。当时，我们编辑队伍当中有的人存在严重的剽窃行为，将作者稿子中的内容、观点据为己有。这一苗头被戴老一针见血地指出。他在贺卡上写道："编辑学会教育我们学会编辑。编辑队伍越来越发旺，各种人才都有，好得很！队伍庞大，免不了庞杂，我们管不着，不能、不应管，只'统'不'战'。终南山进士钟馗只管打鬼，不能打编辑。"这贺卡的背面，恰是一幅钟馗捉鬼图。戴老就是主张编辑学会要有钟馗，打击这些不道德的东西。后来，我根据戴老的这张明信片，在《新闻出版报》上发表过一篇短文，专门讲编辑的道德问题。

第二张贺卡寄于2002年元旦前夕，戴老希望我"多写点针对性文章，为中国编辑学会生辉"。那个时候，编辑学讨论刚刚兴起来，不同观点很多。我当时有一段时间集中整理这些不同观点，工作的重点集中在学术方面，对当时的现实情况，比方说当前的编辑工作、出版工作到底有什么问题，注意得不够，戴老的提醒，对我有很大的教育意义。平时，戴老也对我十分关心，经常通过书信和我交流工作上的事情，我们间的深厚情谊随着这些书信往来也愈发醇厚。可惜由于搬迁，这些书信都已流失，现在想来，十分懊悔。

2006年初，他送我《射水纪闻》一书。该书是他在逆境中被迫迁居桑梓，从事劳动之余，不辞辛劳，奔走四方乡里，采乡谈，编旧闻，为后人留下来的三十余万字的著作。射阳河畔的真实，为近代史研究者提供了有价值的佐证。这是多么令人起敬的作为！但他在给我赠书的题词中只写了淡淡的两句话："源于敬乡之诚，出于桑梓之情。"

我对戴老渊博的学识和丰富又坎坷的经历早有所闻，与他共事的经历中，有两件事让我对他的知识丰厚、博闻强记印象极深。

第一件事发生在1991年，我与戴老去韩国参加国际出版学研讨会。这是我与他第二次一起出国（第一次是1989年去日本）。当时去韩国需要从香港转机。到韩国后，行李没有随航班一同到达，而我们两人参会发言所需穿着的西装都还在行李里。我除了箱子里的一套，身上还穿着一套，可戴老随身只穿了一件普通夹克，西装在行李里还不知被托运到了哪里。

会议上，韩方安排我首先发言，之后未着正装的戴老从容上台，大家立刻对这位一身便装的老先生增添了几分好奇。戴老首先对大家表示歉意，说明今天未穿正装、有失礼仪的原因。这对于经常往来于各国参加会议的代表们来说，托运行李发生问题是难免的事情，当然可以理解。戴老随后开始了他关于"中韩文化交流史"的发言。他在台上引经据典，讲到中韩文化交流中很多不为人熟知的内容，尤其是朝鲜李朝与我国明、清两朝在商贸、文化等方面交流的史实。戴老引用《朝鲜李朝实录·宣祖实录》，讲述：万历时，朝鲜联合明朝两次挫败日本丰臣秀吉发动的侵朝战争，说明两国友好源远流长。又以李朝世宗李祹遣使到中国购求《资治通鉴》等典籍一事为引，大谈中韩文化交流史上的传奇，其中很多情况连韩国人，尤其是比较年轻的与会者都不知道，一些历史细节听也没有听说过。戴老以其丰富的学识，震撼了会场，整个发言过程中全场鸦雀无声，会后一些学者纷纷找戴老，希望进一步交流。

原来，上世纪60年代戴老被摘去"右派"帽子之后，"编制"问题始终没有着落，时任中华书局总经理的金灿然派人到人民出版社借调戴老去编书。当时中华书局准备出版《朝鲜李朝实录中的中国史料》，戴老就承担起整理修订的任务，被安排去核对《朝鲜李朝实录》。

朝鲜的李朝（1392—1910），相当我国明、清两朝（1368—1911）。《朝鲜李朝实录》记载了由朝鲜王朝始祖太祖李成桂到哲宗的25代472年（1392—1863）间历史事实的编年体汉文记录，加上最后两任君主高宗和纯宗的记录，总共27代519年。戴老在《吴晗和〈朝鲜李朝实录〉》中曾写道："日本吞并朝鲜后，汉城帝国大学法文学部干1929年筹划影印，主要采用太白山本，小部分系用江华岛本，至1932年完成，共印30部。"中国当时只有北平图书馆藏有一部。从1932年开始，吴晗为补清修《明史》之缺，每天步行到北平图书馆去抄《朝鲜李朝实录》

中有关明清的史料，连续几年，抄书笔记有 80 册之多。他认为，这些丰富的史料记述了建州女真发展壮大的过程，其中包括朝鲜使臣到明朝和建州地区的工作报告，很具体，很可靠，对研究明朝历史有极大帮助。

在中华书局期间，戴老循着吴晗的足迹，每天到北京图书馆去查补史料和补抄遗漏的文字，使这部书稿得以完善成型。1980 年，12 册的《朝鲜李朝实录中的中国史料》最终出版，戴老成为《朝鲜李朝实录中的中国史料》的最后一名责任编辑，完成了前人为清修《明史》的未竟之业。在这一过程中，戴老早已对《朝鲜李朝实录》的情况了然于胸，对其中中韩关系的史料十分稔熟。因此，他去韩国时就专门讲中韩文化交流方面的内容，可以说无需准备，基于自己过去的了解就已经可以从容应付了。戴老的学问如此丰富，以至于这件事今天想起，我仍记忆犹新。

第二件事是 2001 年 8 月，我们在哈尔滨召开中国编辑学会第六届年会。会议期间，哈尔滨方面安排我们参观索菲亚教堂。索菲亚教堂始建于 1907 年 3 月，原为沙俄东西伯利亚第四步兵师修建中东铁路的随军教堂，全木结构。1932 年 11 月 25 日落成，成为远东地区最大的东正教教堂，以其精美的建筑艺术和丰富的历史文化内涵享誉中外，是很珍贵的文化遗产。在我们去参观前，黑龙江省新闻出版局曾经给有关方面打过招呼，说这次去参观的都是一些知识分子，他们中有的还是高级知识分子，讲解时要注意准确详细。

到达索菲亚教堂以后，对方为我们安排了一位四十多岁的资深讲解员。参观中，讲解员为我们进行了专业、详细的讲解，讲解员走在前面讲，大家跟在后面听，戴老呢，走在队伍中又给我们进行补充，补充一些有关的细节情况。补充讲解的声音虽然非常轻，可还是被讲解员听见了。起先，讲解员以为大家有什么问题，询问过后大家不做声，便继续讲解下去。就这样，大家一路参观下去，有的同志默默地问戴老，戴老就慢慢地补充。待到参观完，那位讲解员已经知道了其中的缘由，就追了上来，非要向戴老求教，我们只好先回到车里等着。那位讲解员问了戴老许多问题，我们在车上望着两人交谈甚欢，忽觉有些不对头，原来两人在那里站着聊了半个钟头还多，只好去催戴老上车。最后，那位讲解员把戴老的姓名、地址、电话都留下来，说今后再遇到什么问题一定要向戴老请教。我当时就想，参观索菲亚教堂戴老事先又没有准备，但是他的补充讲解连资深讲解员都很佩服，戴老可真是知识丰富。戴老参观中的这一"插曲"无疑为我们的索菲亚教堂之行增色不少，后来，我请黑龙江教育出版社的编审张希玉同志给我整理了一个关于索菲亚教堂的材料，一直希望有机会把戴老的这件事整理记录下来。

戴老丰富的编辑、审读经历不仅反映在他百科全书般的知识储备上，还表现在他博采众长的学术造诣中。

戴老曾担任《中国大百科全书·新闻出版卷》出版分编委会副主任，主笔"编辑"与"编辑学"两个词条。当时，究竟如何定义"编辑"，学界并没有一个较为统一的观点。因此，戴老在编写"编辑"这一词条时将各家的观点都集中起来，再进行分析。正如他自己在"编辑学"条目最后所写的："中国正处在改革开放、百废待兴的新时期，编辑学理论处于创建过程中。在编辑出版事业需要革新的情况下，一时尚难出现成熟的编辑学理论体系。也正因为这样，在编辑学的理论建设中，由于人们踊跃提出各种设想和论见，突破框框，已表现出良好势头，将如章学诚所说：'后人之学胜于前人，乃后起之智虑所应尔。'对此，有理由怀抱着诚挚的期望。"

面对不同意见，性格宽厚的戴老从不跟别人争论什么，他常说，"哎呀，七十多岁的人了，还跟三十多岁的人去争论什么呀"，即使观点是错误的，戴老也是耐心地说服。记得是在1987年9月中旬，研究所在新疆的乌鲁木齐组织了一次以图书编辑规律为主题的"图书编辑学研讨会"，由边春光同志主持。会上有一位年轻人，写了一篇文章，文中提出了一个新名词，叫"出版縢"，认为研究这个就是研究出版学，还生造了一个"縢"字。当然，大家都不太同意。上午的第一次讨论会上大家都没有就此发言，会下是有议论的。下午的会，戴老就坐在那位年轻人的身边，对他说，不要生造这种名词，这对学术研究是没有益处的。他们两人坐在那里整整谈了两个小时，那位同志最终被说服了，后来，他自己也承认创造这种新名词是没有必要的。

然而，就是这么一位受人敬佩的良师益友，却永远地离开了我们。

那是 2008 年 9 月 8 日，我去总署听柳斌杰署长讲我国上半年形势、出版改革和机构"三定"等问题的讲话，结束后，听到有人说起戴老去世的消息，不觉心中一惊。因戴老临终前几年健康状况虽然不佳，还住了院，但走得这么快，实在有些意外。随后我就打电话给刘杲同志，果然得到证实，说是 9 月 7 日 17 时 55 分，戴老的心脏停止了跳动，我们在电话中不断叹惜，认为这是中国出版界的一个大损失……

回想起当年的 8 月 26 日，刘杲同志在电话中告诉我，说戴老病重住院，他去医院探望过，戴老已不认识人，平时是睡时多，醒时少。我得知这一情况后，心情十分沉重，即邀中国出版科学研究所的同志一起去解放军 305 医院探视。次日，研究所买了一个花篮，由沈菊芳等同志和我同行前往。我们进了病房以后，戴老正睡着，只见他骨瘦如柴，又不戴假牙，乍一看，我们已认不出是他了。看护人员把他唤醒，他瞪着两眼看我良久，但没有表情，我握着他的手，呼他问他，也毫无反应。不一会儿，他又睡着了。我们只好向看护人员了解一点情况，知道他还能吃点东西，也能吃药，但昏睡的时间较多。离开医院以后，我们曾议论这种状况也许还能维持一段时间，但要康复出院，就要看医治情况和他的运气了，想不到只过了十多天他就走了。

2007 年底到 2008 年初，为编辑《纪念边春光同志逝世二十周年》的文集，我打电话请戴老写稿，他一口承应。过了几天，他打电话来，说："老了，过去的事都记不清了，材料也找不到，怎么办？"我建议他把边春光同志逝世时写的吊唁文章，做些修改，重新发表，他赞成。我把他当时写的文章《我的唁辞》寄给他，他把文章的标题改为《我的追念》。

对文章内容，戴老认认真真、逐字逐句地进行了修改。

文章寄回后，我发现戴老的文稿字迹清楚，改得很规范，连一个标点也不放过，显出一位老编辑的严谨，每当想到这是在他经常头晕的情况下做的工作就深受感动。现在我想，这也许是他亲自动笔修改的最后一篇文章了。

2008 年 3 月初，戴老给我打电话，说他想给刘呆同志打个电话，但通讯录找不见了，也忘了刘呆同志家里的电话号码，要我告诉他；又说或者由我给刘呆同志打个电话，请刘给他回个电话。我当即把刘呆同志家的电话告诉他，但又想到戴老现在记忆力很差，有时同一句话可以反复说几遍，不如按他的第二种办法，即刻电告刘呆同志，请他给戴老打电话为好。刘呆同志后来说，他给戴老打了电话，但戴老也没说什么事。后来我想，也许时间一过，戴老把原来想说的事忘了。

隔了一天，戴老又来电话，说复旦大学葛兆光教授到他家做客，把一本自著的新书忘在了他家里，他想寄还给他，但不知具体地址，要我把这件事转告给葛教授。我因不认识葛教授，有些为难，但因戴老所托，而且他又将此当作一件事情来办，我便一口应承，答应按他的要求办。随即打电话给复旦大学出版社社长贺圣遂同志，请他转告葛教授，贺社长当即同意。同时，我又把贺社长的地址告诉戴老，请他把书寄给贺社长即可。但我心中认为，此书是葛教授送给戴老的，戴老也许没有听清，也许没有理解，以为是葛教授忘在他家的，所以要寄还给他，但我还是完成了戴老所托。这也是戴老打给我的最后一个电话，要我办的最后一件事。

通过这两件事，我意识到戴老的病情可能越来越重了，心中不禁黯然起来。又回想大概是 2008 年春天，戴老给我打电话，说"我现在住院啦"。我问他住哪个医院，他说"我不知道，这个医院是很高级的，有山有水，风景很好，但是路很远，我是他们开车把我送来的，我也不知道坐了多久的汽车才到这，好像在西山"。我问在西山什么地方。他说"你也不要问，也不要来"。

后来我得知，戴老那次住院与他临终住的是同一所医院，都是临近景山、北海的解放军 305 医院。历经大风大浪，始终乐观的戴老，面对生死他再次"幽了一默"。就像我和戴老的那次韩国之行，还是在香港机场，当时转去韩国的飞机已经没有了，我们要等到第二天。我心里是有一些急的，戴老却从自己的行李里拿出一条床单，铺在地上躺下来。我当时觉得非常有趣，就给他拍了张照，他笑着说这种留念是很难得很难得的……

这么多年以来，戴老的形象早已随着那一下快门，深深地印在我的脑海。

戴老，我们想念你！

附言：

我想写一篇纪念戴老的文章，从他一去世就开始了，而且已经动笔，大约写了一千余字，由于心情不好，难以续笔，不得不放下了。后来，有关同志为编纪念戴老的文集，约我写稿，我当然同意，就寻找过去开头写的那段文字，但没有找到，于是从新开头，大概又写了一千余字，不想，突然接到一个有一定时间性的任务，只好再次放下。不想此后，我突发手疾，不能握笔，心里着急，也没有办法，幸亏李频同志找了他的研究生马步匀同志，帮助我整理书面材料和口述内容，总算了结这个心愿，我在这里向他们深表感谢。

2012 年 8 月 21 日

《出版科学》2012 年第 6 期；《光辉曲折的编辑生涯（戴文葆先生 90 诞辰）纪念文集》；《中国编辑研究（2003）》P410，人民教育出版社 2015 年10 月版

编辑与文化软实力

——祝贺《出版科学》创刊 20 周年

时间过得真快，《出版科学》创刊已经 20 年了。这个杂志是在湖北省编辑学会成立以后创办的。从创办人蔡学俭同志到贺剑锋同志再到现在的方卿、黄先蓉同志，尽管杂志创办人几度易手，但它坚持出版为大局服务，坚持为编辑、出版及其学科建设服务，为培育编辑出版人才服务，为读者服务的宗旨，始终没有变化也没有动摇，这和党的文化强国建设的要求是完全一致的。20 年来，我和这个刊物始终保持着友好合作的关系，也使我从它那里获得了许多信息，受到了不少启迪，获益良多，这是我应该感谢的。

党的十七大创造性地提出了"文化软实力"的问题。十八大明确要求"文化软实力显著增强"，为公民文化素质和社会文明程度明显提高、文化产品更加丰富、社会主义文化强国建设基础更加坚实而奋斗。

出版是文化的重要组成部分，增强文化软实力当然也包括增强出版软实力在内，如何增强出版软实力，这是每一个出版工作者包括《出版科学》的同人们都应该注意的问题。出版软实力，也许包括制度、观念等许多问题，但是我想说的是人的问题。出版有精神生产和物质生产的各种过程，但"编辑工作是出版工作的中心环节"，无论是印制出版或者是网络出版，都一样离不开编辑工作，更何况现在有的地方又把编辑的工作范围作了延伸。所以，在出版工作中，说到人是关键，首先就是切切实实地提高编辑的素质。"打铁先要本身硬"，要出好书首先就要有高素质的编辑。反观我们现在的出版物，尽管现在有不少好书，但大都湮灭在大量的低俗读物当中。不信，请看读者的反映，《文汇读书周报》2013 年 3 月 29 日报道："日前，以'饭局''酒局''关系''心计'等关键词的书籍充斥图书市场，并堂而皇之地摆在畅销书展区。"除了这类书以外，"厚黑学类甚至包括生肖运势、风水改运类图书"也被列在瞩目处，而学术类书籍、文学类书籍却居于其侧。又说，"现在的图书，书名越俗越好卖，如《做生意就是作关系》《人脉攻心术》《善用人脉就是抓紧钱脉》——据统计，某地书城，书名中出现'人脉'的有近百种，与'饭局'相关的图书就超过 66 种，它们占据了'公关礼仪'区域五个书架中的三个"。这些书内容东拼西凑，抄袭现象严重，没有多少文化含量，有人称之谓"空心化"，阅读它"只能使读者越来越浮躁，越来越没有文化"，逐渐丧失阅读的兴趣。这样评估是否符合实际，我们无法验证，但它反映了这些出版物的出版软实力往往是负面的。面对这种状况，难道出版者尤其是编辑能够心安理得吗？可见，积极提高出版人尤其是编辑的素养，已经是刻不容缓的事。为此，我想到以编辑、出版工作者及其相关人员为主要对象的《出版科学》，在这方面应该负有重大的责任。

为什么我们在强调增强软实力的问题时，要着重提高出版人尤其是编辑的素质呢？因为编辑是一本书能否出版的选择者和优化者，是出版的把关人，也可以说他们是塑造中国出版文化形象的设计者，是传承中国文化的实践者和接班人。所以，我们对编辑的要求应该高些再高些，除了要求他们具备包括扎实专业知识在内的广博的其他知识，精通业务和树立一丝不苟的工作作风以外，特别要求他们要有表现时代的历史使命感和毫不动摇地发展社会主义先进文化的社会责任感，坚决抵制宣扬封建迷信、腐朽没落思想的出版物，自觉地以建立出版强国的高度来要求我们的出版物，大力扛起中国特色社会主义文化的大旗。同时，要求编辑应该有崇高的精神境界和高尚的道德情操，包括编辑的职业道德，积极出版有益于人民的好书，有利于国家、民族和子孙后代的精品。被称为"人类灵魂工程师"的编辑，在物欲横流的社会里，应该站得高一点、再高一点，不要从自己手里流出任何不利于增强文化软实力的读物，不要在我们光辉的旗帜上沾上污点，以至于使自己走向加强社会主义精神文明建设的反面。在我的心目中，《出版科学》在过去 20 年中，是一个好刊物，我衷心希望它在今后 20 年甚至更长的时间里创造更大的辉煌，为贯彻党的十八大精神，增强文化软实力，建设出版强国作出更大的贡献。

《出版科学》2013 年第 4 期

学习叶圣老的编辑思想，重在实践、贵在担当

——为纪念叶圣陶先生诞辰 120 周年而作

在大家的努力下，学习、研究叶圣老的编辑思想的讨论，正在向更深的层次发展，不时地闪瞬着新的思想光芒。与时俱进，这正是我们所需要的。习近平同志曾经说过："中华民族有着五千多年的文明史，创造和传承下来丰富的优秀文化传统。一方面，随着实践发展和社会进步，我们要创造更为先进的文化。另一方面，在历史进程中凝聚下来的优秀文化传统，决不会随着时间推移而变成落后的东西。我们决不可抛弃中华民族的优良传统，恰恰相反，我们要很好传承和弘扬，因为这是我们民族的'根'和'魂'，丢了这个'根'和'魂'，就没有根基了。"[1]这也是我们不断学习、研究叶圣老的编辑思想的根本原因。

说到叶圣老的编辑思想，我曾尝试着从五个方面来进行阐述，即：（一）"编辑工作也是教育工作"[2]。（二）"有所为有所不为"[3]。（三）"选稿，编辑者要有主意，但不要有成见"[4]。（四）"为读者着想"[5]。（五）"努力学习"[6]。这五条，虽然是在不同时间、不同地点、不同场合讲的，每一条都有丰富的意涵，但我不敢说这五条已把叶圣老的编辑思想全部包括了，也许根本没有抓住主要之点，只是看到了其中的一麟半爪而已。但是在我看来，这五条是五位一体的，不可分割的，它的核心是一切为了读者，它的根本要求是编辑要敢于负责，勇于担当。所以，才把负责

---

① 习近平：《在广东考察工作时的讲话》（2012 年 12 月 7—11 日）。
② 叶圣陶：《要理解少年儿童》见《叶圣陶编辑思想研究》第 13 页，开明出版社 1999 年版。
③ 叶圣陶：《谈谈开明书店》，见《叶圣陶编辑思想研究》第 257 页，开明出版社 1999 年版。
④ 叶圣陶：《文稿的挑选和加工》，同上书，第 192 页。
⑤ 叶圣陶：《跟"人民文学"编辑谈短篇小说》，同上书，第 229 页。
⑥ 叶圣陶：《先要学会说话》，同上书，第 138 页。

处理稿件的编辑称为责任编辑，目的就是要强化编辑的责任。

在这五条中，叶圣老首先说明的是编辑是一种职业，正如他自己所说的，"我的职业……第一是编辑，第二是教员。"[①] "我们做的工作就是老师们的工作。……编辑工作只能是教育工作。"[②] 这说明，编辑工作虽然是一种职业，但它要培育人们的思想品德，要提高他们的知识技能，要教育他们增强体质，懂得什么是真善美，什么是假恶丑，总之，要把他们教育成为一个向上的人，爱党、爱国、爱人民的人。这是编辑的历史使命，编辑对社会应负的责任。如果说警察办案，要终身负责，那么，编辑编书、报、刊，编各种媒体的作品，用白纸黑字和各种电子出版物，传播社会，流传后世，他就要向社会和历史负责，而且这种负责是没有时空界限的。所以，当编辑的要敢于担当，不是一般的担当，是无限期的历史担当，当然，首先是对当今社会的担当。社会要求编辑担负历史使命，只能出好书，出优秀的作品，包括声、光、电各种作品在内。最近，正因为有些媒体的编辑，不遵守自己的职业责任，所以，国家互联网信息办公室、工信部和公安部，开展联合行动，在全国范围内集中打击利用互联网造谣、传谣，关停整改了一批疏于管理的网站，查处多名利用互联网造谣的人员。[③] 这难道与编辑无关吗？又如中华商业联合会媒体购物专业委员会，日前曝光了56则涉嫌违法造假的广告，内容涉及药品、保健品、减肥腰带、平板电脑等，部分名人也因代言参与或主持违法广告被点名。[④] 这难道也与编辑人员无关吗？上述有关的编辑人员正是背离了叶圣老所说的编辑工作也是教育工作，他们的责任是在教育人而不是别的，这一点是无法推脱的。

第二，"有所为有所不为"。由上所说，我们可以看出，编辑应该

---

① 叶圣陶：同上书，第43页。
② 叶圣陶：同上书，第44页。
③ 见《中国新闻出版报》2014年5月20日《百字传真》。
④ 见《中国新闻出版报》2014年7月25日一版。

干什么，不应该干什么，这已经很清楚了。其实这一条，叶圣老是在论述如何正确处理社会效益和经济效益的关系时讲的，他的意思是开书店当然是要赚钱的，但不光为赚钱，"要有所为有所不为"。有所为，就是出书出刊和各种传播产品，一定要考虑如何有益于受众；有所不为，就是明知对受众没有好处，甚至有害的东西，我们一定不出。"我们绝不为了追求经济效益而不顾社会效益，我们决不肯辜负读者"①。叶圣老的这个论述，对我们现在有重要的现实意义。应该说，我们的出版队伍，总体上说是好的和比较好的，除极少数以外，这条义和利的界线，还是分得清楚的，但是现在仍有少数人为利所惑，职业道德失范，加上非法出版时有出现，又由于审读缺失，把关不严，使那些不健康甚至有害的东西乘机出笼，还要求赶快转发，贻害读者，鉴于此，编辑者必须坚持守土有责。"有所为有所不为"这一条，依我的理解，还不尽如此，新中国成立前，叶圣老在开明书店为了抵制反动当局钦定的语文课本，曾主动编辑出版过适合中小学生的《少年国语读本》共四册，是给小学五六年级的学生用的，文字很通俗流畅，内容生动有趣，知识性和思想性都很强，非常适合这个年龄段的学生学习；叶圣老还为初中学生编过《开明语文读本》，入选的除了他自己的作品以外，还有鲁迅、朱自清、夏丏尊等诸位先生的文章，思想进步，寓意深远，颇多教益。现在看来，这是叶圣老在当时形势下，在编辑工作中的创新，也是他勇于负责，勇于担当，"有所为"的具体表现。据我所知，叶圣老编辑的中小学读本，当时在上海和许多私立学校有相当的影响，这也是他为中国革命作出的贡献。我们应该学习、传承、弘扬叶圣老勇于创新、敢于担当的精神，在社会主义核心价值观的指引下，在编辑工作这个岗位上发挥我们的主观能动性。

第三，"选稿，编辑要有主意，但不要有成见"。这是说，编辑选

---

① 《谈谈开明书店》，见《叶圣陶编辑思想研究》第 257 页，开明出版社 1999 年版。

稿要根据党的出版方针和政策，要适合自己的读者和受众，了解他们的需要和可能接受的程度，这样才能更好地为他们服务。当前，报刊等传播单位，根据中央指示，贯彻"走转改"的方针，写出了许多"接地气"的报道和文章，反应了群众的要求和想法，这是很好的，应该充分肯定。另一方面，在传媒人员队伍中还有极少数败类，他们编造假新闻，或者利用手中掌握的基层单位工作中的某些问题，以曝光相威胁，企图敲诈勒索，中饱私囊，干违法乱纪的坏事，必须加以清查，严肃处理；同时也要求编辑选稿子一定要有主意，要反复核实，严加甄别，以免上当。此外，也要防止对作者、作品凭个人好恶，把不能不够发表水平的稿件拿来发表，这也有损媒体的形象。总之，选稿有没有主意，这关系到媒体的声誉和公信力，是一个不可忽视的大问题，绝不可掉以轻心。

第四，"为读者着想"。叶圣老在这个问题上，对编辑提出的要求是很多的，从编辑编写稿件前、编写中、编写以后，以及文句长短……要让读者看得懂，念得流畅，听得耳顺，从语言文字规范化到开本、字号、插图，甚至许多具体的问题都讲到了。他这样做，目的无非是为了让读者（受众）更好地接受，使编辑能够更好地为他们服务。总而言之，叶圣老的心中装满了读者。可是，我们有的编辑在这方面不够注意。前不久，国家新闻出版广电总局对少年儿童图书编校质量进行专项检查，发现有 10 种少儿图书编校质量不合格，主要是不符合相关标准规定的文字差错，知识性、逻辑性及语言性差错，通报了 10 家出版社的 10 种编校质量不合格图书，差错率都超过万分之一，其中某出版社的《中学生最爱读的星座美文》，差错率竟达万分之三点四八，总局责令这 10 种书在公布之日起 30 天内全部收回。[①]少儿报刊中的问题也相当突出，在受检的 37 种报纸中，有 4 种被点名，有的差错率竟在万分之八点八，受检的 195 种期刊中，被点名有 16 种，其中，有两种差错率分别在万分之十点

---

① 见《中国新闻出版报》2014 年 6 月 27 日一版。

九和万分之九点八，被总局通报批评，责令整改。① 这些情况，令人吃惊，说明有些编校人员没有尽到自己的责任。少年儿童是我们的未来，我们的希望，我们应该给他们最优秀、最精工细作的精神食粮，让他们不仅能提高思想品德，获得丰富的知识，而且从中学习到当代编辑的工作态度和工作作风，在无形中受到身教。叶圣老曾经写过一首诗：

选题订稿校雠三，唯审唯精为指南。

能在心中存读众，孜孜矻矻味弥甘。

这首诗很好地说明了编校工作者一定要胸怀读者，为他们着想，必须审慎精细，反复校改，即使孜孜矻矻、斟酌推敲，多次修改，直到满意为止，但个中的滋味不是很甜吗？所以，编辑应该向叶圣老说的和做的那样，从各个方面为小读者着想，实际上是为我们国家和民族的未来着想。

第五，"努力学习"。再高明的编辑都应"不承认自己全知全能，自己也还在学习的中途（学习哪里有止境呢？）"②，叶圣老这些话与孔老夫子说的"三人行，必有我师焉"是一样的。世界上没有一个全知全能的人。作为编辑来说，应该是既是老师，又是学生，也就是平常所说的治书者先读书。何况一个身处知识爆炸的时代编辑，更应该不断学习，不停地充实自己，才能站在这个风口浪尖的传媒岗位上，学习、研究和弘扬传统文化，引进外国的优秀文化为我所用，开拓创新。重在结合当代实际，贵在敢于历史担当，努力做好文化战线上的尖兵。最近，党中央作出了《关于推动传统媒体和新兴媒体融合发展的指导意见》媒体深度融合的热潮即将到来，一个以先进技术为支撑，内容建设为根本

① 见《中国新闻出版报》2014 年 7 月 3 日一版。
② 叶圣陶：《我们的宗旨和态度》见《叶圣陶编辑思想研究》第 133 页，开明出版社 1999 年版。

的融合，必将创造中国传媒的全新局面，作为编辑人员也是一个极好锻炼和考验自己的机会，我们一定要努力应对，创造新的业绩，为我们自己的事业做出新的贡献。

总之，文化是综合国力的体现，编辑作为文化战士，一定要坚持社会主义核心价值观，大力发展社会主义的先进文化，积极支持健康有益的文化，努力改造落后文化，坚决抵制腐朽文化，教育和鼓舞人民，这是文化传播者和把关人不可推诿的责任。铁肩担道义，审慎编稿件，一定要把精品佳作推荐给广大受众，为民族复兴贡献自己的心和力。

《中国编辑》2014 年第 6 期

复姬建敏同志的一封信

建敏同志：

　　您好！

　　首先祝贺您完成了国家科研项目，这对编辑研究也是一件大好事，您根据各方面提供的资料，率先完成了这个项目，勇敢地实现了您对国家、社会的历史担当，是一件令人佩服的大事。这一功可不小。

　　我收到您这封信（石宝菊他们正在办十天培训班，她根本没有去办公室，所以也没有把信转给我），我开始以为您又有大作问世，让我做第一个读者，学习学习，说点想法。等打开看了以后，我才大吃一惊。

　　把我写成领军人物之一，实在担当不起。我常说，我是跑龙套的，摇旗呐喊而已，所以，这一点请您务必加以改正，以免引起笑话。

　　我看了以后，因为有几处有点小的出入。考虑到您是经常写文章的人，万一这里不写，在其他地方写出去了，所以，我有责任加以更正，既然您把我当作编辑，我也要负历史担当的责任，虽然都是一些小事，还是提出来为好，您说是不是？

　　一、我是 1955 年进中青社的。

　　二、我在中青社主要搞哲学和政治理论读物，除《马思著作介绍》外，我主要是学习《毛主席著作》，参与《毛泽东著作选读》（乙种本）的编辑和注译工作和其他主要是一些政治理论和哲学书，如《形式逻辑讲话》等。

　　三、我在研究所未担任过"常务"副所长，但是当时蜀中无大将，廖化为先锋，我是这个所成立时的第一个行政负责人——副所长，后又被选为党委书记，先后在这个所干了 10 年。除创办刊物外，还筹建中国书籍出版社。"出版了一批……"这是历史的巧合。

四、在编辑学会，我当过第一、二、三届常务副会长，在第一、二届时还兼任秘书长。

五、《出版学、编辑学漫议》是河南教育出版社出的。《编辑学研究在中国》是湖北教育出版社出的。

其他任您处理，我正做了编辑应该做的一些事，其他就不置啄了。

祝顺利

邵益文

2014 年 4 月 20 日

附：姬建敏同志的来信

邵老：

您好！

我的国家项目"编辑学研究 60 年 1949—2009"已上交鉴定，内容分引言、60 年历程研究、领军人物研究、重要流派论著研究、专业学术期刊研究、典型案例研究、结语等，有 61 万多字。《领军人物研究》里对您进行了论述，但因为项目内容繁多，对您的论述可能不很全面，请见谅！下文是项目这部分的原文，辛苦您提提意见，越具体越好，我准备修改后作为一篇论文发表。不知您意下如何？谢谢您！（9 号我发邮件给石宝菊老师了，原信附上）

祝身体健康，万事如意

姬建敏 上

2014 年 4 月 16 日

学习、继承、弘扬叶圣老的编辑思想

今年是叶圣老诞辰 120 周年，叶圣老是我国近百年来的文化大家。他在文学教育和编辑等方面做出了卓越的贡献，尤其在编辑工作上，花的时间是最长的，花的心血也是最多的。

关于叶圣老的编辑思想，许多论者从不同角度有许多概括，都是令人佩服的。1999 年，我应邀参加纪念叶圣老诞辰 105 周年的"叶圣陶出版思想和实践研讨会"，不揣冒昧，就叶圣老的编辑思想作过一次题为《一切为了读者：叶圣陶编辑思想的核心》的发言。依我的浅见，把叶圣老的编辑思想概括为五个方面：一、叶圣老把编辑工作定位为教育工作，这是对编辑工作性质作出了明确的定位，就是着眼于人，为了教育读者；二、"有所为有所不为"，是讲编辑工作的方针、宗旨和原则，这是叶圣老从事编辑出版的根本原则；三、选稿要有主意，不能有成见、偏见，这是他进一步落实全心全意为读者服务的根本方针；四、"为读者着想"①，就是要坚持语言文字的规范化、通俗化，强调编辑工作要一丝不苟，一点一逗，都不放过，编辑作品一定要让读者看得懂，念起来顺口，听起来顺耳；五是编辑人员要不断学习，社会在前进，时代在发展，编辑要不断提高自己的理论和业务水平，在任何时候都要把质量放在第一位。这是他贯彻"为读者"编辑思想的根本保证，也是他"为读者"编辑思想的具体体现。

以上挂一漏万，简而说之。后来，有同志把这五点上升为"教育出版观"，"有所为有所不为的出版论"，"不带偏见的选稿原则和语言文字规范化、通俗化的要求，以及编辑要不断学习，不断提高理论业务

---

① 叶圣陶. 叶圣陶出版文集 [M]. 北京：中国书籍出版社，1996：40.

水平，与时俱进的创新精神"，而"核心是为了读者"。这是对拙见的拔高，是我始料不及的，在惶恐之余，深感自己应该进一步学习、体味。

也许有的同人认为，时代不同了，实践发展了，条件变化了，叶圣老的编辑思想已经过时了。我说，不。非但没有过时，而且应该结合当前实际，认真学习，以其为镜子，对照践行，发扬光大，推进我们现在的编辑工作，从而不断提高传媒产品的编辑质量。出版物是文化产品，它反映了一个国家民族的精神世界、道德品格和文明智慧，所以，必须坚持出版物的质量和品位，让精品佳作更有教育意义，发挥振奋精神的作用，更能反映出我们民族的精神面貌和人民的文明追求。这一点对编辑来说是十分重要的。

不能否认，社会发展了，条件不同了，出版的环境和条件肯定会发生变化，它对编辑工作也不可能没有影响。那么，出版的变化在哪里呢？

一、根据全面深化改革的要求，包括出版在内的文化体制改革，给出版带来了转企改制、集团化、股份制，重组上市，使出版逐步走入改革的深水区，更加贴近市场，市场对出版的影响越来越大。这对编辑工作不可能不带来深刻的影响。比如出版的品种增加，一方面好书频出，推动了出版做强做大，另一方面还有一些单位，包括网络传播，也出现了另一种现象，如有的编辑自觉不自觉地在采集信息、选题创意和组稿过程中以牟利为目的，为庸俗、低俗、媚俗的东西开绿灯，甚至连少年儿童也难免遭殃，在不知不觉中接受暴力、凶杀和欺诈的传播物，使少儿读者的身心受害。管理部门对此进行查处，甚至予以停业整顿，直至吊销营业执照。

二、随着社会发展与科技进步，电脑、网络和数字出版迅猛发展，对传统出版造成巨大的冲击，现在不少大中学生，目不离网，花在网上的时间很多，而网上的信息，五花八门，良莠不齐，可能挤占了他们宝贵的正课学习时间。但我们现在还没有那么多精品佳作可以吸引他们，满足他们的需要，帮助他们把正课学习得更好。另一方面，有的编辑在掌握数字出版等新技术方面，如网上写作、加工等，还不够熟练，有待进一步提高。

以上所说两大变化，第一类是出版环境和体制的变化，第二类则是编辑技术手段的进化。总的来说，还是如何把经过实践检验的正确的编辑思想和当前实际相结合，创造性地把多种媒体的传播活动做得更好的问题。

从叶圣老的编辑思想来说，首先，他说编辑工作是教育工作，这一点能有什么改变吗？我认为没有。这就是说编辑应该时时刻刻为人师表，编辑的每一个作品对受众都应该有正面教育的意义，这是编辑担负的历史重任。过去的编辑工作是教育工作，今天以及以后的编辑工作，就其本质来说，仍然是而且更应该是教育工作。即使是少儿读物，也应该寓教于乐。社会在发展，人们的思想在演变，各种思想都纷至沓来，所以更需要有教师和教育工作的精神，让读者分清是非，辨别真伪，把各种思想统一到主流意识上来，这一点不仅不能改变，而且需要更加坚定地坚持，不能有丝毫的动摇。

第二，"有所为有所不为"。更是任何时候都不应该改变的，只要你是一个真正爱国爱民、忠诚为人民服务的编辑，任何时候都要出以公心，以出精品、佳作为己任；只要你是一个有历史使命感和社会责任感的编辑，你就要创意有益于人民的选题，要从无数稿件中选其最优者推荐给读者，同时，坚决抵制那些庸俗、低劣和不健康的东西，始终坚持有所为有所不为。

第三，选稿要有主意，不能有成见、偏见。目前信息如潮，各种观点五花八门，编辑不能因自己偏爱某个作者，欣赏某种观点，就不顾大局，放它出笼而迷失方向，贻害读者，这就违反了秉公取稿的大忌，是十分有害的，是任何时候都不能这样做的。

第四，为读者着想。就要坚持语言文字规范化、通俗化，这是作为一个编辑时时刻刻、事事处处都应牢记于心的。叶圣陶说，编辑加工自始至终都要想着读者，始终为读者着想。这一点当然也是不变的。编辑头脑中如果没有读者，那就是盲干或者失职，这个道理是不言而喻的。可是，现在有的编辑，不能或很少能时时处处为读者和受众着想，不考虑传播物中一言一行可能给受众带来不好的影响，甚至职业道德滑坡，不勤于职事，为了赚钱，不择手段，把不健康东西推入市场，造成不良后果。这是一个有良知的编辑所不取的。

第五，编辑要不断学习。时代发展了，社会进步了，马克思主义与中国革命和建设实践相结合，形成了丰硕的成果；科学技术正在突飞猛进，作为编辑应该不断学习，不停地充电才能使自己站到时代的前沿，掌握时代的脉搏，生产出推动社会前进发展的编辑作品，让读者和受众始终明确前进的方向，为中华民族的伟大复兴，为实现中国梦而奋斗。从这个意义上讲，编辑的学习，没有够的时候，只有不够的时候。这是许多老编辑的体会，是我们应该深思的。

总之，社会要发展，改革要深化，出版的客观环境是不断变化的，出版的新科技手段也会不停地出现的。只要出版传播的基本职能不变，正确的编辑思想将一直具有强大生命力。叶圣陶编辑思想是他长期从事编辑工作实践经验的结晶和升华，对我们具有重要的指导意义，是我们编辑工作者应该学习、继承、不断弘扬和创新的"传家宝"。它的光辉永驻，将不断地照耀我们前进。

2014 年 5 月 31 日

《出版科学》2014 年第 4 期

为国家、为民族敢于担当的出版巨擘

陈翰伯同志是新中国成立以后的出版巨擘，他以 12 年时间，恢复新中国成立以后已经基本上处于停业状态的商务印书馆，重建了商务印书馆，使它成为我国出版界的重镇，这是一个了不起的创举和成就。他之所以能够成功，许多同志已经撰文作了叙述。我认为最主要的一点是翰伯同志为了国家和民族的利益，所表现出来的强烈的敢于担当的精神。

1958 年，中央决定重建商务，提出的任务是两个方面：一方面是翻译出版外国哲学社会科学的重要著作，另一方面是编辑出版中外语文辞书。为落实中央下达的任务，他请示文化部，走访专家学者，好不容易弄到一份外国学术著作翻译选题规划，这份规划，虽然有权威性，但规模宏大，列题数千种，这个计划如要全部完成，不知需要多少年。于是，他又多次访问专家，征求意见，最后决定根据当时中国的社会状况和学习马克思主义的需要，他提出了一个方针性意见，把西方资产阶级上升时期的著作作为第一批开始编译的著作。而其中又以马克思主义三个来源和三个组成部分的著作为重点，经上级批准后执行。这样，从 1958 年开始到 1982 年商务印书馆建馆 85 周年时，《汉译世界学术名著》已成丛书出版，商务印书馆又名噪一时。到 1986 年共印 200 种，这些书主要就在翰伯同志主政商务时出版的，它改变了我国对西方学术思想研究的面貌，为中华民族在世界学术研究中奠定了不可撼动的基础，同时，他也在人们的心目中成为我国的出版巨擘。可是问题出来了，一些"左"先生出来说话了，他们抡起资产阶级自由化这根可以把书和人一棍打死的大棒，说这些书"非资即封"，大兴问罪之师。可是翰伯同志敢于担当，他想出了高招，在一些书上印上"内部参考，不得外传"的字样，并且自办发行，直接送到读者手里。而在有些书的前面，加上一篇批判性的"序言"，表明了出版者的立场和观点。作为学术批判的书籍出版，堵住了"左"先生的嘴。这个战术的改变，无关发展的大局，但保证了书的出版。这一着在出版界引起了良好的反响，与此同时，商务又出版了一批中外语文辞书，不仅根据当时的情况修订了过去的《辞源》，又出版了大大小小的"词典"和"字典"，使各种文化水平的读者深受其惠，商务实际成了一所从小学生到大学教授、高级专家的大学校和学术顾问。顺便说一句，陈翰伯同志的名字，我就是在那个时候才知道的，他令我深感敬佩。为了出好这些书，翰伯同志总是找国内第一流，甚至是研究有关问题首席专家来翻译，这样既保证了译作的质量，同时又可以减少某些不必要的闲言碎语，更重要的是提高了我国的学术声誉。

"文化大革命"中，翰伯同志免不了为这些书的出版，戴上各色各样的帽子，关进"牛棚"，接受各种各样的批斗。但他从不把责任推给下面的同志，硬是由他自己扛着，致使身体受到严重的摧残。

1984 年，那时国家出版管理局改制，又并入文化部出版局，但翰伯同志仍是《汉语大词典》的主管，文化部出版局二楼还有他的办公室。当时我被借调到出版局，筹建中国出版发行科学研究所，有时见到翰伯同志坐着轮椅来上班，我总是肃然起敬地站在旁边，目送他艰难地上楼，心想，翰伯同志身体如此不好，还来上班，真是难得，真是共产党人的好榜样。我那时经常上楼，向王益同志（他是研究所筹备组组长，办公室与翰伯同志相近）请示工作，必须经过翰伯同志的办公室门口，如果见到翰伯同志办公室的门虚掩着，我总轻手轻脚地路过，唯恐惊动了他老人家，然后再到王益同志办公室。

1984 年，研究所筹备组根据领导的指示，搞了个《中国出版发行研究所暂行条例》（草案），并要广泛征求专家、学者、各省市和有关部门领导的意见。办法是先把它打印出来，并附上一封诚恳征求意见的信件，送呈给包括翰伯同志在内的拟征求意见的领导同志和专家、学者，然后再一一约定时间，专程拜访。当年 11 月初，经过他秘书张振启同志（机关团委书记兼任）的安排，我和叶再生同志随张振启同志的车去翰伯同志的家，聆听他的指示和意见。到他家后，出乎我意料的是，他的会客室主要不是什么沙发和茶几，除了书柜以外，主要是一张四方桌和几把木椅。我们就围着四方桌坐下谈了起来。我还看到桌上放着我们送呈的一份《条例》，左上角还有他用英文签的名（这说明他事先已经看过）。他首先问了一下我的基本情况，如哪里人，搞出版有多少年，主要编过什么书等等，我一一作了回答。后来他又问我，这份材料是怎么搞出来的？我说是在王益同志、刘杲同志的领导下，我们先拜访了社科院新闻研究所和法学研究所，根据他们提供的材料和介绍的情况，结合我们的实际撰写的。翰伯同志听了我的汇报后，说：现在各种各样的研究所很多，就是我们出版没有，应该有。要搞就要把它搞好。然后他又说：你们在这上面说到要发挥业余研究者的作用，这很好。出版除印刷外，没有专门的研究人员，多运用业余研究的力量和经验是一个办法，提得好。我说：这是木文同志的指示。他又说，出版搞得好不好，靠的是高水平的队伍，队伍水平高，出版的东西就好。队伍水平不高，就拿不出有质量的产品。现在缺的就是人才。停了一下，他又说，搞科研这种事，很辛苦，而且会遇到想不到的困难。因为这种工作，有的人重视，有的人不重视；有的人有时重视，有时不重视；有的人嘴上说重视，实际上不重视。你们要有思想准备，不怕吃苦，不怕困难，坚持下去，迟早会出成绩。听了翰老这一番话，我们觉得都说在点子上，他好像看透了这项工作，看透了我们的心一样，同时也深感我们肩上的责任之重，深刻地感到这是他扎扎实实地给我们上了一课，不能不令人对他更加敬佩。这也是我唯一的一次零距离聆听他的教诲，每当想起他的这番话，我总觉得他给了我力量和信心，应该更努力地尽自己的责任。

翰伯同志离开我们已经 24 年了，我们一直尊重他！

2014 年 10 月 15 日

《中华读书报》2014 年 10 月 15 日第 16 版

编辑学研究正在稳步前进

——为姬建敏著《中国编辑学研究 60 年（1949—2009）》作序

　　姬建敏同志新著《中国编辑学研究 60 年（1949—2009）》（中国社会科学文献出版社，2015 年 12 月出版）是一本好书。这本书从编辑学在中国诞生一直写到 2009 年。六十年，一甲子，难度之大，可以想见。但作者不辞辛劳，历时七年，六易其稿，终于打造成一本好书。此书收集的材料相当丰富。作者不仅集中了大量资料，而且综核名实，条理清晰，观点鲜明，成一家之言，同时精心篇章安排，使读者看了一目了然。作为学术著作，这些是很可贵的。如果说 2009 年出版的由丛林主编的《中国编辑学研究述评（1983—2003）》在中国编辑学发展史上留下了深深脚印的话，那么，姬建敏的专著《中国编辑学研究 60 年（1949—2009）》同样将留下深深的脚印，历史不会忘记他们。

　　说到中国编辑学研究，近年来曾有一种看法，认为其趋向"冷却"，从表面看，近几年学术活动少了一点，争鸣也不很多。但我认为这个问题可以讨论。现在看，姬建敏的新著《中国编辑学研究 60 年（1949—2009）》出版就很好地回答了这个问题；2015 年 7 月，中国建筑工业出版社还出版了中国编辑学会编的《一切为了编辑学的理论建设：刘杲同志编辑思想讨论会文集》。这本书不仅是对中国编辑学会第一、二、三届会长刘杲同志编辑思想的研究、阐发和弘扬，实际上也是对 20 世纪 80 年代编辑学崛起以来的阶段性总结。再说，有的权威人士说过："编辑学包括三个部分：编辑理论、编辑实务和编辑史。"（刘杲：《出版笔记》，河北教育出版社，2006 年第 329 页）而这几年编辑史出版不少，我不一一列举，只说吴平、钱荣贵主编的《中国编辑思想史》（学习出版社，2014 年 10 月出版），全书三大，卷 167 万余字，它不仅"填补了我国编辑思想研究的空白"，而且"完整地呈现了我国编辑思想发展的脉络和轨迹，深刻地揭示了编辑思想的内涵、构成和特征"，"标志着我国编辑学研究和学科建设进入了一个新的阶段"（《中国新闻出版广电报》2015 年 7 月 21 日报道）。再从总体情况来看，我对 2014—2015 年作一个粗略的统计：编辑学三个部分，大概出书 50 种，包括高等教育出版社的《网站内容编辑》、群言出版社的《数字出版项目策划和开发》、世界图书出版公司的《编辑是一门正在创新的艺术》、中国书籍出版社的《当代新闻编辑二十五讲》和《编辑视界》、故宫出版社的《人生得意做编辑》、新华出版社的《图书编校宝典》、苏州大学出版社的《中国编辑出版史》（第二版），等等。

从以上情况看，我们只能说：编辑学研究正在深入，正在稳步地前进。

事物总是螺旋形发展的，动和静有它自己的发展规律，作为学术研究更是如此。目前，党中央重视媒体融合，这既给编辑学研究提出了新的要求，也为编辑学提供了非常有利的条件。李克强总理在政府工作报告中提出制定"互联网＋"行动计划，这是从各行各业考虑的，如今年"双十一"，仅天猫交易额就突破912亿元，主要就靠互联网。有的同志主张出版业可以"编辑＋互联网"，这是从编辑出书需要优选优化其内容考虑的，两者并不矛盾。互联网是一种技术手段，是工具，这个性质是不变的，出版作为文化产品，必须坚持以内容为王的原则也是不变的。同样，"优选优化"的编辑活动基本规律也是不变的，它是编辑创新和坚持产品质量所必需的；文章千古事，编辑的历史使命和担当也是不变的。可见，主张用"内容＋互联网"，应该说不是没有道理。何况媒体融合、数字出版，虽有不少成功的经验，但对一部分从业者来说，还是处在边实践、边探索的过程中，这正是时代对编辑学提出的新课题，正是编辑学需要很好研究解决的新课题。

《中国编辑学研究 60 年（1949—2009）》，社会科学文献出版社 2015 年 12 月出版；《出版科学》2016 年第 2 期

为《韩晓明文集》作序

我和韩晓明同志相识是在 1987 年 9 月，当时刚成立不久的中国出版发行科学研究所（后改名中国出版科学研究所，近年又改名为中国新闻出版研究院），在新疆乌鲁木齐召开第一次图书编辑学研讨会，新闻出版署特邀顾问、中国出版发行研究所所长边春光同志出席会议并作重要讲话，正式参加会议的人数包括韩晓明同志在内共 21 人。我就是在这次会议上认识晓明同志的。他 1926 年生，今年已经 90 岁了，我首先应该向他祝寿，祝贺他与松鹤同龄，健康幸福！

从这次会议以后，韩老就不时地参加研究所和后来中国编辑学会的学术活动，屡陈卓见，令人刮目相看。2006 年学会换届，我离开学会的工作岗位，虽然见面的机会少了，但每逢新年，我们仍有贺卡往返，互贺新年，共道珍重。

前不久，韩老来电话说，河北出版传媒集团领导春节慰问时，问到在忙什么，当了解到正在整理文稿时，即表示给安排出版。我听到了这个消息，即说：这是好事，并表示祝贺。但韩老提出要我给他在书的前面讲几句话。我既不敢答应，因为他是老哥；又不好推卸，因为是老朋友、老同志。想不到过了几天，他就把厚厚的一摞复印稿给我快递过来了，说是要我批评。我想，既然寄来了，这也是我学习的一个好机会，就慢慢地拜读起来。

书分上、下编，上编是回忆录《路行记》，写的是新中国成立前后的革命活动，如抗战时期的对敌斗争等。他为保卫国家，竭力维护群众，遭遇过无数次险情，但他大义凛然，与敌人作不屈不挠的斗争，不能不令我联想到岳飞在《满江红》中的话："怒发冲冠""壮怀激烈"，说明他是一个坚定的革命战士。今年是我国抗战胜利 70 周年，加上日本右翼势力仍在变着花招，搬弄是非，故现在出版抗战回忆录，让国人，尤其是青年人记住国难家仇，正其时也。

下编是编辑业务《书海耕耘》，读起来既感到同行的亲切，又给人许多启迪，有的还是他为其他同行所作的讲课稿，不仅有出版方针、任务，还有编辑应有的职责、品德、精神境界和作风。编辑书刊对国家民族的重大意义，都是经验之谈，进而揭示其规律、上升为理论，不禁令人想起《礼记·中庸》中说的话："博学之，审问之，慎思之，明辨之，笃行之。"当编辑的应当如古人说的："于不疑处有疑，方是进夷！"韩老是一位有着多年实践经验的老编辑，他的编辑实践和理论，就是始终不渝地坚持党的出版方针，毫不动摇地坚持出版物的高质量，就是捍卫和创造祖国的优秀文化。所以，他仍是一位战士——革命的文化战士。他为出版事业贡献了自己的心和力。这是一份难得的财富，我们应当认真地学习它，并把它传之后世，以利未来的编辑出版事业，多出好书，培养出更多的优秀人才！

2015 年 4 月 28 日

《韩晓明文集》P3，河北人民出版社 2016 年 12 月版

回忆与纪念：中国新闻出版研究院成立 30 周年

今年是中国新闻出版研究院——它的前身是中国出版发行科学研究所成立 30 周年。大家来纪念它，是为了不忘过去，更是为了展望未来。当然，现在的研究院，家大业大，兴旺繁荣，已今非昔比。我相信，现在传媒事业的发展一日千里，不可限量。再过几十年，我们的后人再来纪念它，那将更加光辉灿烂，它必将成为实现中国梦中令人瞩目的一个组成部分。

一、中国出版发行科学研究所的筹建

1984 年 1 月 3 日，元旦后第一个工作日，我被借调到文化部出版局。原因是根据《中共中央国务院关于加强出版工作的决定》（以下简称"中央决定"），要建立中国出版发行研究所。而编纂"当代中国丛书"（以下简称"《当代》"）之一的《当代中国的出版事业》（以下简称"出版卷"），正是研究所的任务之一。为了让我熟悉环境，了解工作情况，先让我去看与《当代》和"出版卷"有关的文件和资料。

当时局里正在进行整党工作，我每天下午参加整党学习，上午就看《当代》的文件和材料。1 月底的一天，刘杲副局长找到我，提出要搞一个《关于筹建研究所的方案》，也可以搞成一个"设想"。我根据他的指示和情况介绍，搞了一个"设想"初稿，并于 2 月上旬呈送给他。2 月 14 日，刘杲同志签发了《关于筹建中国出版发行科学研究所的初步设想》。2 月下旬，他找了包括我在内的局属出版、印刷、发行等方面的五位老同志一起开会，讨论了"筹建中国出版发行科学研究所的初步设想"。会议决定搞两个材料：一是把这个初步设想，作为筹建的依据；二是以与会者名义，向局里写一个建议，提出了下一步工作计划和拟请领导解决的问题（如办公用房、经费等）。材料交局分党组以后，我就集中精力搞《筹建中国出版发行科学研究所条例》的初步方案。为起草方案，我拜访了社科院新闻研究所和法学研究所，向他们请教。新闻所给我详细介绍了他们单位的性质、任务等许多情况，并找到一本《社科院新闻研究所条例》。法学所所长张友渔同志是中青社的老作者，因为我经常去约稿，对我很热情。他指定一位高研人员向我介绍情况，这位高研特别强调搞研究，建设研究所，进行资料建设的重要性，并请我参观了他们法学所资料室。资料室馆藏十分丰富，古今中外的法律书刊和有关研究资料非常齐全，整个资料室的用房面积不比办公室少。这一点对我的启发很大。通过调查研究，我花了二十多天的时间，拟了个《建立中国出版发行科学研究所的条例》（草案），并将它与外调获得材料一并呈送刘杲同志。刘杲同志对"草案"做了一些修改，并在标题上加了"暂行"两字，即印发给有关同志。不久，刘杲同志向我转达了时任出版局局长边春光同志的意见，请出版局顾问王益同志关心一下研究所的建设工作。我听了这个意见很高兴，心想，在建所这件事上，有王老点拨，一定可以受到更多教益。3月中，王老撰写了《关于筹建研究所的刍议》的文章，并于当年4月刊发在《出版工作》上（只是标题做了修改）。这就是有名的"三个二十""五个没有"的文章，是王老全面分析了国内外出版研究情况以后，发表的精心之作。"五个没有"是我国出版研究的现状，即：一没有出版学院；二没有出版发行研究所；三没有出版发行的学术著作；四没有公开发行的出版发行的学术杂志；五没有社会公认的出版发行方面的专家学者。文章还提出了出版研究所起码的基本建设要求，也就是所谓"三个二十"，即：解决"20间办公用房，20个人员编制，20万元开办费"，对研究所建设谈得很具体。这些构想使我心中有了底，其实也是研究所筹备的一个重要文件。

　　在刘杲同志主持下，3 月下旬又召开了一次领导、专家会议，并请王益同志到会指导，讨论《中国出版发行科学研究所暂行条例》等文件。王益同志在会上讲了几点意见：一要把工作抓起来，先从《当代》"出版卷"一书入手；二要起草一个给文化部的关于筹建研究所的报告；三是以刘杲同志的名义给局分党组写一简报，汇报一下情况；四是明确研究所为司局级建制单位。会议开得很有成效。会后，刘杲同志和我研究了给局里的汇报和给文化部的报告撰写等问题，我按刘杲同志的意见，择要一一做了记录。三天之后把有关报告的初稿交给秘书黄源海同志，请他转呈。

　　3 月底，刘杲同志率方厚枢、叶再生同志和我，一起拜访"出版卷"主编王子野同志。汇报了"出版卷"一书的编撰工作进展情况，并说明由研究所负责具体的编撰组织工作。这项工作是出版局交给研究所筹备组的第一项任务。同时，谈到研究所筹备组由王益同志和叶再生、邵益文三人组成，子野同志对此表示赞许和鼓励。

　　4 月初，出版局召开局务会议，专门研究根据中央《决定》建立研究所，加强出版科研的问题。王益同志和我应邀参加了会议。会上讨论了《关于筹建中国出版发行科学研究所的报告》和有关问题，会议决定将此报告上报文化部。

　　1984 年 5 月间，王益同志找再生同志和我，开研究所筹备组会议，提出三点意见：（一）要物色有培养前途的年轻人；（二）要筹办一个刊物；（三）要注意收集中外有关资料。我当时认为王益同志提出这三条，对一个新建的研究单位很关键。

　　这期间，我突然收到边春光同志从杭州的来信，他当时正在杭州举办干部培训班。他在信中说："研究所能够开张，《当代中国出版事业》一书能够问世，那对出版事业的发展，无疑是很大的贡献。"我读罢来信，心中异常激动，这无疑也是给我们增添了信心和力量。我立即将边局长的信转给再生同志阅存。

二、中国出版发行科学研究所正式成立

1984年7月20日，文化部部长、党组书记朱穆之主持部务会议，决定批准建立中国出版发行科学研究所，批准成立以王益为组长，叶再生、邵益文为副组长的筹备组，办公地点设在文化部出版局院内。根据刘杲同志意见，《出版工作》杂志刊发了这条消息，意在通报全国。

8月中，文化部办公厅颁发《同意筹建中国出版发行科学研究所》的文件，王益同志随即找再生同志和我，召开会议，商议制定年底前的工作计划，其中还涉及到为研究所寻找办公房子、办刊物等。王益同志常常这样说，"你们放手干，有事可找我"，这对我们是一个很大的鼓舞，但筹建一个研究所并非易事。一是，我深感解决办公用房和开办经费的问题难度之大；二是，令人头痛的问题是研究所的编制问题。开展工作就必须要有人，否则一切都是空的。直到10月底，出版局办公室主任马丹如同志告诉我，劳动人事部来电话，文化部关于建立研究所的报告，国务院已批转劳动人事部征求意见，报告已在劳动人事部的编制局，劳动人事部提出三个问题：一、出版研究所目前全国有几个；二、这个研究所的任务要进一步明确（比如，搞什么科研项目）；三、提出70人的编制根据是什么？刘杲同志请你们就这三个问题，即刻搞出一份材料，11月上旬报送编制局。就这个问题，我立即偕再生同志找王益同志商量，我们认为第一、二个问题好办，难在第三个70人的编制问题。于是从工作实际出发，重申工作确有需求。报告经刘杲同志同意，很快以出版局名义发出。没过几天，局办公室通知，编制局提出请我们就编制问题去面谈。面谈之前，我们对编制问题的申述理由作了反复的研究。当时正值全国精简机构，压缩编制，我们深知在这个大环境下申请编制的难度，研究所的成立和几十人编制的批准，是一件很不容易的事情。为了面谈，王益、再生和我准备了大量的材料，想了很多理由，确定"力争70，死保50"的编制目标，大有不惜口舌，决意一争的决心。到了编制局，一

位姓庞的局长接待了我们。王益同志作了我们一行三人的介绍，由我汇报了筹建研究所的情况和编制方案的设想。听了我们的情况汇报，庞局长没有提出更多的问题，只问了一句，这样的研究所目前全国有几个，王益同志回答说，"只此我们筹办的这一家"。庞局长沉思了一下，说："办这个研究所我们支持，新闻有好几个研究所，甚至有的省和大学都有，出版只此一家，70 人编制也不算多，将来发展了，可能还不够。"对我们提出的年底前进人的数字也表示同意。并说，目前的编制是卡得很紧，但真正需要的应该批准，不需要的一个也不能给。让我们回去后，把实际真正需要的编制方案报来。他这个表态，大大出乎我们的意料。我们重新修改了报告，正式上报的编制方案是 90 人，最后编制办正式批准了研究所 90 人的编制。这件事使我深刻体会到党和政府实事求是的精神和对出版事业的关心。

1985 年初，听刘杲同志说，1984 年报送的《关于建立中国出版发行科学研究所的报告》，由文化部上报国务院，国务院批转劳动人事部征求意见，劳动人事部明确表示同意，已正式上报国务院。上面又提出了一些问题，需要我们做出具有说服力的回答。我们请示刘杲同志，他指示我们，在以前材料的基础上修改补充，报告强调成立研究所是时代的需要，强调了出版理论亟待研究的迫切性，研究所是科研学术性机构。报告送宋木文副局长阅核后上报。3 月初，启立同志和乔木、力群、李鹏同志四位领导先后圈阅同意。3 月 21 日，劳动人事部发文：经国务院批准，同意成立中国出版发行科学研究所，人员编制 90 人。6 月 19 日，文化部任命邵益文同志为中国出版发行科学研究所副所长，主持工作，并颁发了文化部部长朱穆之同意签名的任命书。研究所成立，没有搞任何庆祝成立的活动，只是抓实际工作，刻意保持低调。

研究所成立初期百业待兴，困难重重。正式任命的所级领导只有我一个，既没有所长，也没有所领导班子，负责全所工作的只有我和已满 60 岁的叶再生同志。一开始他暂无名义（后任本所学术委员会副主任），但一直在研究所辛勤工作，为研究所的筹建、资料的建设和对国外信息的收集、挖掘和整理，以及党史资料的征集和编纂工作，做出了很大的努力。他还为我们留下了《编辑出版学》和三大卷的《中国近现代出版史》著作，为此后的学术研究提供了重要的参考，值得纪念。

出版发行科学研究所的成立，对出版界来说是一件大事，在业内有一定影响。为此，新华社《瞭望周刊》曾就此事约我做了专访，并刊发了长篇报道。在报道中介绍了研究所的性质、任务和科研构想。这是研究所成立后首次在公开媒体上亮相，它见证了研究所的诞生、发展的新起点，是一个里程碑式的材料。

三、建所以后的工作

在劳动人事部和文化部关于同意成立中国出版发行研究所的文件下达后，国家出版局很快就召开了局务会议，研究讨论了研究所的工作，会议由宋木文同志主持。我参加了会议，汇报了筹建工作情况，提出了初创时期迫切需要解决的问题。会议确定研究所的工作，要贯彻理论和实践相结合，专业研究和业余研究相结合，基础理论研究和应用研究相结合的原则，同时要贯彻边建所、边工作的方针。木文同志还特别强调了进人的重要性，要坚持选那些有真才实学的干部，行政人员要尽可能减少。与会领导提议专业人员和行政人员要有合理的比例，8:1、7:1或6:1，木文同志认为7:1这个比例比较合适。即年底如进50人，行政人员只能进7人，最多8人。

这次会议以后，我和再生同志把要做的工作粗略地梳理了一下，按照轻重缓急分门别类，算起来有10多项：

1.《当代中国的出版事业》一书的组织编撰工作；2.《出版与发行》刊物的创办；3.整理编纂《中华人民共和国出版大事记》；4.编辑出版《出版知识丛书》；5.翻译出版《出版知识译丛》和翻译出版《日本出版事典》

（中文版译为《简明出版词典》）；6.启动筹建中国书籍出版社的工作；7.筹备首届全国出版科学学术讨论会；8.建立业余研究理论队伍，启动调查全行业业余研究人员的科研状况；9.建立研究资料室，向有关单位征集相关资料；10.解决办公用房和新入职大学生集体宿舍；11.建立党团组织，加强党的建设；12.建立全国科技读物翻译查重中心；13.调进业务干部，尤其是做研究工作的人员，开展各项工作。

要做的事情很多，我心中明白，做这些工作都要坚持"两为"方向，为大局服务，把社会效益放在首位。要坚决贯彻局务会议精神。尤其要团结业余研究人员，积极培养自己的专业研究队伍。事情多，但只能从抓最重要的工作入手。在这里，我也只能简单介绍几件有关学术和编撰方面的事。另有一些重要工作，如"党的建设""八次全国出版科学学术讨论会"等，就不在这里讲了。

四、《出版与发行》杂志的创刊

《出版与发行》的创刊，这是一件非常值得回忆的事情。创刊最早是王益同志提出来的，当时只是一些设想，没有进入落实层面。研究所成立之后，问题凸显出来，搞研究要有出版理论刊物作依托，于是申办一个刊物变成头等要务。既然要上马，就要研究刊物的性质、任务、办刊方针等问题。作为研究所的刊物，定位在学术性和资料性是毫无疑问的。但究竟如何入手，其他研究所的情况又是怎样的？我们不是十分清楚。在上世纪80年代，出版类的刊物不多，主要有《出版工作》《出版年鉴》《科技出版》《图书发行》《出版史料》《读者之友》《编辑之友》《读者参考》《辞书研究》等杂志。我们对这些杂志的办刊定位逐一进行了研究。个别虽有些交叉，但是问题不大。我们在阐明《出版与发行》办刊理由时，强调了它的专业性、理论性、学术性；强调了出版大视角、行业全方位的定位，使杂志有自己的特色。这个定位，局领导同意了。

正因为申报前的细致调研工作，刊物有准确而独特的服务方向，《出版与发行》杂志被批准创刊了。

《出版与发行》杂志就要问世了，还没有一个发刊词，为此我找了几位局领导，请他们为创刊号撰稿，可是他们都不想写，有的领导说你们自己写吧。在这种情况下，我只好硬着头皮上马，写了一个稿子①。初稿草成，请局领导审阅，他们好像也没有提什么意见，就通过了。

刊物就要付印了，但是主编在哪里？请局领导当主编，他们不会同意，征求各方面的意见，都说谁办谁当。这样，我身为研究所主持工作的副所长，就被迫赶着鸭子上架了。我当了杂志的代主编（这里我留了一手，加一个"代"字，什么时候有合适的人，我就可以不干了）。杂志问世，为谨慎起见，我们决定先以内部发行形式试办两期。创刊号于1985年7月问世。试搞了两期，到了第二年（1986年），调进张美芬同志当编辑部主任。但开始她对当时整个出版界的情况不是很了解，要编面对全国出版行业的《出版与发行》杂志，再努力也有一定困难。因此，1986年改为双月刊，仍保留了内部刊物性质。1987年初，编辑部的同志对办刊积累了一定实践经验，作者队伍逐渐形成，报经国家出版局批准，《出版与发行》杂志才改为公开发行。1987年9月，以边春光同志为所长的所领导班子配齐后，刊物分工由副所长邓从理同志主管，但他不愿当主编，我也不便再代了。老边为此特聘一位从中宣部出版局退下来的同志当主编。老边去世后，该同志也因年龄偏大，辞去了主编职务。不知什么时候我又成了主编，直到袁亮同志接任所长职务，他提出由我们两人并列为主编，我推辞，原因是分管给我的事情已经不少，请求不再当主编，但未获同意。1988年，根据读者意见，为更切合研究所主办刊物的性质，报请新闻出版署批准，刊物改名为《出版发行研究》，直到现在。

---

① 《出版与发行》"发刊词"参见邵益文著《编辑学研究在中国》第194页，湖北教育出版社，1992年1月版。

五、中国书籍出版社的成立

研究所要为行业建设一个理论研究平台，为便于出版一些学术性研究著作，需要成立一个出版社。这个办社想法是研究所筹建时期就有的，也是王益同志"五个没有"中之一。更具体的原因是 1983 年《中央决定》颁布以后，出版发行工作已被业内外日益重视，出版工作中许多问题需要研究，"文革"中许多下放干部也刚从"五七干校"回来，队伍中许多老骨干年事已高，有的又曾遭迫害，健康状况不好，也难以承担工作，即使留下一些人才，也有一个重新学习、认识的问题，特别是新调进的干部，都要进行培训。百废待兴，振兴出版业是众望所归，人才培养是一大要务。所以，那时候要求办培训班、要求授课、要求印制培训材料的愿望十分强烈而迫切。人民出版社和其他一些老社，都编写出版过这方面的基础材料，有的内部发行，有的公开出版，仍不能满足业内读者需要。研究所面对客观存在的需求，成立出版社是义不容辞的责任，不然就是失职，就是有负党的委托。所以，我一直把这些工作放在心上。1984 年 8 月，我在局里看文件，发现一份中宣部出版局办公室编的《出版情况反映》，说胡乔木同志提出搞编辑学，同时商同教育部，明年起在北大、南开、复旦三所大学的中文系试办编辑学专业，各招 30 名学生，要文化部出版局提供《编辑概论》作为教材。我即刻找有关研究者，分头商谈编写《编辑学概论》的工作，其中阙道隆同志表示，可以找些人酝酿一下。不久，他同意承担这本书的编写工作，并专门到研究所来找我，希望找些参考材料，以免搞出来不像个样子。我即把人民大学出版社出版的《报纸编辑学》等书提供给他，供他参考。我还说，就按《报纸编辑学》的模式搞，可以八九不离十吧。这样，阙道隆同志同意试一试，并由他当主编，他又在中青社找了 10 多位编辑室主任，开了一个会，讨论"编辑学"一书的编撰工作问题。讨论会邀请我参加，一起商量。讨论结果，认为书名以《实用编辑学》为好，此书可分为若干部分：绪论、编辑工作过程、编辑·作者·读者、几类读物的编辑工作，共计二十三章。但其中"辞书"和"翻译读物"两章，中青社没人承担撰写工作，我帮道隆同志请了上海辞书出版社的巢峰和人民出版社的林穗芳同志，作为这两章的撰稿人。道隆同志还要我承担第一章"图书"的撰稿，因为此前我发表过这方面的文章。全书总字数 28 万字，共有 22 位作者，基本上一人写一章，这样进度不会太慢。此后，我又组了《期刊编辑学》《科技编辑学概论》等书稿。为了使成果尽早问世，我急于要成立出版社。这是符合研究所研究和建立编辑学、出版学、图书发行学，出版一批学术理论图书，以推动学术研究，培养编辑出版人才这个大目标的。

　　基于实际需要和学术发展，成立出版社已成为当务之急。但社名叫什么，所内同志提出了各种方案，后请示刘杲同志，他建议说："还是学苏联吧！苏联曾有个'书籍出版社'，专门出书刊出版方面的书。"这个建议我觉得不错，社名就这样决定了。1985 年 7 月下旬，我们呈报了申请成立中国书籍出版社的报告，但是等了一年都没有音讯。这期间我催问了好几次，局领导都说不要急，会批准的。后来才知道，按照规定，成立出版社，国家出版局批准以后，还需要报中宣部出版局核批。搞清楚了审批程序，我就安心等着。但中宣部很重视，一直等到 1986 年 9 月，才收到国家出版局文件："同意设立中国书籍出版社。"当时同时批准成立了另一个书海出版社，它是山西人民出版社的副牌。得知这个消息我很高兴，觉得更有利于推动出版理论和实践方面的著作更多地出版，书海出版社自成立以后，果然出了不少出版理论方面的图书。

　　在批复书籍出版社成立的文件下发之际，《实用编辑学》一书已经基本定稿，稍作修改，即可付印，首印 2000 册。出版社 1986 年 9 月批准成立，10 月《实用编辑学》一书就面世了。我抱着新书送给局领导和有关处室的同志们，还有相关的单位和专家，大家都感到很惊奇，赞叹这么快就出书了。它就像书籍出版社的头胎婴孩，得到大家的首肯和赞许。《实用编辑学》一书在读者和高校的反映也不错，有的单位还把它当作编辑培训和编辑学专业的教材。中国书籍出版社在最初创建时期，策划出版了较有影响的两套丛书：《出版知识丛书》和《出版知识译丛》。同时，又翻译出版了《日本出版事典》，中译本改名为《简明出版词典》，首印6500册。《实用编辑学》是《出版知识丛书》中的第一本。1989年11月，新闻出版署政策法规司、《出版工作》和《新闻出版报》联合主办了"全国第一届编辑出版理论优秀图书评奖"活动。书籍出版社出版的韩仲民主编的《中国书籍编纂史稿》、阙道隆主编的《实用编辑学》、林穗芳主编的《列宁与编辑出版工作》被评为首届编辑出版理论优秀图书。

六、《当代中国的出版事业》的编撰

出版《当代中国丛书》（以下简称《当代》）是为了纪念新中国成立35周年，目的是总结新中国30多年的经验。"它遵循实事求是的科学的态度，不虚美，不掩过，用可靠的事实资料，如实地写出新中国30多年来的建设史，为世人为后代留下一部科学的信史。"《当代》共150卷，按行业和地方编纂成书，陆续由中国社会科学出版社出版，1991年1月，为此专门成立当代中国出版社，之后转由该社出版。《当代》是新中国成立30多年来一项重大的出版工程。中央决定由时任中宣部部长邓力群同志担任主编，编委都由中央各方面有关领导和著名学者组成。刘杲同志是代表出版界参加《当代》编辑部的领导成员之一，同时也是"出版卷"一书的副主编。

"出版卷"的启动在1983年前后，由出版局研究室副主任曹华同志做了初步工作。我借调到出版局工作以后，一开始就是阅读有关文件，了解前期工作。待筹建研究所的报告和材料上报文化部以后，刘杲同志就指示我抓这部书的工作。当时主要是到各单位了解情况，按照《当代》编写体例做全书框架，制定编撰提纲。在出版、发行、美术、印刷和外文局等部分，落实了一些具体编写提纲的工作人员，同时收集汇报各部分提出的问题，对已交来的部分提纲，根据领导指示提出修改意见。我曾经分别参加过部分提纲的撰写研讨会。参加过子野同志主持的数次"出版卷"编委会会议。这些会议肯定了全书先总论，后分论的框架，明确了编委会原则上不吸收外地同志参加的意见，先后原则同意了发行等部分的编撰提纲。在一次编委扩大会议上，主任王子野、副主任王益、史育才、范敬宜参加，副主任刘杲主持会议，讨论了本书的编写提纲（初编），同时着手组稿。会议决定编委办公室设在研究所，由我负责。在此期间，我曾两次参加过《当代》总编委会召开的各卷主编联席会议，听取邓力群同志的讲话，交流各卷编撰工作经验和进度，积极推动各地、各行业编撰的工作进程。

承担"出版卷"的有关部门领导，对编撰工作非常重视，发掘资料越来越多，动辄数万、数十万字，规模不断扩大。因我忙于所的各项工作，对"出版卷"工作已无暇顾及，于是领导决定另调专人，组成工作班子。1987年，出版局同意调曹治雄同志负责该卷的编撰工作，并任命他为"出版卷"编委办公室主任（副局级），并在所内成立专门部门，抽调丘渟、章宏伟、龚家莹、朱宇等同志专门从事此书的组织编撰工作，并从所外聘请人民出版社的周文熙和文物出版社沈岳如等参加编辑工作，直接受新闻出版署领导（从这时期开始，我已不再参与此书的各项工作）。此后，全书从原来设计的一卷30万字增至三卷十编130万字，收录了由来自全国部分出版社提供的200余幅照片。在编撰本书的过程中，得到很多单位的支持与协助，各级新闻出版行政领导部门、外文局、出版印刷发行单位、出版群众团体、印刷院校，包括图书馆、博物馆等，都积极参与。我承担了《出版科研工作的开展》这一章的撰写工作。"出版卷"几易其稿，撰稿人多达70余人。经过近10年的奋斗，三卷本137万字的巨著终于编撰完成，顺利出版，获得业内外的好评。该书奠定了研究当代中国出版的基础，与后来承担的国家社科基金的重点项目《中国出版通史》和现在正在做的《口述出版史》研究，形成为研究院（原为研究所）中国出版史研究独特品牌。

1999 年，《当代》全部编撰完成，党和国家领导人江泽民、朱镕基、李岚清、丁关根等出席了总结大会。江泽民总书记给这套书很高的评价。同年，这套书（150 卷）获得第四届国家图书奖荣誉奖。

七、《出版词典》的编纂

记得老边最早和我谈编《出版词典》的问题，可能是在 1985 年下半年，当时正在建所的关键时期，只是酝酿而已。但他既然对我讲了，也应该和其他有关同志议论过。所以，到 1985 年 1 月下旬，他就找朱语今、叶再生、赵晓恩、孙培镜同志和我一起商讨编纂《出版词典》的问题。他谈了编词典的意义、内容、对象、规模、框架以及机构等一些想法。与会者都表示同意，而且提出了一些困难，如编写人员和经费等，还提出为了使词典有针对性，需要做一些调查研究工作。调查研究工作从两方面开展：第一是到一些省（区）市访问老出版，开一些小型的座谈会，听取各方面的意见。第二是收集、查阅了介绍国内外出版方面工具书的情况，了解了国外十多种有关出版词典，如苏联的《百科辞典》《图书学用语词典》等。其中，日本的《出版事典》有一定的参考价值，拟将它翻译出版。1985 年，我随中国出版代表团访日，找到《出版事典》的主编布川角左卫门，抓住这个机会和他商量我们想翻译出版日本《出版事典》，他欣然应允。回国以后，就着手组织译者翻译这部《事典》。译者申非、祖秉和等同志很快拿出译稿，并于 1990 年 11 月出版。中译本列目 93 万余字，改名为《简明出版百科辞典》，这部出版词典的出版，对我国自己编纂《出版词典》起到了助推作用。一是内容上有一定的参考意义；二是开阔了视野，了解了外国的《出版词典》编写内容及编写方式，增加了信心，而且产生了可以超过他们的念头。接着，朱语今同志也找我和孙培镜同志进一步谈了"词典"的调查研究工作问题。这样，我忙于组织编纂队伍，设计框架体例以及工作计划等问题。1985年春，老边组织召开了《出版词典》工作汇报会，朱语今、孙培镜、袁继荤、余甘澍、张劲松和我参加，决定对《词典》的编纂方针、原则、框架（草案）和体例，进行调查，广泛征求意见。我和袁继荤（后任《出版词典》编辑部主任）同志即赴湖南、湖北、上海等地开展对研究所条例、《出版词典》编辑方案（初稿）等的调查。所到之处，皆受欢迎。湖南、湖北新老局长胡真、蔡学俭、李效时，上海宋原放等同志都非常重视，亲自参加调查会、座谈会。在上海，我们还访问了罗竹风、赵家璧、胡道静等老出版家，会见了巢峰、颜庆龙等上海辞书出版社负责人，并同意由上海辞书出版社出版《出版词典》。

《出版词典》正式上报立项，国家出版局批准由边春光任主编，宋原放、朱语今为副主编，并拨课题费30万元，实际上后来用了不到20万元。这是研究所成立以后，自主设计上马，正式上报获批的第一个科研课题项目。

《出版词典》正式批准立项以后，边春光同志曾在一个材料中批示：编好《出版词典》是研究出版学的突破口。所以，他对《出版词典》的编纂工作很看重，抓得也很紧，从1985年底到1987年8月曾连续召开了三次编委会、编委扩大会和三次编纂工作会议。他在第一次编委会会议上，提出为提高出版队伍素质，提高图书质量，加速图书的出版和流通，促进出版科学的研究，编纂一部《出版词典》，系统地介绍出版各方面的知识，十分必要。《出版词典》由主编决策和统领，由于业内外专家的努力，编纂工作进行得比较顺利，至1989年10月，条目撰写已基本完成。1990年发排，经过反复审校、修改，终于在1992年由上海辞书出版社出版。《出版词典》共收词目5937条，分为：出版管理、著作权、编辑、印刷、发行等12个门类。还附有中国出版史大事年表，中国少数民族语文简介，中国生产书刊新闻纸主要造纸厂一览表，中国主要书刊印刷厂一览表，国外主要出版大国的出版业简介等。《出版词典》的出版填补了一项空白，丰富了出版理论知识，为出版研究奠定了一定基础。它一问世，便得到业内各方面好评。有专家认为，该词典与其他国家同类词典相比较而言，是上乘之作。

《出版词典》从1985年开始草拟词目，1989年底定稿，1992年12月出版面世，历时7个年头。让人唏嘘不已的是，那时主编边春光同志和副主编朱语今同志都已经谢世，没能分享词典问世的喜悦。宋原放同志虽然看到了《出版词典》的出版，但不久也仙逝了。如今，每当我翻开《出版词典》，他们献身出版事业的身影就会跃然其中。今年正值研究院成立30周年，提起往事，也是对他们的深切缅怀。

八、关于《编辑实用百科全书》的编纂和出版

边春光同志一辈子忠于党的出版事业。他的心无时无刻不在出版事业上，他关心出版导向，出版质量，出版经营状况；关心作者的动向，读者的动态。多年中，他养成一种工作习惯，就是在作一项重要的决定之前，首先强调做调查研究，向读者、向有关方面做调查。边春光同志就任中国出版发行科学研究所所长以后，于1987年8月，提出了为编辑人员编辑出版《编辑实用百科全书》的意见。

1988年初，经新闻出版署同意，建立了以边春光同志为主编，以王耀先、申非、叶佐群、孙培镜、陈仲雍、邵益文、林穗芳、阙道隆为副主编的编纂工作领导班子。多数副主编担负了各分支的负责人。研究所由此启动了《编辑实用百科全书》的编纂工作。在边春光同志的领导下，该书经过多次讨论，确定了编纂指导思想、框架和体例。边春光同志和各分支负责人一起，研究了样稿，审阅了第一、二批条目的释文。不料，1989年底，边春光同志突然去世。这部书还编不编成了问题。后来，我和各位副主编开会商量，大家认为这部书的编纂工作一直进行得很顺利，

而且老边同志所做的前期工作，已为此书的继续完成奠定了良好的基础。我们应该化悲痛为力量，把这部书编好，才能不负老边所倾注的心血。于是，我们决心完成老边的遗志。1991年初，全书初稿已经完成，请孙培镜、申非、叶佐群三位同志分工审读研究，去繁补简，提出修改意见，并与各分支负责人商量修改落实。到下半年，此书全稿再度集中，又请陈仲雍同志通读全稿，进行必要的加工，苏振才同志不仅参加分支的编撰工作，而且做了许多互相联系，沟通进展情况的编务工作。最后稿子集中到研究所，先请孙鲁燕同志通读全稿，从内容到文字，提出问题，然后，我又通读了全稿，解决已提出的问题。这时，又发生了一个具体问题。出了这么大一部书，应该向读者有个交代，这篇文章由谁写，各位副主编认为由我写比较合适，因为我了解并全面参与了这部书全过程的编撰工作，所以，我写了一篇《写在前面》文章，在请各位副主编审阅后，才把它放在卷首，算是一个交代。此书于1993年底发排，并请一些大出版社的著名校对：张家璋、洪光仪、智福和、黄小敏等同志担任责任校对。在1994年12月《编辑实用百科全书》正式出版。

《编辑实用百科全书》内容分为正文和附录两大部分。正文按照编辑工作基本程序和相关内容，分为14个分支，共计1052个条目。内容以图书编辑工作为主，兼顾报刊、广播、影视、音像等专业，力求广泛地涉及不同门类的编辑工作,寓共性于个性之中。附录部分从实用性出发，选择了编辑工作中经常需要查阅的资料34篇。值得一提的是《中共中央、国务院关于加强出版工作的决定》，这一在出版界具有历史意义的重要文献，是编辑出版者经常需要查找的，但目前在一般工具书中很难找到，而本书把它编列于后，为一般读者提供了很大的方便。

由于作者和编者的共同努力，我们在通读全书后，得到一个深刻的印象，这部书的编纂和出版，不仅阐明、解析了许多实际工作中的问题，而且为编辑学概念系统的建立和基本理论体系的阐释，做出了重大贡献，也为编辑学学科建设的奠基做了很重要的工作。

　　《编辑实用百科全书》从启动到出版，历时近十载，于1994年12月出版。这部书一经问世，首印3000部很快售罄，供不应求，一再安排再版，可见该书深受编辑工作者的欢迎。它的问世，让我们终于可以欣喜地告慰九泉之下边春光同志的英灵了。

　　30年转瞬即逝。我讲述的是一段历史，也是一段怀念。

　　《春华秋实图书香——致中国新闻出版研究院成立30周年》P16，中国书籍出版社2016年6月版

追忆宋木文同志对出版科研工作的重视和关心

2015 年 10 月 21 日晚 11 时 30 分，中国出版界又一颗巨星陨落，宋木文同志走了。噩耗传来，我实在难以相信，更不能接受，不是前两天还说精神有好转吗，怎么只两天就变了？但事实终究是事实，有什么办法呢？

木文同志自称自己是一个"出版官"，并说，"使用出版官这个概念，主要是想表明一种责任和担当，欲做一个爱岗敬业的出版管理者。这样，尽管官位在身，我依然是以出版人为安身立命之本的。""我视出版是我为之献身的一项事业。"木文同志说到了，也做到了。其实，他从 1972 年踏入出版这个时候起，无时无刻不在为出版思索，不在为出版服务。不是说领导就是服务，管理就是操劳吗？而且是有许多被服务者看不见的服务，但是在我印象中，木文同志是一个既勤劳又辛苦的官。出版在众多行业中是一个不大的行业，但麻雀虽小，五脏俱全。从出版的大政方针甚至到某些书的内容问题，哪一件没有他的思考和裁定。如果某一天上面突然来个电话，说某本书怎么怎么的，那他又不知道要忙上加忙多少天？所谓"出版无小事，责任重如山"。

我是 1984 年到文化部出版局工作的，此前没见过木文同志。从上班第一天开始，我们就在一个食堂吃饭（那时领导人没有开小灶），在一个大门进出，我见到的老宋和其他同志一样，穿着很普通的衣服，大家见了他都亲切地叫他老宋。我也跟着叫他老宋，他总是微微一笑。由于我们所做工作（筹建中国出版发行科学研究所）党组分工由刘杲同志主管，所以，我和木文同志个别接触不多。直到 1984 年 3 月底，有一天，我正在办公室看书，忽然有人敲门，因为我的办公桌面窗背门，我只随便说了一声"请进"。门开了，我站起来转身一看，进来的原来是木文同志，我又惊奇，又不好意思，他进来就坐在办公桌旁边的椅子上，说是来核对一个材料。我拿出材料和他核对，看了觉得材料没有出入，然后就聊起来。他说，听你口音是上海人，我说我是浙江人，在上海待过几年，后来又问了我在中青社的工作情况，编过什么书，我如实而扼要地向他作了汇报。接着，他拿起我当时正在看的书，是《书林清话》，他说搞研究的是要看看这些书。我说："我什么也不懂，过去在出版社只知道具体编这本书，那本书。现在不同了。面对的问题大了，一碰就是全国的，过去我好像只要对付一棵树，现在却进到森林里来了。"他说，"不要紧，慢慢地会习惯的……"不一会儿，他就起身要走了，我站起来送他，他说："不用送。"就帮我拉上门，出去了。他前后大概坐了二十分钟。这次聊天，是我和木文同志第一次面对面地单独接触，但却和老熟人见面一样，我感到很亲切。他平易近人，没有一点官气。

4月初，出版局召开局务会议，遵照《中共中央、国务院关于加强出版工作的决定》中提出的要"建立出版发行研究所、加强出版发行的科学研究工作"的指示，讨论筹建研究所的问题，主要是《关于筹建中国出版发行科学研究所的报告》和《中国出版发行科学研究所暂行条例（草稿）》。通知王益同志和我参加。会议由木文同志主持，他问我有什么话要说，我见与会者手里每人都有一套材料，包括《报告》稿和《条例（草案）》等。这些内容就不用谈了，只扼要地汇报这些材料的产生情况，如起草前曾访问过社科院新闻研究所、法学研究所和他们目前集中抓什么工作，以及平时很重视资料搜集等方面的工作……会议经过讨论通过了《报告》，决定上报文化部，并把《条例（草案）》等作为附件一并上送。这是我第一次参加木文同志主持的局务会议，给我的印象是他很重视加强出版科研和建所工作。他很认真地听取与会者的发言，同时很明快地作出决定。这说明他对此项工作已早有考虑，这是一种负责任的表现，这样可以避免下面做具体工作的人少走弯路。

1985年上半年，劳动人事部发文，"经国务院批准，同意成立中国出版发行科学研究所，人员编制90人"，文化部也发文成立出版发行科学研究所，并下发了最初的人事任命。此时出版局又召开了一次局务会议，讨论了研究所的工作，会议仍由木文同志主持，我参加了会议。汇报了筹建工作情况，提出了初创时期迫切需要解决的问题，如方针、任务、机构设置、办公用房、开办经费和人员调入问题，这些问题都是筹建时期刘杲、王益同志曾经考虑过，有的还写过文章做过说明的问题，只是当时还不到落实的时候。现在批准建所，这些问题马上突出起来。会上经过讨论，确定研究所的工作要贯彻理论和实践相结合，专业研究和业余研究相结合，基础理论研究和应用研究相结合的原则。同时，要贯彻边建所边工作的方针，木文同志还特别强调了进人的重要性，要坚持选拔那些有真才实学的干部，行政人员要尽可能地减少。与会的领导提议专业人员和行政人员要有个合理的比例，有的主张是 8∶1，有的说 7∶1，也有的说可以 6∶1，总之，对行政人员要加以限制。木文同志认为 7∶1 比较合适。即年底如进 50 人，行政人员只能占 7 人，如占 8 人就有些多了。至于经费、办公用房等先按王益同志在筹建时提出的 20 间房、20 个人、20 万元经费办，会议将结束时，木文同志看看我，好像在问我怎么样。我说：这些方针原则都很好，我们一定照此办理。这次局务会议，开得正是时候，木文同志提的"三个结合"和进人标准，行政人员和业务干部的比例，都是从实际出发，实事求是的。说实话，当时我国基本上没有研究编辑出版的专业研究人员，如果说有，那就是武大图书发行专业的几个教师，而他们有的还是兼课的。如果不大胆选用业余人员，工作是无法开展的。行政人员没有也不行，如找办公用房和新来大学生的集体宿舍……总得有人去办，多了就无事可做，也是浪费。总之，这次会议给我们指明了建所工作明确具体的方向，有的工作也有了便于掌握的分寸，这样工作当然好做得多了。人员的比例，后来的实际工作证明也是符合实际的。这使我对木文同志的领导方法和领导作风深感敬佩。木文同志在出版界威信很高，我觉得不是没有原因的。

2004 年 8 月 31 日，新闻出版总署和教育部联合主办高校编辑出版专业创办二十周年座谈会，木文同志应邀讲话，他在讲话中，谈到一些胡乔木同志对他讲过的对当时一些资深编辑的情况，这些话从未见过文字，也未做过传达，我听了觉得很新鲜，也很兴奋。散会时，我就找到他说，像中央领导这样的谈话，我是第一次听说，希望他能写回忆录，使它能公之于众，留传下去，他立即表示同意。我很高兴。

到了 2005 年，一次，我在工体晨练，无意中在南门内见到了他（他住在工体东南，我住在工体北门对面，早晨如果都到工体去活动，就有可能相遇），他主动招呼我，我又向他提写回忆录的事。他说，正在写。2007 年，他的《亲历出版三十年》出版后，很快送给我一套，而且亲笔题签"邵益文同志惠存"，并签名盖章。我看了深受感动，立即写信表示感谢，表示我一定认真学习。

木文同志重视关心出版科研工作是一贯的、认真的。回想 1988 年，有的资深编辑提议建立中国编辑学会。当时由于考虑到创建全国性社团，可能有困难，就参照上海市的做法，先成立北京编辑学会。此事很快得到研究所所长边春光同志和以宋木文同志为首的新闻出版署领导的支持，新闻出版署很快发出了〔1989〕新出人字第 356 号文件"同意去北京市民政局申请登记"。但市民政局回复称：这个学会的成员，大多是中央部委所属的出版单位，不归市里领导，建议我们应向民政部申请登记。为此，我们商量把学会改名为"中国首都编辑学会"，再到民政部登记。我们将这个意见报署以后，新闻出版署向民政部发出了〔1990〕新出人字第 718 号文件，请以"中国首都编辑学会名义"予以登记。因当时正值全国性社团整顿，民政部意见是社团整顿完成以后再进行登记。1991年冬，社团整顿基本完成，我们即去催问民政部社团司，回答说民政部只受理全国性社团，并要主管部门派员前去协商登记问题。于是我们又把民政部的意见，上报新闻出版署，并把学会名称改为"中国编辑学会"。这样，新闻出版署又发出〔1991〕新人出字第 1390 号文件。同意"中国首都编辑学会"改名"为中国编辑学会"，并派署人教司同志前去民政部社团司协商，就很快地完成了"中国编辑学会"登记的手续，这看来是一件小事，但署领导三番两次发文，并很快派人前去协商，可见署领导的重视。尤其是当原定会长候选人边春光同志于 1989 年底逝世以后，学会筹委会建议会长候选人由署党组推荐时，木文同志亲自推荐署党组副书记、副局长刘杲同志为会长候选人。学会筹委会同人一致同意，热烈欢迎。

木文同志重视和关心出版科研工作，不仅亲自主持会议，为研究所的筹建最后确定方针任务、机构体制，重视关心科研队伍建设，使建所工作顺利推进。对编辑学会的筹建，虽然几经变化，仍积极支持，获得成功。

木文同志重视关心出版科研，不仅表现在制定方针任务、体制机构、人员编制上，他还亲自为研究所提出研究课题，研究所和版协 1992 年联合召开的第七届"全国出版科学学术讨论会的主题"——"近现代出版优良传统研究"，就是 1990 年 4 月在他上海调查出版工作实际情况时，给研究所提出的任务。我们得知消息后就是立即组织人员抓紧研究，并把它列入 1991 年科研计划，上报新闻出版署，获得批准。后来又觉得这个问题很重要，应该发动全国出版界来讨论，于是就把它定为第七届出版学术讨论会的主题，得到全国出版界的热烈响应，共收到论文 165 篇，经评选入选 92 篇，因限于篇幅，1994 年 1 月，中国书籍出版社又选其中的 49 篇出版了《近现代中国出版优良传统研究》一书。这次会议的召开和这本书的出版，对出版界学习研究我国编辑出版的优良传统，是一次有力的推动，这不能不说木文同志提出的课题，是他深入调查的结果，是客观实际的需要。

木文同志走了，他的行为风范和奉献精神，将永远留在一代又一代出版人的心中。

2016 年 3 月

《永恒的记忆：宋木文同志纪念文集》P147，人民出版社 2016 年 10 月版

为编辑研究和编辑学科建设尽一份力

改革开放新形势下，中国出版出现了一片新气象

1978 年，中共十一届三中全会一声春雷，给我国人民带来了改革开放的新精神，使包括出版在内的各行各业出现了一片新气象。尤其是1983 年 6 月 6 日，《中共中央、国务院关于加强出版工作的决定》（后简称《决定》）的颁布，再一次强调指出：在我国建设高度物质文明的同时，一定要努力建设高速的社会主义精神文明。"社会主义现代化建设的新形势，把出版工作推到我党我国历史上前所未有的重要地位"。同时，又明确而具体指出：要建立"出版发行研究所……加强出版、印刷、发行的科研工作"，《决定》为编辑、出版、发行的发展与科学研究联系起来，为出版开辟了现代化的途径和新的发展空间。一石激起千层浪，出版界活跃起来了，学习《决定》，落实《决定》，搞培训，办报刊，编教材，写论文，风起云涌，一浪高过一浪，正是这个浪潮，把我这个小编也卷进来。在出版大家王子野、王益、边春光、宋木文、刘杲等同志的领导下，我虽然只做了一些具体工作，但对自己的教育很大，如刘杲同志人称"活电脑"，他思路敏捷，才华横溢，他有些文论令人爱不释手，所以在本书中我征得刘杲同志同意，把他的一次讲话和一篇文章，全文收编其中。一篇讲话就是《出版：文化是目的，经济是手段》，这篇文章，全面深刻地说明了出版的初衷、本质及其使命，包括经营者应有的文化品位和精神境界，同时谈到了政府的出版政策，即具体而实用，非常适应当时的实际情况，我读了以后深受感动。此文后来在报刊上发表时，采用了两人对话的形式。这个讲话的原稿未曾发表，估计现在只有在他的电脑里才能找到，而我手上很难得地留有这份讲话的全稿。故

而把它收入本书，也是一种出版发展过程中的历史见证。

另一篇佳作是《中国编辑》杂志创刊时写的《我们是中国编辑》，这不仅是一本杂志的发刊词，更是中国编辑的庄严宣言，发表以后各地纷纷转载。天津文坛老将徐柏容同志在可能是他最后公开发表的文章中，盛赞刘杲同志的文章是一首"雄壮的中国编辑之歌"，颂扬编辑是"精神食粮的生产者，先进文化的传播者，民族素质的培育者，社会文明的建设者"，"我们中国编辑始终将人民放在心中的最高位置上"，并表示"我们中国编辑会像普罗米修斯那样，即使要遭受啄心之痛，也要取火到人间——有火，也就有热，有光"①。

北京的编坛耆宿陈瑞藻同志，称赞刘杲，"短短的 1629 个字涵盖了我们编辑工作的全部"，"每当读到这篇文章，文化使命感和职业光荣感就油然而生"。她还说："2010 年在铁道出版社及北海公园诗友会组织的金秋十月诗歌朗诵会上，集体朗诵了《我们是中国编辑》全文，得到了诸多与会同行的好评"，此后在某些同行的此类活动中，也成了不可或缺的保留节目。②

当然，刘杲同志可圈可点文论很多，但限于篇幅我不敢多收，因为有的已公开出版。

我情不自禁地被卷进了出版科研的新浪潮

我自 1955 年混迹于出版行业以来，自知学识浅薄，阅历有限，为了适应工作，不得不起早贪黑，读书学习，以补自己之不足。在前辈的熏陶下，在领导的督促下，在工作中总是小心翼翼，不敢懈怠，以求少出错。尤其在出版科研的火热浪潮中，我有时也需要记录一些资料；在

---

① 徐柏容：《中国编辑之歌》见《为了编辑学的理论建设——刘杲同志编辑思想研讨会文集》245 页，中国编辑学会编，中国建工出版社 2013 年 8 月版。
② 陈瑞藻：《编辑必读之作——我们是中国编辑读后感》同上书 250 页。

热烈的讨论中，甚至在激励的争鸣中，我也情不自禁地发表一些个人的浅见，或者把各种意见整理成简报。有的或被与会记者拿去发表，或因工作需要，我也收集其他同行的论文，编过几本文集，免不了要写一些前言、后记，或者出版以后的书评、读后感之类的文字，这样一来二去，我那些不起眼的东西都被我当作资料收集起来，于是逐年有所增加，粗粗算来，不论大小，大概有 300 篇的样子，已先后出版了五本文集。在此期间，我特别感谢中国新闻出版研究院前院长郝振省同志，自从他被任命为中国出版科学研究所所长之后，曾三次和我谈起要为我出书的问题。但几年来，我一直在犹豫，原因是因为中国新闻出版研究院，它的前身就是中国出版科学研究所，简言之，对我来说，它就是本单位，而在这个单位，比我资格老的，水平高的，有的也没有出书，我若冒了这个尖，会不会给现领导增加麻烦；同时，我从研究所退休以后，就在中国编辑学会工作，那里人少事多，比较忙，所以一直没有下决心，实在有负郝院长的厚爱，不得不在这里说一声抱歉。

从进中青社到研究所，再到编辑学会，迄今已六十余年，我已从青年变成了一个耄耋老朽，尤其在学会，它是一个群众性的学术团体，有时出于客气，在口头或出版物上称呼一声"编辑出版家"或"编辑学家"，甚至还有加上"著名"等溢美之词的，我自知实不敢当，所以，无论是会上或出版物上，我总是说：惭愧得很，其实，我只是一个跑龙套的，大家听了便一笑，这样也就避免了我一时的尴尬。

要我搞口述史，我是毫无思想准备的

这一次，是 2014 年，研究院丘㳆同志找我，说院领导决定找一些老同志，搞口述史，组成了以院长魏玉山同志为主任的编委会，第一批先搞若干人，我的名字也列在其中，所以，她把带来的已打印好的采访提纲交给我，要我做些准备，然后又说过几天再约个时间来采访录音，并要我先准备第一个问题，因为这些问题不可能一次就谈完，只好一个一个来。接着，她又给了我一本宋木文同志的口述史，《一个"出版官"的自述》，作为范本供我参考。

中央提倡搞口述史，以补正史之不及，也有抢救资料的意思，这一点我曾听说过，但是要我搞，我实在没有思想准备，听丘浈同志这么一讲，而且第一本已经出来了，又看了石峰同志的《总序》，知道研究院为了这项工作做了许多准备，这说明我一定要认真准备，尽自己的努力，把这个任务完成。特别魏玉山同志委派丘浈同志与我合作，因为她在建所初期就来所工作，许多情况也是了解的，有的问题还可以共同回忆，把情况搞得更清楚，有利于所谈情况的真实性，这也是院领导对我的要求。

这个《自述》，前后共六章。第一章是讲我的童年，第二章是讲我的成长，第三章在中国青年出版社期间的简单回顾，第四章是讲中国出版发行科学研究所的建立与建设，第五章是讲先后10次全国出版科学学术讨论会的简况，第六章是讲中国编辑学会的筹建与工作回顾。基本上是按时间的推移而讲的。但如果从篇幅多少来看，前五章大概只占全书篇幅的三分之一，第六章却占了约三分之二的篇幅。造成这种情况是有客观原因的。其一，是因为中国编辑学会从发起到成立花的时间很长，如它的第一次全国代表大会，都是我还在研究所领导岗位上的时候举办的，又如我参加第四次、第五次由日、韩轮值主办的国际出版学术讨论会，也都在中国编辑学会成立以前，主办方邀请我国北京和上海的学者参加，也并未明确我们属于哪个部门，只是表明那一个国家的代表而已，到第六次国际出版学术讨论会，由中国轮值主办。因日、韩办这种会议，都是以出版学会的名义召开的。到中国办第六次会议时，正好中国编辑学会已正式成立。这样，新闻出版署才决定以中国编辑学会的名义举办；其二，由于各类活动，在《自述》中是以性质分类安排的，所以，我在研究所的活动，甚至是在中国青年出版社的活动，有的也排在第六章，如我第一次出国访问是在中青社工作期间，但都放在第六章国际出版交流这一节里。当然，每一个活动，时间都是讲得很具体的，只要注意一下，就可以分得很清楚的。如果不分类编组，反而使同一类活动、同一种会议，有的在前，有的在后，反而看不清前后不同的发展，也不便于检索，说明了这个情况，我想读者也会理解的。

这个《自述》都是讲的过去的事，而且是与我个人有关的，除了研究编辑学和出版史的同志，有可能翻一下之外，其他人也许不屑一瞥，但对我自己来说，正如陶渊明所言"盛年不再来，一日难再晨，及时当勉励，岁月不待人"。我得秉着王勃所说"东隅已逝，桑榆非晚"的精神，量力而行，并以此自勉之。

2016 年 8 月 15 日

《一个编辑出版者的自述：为编辑研究和编辑学学科建设尽一份力》P5，中国书籍出版社 2016 年 12 月版

给郭德征同志的信

老郭同志，您好！

我收到您送给我的一套书，《新体制、新业态下保证和提高出版物质量研讨会入选论文》集，并于当年 11 月 23 日写信给您表示了感谢。但读了几篇以后，我又有一些想法，所以又想啰唆一下，就怕耽误了您的宝贵时间。我对这套书的印象很好，首先我喜欢这个书名，它说明了我们的编辑学、出版学正在不断创新，不断前进，不断探索新经验，发现新问题，总结新成果。这说明我们的学科建设有丰硕的实践基础，有继续发展的强大生命力。从这套书的内容看，我认为它是"三结合"的成果。即传统出版和现代出版研究的紧密结合；是理论和实践，包括操作技术的紧密结合；从作者队伍看是老中青的紧密结合。尤其看到许多年轻同志作品，使我分外高兴，因为这是我们学科发展后续力量，是我们的希望所在。至于说到老同志，这里我主要指的是近几年退下来的老编辑和高校编辑专业的老教师。据我所知，这些人当中有的发挥余热的积极性还很高，还是一支不可忽视的力量。

当前出版传播技术创新、发展神速，出乎人们的预料，在这种情况下为了赶时间，有些同志可能会在无意中忽视了出版物的质量，而坚持质量对编辑来说，是一个最重要的问题，所以说内容为王，如果不讲质量，这就违背了搞出版、当编辑的最高原则，而你们这套书，开宗明义地强调"在新体制、新业态下保证高出版物质量"，这就抓住了编辑出版的要害，这就是高举了这套书的最鲜明的旗帜。

当然，要持久地高高举起这面旗帜，不仅要靠编辑，还要依靠党的领导，包括编辑学会和它的专业委员会的奋力拼搏。我祝贺你们开了一次很好的会议，祝贺你们在学科建设取得更大的成就，为中国特色社会主义新时代做出更大的贡献。

2018 年 3 月 8 日

附：郭德征同志的回信

尊敬的邵益文前常务副会长：

您好！收到您的信，我的第一感觉就是敬佩与感谢，敬佩您已从学会常务副会长岗位退下来 12 年了，还一直关心着出版事业，这是多么让人敬佩的革命文化情怀！您已年届 87 岁，还写下这样热情洋溢的长篇回信，不仅肯定我们的研究主题，还赞扬了我们的论文集为"三结合"的研究成果，这是一位老出版人对我们工作的肯定与赞扬，是对我们的最大关心、鼓励和支持，这怎么不让我们从内心迸发出感激之情呢！

读您的信引起了我许多回忆，科技读物编辑专业委员会，是刘杲会长和一些老出版人亲手组织筹建的，已经走过了 16 年的历程；现在可以向您报告，专委会历届领导班子始终坚持为党和国家出版大局服务、为科技出版单位服务和为广大科技编辑工作者服务的宗旨，始终保持了团结、创新、务实、奉献的优良作风和旺盛的工作热情；专委会多次被评为学会工作先进单位，专委会的工作得到了相关领导机关、科技出版单位和广大科技编辑工作者的认可和支持。

当前我们正处在中国特色社会主义建设的新时代，正是为实现中华民族伟大复兴中国梦大有作为的时代，我们一定不忘初心，牢记使命，把老一辈出版家的优良传统发扬光大；用研讨编辑出版理论的更多优秀成果和推动出版更多精品的实际行动，为建设出版强国作出新的贡献。为了贯彻习近平新时代中国特色社会主义思想和党的十九大"人才强国战略"，更好地为培养新时代优秀编辑人才提供理论参考，我们计划今

年组织开展以"培养和争做新时代优秀编辑"为主题的研讨会，我们将
以研讨的新成果向老会长汇报。

祝您身体健康，青春永驻！

德征敬上

2018 年 3 月 9 日

后记

拙作《编辑学在新中国茁壮成长》即将付梓出版，但刊出的大都是旧作。这是从 1983 年 6 月 6 日颁布了《中共中央、国务院关于加强出版工作的决定》（下文简称《决定》）以后引起的。《决定》明确指出："要建立出版发行研究所"，"加强出版发行的科研工作"。为此，文化部出版局决定借调我参加这个所的筹建工作。1984 年 1 月，我到出版局工作，这些旧作就是从那个时候开始的。从研究所退休以后，我又参加了中国编辑学会的筹建工作，直到 2006 年，中国编辑学会第三届换届为止。但换届后，有些工作我也参加了，如编辑《中国编辑年刊》和主编《普通编辑学》等，所以，时间跨度大概在 30 年以上，现在把它集中起来出版（当然不能说全部，因为有的现在已经找不到了）。

出版这些旧作，首先是为了庆祝新中国成立 70 周年华诞，在党的领导下，这 70 年，尤其在今天，我认为是我们中华民族的历史上是少有的好时光。我们应该感到作为一名中国人的光荣和自豪。

其次是为了进一步深化编辑学、出版学的研究，使它成为在我国哲学社会科学的领域中，能够发挥一点积极作用的学科。这就要求我们，首先要学习习近平总书记近年来多次关于做好我国哲学社会科学工作的讲话，并把他的讲话精神贯彻到编辑学、出版学研究中去，使编辑学、出版学更上一层楼。

在这里，我要感谢中国新闻出版研究院和中国书籍出版社的领导和同志们。因为在这本书的出版过程中，我除了提供旧作的目录和原稿外，其他什么也没有做。如三审三校都是由出版社负责安排进行的，我连校样都没有看，因为我年老体弱，又缺乏必要的精力，最多只是在少数问题上，提出一些参考意见罢了。正是他们的大力支持，我才下决心把这些拙作付梓出版，魏玉山院长、黄晓新书记以及王平社长、刘向鸿总编辑为此做了许多工作，这是我不会忘记的。

同时，要感谢两位赐序人，首先是刘杲同志，因为我考虑到他年事已高，不敢把一大堆校样寄给他，只是寄了一份文章目录，他马上给我写了一篇言简意赅、发人深思的序言，对我有很大的教育意义。第二位赐序人是现任中国编辑学会的会长郝振省同志，他是我的好友。我请人把目录和校样交给他，他答应得很爽快。可是我忘了一点，他现在工作很忙，社会活动和学术交流也很多，我这堆文稿一定花了他很多时间。在我们通话时，有一次他说了实话。他说，即使在他参加其他活动时，也总是把我的部分校样带在身边，有空时就拿出来看，为此他还耽误了国家工程和其他的文债，最后终于写了一篇 4000 字左右的序。我估计他为此一定开了许多夜车。这使我于心不安，不知怎么感谢他才好。副总编辑游翔同志也为我审读文稿。责任编辑尹浩是个青年同志，他积极能干，也从不误事，这是很难得的。编辑学会的两位打字员——石宝菊同志和张冬妮同志，这些文稿，初稿开始都是她们打印的，即使在我退休后，她们还是不要报酬，这事使我非常难办，我只好在心里感谢她们了。

拙作始于 20 世纪 80 年代，社会在发展、科学在前进，其中不合时宜的东西，一定不会少，敬请读者们不吝赐教。

邵益文

2019 年 12 月 15 日